近世歐洲史

舊制的終結

從君主爭權至全球衝突，17世紀代議制度到20世紀一戰告終的歐洲歷史全景

何炳松 著

- 自1924年發行以來至今多次重印
- 全面搭建歐洲史的發展框架
- 系統描繪歐洲史興衰起伏脈絡
- 十七世紀的政治鬥爭到二十世紀的全球衝突
- 學術深度，通俗易懂，了解近代歐洲史的理想入門讀物

歐洲史
經典入門書
★★★★★

目錄

弁言

緒論

第一卷　十七、十八兩世紀之回顧

第一章　英國國會與君主之爭權　029

第二章　路易十四時代之法國　041

第三章　俄羅斯及普魯士之興起奧地利　049

第四章　英國、法國在印度及北美洲之競爭　063

第二卷　十八世紀之狀況及改革

第五章　歐洲之舊制　075

第六章　改革精神　085

第七章　法國革命以前之改革　095

第三卷　法國革命與拿破崙

第八章　法國革命將起之際　105

第九章　法國革命　115

第十章　第一次法蘭西共和國　127

目錄

第十一章　拿破崙・波拿巴　　　　　　　　　　　　　143

第十二章　歐洲與拿破崙　　　　　　　　　　　　　　157

第四卷　自維也納會議至普法戰爭

第十三章　維也納會議及歐洲之再造　　　　　　　　　179

第十四章　維也納會議後歐洲之反動及革命　　　　　　189

第十五章　實業革命　　　　　　　　　　　　　　　　203

第十六章　西元一八四八年之法國革命　　　　　　　　213

第十七章　西元一八四八年之革命——奧地利、德意志、義大利　221

第十八章　義大利之統一　　　　　　　　　　　　　　231

第十九章　德意志帝國之成立及奧地利、匈牙利之聯合　239

第五卷　歐洲大戰以前之改革

第二十章　德意志帝國　　　　　　　　　　　　　　　251

第二十一章　第三次共和時代之法蘭西　　　　　　　　261

第二十二章　英國政治上及社會上之改革　　　　　　　277

第六卷　歐洲史與世界史之混合

第二十三章　歐洲勢力之擴充及西方文明之傳布　　　　297

第二十四章　十九世紀中之英國殖民地　　　　　　　　303

第二十五章　十九世紀之俄羅斯帝國　　　　　　　　　317

第二十六章　土耳其與東方問題	331
第二十七章　歐洲與遠東之關係	343
第二十八章　非洲之探險及其分割	353

第七卷　二十世紀與世界戰爭

第二十九章　二十世紀初年之歐洲	365
第三十章　自然科學之進步及其影響	381
第三十一章　一九一四年戰爭之起源	393
第三十二章　世界戰爭之初期（一九一四至一九一六年）	405
第三十三章　世界戰爭之末期及俄羅斯之革命	415
第三十四章　大戰後之歐洲	431

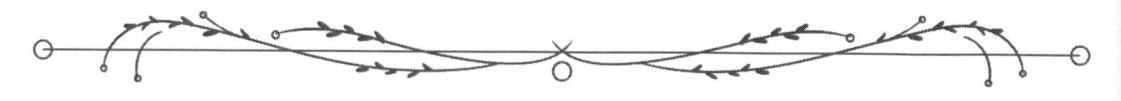

目錄

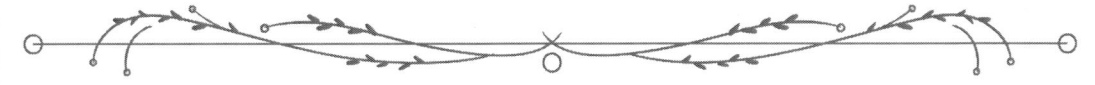

弁言

　　此係著者於民國九年至十一年在北京大學史學系所用之《近世歐洲史》講義，大體以美國名史家魯賓遜與比爾德二人所著之《歐洲史大綱》第二卷為藍本，並取材於二人所著《現代歐洲史》一書。至於篇章之排次，則純取法於《現代歐洲史》，因其極為明白有條理也。

　　至於本書之主旨為何，則〈大綱序文〉中有數語極其簡要。茲故引其成文為本書之弁言，其言曰：「歐洲通史，為學校中最難應付之一種科目。男女學生，似均有明白人類全部過去之必要，若無此種知識，即不能真正明瞭若輩所處之世界，蓋唯有過去可以說明現在也。舊日之歷史教科書，大部分均係過去『事實』之簡單記載。殊不知值得吾人之研究者實係過去之『狀況』，過去之『制度』與過去之『觀念』也。而且舊日之史書多注意於遠古而略於現代，以致學生無明白過去與現在之關係之機會。」

　　「此書之目的在於免除舊籍之通病。第一，不重過去事實，而重古人生活狀況，所抱觀念，及狀況與觀念變遷方法之說明。第二，本書以篇幅之半專述一百五十年來之現代史，蓋現代史與吾人最有直接之關係者也。」

弁言

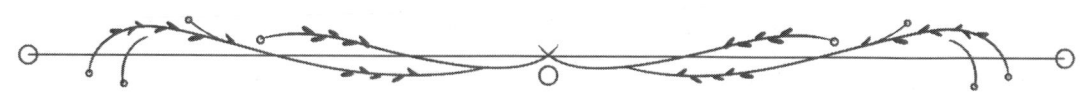

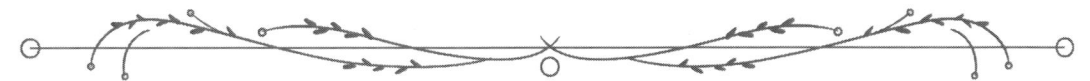

緒論

研究歷史之目的 歷史為研究人類過去事實之學，故研究歷史者往往為歷史而研究歷史。殊不知博古所以通今，現代之種種習俗及制度無一不可以歷史解釋之。今日之研究各種科學者——如自然科學、經濟學、哲學、政治學、宗教等——莫不有研究歷史之趨向。此非為歷史而研究歷史，實因研究過去方可以瞭然於現在耳。

是故欲明現代之政體及社會，非有歷史之研究不為功。凡事之有後果者必有前因。個人如此，民族亦然。世界各國——如英國、德國、法國、義大利、俄羅斯等——各有特點，故其現狀各不相同。倘不知其過去，如何能明其現在？德國、美國同屬聯邦，而精神互異；英國、西班牙同是君主，而內容不同。凡此異點唯有歷史可以說明之。博古所以通今，研究歷史之目的如是而已。

歐洲史之分期 歐洲史類分為三期：曰上古，始自西元前五千年至西元後四七六年；曰中古，始自西元後四七六年至一四五三年，一四九二年，一五一八年，或一六四八年；曰近世，始自中古之末以迄現在。此種分期之法本非自然，不過學者為便於研究起見而已。而且各時代之交替如四季之運行，漸而無跡。起訖之年代特假之以為標幟而已，非真謂此年以前與此年以後之事蹟可以截分為二也。

人類之歷史甚古 抑有進者，人類之歷史甚古。歐洲史之有記載雖僅七千年；然未有記載以前之種種古蹟在歷史上其價值或且遠出於記載之上，斷不能因其無記載之故遂斷其無史。近世學者斷定世界上之有人類距

緒論

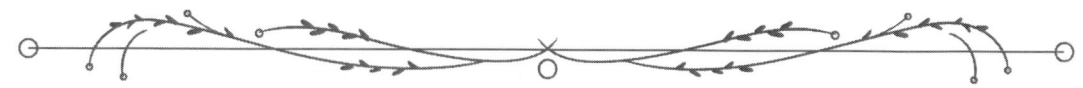

今至少已有五十萬年,是則吾人所研究之全部歐洲史不過占人類史百分之一。於百分之一之中而強分之為上古、中古與近世,寧非管窺之見?故吾人所謂《近世歐洲史》者不過三、四百年間事,僅占人類史千分之一而已。此不可不知者也。

近世二字之意義 何謂近世?定義殊難。羅馬名人西塞羅曾有「吾人的近世」之言,希臘人亦云然。凡各時代人之有時間觀念者當莫不云然。至於吾人所謂近世者指近來三、四百年而言,即表明自西元後十六世紀以來之人類思想與生活與中古異,與現在同。

近世史何自始 近世史之始無定期。中古近世之交替各方面之遲早不同,亦無定界。例如《羅馬法》之復興,關係今日之商業及政治者甚巨,實發端於中古之十二世紀。代議制度之發達及民族國家之興起則肇基於中古之十三世紀。不過自十七世紀以後,所有各國之國會方脫去中古時代之臭味。英國西元一六八八年之革命,法國西元一七八九年之革命,皆其例也。中流社會之得勢及自治政體之發達實始於十七世紀之英國。同時興起者尚有科學。故吾人研究近世史,當自英國代議制度完全成立時代始。

十六世紀為中古近世之過渡時代 代議制度及科學雖始於十七世紀,然文化、宗教、商業等,則始於十六世紀。故歷史家多以十六世紀為過渡時代,並為近世史之開始。茲略述其梗概如下:

■ 美術及文學之復興

美術 文藝復興發源於義大利,其方面有二:曰美術,曰文學。美術之興盛以十五、十六兩世紀為最。美術家之負盛名者有達文西,以科學家而兼繪畫家;米開朗基羅於繪畫、雕刻、建築諸美術,無不精到,而且能詩;拉斐爾為第一繪畫家,以善於描情著於世。此輩出世以後,美術史上

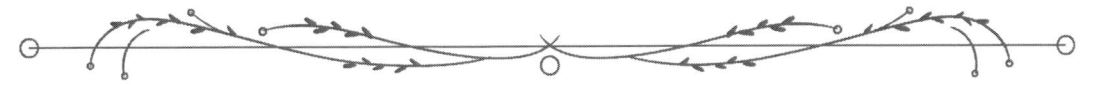

遂為之別開生面,一變中古時代矯揉造作之惡習。自然之美乃大著於世。

美術復興之影響 十五、十六兩世紀之美術品雖屬名貴無倫,然其影響於社會者並不甚巨。得見真跡者已少,具賞鑑能力者尤少。故美術之復興不過歷史變遷之一部,而不能為歷史獨開新紀元,此不可不知者也。

人文主義 文藝復興之第二方面曰文學。中古時代文運極衰。及其末造,人生觀念為之大變。起而研究人生者頗不乏人,而苦無典籍。希臘、羅馬之文學名著遂應運而復興,而「人文主義」於以大盛。中古時代之能讀書者非教士即律師;若輩所研究者非《聖經》即法律。純粹文學非所問也。雖有一、二文人,然其影響不著。至十五世紀初年,考古之徒蔚然興起,群以研究希臘、羅馬之異端文學為能事。對於中古時代之習俗多所抨擊。舊籍之謬誤者加以校正,史學觀念為之一變。此輩學者雖無別識心裁之思想以貢獻於世,然其校正舊籍之謬誤,提倡考訂之態度,實為他日文明進步之先聲。

印字機之發明 文學復興之影響正如美術並不甚巨。唯自活版印字機發明以後,書籍出版較昔為易,故讀者亦較昔為多。用印字機印刷之書當以西元一四五六年在德國美茵茲地方所印之《聖經》為最古。至十六世紀初年,西部歐洲之有印字機者已有四十餘處之多。印書約八百萬卷。

國語之興起 當日書籍雖仍沿用拉丁文,然文學著作漸多適用各國之國語。近世西部歐洲諸國之語言文字實肇基於此。

■ 地理上之發見及其影響

地理上之發見與商業 近世初年事業中之最有影響於人民思想者莫過於地理上之探險及發見。西元一四九二年哥倫布之發見美洲即其一端。西元一四九八年葡萄牙人達伽馬環航非洲而達印度,攜南洋群島之香料以

緒 論

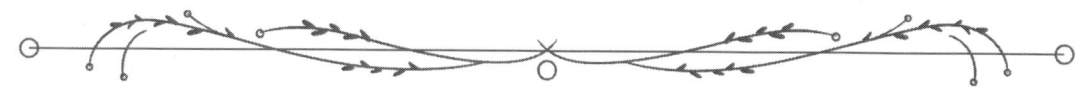

歸。自西元一五〇二年第三次航行以後，威尼斯之商業遂為里斯本所奪。其他地中海中諸城之專恃陸地商業為事者無不因之一蹶而不振。商業中心遂自地中海而移入大西洋。

威尼斯 當十六世紀初年，威尼斯商業之在地中海，有如今日英國商業之在西部歐洲，實為諸國之冠。海軍之強，財力之富，殆無倫匹。派領事駐於西部歐洲諸大城中，時時以各地習慣，市場起伏及政情變化，報告於政府。西元一四五三年，土耳其人入侵歐洲，而威尼斯之商業初不為之減色。蓋其勁敵為冒險之海商，而非尚武之土耳其人也。

葡萄牙 西部歐洲諸國受海上商業利益之最早者為葡萄牙及西班牙二國——一因東方香料及販奴以致富，一因美洲之金銀以致富。唯兩國政府均甚不良，自西元一五八〇年兩國合併以後為尤甚。他日荷蘭與英國接踵而起，戰勝西班牙及葡萄牙人，東方商業遂為荷蘭與英國所奪。葡萄牙之領土僅留南美洲巴西一處及南洋中數島而已。

西班牙 至於西班牙，則自西元一四九二年發見美洲以後，於西元一五一九年科特斯有征服墨西哥之舉，數年後皮薩羅有征服祕魯之舉。美洲之金銀遂源源流入西班牙。雖英國商船時有中途劫奪之舉，而西班牙諸港之貨物並不因之減少。唯西班牙人不知善用其財力，且因維持舊教過力之故將國內勤儉之民摧殘殆盡。如猶太人、回教徒，本以擅長銀行及工業著名，均被驅逐。從此國中遂無中流社會。國內財富漸漸流入於北部歐洲。對外戰爭又復失敗，荷蘭有獨立之舉，海軍又復為英國所敗，國勢自此不振矣。

北歐海上商業 試披覽歐洲之地圖，即知荷蘭、英國之形勢極適宜於海上商業之發展。沿海良港不一而足，運輸貨物極形便利。故兩國之海軍

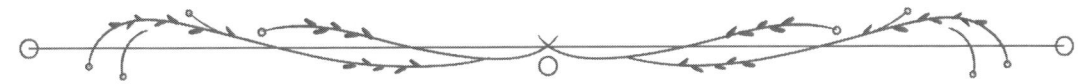

獨強,而為他日商戰場中之健將。當中古時代,英國與荷蘭之商業並不甚盛。蓋當時北部歐洲之商業全握諸漢薩同盟之手。同盟之城數約七十。凡英國波羅的海及俄羅斯之商業無不在其掌握之中。

荷蘭 荷蘭(即今日荷蘭及比利時兩國舊壤)之商業在十五世紀以前尚在漢薩同盟之手,將英國之羊毛輸入法蘭德斯諸城(即今日之比利時),織成毛織品,其精良為當時之冠。荷蘭之北部(即今日之荷蘭)雖係務農之邦,而漁業獨盛。沿海商業至十六世紀時亦極其發達,不久而成獨立國。

中古時代之英國與法國

民族國家之興起英國 當中古之世,英國、法國已略具民族國家之雛形。蓋歷代君主均能一面鞏固中央政權,一面摧殘封建之制也。減削封建諸侯之勢在英國較易。蓋英國自西元一〇六六年威廉一世自諾曼第入侵以後,所有貴族易於就範。偶遇君主昏庸,則諸侯每有跋扈之舉,如西元一二一五年英國王約翰之宣布《大憲章》即其一例。自此以後,政府不得非法審判或監禁人民,非經國會允許不得徵收新稅。

國會 至西元一二六五年,英國又有貴族之叛,主其事者為德孟福爾(de Montfort),其結果有第一次國會之召集。三十年後,英國王愛德華一世有召集「模範國會」之舉,平民之有代表實始於此。嗣後一百年間,愛德華三世與法國有百年之戰爭,軍用浩繁,益不得不有賴於國會之援助。國會之勢力因之益大。

都鐸王朝諸君 百年戰爭(自西元一三四〇到一四五〇年)方終,英國之內亂隨起,即所謂「玫瑰戰爭」是也。蓋其時約克及蘭卡斯特兩王族互爭王位。前者以白玫瑰為徽,後者以紅玫瑰為徽,故有是名。此次戰爭

緒論

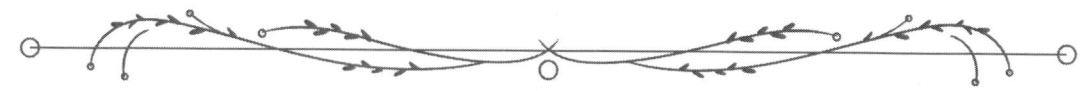

純在貴族，而平民不與焉。其結果貴族因戰爭而死亡者不可勝數。故蘭卡斯特王朝之亨利‧都鐸（Henry VII）戰勝約克王朝之理查三世後，君主之權驟較昔日為大。新王即位以後，國內之工商業日盛，國庫亦日形充裕。其子亨利八世即位後，驕奢無度，國用遂匱矣。

法國 十六世紀以前之法國史與英國正同。卡佩王朝諸君之戰勝諸侯集權於中央政府，其事較英國為難，至十三世紀時方告成功。當十三世紀中葉，中央司法機關漸形發達，日高等法院。至西元一三〇二年，有召集第一次國會之舉，其國會名全級會議。所謂全級者即社會中僧侶、貴族、平民，三階級是也。故至十四世紀初年，法國已有代議制度及憲政之組織。不久與英國有百年之戰，法國受害最烈。當戰爭最烈之日國會曾有擴張勢力之舉；不幸其領袖馬塞被刺死，內閣制遂與之同歸於盡。

法國君主之勢力 百年戰爭既終，內亂隨之而起，兵匪為患舉國騷然。於是重開國會予君主以徵收丁口稅之權，為平定內亂之用。而法國王遂以此為政府固有之歲入。其結果則法國王無常常召集國會之必要。故其行動遠較英國王為自由，此法國所以無「大憲章」也。任意逮捕人民之惡習亦至西元一七八九年大革命時方得廢去。限制王權之機關僅有巴黎之高等法院，蓋國王命令須經其註冊，方生效力也。然國王一旦命其註冊，則該機關即無抵抗之法。此種狀況維持至大革命時始止。

■ 中古時代之帝國

神聖羅馬帝國 中古時代之德國及義大利，與英國、法國不同。其時神聖羅馬帝國雖自命為全部歐洲之主，然其禁令尚不能通行於中部歐洲方面之本國。國內阿爾卑斯山橫亙其中，統一不易。皇帝駐蹕於北，則義大利叛；駐蹕於南，則德國之諸侯叛。

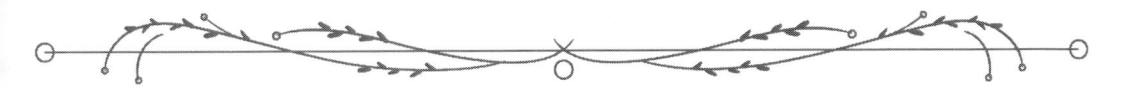

北部義大利之獨立國 當十二世紀末造，霍亨斯陶芬王朝之皇帝腓特烈·巴巴羅薩為倫巴底同盟所敗後，北部義大利諸城形同獨立。不久諸城之政權漸入於僭主之手，然國勢殊盛。僭主之最著者莫過於米蘭城之斯福爾扎家族 (House of Sforza)。諸城之行民主制度者首推佛羅倫斯及威尼斯二國。然前者之政權握諸豪族；而後者之政權則隱然在麥地奇家族人之手中。諸城之工商業甚盛，經濟充裕，故為文藝復興之中樞。

中部及南部義大利 教宗領土橫貫於義大利之中部，而以教宗為元首。在南部者有那不勒斯王國。此國與西西里當十一世紀之中葉，為羅貝爾·吉斯卡爾 (Robert Guiscard) 自東部羅馬帝國奪來。至十三世紀時，那不勒斯附屬於德國皇帝腓特烈二世，後為法國王聖路易之弟安茹的查理所征服，而建安茹王朝。至西元一二八二年，西西里叛而附於亞拉岡王國。當西元一四三五年至一四三八年間，亞拉岡王國並逐那不勒斯之法國人，遂合二國稱兩西西里王國。

查理八世之入侵義大利 當西元一四九四年至一四九五年間，法國王查理八世入侵義大利，志在恢復法國人之勢力。其始干戈所向到處披靡。那不勒斯王國不久即入其手。成功之速出人意外。唯法國王及其軍隊得志逾恆，日形驕縱。同時其敵國又復合力以抵抗之。蓋亞拉岡王斐迪南既慮西西里之喪亡，德國皇帝馬克西米連又不願法國之兼併義大利也。法國王於西元一四九五年敗而遁歸。至西元一五〇三年路易十二售那不勒斯王國於斐迪南。嗣後那不勒斯王國之附屬於西班牙者垂二百年。

查理八世入侵之結果 查理八世入侵義大利之結果，表面上雖似不甚重要，實則其影響極為宏大。第一，義大利人無民族感情之跡從此大著於世。自此至十九世紀中葉，先後臣服於異國——先屬於西班牙，繼屬於奧地利。第二，法國人入侵義大利後，極羨義大利之文化。貴族之堡壘遂

015

緒論

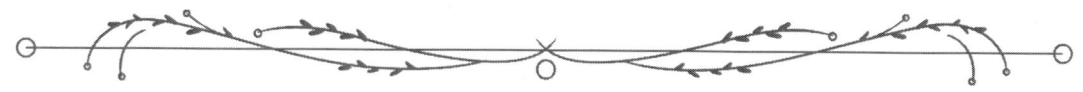

改築為華麗之宮室。法國、英國德國三國人研究學問之風蔚然興起。希臘文字遂大盛於義大利之外。故義大利半島不但政治上為四鄰之犧牲，即文化上亦漸失其領袖之資格。

法王之力爭米蘭 法國王路易十二雖放棄南部義大利，然對於米蘭公國則出全力以爭之。法蘭索瓦一世在位時，尚爭持不已，卒為查理五世所得。

十六世紀時代之德國 十六世紀初年之德國絕不似後日德國組織之完備。故當時法國人名之曰「諸日耳曼」，蓋國中小邦多至二、三百，其面積性質均甚互異也。有公國，有伯國，有大主教之領土，有主教之領土，有獨立之城，又有極小騎士之領土。

皇帝權力之微弱 至於皇帝，國帑有限，軍隊不多，絕無實力足以壓制諸侯之跋扈。當十五世紀末年，皇帝腓特烈三世異常困苦，竟致乞食於寺觀。蓋當日德國之政權不在中央而在諸侯之手也。

選侯 諸侯中之最有勢力者曾推選侯。所謂選侯者蓋自十三世紀以來即握有選舉皇帝之權故名。選侯中有三人為大主教，分領萊茵河上美茵茲、特里爾及科隆三地。在其南者為「萊茵河上之宮伯領土」，在其東北者為布蘭登堡及撒克遜兩選侯之領土，合波希米亞王而得七人。

其他之諸侯 選侯以外尚有其他重要之諸侯。如符騰堡、巴伐利亞、厄斯及巴登四國，即他日德國聯邦中之分子。不過在當日國土較小耳。

城市 德國城市自十三世紀以來即為北部歐洲文化之中心，正與義大利之城市同。有直轄於皇帝者則名「自由城」或「皇城」，亦得列於小邦之林。

騎士 德國騎士在中古時代極有勢力。自火藥發明以後，騎士無所施其技，其勢力大衰。領土過小，歲入不足以自給，故流為盜賊者甚多，而

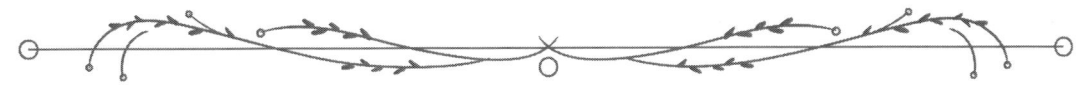

為商旅之大患。

德國無中央權力 德國小邦林立，時起爭端。皇帝既無力以維持，諸侯遂設法以自衛。鄰國紛爭遂為法律所允許，不過須於開戰前三日通知敵國耳。

國會 德國之國會曰帝國公會，開會無定期，會場無定所，蓋德國本無皇都者也。西元一四八七年以前，城市不得舉代表。騎士及小諸侯亦然。故國會議決案其效力不能遍及於全國。

德國不能建設中央政府之理由 德國不能建設一強而有力之中央政府其最大原因為帝位之不能世襲。雖時有皇帝父子相承之舉，然須經選侯之選舉，故入繼大統者多不敢稍拂諸侯之意或稍奪諸侯之權。故自十三世紀霍亨斯陶芬王朝覆滅以來，為德國皇帝者每汲汲於皇家領土之擴充，而不顧全國之利害。西元一二七三年後哈布斯堡王朝之皇帝即實行此種政策之最著者。自十五世紀中葉後，為皇帝者多選自此族。

皇室之聯姻 十六世紀初年之皇帝為馬克西米連一世。青年時代娶勃根地之瑪麗為后，領有荷蘭及萊茵河西介於德國法國間一帶之地。瑪麗不久死，傳其領土於其子。其子娶西班牙之胡安娜為后。后為亞拉岡王斐迪南與卡斯提亞女王伊莎貝拉聯姻所生之公主，財產之富為歐洲冠。自美洲發見以後，西班牙之富源日闢，故當公主于歸德國皇帝時，嫁奩之富殆莫倫匹。

查理五世 馬克西米連之太子死，其子查理（Karl V）年僅六歲——西元一五〇〇年生於根特城。其外祖父斐迪南死於西元一五一六年，其祖父馬克西米連死於一五一九年。查理遂領有廣漠之國土，其稱號之著者為卡斯提亞、亞拉岡、那不勒斯三國及美洲殖民地之王，奧地利之大公，提

緒論

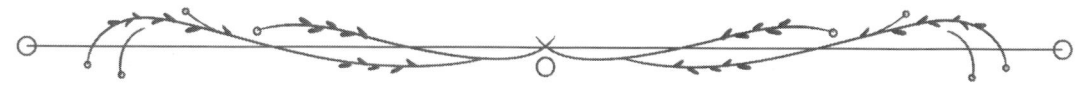

洛之伯，布拉邦之公，安特衛普之邊防使，荷蘭之公等。至西元一五一九年，被選為德國皇帝，稱查理五世。

查理五世赴德國之第一次在西元一五二〇年，召集沃姆斯大會以討論大學教授路德攻擊宗教之著作。宗教革命之端實發於此。

■ 宗教改革

中古時代之教會 中古時代之教會其組織之完備與勢力之宏大遠在當時政府之上。為其元首者為駐於羅馬城中之教宗。教會所根據之教義最要者有二：第一，教會以外無救世之機關；第二，上帝救世以各種儀節為方法，舉行儀節之權唯教士有之。儀節中之最重要者為浸禮與聖餐。唯教徒須向教士懺悔其罪過，方得與於聖餐之禮。行禮之後罪過自除。懺悔與消除二種儀節合稱曰悔過之儀。蓋謂人不懺悔，則無消除罪過之望也。

教會之組織 教士既握有執行儀節之權，故其勢力極巨。同時教會不能無一種極形完備之組織。機關既大，流弊滋多，故時有受人指責之事，而改革活動在中古時已時有所聞。教會內容之不堪，至十五世紀初年尤著；蓋是時適有教會分裂，教士不法之事也。

宗教大會 其結果則有屢次召集宗教大會之舉，隱然為基督教中之代議機關。其最著者為西元一四一四年在瑞士康士坦斯所開之會，然其改革之計畫從未實行。嗣後五十年間，教宗常設法阻止此種改革之舉動。教會中之代議制遂以失敗。

十五世紀末年之教宗 同時教會本身又絕無改革之表示。迨十五世紀之末造，教宗專意於擴張中部義大利之領土，當時人遂瞭然於教宗之意志在政治而不在宗教，擴張領土在在需錢。而教宗之歲入向多籌自德國，蓋

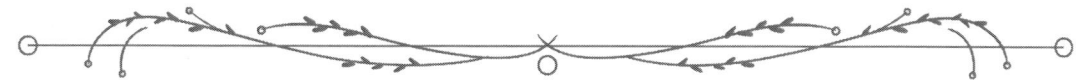

英國、法國君主均早有停止輸款羅馬教宗之舉也。故一旦路德提出抗議，德國全部無不聞風響應。

伊拉斯謨之諷刺　當路德幼時即有著名學者伊拉斯謨因鑒於教士之無知無識，教會之不法行為，著文以諷刺之。然伊拉斯謨輩之意，原望教會之能改革其本身。若輩對於教會並無革命之意。即路德之反抗教會其初意亦不料竟成決裂之舉也。

路德及其主張　路德自幼即為修道士，繼充撒克遜之威登堡大學教授。嘗讀《聖經》及聖奧古斯丁之著作，忽悟自救之道端在「信」字。所謂信即吾人與上帝發生親密關係之意。如其無信，則赴禮拜堂朝謁聖墓，參拜聖蹟等事，均不足以消除吾人之罪過。人而有信，則雖不赴禮拜堂可也。

西元一五一七年在德銷售之贖罪券　路德此種主張本不足以引起世人之注意。至西元一五一七年，教宗因重修羅馬之聖彼得教堂，需費浩大，有銷售贖罪券於德國之舉，遂激起路德之抗議。其主張乃大著於世。

贖罪券之原理　贖罪券之頒給起源於懺悔之儀。教會中人嘗謂凡人能自懺悔者上帝必赦其罪過；然悔過者須行「善事」——如齋戒、禱告、朝拜等——方可。吾人雖死，然因悔過之義未盡必入煉罪所。所謂贖罪券頒自教宗，得之者可免此生一部分悔罪之苦行，及他日煉罪所中全部或一部之痛苦。故所謂贖罪券者非赦罪之謂，乃減少苦行之謂也。

銷售之方法　人民之捐資於教會者多寡不同。富者多捐，貧者則可以不出資而得贖罪券。然經理贖罪券者每有貪多務得之舉，受人叱罵。

路德之《九十五條論綱》　西元一五一七年冬十月，道明派之修道士名特次勒者在威登堡附近地方勸銷贖罪券，其言多有未當。路德聞之，以

緒 論

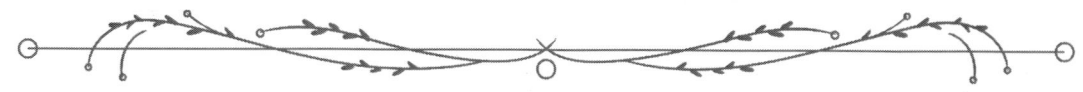

為與基督教精義相反，遂著《九十五條論綱》以辨其非。榜其文於禮拜堂門外，任人辯難。

《論綱》之內容 路德之榜其《論綱》也，原不料有驚動世人之結果。其《論綱》係用拉丁文所著，唯學者能讀之。而不久即有人譯成德國文，播之全國。其《論綱》之大意略謂贖罪券之購買與否無關宏旨，不如省其費為日用之需之為愈。信上帝者上帝佑之，購券無益也云云。

路德懷疑教會之組織 路德既著《論綱》，乃潛心研究教會史，以為教宗之得勢乃係漸進者。耶穌門徒絕不知有所謂聖餐、朝拜諸儀；更不知有所謂煉罪所與贖罪券及居於羅馬之教宗。

路德致德國貴族之通告 同時路德並潛心於研究及著述，其文氣遒勁異常，運用德國文頗具舒展自如之能力。至西元一五二〇年，發行小叢書數種，實開宗教革命之端。就中之最足以動人者莫過於致德國貴族之通告，略謂現在教會內容之不堪盡人皆知。然欲教會之自行改革不啻坐以待斃，又何如由各國君主實行改革教會之為愈。又謂為教士者除應盡職務外並非神聖，故應服從各國之政府。又謂現今寺院林立為數大多，應將修道士放之還俗，為教士者應准其娶妻。義大利方面之教士多取資於德國，應設法抵抗。此種主張一出，不啻為宗教革命之宣言。全國響應，良非偶然。

路德焚毀教宗之諭 路德既有非議教宗之舉，教宗遂下令逐路德於教會之外；路德不服，竟焚其諭。西元一五二〇年，德國皇帝查理五世赴德國召集大會於沃姆斯，令路德赴會。路德雖如命往，然始終不願取消其主張。德國皇帝亦無如之何，放之出走。

路德之隱居 查理五世不久即離德國而歸，十年之間，因一面西班牙

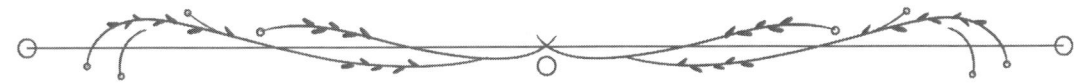

有內亂，一面有與法國王法蘭索瓦一世之戰爭，無暇兼顧宗教上之爭執。同時撒克遜選侯腓特烈頗加意於路德之保護。故當路德自沃姆斯大會回里時，中途即為密友攜至選侯之堡壘日瓦爾特堡者。路德居此凡二年，日唯以著書為事，《聖經》譯成德國文，即在此時。

貴族之革命 同時宗教革命一變而為社會革命。第一，為騎士之反抗廣有領土之主教。騎士力小而敗，而人民所受之損失殊巨。故世人頗有歸咎於路德者，以為彼之著述實有以致之。

農民之叛亂 較貴族革命尤烈者為西元一五二五年農民之叛。其時德國農民紛紛標上帝公正之名以報復舊怨為事。所要求者頗有合理之處，其最著者曰《十二條》，略謂《聖經》之上並無納租於地主之明文，地主與佃戶既同是教徒，又何得以奴隸視佃戶？又謂若輩甚願納其應納之租，至於例外之徭役則非有相當之薪資不可。並要求各地方應有自選牧師之權，牧師之不稱職者得隨時解除之。

路德力勸政府平定叛亂 其時農民中之激烈者有殺盡教士及貴族之主張。城堡及寺院之被焚毀者以數百計，貴族之被慘殺者亦不一其人。路德本農家子，對於農民本有同情，嗣因勸之不聽，遂有力勸政府以武力平定叛亂之舉。

平定叛亂之慘 德國諸侯納其言，遂以殘刻方法平定之。至西元一五二五年夏，農民之被慘殺者數以萬計，而受毒刑者不與焉。地主對待佃戶之苛虐曾不為之少減，佃奴之苦況反較叛亂以前為甚。

斯派爾之抗議 西元一五二九年德國皇帝查理五世再召集大會於斯派爾，以實行昔日沃姆斯大會處置異端之議決案。然自西元一五二〇年以來，德國諸邦及城市中已有實行路德派之宗教及其對於寺院及教產之觀念

緒論

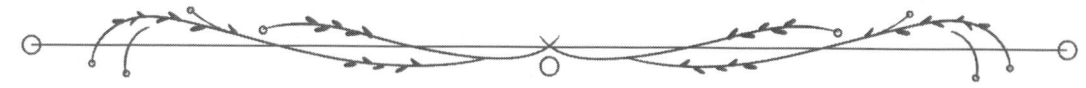

者。唯係少數，故唯有根據於西元一五二六年第一次斯派爾大會之議決案提出抗議，主張各國對於此種事務之處置自有權衡。此輩抗議者並以多數專制之事訴諸德國皇帝之前及後來之宗教大會。抗議者三字遂為後日新教徒之通稱。

《奧古斯堡信條》　西元一五三〇年德國皇帝查理五世赴德國，召集大會於奧古斯堡。新教諸侯提出《奧古斯堡信條》於大會，內中詳述若輩所信之教義。此文至今尚為路德派教徒之教條。唯德國皇帝仍令新教徒允舊教徒之要求，將所有籍沒之財產交還舊主，且此後不得與舊教徒為難。不久德國皇帝又因事他去，自此不入德國者又凡十年。新教之勢遂乘機日盛矣。

奧古斯堡和議　德國皇帝查理五世曾欲摧殘新教而不得，不得已於西元一五五五年承認奧古斯堡之和議。其重要之條文如下：凡皇帝直轄之諸侯、城市及騎士，得以自由選擇其信仰之宗教。如主教之為諸侯者一旦宣布信奉新教時，則所有財產即須交還於教會。德國各邦之人民均須信其本國所奉之教，否則唯有移居他國之一途。無論何人必信舊教或路德派之新教，不得另奉第三種宗教。故當時德國人實無真正之信教自由也。

■ 法國之新教徒

喀爾文　同時新教運動之影響漸及於他國。其在法國有喀爾文，其能力與路德同，而其智力則遠在路德之上。因懼政府之抑制，遁入瑞士；先往巴塞爾城，繼又遁入日內瓦城，遂家焉。時西元一五四〇年也。該城方脫離薩沃伊公國而獨立，遂付喀爾文以改革市政之權。喀爾文編訂憲法，設立政府，將宗教政治冶於一爐。付管理教會之權於「長老」，故喀爾文派之新教有「長老會派」之名。法國之新教乃喀爾文派，而非路德派。蘇格蘭亦然。

法國之新教徒　法國王法蘭索瓦一世及其子亨利二世（西元一五四七年至一五五九年）屢有虐殺新教徒之舉。然新教徒日增月盛，而以中流社會及貴族居多。故法國之新教徒不僅為宗教上之信徒，亦且為政治上之朋黨。至十六世紀末造，勢力甚盛，能以武力抵抗政府。亨利二世之長子法蘭索瓦二世在位不過一年，其次子查理九世（西元一五六〇年至一五七四年）以十齡之童入承大統，母后凱薩琳居攝。

凱薩琳聖巴多羅買節日之虐殺　母后凱薩琳居攝之始本欲以調和新舊教徒為己任。不久舊教首領吉斯公有虐殺新教徒於瓦西之舉。此後三十年間，國內每有假宗教之名以實行其焚毀劫掠之實者。至西元一五七〇年，新舊教徒有停戰之舉。是時新教首領德科利尼有連繫舊教徒合力以抵抗西班牙之計畫，故頗得國王及母后之信任。舊教首領吉斯公忌其計畫之實行，思有以尼之。遂譖德科利尼於凱薩琳之前，謂其計畫非出諸本心，母后信之，乃使人謀刺德科利尼，傷而不死。母后恐王之發其罪也，乃造蜚語於王前，謂新教徒實有圖謀大舉之意，王信之。於是巴黎舊教徒定期於西元一五七二年聖巴多羅買聖誕之夕聞號襲殺德科利尼及新教徒。蓋其時因王姊瑪格麗特與信奉新教之納瓦拉王亨利結婚，全國新教徒多來巴黎觀禮也。是役也，巴黎城中被殺而死者約二千人，其他各地約萬餘人。

三亨利之戰　虐殺新教徒之後，內亂隨起。法國王查理之弟亨利三世（自西元一五七四年至一五八九年）既即位，一面與新教首領納瓦拉之亨利戰，一面又與舊教首領吉斯公名亨利（Henry I, Duke of Guise）者戰。舊教首領被刺死，法國王亦為舊教徒所刺而死。新教首領遂入承大統，稱亨利四世——實為法國波旁王朝之始。亨利四世即位，乃改信舊教。至西元一五九八年下南特之令，許新教徒以信教之自由。當時國內昇平無事，農商諸業經政府之提倡極其發達。至西元一六一〇年亨利四世不幸被刺

緒論

死，傳其位於其子路易十三（自西元一六一○年至一六四三年）。自西元一六二四年至一六四二年，法國王權實握諸名相黎希留之手。摧殘國內新教徒，王權為之大張。

■ 英國之教會

英王亨利八世 英王亨利八世即位，權力甚大。蓋其時貴族之勢已衰，中流社會未起也。其初隱握政權者為沃爾西，不甚與聞歐洲大陸之戰爭。亨利八世對於路德其初本不甚贊成，曾著書以抨擊之。嗣因王欲與后亞拉岡之凱薩琳離婚，沃爾西與羅馬教宗均不以為然，遂生嫌隙。其初與教宗所爭者不在宗教而在教會之管理權。西元一五三四年，英國國會通過《獨尊議案》，宣言國王為英國教會之最高首領，有任命教士及徵收教稅之權。因實行議案而有虐殺之舉。唯此時英國王尚自信為舊教徒，凡不信舊教者必加以刑。不過英國教會此後須受其監督耳。然其時仍有解散寺院籍沒教產之舉。英國王之用心原不堪問，不過反對羅馬教宗之舉頗合國人心理耳。

英國國教之成立 亨利八世之子愛德華六世即位後，與教宗所爭者方關於教義之上。故有《公禱書》（The Book of Common Prayer）及《四十二教條》（Forty-Two Articles）之編訂。至女王伊莉莎白一世時代重訂教條減之為三十九，至今為英國國教之重要教義。

瑪麗虐殺新教徒之無益 女王瑪麗（自西元一五五三年至一五五八年）為凱薩琳之女，極信舊教。與西班牙王費利佩二世結婚後遂抱虐殺新教徒之政策。然新教徒之熱誠並不為之少減。故女王伊莉莎白一世即位後對於宗教一仍愛德華六世政策之舊。

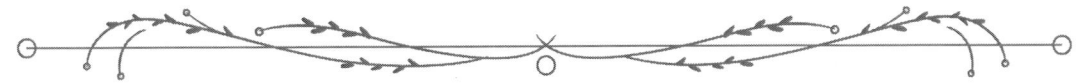

■ 羅馬舊教之改良

特利騰宗教大會 同時舊教教會亦頗盡力於改革。自西元一五四五年至一五六三年間，有特利騰宗教大會之召集；編纂教條，至今為舊教教會之教義。

耶穌會 是時舊教中組織之最有勢力者莫過於耶穌會。創始者為西班牙人羅耀拉，時西元一五四〇年也。頗得教宗之信任。耶穌會中人以絕對服從教宗著於世。傳道事業與教育事業並重，故青年子弟因而養成為純粹舊教徒者頗不乏人。傳道事業所及尤廣，會員足跡殆遍天下。

西班牙王費利佩二世 其時援助教宗及耶穌會之最力者為西班牙王費利佩二世（自西元一五五六年至一五九八年）。王極信舊教，幾有傾其國以維持舊教之概。設立異端裁判所之目即在於此。同時並命阿爾瓦公率軍隊赴荷蘭以剷除新教。法蘭德斯人之逃往英國者甚多。唯北部則有奧倫治公威廉為新教徒之領袖，以抵抗西班牙王之壓制。

荷蘭之獨立 其時荷蘭人多信新教，荷蘭南部人則多信舊教。唯因阿爾瓦公過於殘刻之故，南部舊教徒亦均心懷攜貳。不久阿爾瓦公被召歸國，其軍隊於西元一五七六年大掠安特衛普城，即歷史上所謂「西班牙之怒」是也。此後三年間荷蘭南北兩部合力反抗西班牙。不久西班牙王另命大臣來處置一切，方法和平。南北兩部因之分裂。僅北部七省於西元一五七九年組織烏特勒支同盟，至西元一五八一年宣布獨立。此次獨立事業之最出力者，即奧倫治公威廉其人。西班牙王於西元一五八四年陰令人刺之而中，然荷蘭獨立之根基已固矣。

西班牙之無敵艦隊 西班牙之敵除荷蘭外尚有英國。蓋英國自伊莉莎白而後已顯然為新教之國也。而且英國商船時有劫奪西班牙商船之舉，尤

緒論

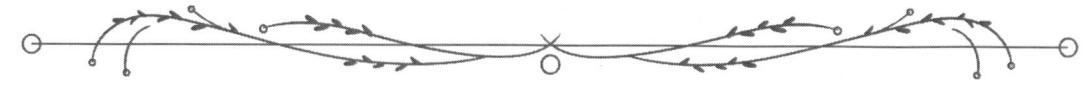

為西班牙人所切齒。西班牙王費利佩二世欲用一勞永逸之計，組織極大之海軍艦隊以攻英國。英國軍艦輕便易於駕駛，加以適遇大風，遂大敗西班牙之海軍。西班牙之國力至是垂盡，即在今日猶未能恢復焉。

■ 三十年戰爭

三十年戰爭 德國自奧古斯堡和議後，新教之勢日形發達。至西元一六一八年，信仰新教之波希米亞忽叛哈布斯堡之皇帝，遂開三十年宗教戰爭之局。戰爭之第一步，舊教諸國群起合攻波希米亞大獲勝利。蓋新教諸君意見不合，且無能也。第二步，為丹麥王來助德國新教徒，至西元一六二九年為德國軍統華倫斯坦所敗。德國皇帝下交還教產之命，凡自奧古斯堡和議後，新教徒自舊教教會奪來之財產均須交回舊教徒。第三步，因交還教產，新教徒喪失太大，再開戰事。瑞典王古斯塔夫·阿道夫南下援助新教徒，所向披靡。德國皇帝在德國北部之軍隊被逐一空。然瑞典王亦於西元一六三二年在呂岑戰場上陣亡。第四步，是時法國名相黎希留欲乘機限制德國皇帝之勢力，出兵援助德國之新教徒。兵連禍結以迄於西元一六四八年，方開和平會議於西發里亞之二城。

《西發里亞和約》 據和約之規定：凡新教諸邦於西元一六二四年以前所籍沒之舊教財產無須交還，且仍有選擇本邦宗教之權。各邦有與國內各邦及他國締結條約之自由。從此帝國僅存其名，實與瓦解無異。德國北部沿海之地讓予瑞典；梅斯、都爾、凡爾登三城，及德國皇帝在亞爾薩斯（除史特拉斯堡一城以外）之權利均歸諸法國。荷蘭、瑞士之獨立同時並得各國承認。和約既訂，宗教戰爭遂告終止。民族國家至此大盛矣。

第一卷
十七、十八兩世紀之回顧

 第一卷　十七、十八兩世紀之回顧

第一章
英國國會與君主之爭權

第一節　詹姆士一世與君權神授之觀念

英國與其國會　英國位於島中，四面環海，故與歐洲大陸戰爭之機會絕少。歐洲大陸諸國戰事方殷之日，正英國昇平無事之秋。當中古時代，國會制度已甚發達。然至中古末造，國會之勢力極微。十六世紀初年，亨利八世尚有藐視國會之態。

伊莉莎白在位時代之國會　至十六世紀末年，女王伊莉莎白一世頗欲伸其實權於國會之上，國會竟有抵抗之能力。蓋是時商業日盛，民智日開，加以戰勝西班牙後愛國之心日益發達，而對於專制君主仇視益深也。他日斯圖亞特王朝繼起，唯以擴充君權為事，故有十七世紀之內亂。其結果則王權衰落而國會之勢日張。

詹姆士一世之即位　西元一六〇三年女王伊莉莎白一世卒，蘇格蘭王詹姆士六世入主英國，改稱詹姆士一世。英國、蘇格蘭及威爾斯三國自此合稱為大不列顛。詹姆士一世為都鐸朝亨利七世之後，故得入承英國大統。

詹姆士一世對於君主之觀念　詹姆士一世既即位，頗欲壓制國會以自逞。同時對於君權觀念又復主張專制。彼固學者，且喜著書。曾有關於君主之著作刊行於世。意謂君主可以任意立法，而毋庸得國會之同意；凡屬國民均是君主之臣子，生殺予奪權操於君。又謂明主雖應守法，然絕不受

第一卷　十七、十八兩世紀之回顧

法律之束約,而且有變更法律之權。又謂:「與上帝爭者既謂之瀆神⋯⋯則與君主爭者豈非罔上?」

君權神授　此種主張在今日視之固近謬妄,然在當日則詹姆士一世不過摹仿前朝諸君之專制及大革命以前之法國王,並非創舉。以為君為民父,上帝實命之。人民既尊重上帝,即不能不服從君主。故為君主者對於上帝負責任,非對於國會或國民也。至於詹姆士一世與國會爭權之陳跡實為他日其子查理一世喪命之機,茲不多贅。

詹姆士一世在位時代之著作家　詹姆士一世在位時代之著作家極足以照耀於史冊,而為英國之光榮。世界最著名之戲曲家莎士比亞即生於此時。莎士比亞於伊莉莎白時代雖已有著作,然其名著——如《李爾王》(*King Lear*)及《暴風雨*》(*The Tempest*)諸篇——實於詹姆士一世時代出世。同時並有大哲學家培根著《學問之增進》(*The Advancement of Learning*)一書行於世。其意略謂舊書如亞里斯多德等著作已不可恃,吾人應加意於動植物及化學之研究,以便知其究竟,而利用之以謀人類狀況之改善。培根之能文殆可與莎士比亞相埒,所異者不過散文韻文之別耳。是時並有英譯《聖經》之舉,至今為英國文譯本之最。

哈維　是時又有名醫生名哈維者潛心研究人體之機能,遂發見血液循環之理,為生理學上別開生面。

第二節　查理一世與國會

查理一世　詹姆士一世之子為查理一世,雖較其父為稍具君人之度,然其固執己見失信於民則與其父同。其父之惡名未去,即與國會啟爭執之

第一章　英國國會與君主之爭權

端。曾向國會籌款，國會恐其靡費也不允，乃思以戰勝他國之榮結好於國會。當三十年戰爭時，西班牙曾竭力援助舊教徒，至是查理一世雖無軍餉亦竟與西班牙宣戰，籌劃遠征隊赴大西洋中劫奪西班牙之商船，而終不得逞。

查理一世之橫暴　國會既不允納款於王，王遂以強橫之方法徵稅於民。英國法律雖禁止君主不得向人民要求「禮物」，然並不禁其向人民假款。查理一世遂實行假貸之舉，紳士因不允而被逮者五人。於是君主無故逮捕人民之問題遂起。

《權利呈請書》　英王橫暴之跡既著，國會遂起而限制之。至西元一六二八年提出著名之《權利呈請書》於政府。書中對於國王及其官吏之橫徵暴斂極言其非法。又謂此後非得國會之允許，國王不得向人民要求禮物、假貸、捐款、賦稅等。非根據《大憲章》不得任意逮捕或懲辦人民。軍隊不得屯駐於民家。查理一世不得已而允其請。

宗教意見之衝突　是時王與國會之宗教意見又生衝突。蓋查理一世之後本係法國之舊教徒；而德國之華倫斯坦及蒂利又有戰敗丹麥之事，同時法國名相黎希留又竭力摧殘新教徒。詹姆士一世及查理一世均有與法國、西班牙合力保護英國舊教徒之意。下議院中之新教徒漸懷疑慮。同時國內禮拜堂亦漸多復行舊教儀式者。

查理一世之解散國會　此種情形既著，國王與國會之意見益左。西元一六二九年之國會對於國王之舉動頗為憤激，遂被解散。從此英國無國會而治者前後凡十一年。

查理一世之暴斂　王既解散國會，然實無統治之能力。加以橫徵暴斂大失民心，伏他日國會重振之機。如徵收「船稅」即其一端。蓋英國沿海

 第一卷　十七、十八兩世紀之回顧

各港向有供給戰船於國家之義務，查理一世忽令其納捐以代之。並向居在內地之人民徵收同樣之船稅。意謂凡英國人均有輸款護國之義。

漢普頓　其時有漢普頓（Hampden）者為白金漢郡之縉紳竟行反抗輸納船稅二十先令之舉。此案遂提交於法庭以審之，卒以法官多數之同意判其有罪。然國人自此切齒矣。

勞德　西元一六三三年查理一世命勞德（William Laud）為坎特伯雷大主教。勞德以為欲鞏固國教及政府之勢力，則英國國教應折衷於羅馬舊教及喀爾文派新教之間。並謂為國民者應遵守國教之儀式，然政府不應限制人民對於宗教之良心上主張。勞德既任大主教之職，即有查視其轄地各教堂之舉。凡教士之不遵國教儀式者則提交「高等特派法院」審判之。如其有罪，即免其職。

新教徒中之黨派　是時英國之新教徒分為二派：一為高教會派，一為低教會派。前者雖反對教宗及聖餐，然其遵守舊教儀式則與昔無異。故其對於勞德之主張異常滿意。後者即清教徒，則頗不以勞德之舉動為然。蓋此輩雖異於長老會派之主張廢止主教制，然對於教會中之「迷信習慣」——如教士之法衣，浸禮所用之十字架，聖餐禮中之跪拜等——無不反對。至於長老會派之教徒雖有與清教徒相同之處，然並有仿行喀爾文派制度之主張，故與清教徒異，此不可不辨者也。

獨立派　此外又有分離派，亦稱獨立派。此派主張各地方應自有宗教之組織，故對於英國國教及長老會派均反對之。英國政府禁其集會，故至西元一六〇〇年時頗有逃至荷蘭者，居於萊頓地方。至西元一六二〇年有乘美弗勞爾船移民於北美洲之舉，即美國歷史上所謂行腳僧團者是也。北美洲新英諸州之殖民即出諸此輩之力。其教會之在北美洲者至今稱為「公理會」。

第一章　英國國會與君主之爭權

第三節　查理一世之被殺

查理一世與蘇格蘭長老會派之爭執　蘇格蘭當女王伊莉莎白在位時代，有諾克斯其人，將長老會派之新教傳入。嗣因查理一世強迫蘇格蘭應用新訂之《公禱書》，故蘇格蘭於西元一六三八年有《國民契約》之締結，以維持長老會派之新教為宗旨。

查理一世召集長期國會　查理一世志不得逞，乃思以武力強使之行。其時王適有大宗胡椒由東印度公司運歸，遂以賤價出售以充軍需。不意所招軍士均隱與蘇格蘭之新教徒表同情，無心出戰。查理一世不得已於西元一六四〇年召集國會。因其會期甚長，故有長期國會之名。

長期國會反對英王政策　國會既召集，即有逮捕勞德監禁於倫敦監獄之舉。宣布其大逆不道之罪於全國。王營救雖力，終不能出其罪。遂於西元一六四五年處以死刑。同時國會又通過《三年議案》，規定嗣後雖不經國王之召集，國會會期至少每三年一次。查理一世之專制政府根本為之搖動。國會不久又提出《大抗議》，內中縷述國王之種種不法行為。並要求國務大臣應對於國會負責任。並將此文印頒全國。

查理一世逮捕下議院議員五人　國會既表示其反抗政府之意，王大不悅，乃有下令逮捕下議院議員五人之舉。不意王入議場時，此五人早已遁往倫敦城中矣。

內亂之開始（西元一六四二年）　是時王與國會各趨極端，均有預備開戰之舉。助國王者曰騎士黨，多貴族舊教徒及下議院議員之反對長老會派者。國會議員之反對國王者曰圓顱黨，因若輩皆截短其髮以示其反對貴族之意也。

033

 第一卷　十七、十八兩世紀之回顧

克倫威爾　其時為圓顱黨之領袖者為來自田間之國會議員克倫威爾（Oliver Cromwell）。其軍士類係深信宗教之人，與普通輕浮不法者異。英國之北部及愛爾蘭人多信舊教，故竭力援助國王。

二大戰　戰事既起，遷延數年，自第一年以後王黨之勢日促。戰事之最烈者首推西元一六四四年馬斯頓草原之戰；及次年內斯比之戰，英國王敗創特甚。王之書札入於圓顱黨人之手，舉國乃曉然於國王有求援於法國及愛爾蘭以平內亂之意，國人益形切齒。西元一六四六年，王為援助國會之蘇格蘭軍隊所獲，解交國會。國會拘之於懷特島中者凡二年。

勃來得驅逐國會議員　是時下議院議員中頗有黨於王室者，至西元一六四八年之冬，遂提出調和國會與國王爭執之議。團長勃來得頗反對斯舉，率兵至議場中將王黨之議員全數逐出。

查理一世之被殺　王黨議員被逐後，國會之勢力全為反對黨人所占，乃有審判國王之提議。宣言下議院既為人民所選舉，當然為英國之最高機關，雖無君主及上院可也。乃由下議院指派反對國王最力者組織高等法院以審理之。西元一六四九年正月三十日判處國王以死刑，僇其首於倫敦白宮宮門之外。王之死殊非全國人民之意，蓋主持此事者實少數激烈黨人也。

第四節　克倫威爾與共和時代

英國建設共和政府　國王既被殺，「殘缺國會」遂宣布共和政體，廢君主及上院。然主其事者實為軍統克倫威爾其人。克倫威爾之實力專恃獨立派教徒。其時英國人之贊成清教派及廢止君主者為數甚少；而共和政體

第一章　英國國會與君主之爭權

竟能維持如是之久殊出意外。其時雖長老會派之教徒亦頗黨於查理一世之子查理二世。然因克倫威爾有治國之才，且有軍隊五萬人在其掌握，故能實行共和至十三年之久。

征服愛爾蘭及蘇格蘭　克倫威爾雖握有軍政之大權，然國步艱難統治不易。是時三島分離不相統一。愛爾蘭之貴族及舊教徒宣布查理二世為王。而新教首領名奧蒙德公爵一世（1st Duke of Ormond）者又集合愛爾蘭之舊教徒，及英國黨於王室之新教徒組成軍隊，以謀傾覆共和政府。故克倫威爾先率兵入愛爾蘭，既陷德羅赫達，殺死二千餘人。干戈所指無不披靡，至西元一六五二年全島之亂遂平。逐愛爾蘭之地主入山，籍沒其土地以予英國人。同時（西元一六五〇年）查理二世又自法國入蘇格蘭，願奉長老會派之宗教，蘇格蘭人群起擁戴之。然不久亦為克倫威爾所征服。

西元一六五一年之《航業議案》　英國國內雖屬多事，然克倫威爾尚能從容戰勝商業上之勁敵荷蘭人。其時歐洲與殖民地間之運輸全賴阿姆斯特丹，鹿特丹二港之商艦。英國人忌之，乃於西元一六五一年由國會通過《航業議案》，規定凡物產輸入英國者必由英國商船或輸出物產國之商船運入。此議案通過後，荷蘭、英國間遂起商業上之競爭。兩國海軍屢有衝突，而互有勝負。實開近世商戰之局。

克倫威爾解散長期國會（西元一六五三年）及其被選為護國者　克倫威爾與國會之意見屢有衝突，與昔日之查理一世正同。其時「殘缺國會」雖係清教徒，然其賄賂公行，營私植黨，久為國人所不齒。克倫威爾因其破壞大局也，遂痛責之。其時有議員起而抗辯，克倫威爾大呼曰：「來，爾輩之為惡已多矣！吾將止之。此已非爾輩所居之地矣。」言已，揮兵士入議場驅之。長期國會至此遂解散。克倫威爾即於是年四月召集新國會，以「畏上帝」之人充之。即歷史上所謂貝耳逢國會是也。蓋其時國會議員

 第一卷 十七、十八兩世紀之回顧

中,有倫敦商人名貝耳逢者最為時人所注目故名。然所有新議員雖「畏上帝」,而對於國家大事毫無經驗應付為難。故於是年十二月,議員中之較有常識者自行宣布解散,並付國家大權於克倫威爾,稱之為「護國者」。

克倫威爾之外交政策 此後五年之間,克倫威爾雖不願有加冕之舉,實與君主無異。彼雖不能鞏固國內之政府,然其對外政策則到處勝利。與法國締結同盟,並助法國而戰勝西班牙。英國遂得敦克爾克地方及西印度群島中之牙買加島。法國王路易十四最初不願以「吾之中表」(此係歐洲各國君主間之通稱)稱克倫威爾,至是曾對人言願稱其為父,亦足見克倫威爾當日聲勢之宏大也。克倫威爾至是已儼然以君主自居,而其行動之專制亦竟不亞詹姆士一世與查理一世云。

克倫威爾之去世 西元一六五八年五月,克倫威爾忽患寒熱交作之疾,其時國內適有大風拔木之象,王黨黨人以為此乃天奪之魄,神人交憤之徵。不久遂卒。臨終時禱於上帝,略謂「汝命我為英國人民造福,並為汝服務。愛我者固多,而惡我者亦眾。願汝恕之,蓋若輩亦汝之民也;並願汝恕我祈禱之愚」云云。

第五節 復辟

復辟 克倫威爾既死,其子理查(Richard Cromwell)庸碌無能,不久退位。長期國會之議員乃有重行集合之舉。然其時國中實權仍在軍隊之手。西元一六六〇年,有軍官名喬治・蒙克(George Monck)者統率蘇格蘭軍隊入倫敦,以平內亂。方知國人並不贊助長期國會之議員,而長期國會不久亦自行解散。蓋知眾怒難犯,兵力難抗也。其時國人對於武人之驕

橫久懷厭惡，故極願查理二世之復辟。新國會兩院合議歡迎國王查理二世。共和政府至此遂覆。

查理二世之性質　查理二世之固執己見與其父同，然其才力較其父為大。雖不願受國會之牽制，然始終不欲傷國人之感情而與國會生衝突。其時朝廷官吏頗好歡娛。當日戲曲之淫靡溢位常軌。蓋清教徒得勢時代，禁止人民行樂，未免矯情，故復辟之後有此反動也。

國會之宗教政策　查理二世時代之第一次國會議員和平者居多，其二次國會之議員則大半多係騎士黨人，與國王之意見極其融洽，故能維持至十八年之久。君王與國會從無互爭雄長之舉。唯對於清教徒多所限制，如不遵英國國教儀式者不得充城市之官吏。其影響並及於長老會派及獨立派。至西元一六六二年，又有《一致議案》之通過，規定凡不遵《普通祈禱書》者不得充教士。教士之因此辭職者凡二千人。

新教之異派　自此種議案通過後，全國新教徒之不遵國教儀式者漸成一派曰新教之異派。凡獨立派、長老會派、浸禮會派及貴格會派皆屬之。嗣後諸派無復壟斷國內政治或宗教之觀念，只求信教自由而已。

英王贊成信教自由　新教之異派既切望政府允許其信教自由，不意國王忽有贊助之意，蓋其意固在舊教徒也。國王對於《一致議案》曾與國會商議減輕之道，並有信教自由之宣言。然國會深恐王之意或在恢復昔日之舊教，故於西元一六六四年有極嚴厲《宗教集會議案》之通過。

《宗教集會議案》　此案規定凡成年之人不遵國教儀式而集會者則處以徒刑。因此犯法遠戍者為數頗夥。數年以後，王又有予舊教及新教異派以信教自由之宣言。國會不允迫其取消，一面並有《測驗議案》之通過，凡不遵國教儀式者此後均不得充當官吏。

西元一六七九年之《出庭狀議案》　其時國會議案中之重要者當以西元一六七九年之《出庭狀議案》為最。此案規定凡人民之被逮者須將理由告知,速予審判,並須根據國法辦理。此種原理至今為身體自由保障之要義。立憲國家莫不承認。

與荷蘭之戰爭　英國與荷蘭之戰爭始自克倫威爾,至是復啟。蓋查理二世極欲擴充英國之商業及領土。海上戰爭因兩國勢均力敵之故,難分勝負。迨西元一六六四年,英國占據荷蘭所領之西印度群島及曼哈頓島上之殖民地(即今日之紐約),荷蘭不能敵。至西元一六六七年而和。

第六節　西元一六八八年之革命

詹姆士二世　查理二世死,其弟詹姆士二世(James II)繼之。詹姆士二世極信舊教,並繼娶舊教徒摩德納之瑪麗(Mary of Modena)為后。即位後,即一意以恢復舊教為事。其前後所生之女名瑪麗者嫁荷蘭奧倫治公威廉三世(Willem III, Prins van Oranje)。其時國人以為一旦國王去世,則必以其女繼之,其女固新教徒也。不意新后忽舉一子,而王又急於恢復昔日之舊教,國人大恐。新教徒遂遣人赴荷蘭迎威廉。

西元一六八八年之革命及威廉三世之入英　西元一六八八年十一月威廉三世入英國,向倫敦而進,全國新教徒一致贊助之。詹姆士二世拒之,然軍士多不效命,而朝廷官吏亦多懷二心。王不得已遂遁入法國。國會議員及一部分公民乃組織臨時會議。宣言詹姆士二世「因信舊教及僉佞之故已違背國法而逃亡,故英國王位現已虛缺」云。

《權利法案》 臨時會議又有《權利法案》之提議,後經國會之通過,遂為英國憲法中之重要部分。法典中規定:國王不得停止或違背國家之大法;非經國會允許不得徵稅及設常備軍;不得干涉國會中之言論自由;不得廢止陪審官制度;不得有逾分之罰金及逾分之刑罰;不得阻止人民之請願。最後並宣布威廉與瑪麗為國王,如其無子則以瑪麗之妹安妮(Anne)繼之。

光榮革命之結果 自國會宣布《權利法案》以後,西元一六八八年之「光榮革命」乃告終止。英國王之權力此後完全受國會及舊日習慣所限制。國會廢立君主之權至此乃固。

《解決議案》 不久國會又有《解決議案》之通過,規定他日女王安妮去世,則以其表妹漢諾威之索菲(Sophie von Hannover)或索菲之嗣子入承英國之大統,蓋所以拒絕詹姆士二世之子之要求也。至西元一七一四年,女王安妮死。索菲之子喬治一世(George I)入英國為王,為漢諾威朝開國之君主,其祚至今未絕。

英人此後無君主擅權之慮 《解決議案》之內容不但解決王位之承繼問題,並有限制君權之規定。其重要者如司法官任期定為終身;如不稱職唯國會可以免其職。故英國王此後並不能間接以干涉司法行政矣。

第七節　英國憲法之性質

英國憲法為不成文法 英國憲法之發達多根據於上節所述之各種議案。故英國之憲法與現在文明各國之成文憲法不同;其條文始終無正式編訂之舉,實合各種議案中之精理及習慣而成。有種習慣其源遠發於中古。

蓋英國人具有尊重古習之特性，如今日英國法官仍披白髮，即其一端。然一旦舊習已不可行或為革新之障礙時即棄而不用，另造新例為後人之指導。

兵變議案及陸軍議案 英國憲法之變遷往往出諸偶然。例如當威廉及瑪麗在位之初年陸軍忽有兵變之舉。國會不願予君主以兵權以平定兵變，蓋恐兵權過大，又釀昔日斯圖亞特王朝諸君擁兵專制之禍也。故僅予國王以統兵六個月之權。不久國王統兵之權延長至一年；至今陸軍議案仍須每年重提一次云。

行政費與皇室費預算案 英國國會之得勢在於有監督國家財政之權。《權利法案》中已有非經國會允許不能徵稅之原理。國會將國家歲出分為二部。其一為行政費及皇室費，其數目有定，無特別理由不能變更。至於非常費則每年由國會分配之。其計算曰「預算案」。此種預算之方法始於斯圖亞特王朝，而大成於威廉三世時代。其結果則君主統兵之權只以一年為限，而因分配歲出之故每年不能不召集國會一次。

英王權力之薄弱 國會因有上述種種之進步遂握有國內之大權。君主既無掌握財政及軍隊之權，除否決議案及備國會之顧問外，形同木偶。而否決議案之權則自西元一七〇七年後已廢而不用。而且自威廉三世即位以後，知充國務大臣者非從國會多數黨中選出，則預算案必不易於成立，故不得不從多數黨中選擇國務大臣。其時騎士黨因援助斯圖亞特王朝之故已失國人之信仰。故威廉三世時代之國務大臣皆命圓顱黨中人充之。此後兩黨之名改稱為保守黨及進步黨。國務大臣之團體合名之為內閣，為他日行政之中樞。

第二章
路易十四時代之法國

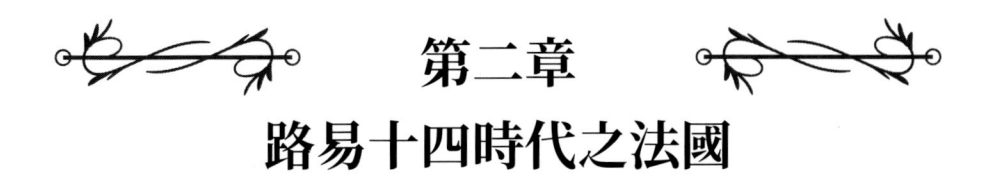

第一節　路易十四之地位及其性質

　　十七世紀初半期之法國　自宗教戰爭終了以後，法國王亨利四世治國英明，故王權復固。其子路易十三即位，政府大權握諸黎希留之手，一面壓制新教徒，一面摧殘國內之貴族，王權為之益振。西元一六四三年路易十三卒，其子路易十四（自西元一六四三年至一七一五年）冲齡即位。馬薩林（Mazarin）當國，諸侯最後跋扈之舉至是蕩平。

　　馬薩林與黎希留之功業　西元一六六一年馬薩林死。昔日負固不服之諸侯至是皆變為俯首帖耳之官吏。新教徒之人數亦已大減，而無抵抗之力。且因干涉三十年戰爭之故，法國領土較昔增加，法國國勢亦較昔為盛。

　　路易十四之政府　路易十四實能賡續先人之事業而益光大之。組織中央集權之政府，至大革命時方廢。凡爾賽之宮殿華麗宏壯為歐洲之冠，見者無不驚嘆。王好大喜功，擾亂歐洲和平之局者先後幾五十年。內有良臣，外有名將，歐洲諸國莫不敬而畏之。

　　君權神授說　路易十四對於君權之觀念與英國王詹姆士一世同。以為君主受上帝之命以臨其民，人民應以尊重上帝之心尊重君主。蓋服從君主即服從上帝。如君主賢明，人民安樂，此上帝之德也，人民應有以報之；

如君主庸愚，人民困苦，此上帝之示懲也，人民應忍受之。無論君主之賢否，人民始終不能有限制君權及反抗君主之舉。

英法兩國人民對於專制君主之態度　君權神授之說路易十四行之而成功，詹姆士一世行之而失敗。其原因有二：第一，英國人對於君主之專制不如法國人之易與。而且英國有國會，有法庭，有種種權利之宣言，均足以限制君主之擅作威福。至於法國既無《大憲章》，又無《權利法案》。其國會又無監督國家財政之力。而且國會開會又無定期。當路易十四即位時，法國之未開國會者已垂四十有七年，此後尚須經過一百餘年方有召集國會之舉。第二，法國介於大國之間，如無強而有力之中央政府不足以圖自存，故法國人對於君主極具依賴之誠。蓋一旦政情紛糾則強鄰即將乘隙而入也。

法國人對於英國之觀念　其時法國人之忠於王室者均以英國為革命之邦。英國人曾殺一王，逐一王；攻擊政府與宗教之書籍通行無阻。凡此種種在法國人心目中視之無不驚駭。以為英國人不尊重權力、習慣或宗教者也。總之十七世紀末年英國所享之名譽正與十八世紀末年法國所享之名譽無異。

路易十四之性質　而且路易十四之為人亦有勝於詹姆士一世之處。蓋其風姿俊美，態度幽嫻。與英國王之面目可憎，言語無味，真有天淵之別。而且路易十四有臨機應變之才，具料事如神之德。寡言笑，而勤於公務。

專制君主之勤勞　專制君主本不易為。一日萬機應付甚苦。如腓特烈大王及拿破崙諸人，無不早起晏眠，勤勞終日。路易十四雖有能臣多人襄理國事，而大權在握從無旁落之虞，與其父在位時之太阿倒持者有別。嘗

曰：「為人君者，如能盡其為君之道，則知其位高，其名貴，而其事樂。」故法國王以勤勞政事著於世。

第二節　路易十四之提倡美術及文學

凡爾賽宮殿　路易十四之宮殿其宏壯為西部歐洲之冠，誠不愧為王者之居。巴黎城外之凡爾賽宮氣象尤為雄壯。宮殿在前，名園在後。周圍為城市，備官吏及商民居住之用。國內貧民雖多，而宮殿土木之費竟達銀幣二萬萬元之巨。宮殿中所有裝飾之華麗至今見者尤讚嘆不止。凡爾賽為法國政府之中樞者先後凡百餘年之久。

路易十四宮中之生活　國王宮殿既華麗無倫，國內貴族遂多離其舊堡而集於凡爾賽，以得侍奉君主為榮。凡國王之飲食起居無不以貴族為使役。蓋唯有接近主方可為一己或親友謀其進身之道也。

柯爾貝之改革　路易十四初年之改革事業多係財政家柯爾貝（Colbert）之功，法國人至今受其賜。柯爾貝深知當日官吏之貪污，逮其最著者逼其繳還。一面關於國用適用商民之簿記法。吏治既稍稍澄清，乃一意於實業之提倡及舊業之改良，使法國之物品得以暢銷於國外。其意以為一旦法國貨物暢銷於外，則外國之金銀不難源源而入於法國，國與民將兩受其益。甚至織品之質地及顏色亦有嚴密之規定。並將各種商會及公所重行改組，以便政府之監督。

當時之文學及美術　然路易十四之所以著名在於文學及美術之提倡。莫里哀（Molière）本優伶出身，以善編喜劇著於世。高乃依（Corneille）所

著之悲劇以《熙德》（Le Cid）為最佳，繼而起者即極有名之拉辛（Racine）也。塞維涅夫人（Madame de Sévigné）之書札實為當日散文之模範。聖西門（Saint-Simon）所著之實錄能將法國王之弱點及官吏之詭詐描摹盡致。

政府之提倡文學　其時法國王對於文人多所資助，如年金即其一端。法國自黎希留當國時代即有中央研究院之創設。至柯爾貝秉政時益擴充之。中央研究院尤注意於法國文字之改良，法國文之日趨優美得力於中央研究院者不少。即在今日，國人尚以得充中央研究院會員為最大榮譽（會員人數僅四十名）。今日尚存之雜誌曰《學人雜誌》者專以提倡科學為宗旨，即創於此時。柯爾貝並於巴黎建設天文臺。而皇家圖書館中之藏書自一萬六千卷增至二百五十萬卷，至今各國學者尚趨之若鶩焉。法國王及其大臣提倡之功又焉可沒也！

唯關於政治上與宗教上問題之討論則絕無自由之可言。當時書籍之流行者多頌揚君主之著作，卑鄙不足道。故他日法國人著手傾覆專制政體時反傾心於英國以為模範焉。

第三節　路易十四與四鄰之爭

路易十四之武功　法國王不但右文，亦且黷武。而其好大喜功之心遠勝其修明內政之志。蓋其軍隊精良，軍官效命，久存思逞之心。而禍結兵連，卒召國庫空虛之禍。誠法國之大不幸也。

路易十四思恢復法國之天然疆界　路易十四以前之君主每無暇思及國土之擴充。蓋其時國內諸侯時形跋扈，中央權力鞏固需時；加以英國諸君

第二章　路易十四時代之法國

遙領法國之地，實逼處此，恢復為難；而且新教紛起，內亂頻仍，平靖摧殘費盡心力。至路易十四時代，國內昇平，既無內顧之憂，遂生遠略之志。故抱有恢復古代法國「天然疆界」之雄心。所謂「天然疆界」者即東北之萊茵河，東南之侏儸山及阿爾卑斯山，及南方地中海及庇里牛斯山。黎希留曾以恢復天然疆界為職志。馬薩林當國時代則東得薩沃伊，南得尼斯，法國之國境已北達萊茵河，南及庇里牛斯山矣。

路易十四要求西班牙屬之荷蘭　路易十四之后為西班牙王查理二世之姊。法國王遂藉此要求西班牙之荷蘭為其領土。至西元一六六七年，法國王著文說明：不但西班牙之屬地應歸法國之治下，即西班牙王國亦有應與法國合併之理由。以為今日之法國即昔日法蘭克民族所創帝國之舊壤；果爾，則荷蘭固明明法國之領土也。

路易十四入侵荷蘭　西元一六六七年法國王統兵入荷蘭，遂征服其邊疆一帶地，再南向而克服法蘭琪——康堤。此地為西班牙之領土，久為法國王所垂涎者。法國王既征服諸地，歐洲各國莫不為之大震，而荷蘭尤甚；蓋一旦荷蘭南部入於法國之手，則荷蘭將與法國接壤，行有實逼處此之憂也。於是荷蘭、英國、瑞典三國組織三國同盟以迫法國與西班牙媾和。其結果則法國占有荷蘭邊疆一帶地，而以交還法蘭琪——康堤於西班牙為條件。

路易十四破壞三國同盟　其時荷蘭海軍既足以抵抗英國之侵犯，一面又能阻止法國軍隊之進行，趾高氣揚，殊為法國王所不喜。其意以為蕞爾小邦而敢開罪於大國，殊屬無理。加以荷蘭對於攻擊法國王之文人多所庇袒，法國王益恨。故設計破壞三國同盟，與英國王查理二世約合攻荷蘭。

路易十四侵入荷蘭　法國既與英國媾和，驟占洛林公國。西元

一六七二年統兵十萬人渡萊茵河而征服荷蘭之南部。荷蘭亡國之禍迫在眉睫。幸其時奧倫治公威廉急命將海堤之閘悉數開放，海水氾濫，法國軍隊遂不能北進。其時德國皇帝遣兵來襲法國王，英國亦中途離叛，法國王不得已與荷蘭媾和於奈梅亨。

《奈梅亨和約》　六年以後和約告成。其重要條文為荷蘭國土法國人不得侵占，唯法蘭琪——康堤既係法國王親征所得之地應歸法國。此地法國與西班牙兩國相爭者先後凡一百五十年，至是卒入附於法國。此後十年之間雖無重大戰事，然法國王曾有占據史特拉斯堡城之舉。德國皇帝因其時土耳其人方圍攻維也納，自保不遑，故對於法國王之侵略只能提出抗議而已。

第四節　路易十四與新教徒

路易十四即位初年之新教徒　路易十四之處置新教徒極其不當，正與其國外戰爭同。蓋新教徒自喪失軍政諸權後多從事於工商業，經濟極形充裕。其時法國人口共千五百萬人，信新教者約百萬，為國中最勤儉之民。然當日之舊教徒教士，仍日以排斥異端之說進諸政府。

路易十四之摧殘政策　路易十四即位之初即以虐待新教徒為事。新教教堂之無端被毀者時有所聞。兒童至七歲時即須宣布不信仰新教。政府並分遣軍隊駐於新教徒所在地以恫嚇之。

南特令之廢止及其結果　不久，諸臣以新教徒均因畏法而變其信仰之說進。王信之，乃下令廢止南特之令。此後信新教者以罪犯論，為新教教

士者處以死刑。舊教徒大悅，以為法國宗教從此統一矣。新教徒因此遁入英國、普魯士與美國者不計其數。法國勤儉之民從此逃亡殆盡矣。

路易十四在萊茵河宮伯領土之活動　萊茵河畔之宮伯領土為新教徒之領土，法國王極思所以征服之。西部歐洲新教諸國以荷蘭為領袖，群起反抗。法國王不之顧，侵入宮伯領土大肆蹂躪。十年後乃媾和，遂一復戰前之舊，蓋是時法國王之雄心已別有所屬也。

第五節　西班牙王位承繼戰爭

西班牙王位承繼問題　西班牙王卡洛斯二世（Carlos II）既無子女，又無兄弟，承繼問題久為西部歐洲各國所注意。其時法國王路易十四之後及德國君主利奧波德一世之後均係西班牙王之妹，故法國王與德國君主同具瓜分西班牙王國之心。不意卡洛斯二世於西元一七〇〇年去世時遺囑以路易十四之孫菲利佩五世（Felipe V）入承西班牙之大統，唯以法國與西班牙兩國不得合併為條件。

菲利佩五世即西班牙王位　西班牙王雖以王位遺諸法國王之孫，唯法國王承認與否關係極大。假使法國王承認之，則法國勢力將遍及於歐洲之西南部及南北兩美洲。其領土之廣將遠駕昔日德國皇帝查理五世之上。其時德國皇帝既不得染指，心本不甘；而荷蘭之威廉入即英國王位以來久懷猜忌。法國王私心自用，不顧後患之無窮，竟以國家為孤注之一擲。故對於西班牙駐法國大使宣言彼行且以王禮待菲利佩五世矣。同時國內報紙亦復以此後再無庇里牛斯山為言。

第一卷　十七、十八兩世紀之回顧

西班牙王位繼承之戰爭　英國王威廉於西元一七〇一年組織大同盟以抵抗法國，同盟中以英國、荷蘭及德國皇帝為中堅。英國王雖不久去世，然英國大將馬爾博羅公及奧地利將薩沃伊之尤金（Eugene）均能勇猛從事。此次戰爭範圍較三十年戰爭尤廣，即北美洲之英國法國殖民地亦有互動干戈之舉。十年之間法國軍隊屢次失敗，不得已於西元一七一三年媾和。

《烏特勒支和約》　《烏特勒支和約》既成，歐洲之地圖為之大變。交戰諸國莫不得西班牙領土之一部分。菲利佩五世仍許其為西班牙王，唯以西班牙與法國不得合併為條件。奧地利得西班牙領土之荷蘭。荷蘭得形勝之地數處，國防愈固。義大利之西班牙領土如米蘭及那不勒斯均入於奧地利。奧地利人之占有其地者至西元一八六六年為止。英國得法國在北美洲之新斯科細亞、紐芬蘭及哈德遜灣一帶地。法國人北美洲之領土從此日蹙。英國之占有直布羅陀亦在此時。

國際法之發達及格老秀斯之國際公法　國際法之發達以路易十四時代為最。蓋因戰事頻仍，盟約迭起，歐洲各國均感有國際規則之必要也。例如使臣之權利，中立船隻之待遇，戰爭行為之規定，對待俘虜之方法等，均係重要問題急待解決者也。歐洲之有國際法始於一六二五年格老秀斯（Grotius）所著之《平時戰時國際法》。格老秀斯及以後國際法學者之種種主張雖不能永息戰爭，而各國和平商協之道則因此增加不少。

路易十四之死　路易十四死，傳其位於其曾孫路易十五（Louis XV）（西元一七一五年至一七七四年）。路易十五即位時年僅五齡，國庫空虛，人民困苦。英國某旅行家曾言曰：「吾知法國之貧民有售其床而臥於藁上者；有售其壺罐及家具以滿足國稅徵收人者。」故伏爾泰謂當路易十四出喪之日，沿途人民不特不哀，反而現愉快之色云。法國軍隊之精良曾為歐洲之冠，至是亦復精神瓦解，遠非昔比矣。

第三章
俄羅斯及普魯士之興起奧地利

第一節　俄羅斯之起源

歐洲二新國之興起及其重要　在路易十四以前，所謂《歐洲史》者大都以法國、英國、荷蘭、神聖羅馬帝國、西班牙及義大利諸國為限。二百年來歐洲有新國二：一為普魯士，一為俄羅斯，在歐洲及世界上均占極重要之位置。歐洲大戰之發生實以普魯士為中堅，而現代俄羅斯之「多數人」幾有傾覆全世界秩序之勢。故吾人不能不將吾人之注意自歐洲西部移至歐洲東部。

歐洲斯拉夫民族及俄羅斯之領土　東部歐洲一帶地雖大半為斯拉夫民族所占——如波蘭人、波希米亞人、塞爾維亞人及俄羅斯人等——然在十八世紀以前與西部歐洲無甚關係，故在歷史上之地位不甚重要。至十八世紀初年，俄羅斯方參入西部歐洲之政局，漸為世界強國之一。其疆域之廣即就在歐洲方面者而論已碩大無朋，而歐洲之俄羅斯實僅占全國領土四分之一而已。

俄羅斯之立國　俄羅斯之立國始於九世紀時之北蠻，相傳留里克（Rurik）於西元八六二年統一諾夫哥羅特附近之斯拉夫民族而成為一國。繼其後者大擴國土以抵於聶伯河上之基輔城。俄羅斯之名似自牢斯（Rous）一字而來，牢斯一字為芬蘭人對於北蠻之通稱。十世紀時，希臘

派之基督教傳入俄羅斯。假使俄羅斯無外患之頻仍，則因與君士坦丁堡交通之故其文化或早已發達矣。

十三世紀時蒙古人之入侵 俄羅斯之地勢平坦實為亞洲北部平原之一部。故至十三世紀時蒙古人有自東來犯之舉。蒙古之成吉思汗（西元一一六二年至一二二七年）既征服中國之北部及中央亞細亞，其子孫遂西向侵入俄羅斯。其時俄羅斯國中小邦林立，無不遠仰蒙古人之鼻息。蒙古人只求其入貢而已，對於俄羅斯之法律宗教初不問也。

蒙古入侵之影響 蒙古汗對於俄羅斯諸王獨寵莫斯科之王子。迨蒙古勢衰，莫斯科諸王有殺死蒙古使臣之舉，時西元一四八〇年也。自後俄羅斯遂離蒙古而獨立。西元一五四七年，伊凡四世（Ivan the Terrible）自稱皇帝。因久附於蒙古之故，俄羅斯之服制及王宮儀式多仿自蒙古。

第二節　彼得大帝

彼得大帝（西元一六七二年至一七二五年） 自伊凡四世稱帝以後，俄羅斯之領土雖時有擴充，然至彼得（Pyotr Velíkiy）即位時尚無通海之孔道。風俗習慣與亞洲同，政府組織仿自蒙古。彼得對於君主權力之宏大雖無疑義，然深知本國之文化遠不如西部歐洲諸國之發達，而軍隊組織之不完備又不足以抵抗西部歐洲諸國而有餘。假使俄羅斯而無良港與海軍，則將永無參預西部歐洲政局之希望。故彼得即位之始即以引入西部歐洲習俗及開通與西部歐洲交通之孔道二事為職志。

彼得之遊歷西歐 自西元一六九七年至一六九八年，彼得親赴歐洲西

第三章　俄羅斯及普魯士之興起奧地利

部，遊歷德國、荷蘭、英國，以考察文學、美術及工藝為目的。在珊達姆地方船廠中工作者凡一週。經過英國、荷蘭、德國時，聘請美術家、文學家、建築家、航海家、軍事家等，攜之回國以備改革國政之用。

舊黨之抑服　其時國內之貴族及教士因彼得力革舊習，與禁衛軍合謀叛亂，彼得聞之急返國。舊黨人所最不喜者即若彼所謂「日耳曼之觀念」，如短衣、吸菸、剃鬚等。國內教士並謂彼得為「反耶穌者」。彼得怒，力平叛亂，相傳手刃舊黨人不少。

改革計畫　彼得在位始終以改革為事。禁止國人不得留長鬚，服長衣。凡上流女子設法使之與男子有社交之會，一反舊日男女隔絕之舊。凡西部歐洲人之入居俄羅斯者無不加意保護，並許其信教自由。同時並遣國內青年前赴西部歐洲留學。並以新法改組其政府及軍隊。

新都聖彼得堡之建設　又因舊都莫斯科為舊黨之中心，古來舊習不易驟改，乃有建設新都之計畫。擇地於波羅的海上。建都曰聖彼得堡，移國民及外人以實之。

瑞典王卡爾十二之兵力　彼得既抱獲得海岸之野心，其勢不能不與瑞典起衝突。蓋介於俄羅斯及波羅的海間之領土皆屬瑞典故也。其時瑞典王卡爾十二（Karl XII）以善於用兵著於世。當西元一六九七年即位時年僅十五歲。四鄰諸國以瑞典王沖齡易與群思一逞。故丹麥、波蘭及俄羅斯三國締結同盟以侵略瑞典之領土為目的。不意瑞典王用兵神速幾可與古代亞歷山大埒。轉瞬之間攻克哥本哈根，丹麥不得已而求和。乃東向俄羅斯，以八千之眾而戰敗五萬之俄羅斯兵（西元一七〇〇年）。不久波蘭亦為瑞典所敗。

卡爾十二之失敗及其逝世　卡爾十二雖長於用兵，然短於治國。彼以

第一卷　十七、十八兩世紀之回顧

波蘭為三國同盟之禍首故逐其國王而以新主代之。其時彼得征略波羅的海沿岸一帶地，瑞典王再率兵東向以拒之。長途跋涉士卒勞頓，於波爾塔瓦地方為彼得所敗（西元一七〇九年）。瑞典王遁入土耳其，力勸其王北攻俄羅斯而不聽。數年後返國，卒於西元一七一八年陣亡。

俄羅斯獲得波羅的海沿岸一帶地及侵略黑海之計畫　瑞典王卡爾十二死後數年，瑞典與俄羅斯遂締結條約。俄羅斯因之得波羅的海東岸利伏尼亞、愛沙尼亞及其他諸地。至於黑海方面彼得之志殊不得逞。其始雖得阿速夫，然不久復失。不過於裏海沿岸得占數城而已。唯此後俄羅斯驅逐土耳其人之志漸形顯著。

彼得歿後之俄羅斯　彼得死後三十年間，俄羅斯之君主多弱懦無能之輩。至西元一七六三年女帝葉卡捷琳娜二世（Catherine the Great）即位，國勢為之復振。自此俄羅斯遂列於強國之林。

第三節　普魯士之勃興

霍亨索倫家族　布蘭登堡選侯國立國於北部歐洲者蓋已數百年，初不意其為歐洲強國之一日。當十五世紀初年，布蘭登堡之選侯無子，皇帝西吉斯蒙德乃鬻其侯國於霍亨索倫家族，即他日德意志帝國之皇室也。歷代相傳英主輩出。西元一六一四年選侯受有萊茵河畔克理甫斯及馬可兩地，是為擴充領土之第一次。四年以後又得普魯士公國。普魯士公國其始原係斯拉夫種人所居地，當十三世紀時為條頓騎士團所征服，德國人移居者漸多。然其西部於十五世紀初年為波蘭所奪。至十六世紀初年（西元一五二五年），條頓騎士團改信新教並解散其團體，乃建設普魯士公國而

第三章　俄羅斯及普魯士之興起奧地利

舉其團長為公，附屬於波蘭王。至十七世紀初年（西元一六一八年），普魯士公國之霍亨索倫家族絕嗣，其領土遂入於布蘭登堡選侯之手。

大選侯之領土　布蘭登堡選侯之領土雖大有增加，然當西元一六四〇年腓特烈‧威廉（Friedrich Wilhelm）——世稱大選侯——即位時國勢殊不甚振。蓋其領土雖多，形勢散漫。軍隊力薄，又不足恃。加以貴族爭雄，時虞跋扈。其領土以布蘭登堡為中堅。在極西者有萊茵河畔之馬可及克理甫斯，在極東者有維斯杜拉河東為波蘭附庸之普魯士公國。

大選侯之性質　然腓特烈‧威廉頗具有統一國家之能力。生性粗魯而殘忍，行事尚詭詐，一心以擴充軍隊為事。並解散地方議會，奪其權以予中央官吏。擴充領土亦復不遺餘力。

大選侯之擴充領土　大選侯意所欲為之事業無不大告成功。當三十年戰爭告終西發里亞和約締結時，竟得明登及哈爾伯施塔特二主教之領土及上波美拉尼亞公國。同時並將普魯士公國脫離波蘭及帝國而獨立。

大選侯之改革事業　大選侯深知鞏固王室之勢力端賴軍隊，故不惜盡其財力以擴充軍隊，人民反對不顧也。又改革政府，集其權於中央。不久與英國、荷蘭二國合力以抵抗法國王路易十四，布蘭登堡兵力之強乃著於世。

大選侯始創軍國主義之普魯士　布蘭登堡大選侯腓特烈‧威廉實創軍國主義之普魯士。普魯士歷朝君主賢愚不一，而國土時有增加，卒統一德國諸邦而成為世界強國之一。雄霸中部歐洲之基礎實肇於此。

普魯士王國之建設（西元一七〇一年）　西元一六八八年大選侯死，傳其位於其子腓特烈三世（Friedrich III）。其功業雖不如乃父之彪炳，然能變其公國為王國，亦可見其能力之何如。此事成功之易蓋因當日西部歐洲各國方有合力攻擊法王路易十四之舉，大有賴於腓特烈之援助也。故西元

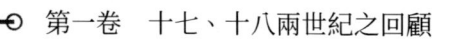

一七〇一年德國皇帝不得已承認其稱王權利。

布蘭登堡選侯腓特烈三世改稱普魯士王腓特烈一世 至於腓特烈三世不稱王於布蘭登堡而稱王於普魯士，則因普魯士所在之地不在帝國疆域之中，為普魯士之王可以離皇帝而獨立也。腓特烈三世改稱王，行加冕禮於普魯士都城哥尼斯堡地方，改稱號為一世（Friedrich I）。

腓特烈‧威廉一世（西元一七一三年至一七四〇年） 新王國之第二君主為腓特烈‧威廉一世（Friedrich Wilhelm I），即他日大王之父也。性情粗野，一意以訓練軍隊修明內政為事。治家治國皆以嚴厲聞於世。

軍隊 腓特烈‧威廉一世自幼即好馳馬試劍。尤好強勇之兵士，不惜出重資以招致之。自二萬七千人增至八萬四千人，幾可與法國、奧地利二國之軍隊相埒。凡軍官之黜陟一以成績為標準，杜絕奔競之路。常以訓練兵士為樂，呼兵士曰「吾之青衣孩子」。

政治設施 腓特烈‧威廉一世不但長於治軍，亦且善於治國，雖大權獨攬而政治修明。加以節儉性成，國用大裕。裁汰宮內之冗員，拍賣內廷之珠玉；甚至鎔御用之金銀器具為鑄幣之用。故當其子腓特烈二世（Friedrich II）即位時，不但軍隊精良，而且府庫充實。他日腓特烈二世功業之盛皆乃父之遺澤有以致之。

第四節　腓特烈大王之戰爭

腓特烈二世之即位（西元一七四〇年至一七八六年） 西元一七四〇年春，腓特烈二世即位。腓特烈二世幼時好讀書，喜音樂，而不好武事，

第三章　俄羅斯及普魯士之興起奧地利

其父不喜也。尤嗜法國文字。即位之後忽變其好文之習，而為窮兵黷武之人。當腓特烈二世即位前數月，哈布斯堡王朝之皇帝查理六世卒，無嗣，傳其位於其女瑪麗亞‧特蕾莎（Maria Theresia）。德國皇帝未死以前，西部歐洲諸國曾承認其遺囑曰《基本勒令》者遺其領土於其女。不意女王即位之始四鄰諸國即有躍躍欲試之意。腓特烈二世之野心尤著，其意蓋在布蘭登堡東南之西利西亞一地也。不久竟無端率兵入占布雷斯勞城。

奧地利王位承繼戰爭　普魯士既有侵略瑪麗亞‧特蕾莎之領土之舉，法國亦尤而效之，聯合巴伐利亞以攻德國。帝國存亡正在千鈞一髮之秋，幸女王膽識兼全，人民忠於王室，卒敗法國人。然不得不割西利西亞一地於普魯士以求其停戰。不久英國、荷蘭二國締結同盟以維持均勢之局，蓋二國均不願法國竟奪奧地利之荷蘭也。數年之後諸國厭亂，遂於一七四八年媾和，以恢復戰前原狀為目的。

腓特烈二世之提倡實業　唯腓特烈二世仍占有西利西亞之地，普魯士之國土因之增加三分之一。戰事既終，普魯士王乃專意於開闢草萊，提倡實業，編纂法典諸事。同時並提倡文學，敦請法國名人伏爾泰來居於柏林。

七年戰爭　瑪麗亞‧特蕾莎對於腓特烈二世之強占西利西亞心殊不甘，思有以報之，遂引起近世歐洲之極大戰爭。東自印度，西至美洲，無不干戈雲擾。此次戰爭（自西元一七五六年至一七六三年）之經過，另詳下章。茲所述者關於普魯士王國者也。

反抗普魯士之同盟　瑪麗亞‧特蕾莎所派駐法國之大使手腕敏捷，竟能於西元一七五六年使二百年來與哈布斯堡王朝為仇之法國與奧地利同盟以攻普魯士。俄羅斯、瑞典及撒克遜三國亦有合力以攻普魯士之協定。就

第一卷　十七、十八兩世紀之回顧

當日眾寡之形勢而論，普魯士之滅亡幾可拭目以俟。

腓特烈二世之善於自守　不意腓特烈二世極善用兵，不特無亡國之憂，而且得「大王」之號。彼既洞悉敵人之目的，遂不待宣戰長驅入占撒克遜。再向波希米亞而進，中途被阻。然於西元一七五七年大敗法國與德國之軍隊於羅斯巴哈。一月以後又敗奧地利軍於洛伊滕（Leuthen）。瑞典及俄羅斯之軍隊均聞風而退。

腓特烈二世竟戰勝奧地利　是時英國正攻法國，腓特烈二世遂得盡其力以戰其敵人。然彼雖以善於用兵著，幾罹身敗名裂之禍。幸其時俄羅斯初易新帝，極慕腓特烈二世之為人，遂與普魯士和。瑪麗亞·特蕾莎不得已而停戰。不久英國與法國亦復息兵，至西元一七六三年締結《巴黎和約》。

第五節　波蘭之分割，西元一七七二年、一七九三年及一七九五年

腓特烈二世之野心　腓特烈二世雖得奧地利之領土，雄心未已。其王國之要區——布蘭登堡、西利西亞、波美拉尼亞——與東普魯士之中間，介以屬於波蘭之西普魯士。腓特烈二世之垂涎此地，已非一日。加以是時波蘭之國勢衰弱不振，一旦外力入侵，即無抵抗之能力也。

波蘭之人種及宗教　其時歐洲諸國除俄羅斯外以波蘭為最大。莽莽平原無險可守；人民稀少，種族混淆。波蘭人以外有西普魯士之德國人、立陶宛人及在立陶宛之俄羅斯人及猶太人。波蘭人多奉舊教，德國人信新

第三章　俄羅斯及普魯士之興起奧地利

教，而俄羅斯人則奉希臘派之基督教。人種既雜，教派又多，國人感情遂多睽隔。

政府組織之不完備　波蘭政制之不良誠為歷史中所罕見。四鄰諸國莫不中央集權以資禦外，而波蘭則貴族跋扈君主無權，對內對外兩無實力。波蘭王不得國會之同意不得宣戰、媾和、徵稅及立法。而國會議員類皆貴族之代表，凡百議案非全體同意即不得通過。一人反對即無事可為。此即世上所傳之自由否決權者是也。

王位係選舉制　至於君主無世襲之權，一旦去世則由貴族公選一外國人充之。每當選舉之秋情形極其騷擾，四鄰諸國多以武力或金錢暗爭選舉上之勝利。

貴族及農民　國內貴族極多，數約百萬，而貧無立錐之地者半。故有「貴族之犬雖踞於封土之中，而其尾可達鄰封之境」之笑談傳於世。國內政權實握諸少數富豪之手。除德國人所居諸城以外絕無所謂中流社會。其在波蘭及立陶宛境內者則工商諸業均操諸猶太人之手。然波蘭政府不承認猶太人為國民，常有虐待之舉。至於農民之狀況困苦異常。已由佃奴降為奴隸，生殺之權操諸地主矣。

葉卡捷琳娜二世與腓特烈二世之協商（西元一七六四年）　波蘭國內之政情既如此不良，而俄羅斯、普魯士、奧地利三強環伺，又皆抱欲得而甘心之志。其亡國之禍固不待識者而知其迫在眉睫也。俄羅斯、普魯士、奧地利三國早已屢屢干涉其內政，曾阻其憲政上之改良，蓋若輩固不願波蘭之重振也。當七年戰爭告終時，波蘭王奧古斯特三世（August III）死，腓特烈二世遂與女帝葉卡捷琳娜二世協定，以女帝之寵臣波尼亞托夫斯基（Poniatowski）入承王位，稱斯坦尼斯瓦夫二世（Stanisław II）。

第一卷　十七、十八兩世紀之回顧

斯坦尼斯瓦夫之改革　斯坦尼斯瓦夫二世既即位，頗專意於改革，俄羅斯大失望。波蘭王並有廢止國會議員自由否決權之意。俄羅斯得普魯士之同意盡力干涉之，以不得廢止為要求之條件。自此以後，內亂迭起，俄羅斯常播弄其間。

奧地利贊成分割波蘭　奧地利與波蘭接壤，對於波蘭之國情關懷甚切。乃商之普魯士，協定如俄羅斯允退出自土耳其奪來之領土，則分割波蘭之舉當三國共之。奧地利應得波蘭之一部分，西普魯士則歸諸腓特烈二世。

第一次分割（西元一七七二年）　西元一七七二年三國遂實行分割之舉。奧地利所得之領土內有波蘭人及俄羅斯人三百萬。奧地利人種語言本已複雜，至此益甚。普魯士得西普魯士之地，居民多屬信奉新教之德國人。俄羅斯得波蘭東部俄羅斯人所居之地。迨俄羅斯軍隊直逼其都城華沙，波蘭國會不得已而承認其分割。

波蘭之中興（西元一七七二年至一七九一年）　波蘭自第一次為強鄰分割後，國人頗有所警惕。此後二十年間（自西元一七七二年至一七九一年），教育、文學、美術等，無不具有中興之氣象。維爾那及克拉科夫兩地之大學力加重新整理。而國立學校之新設者亦復不少。波蘭王斯坦尼斯瓦夫·波尼亞托夫斯基廣聘法國及義大利之美術家多人赴波蘭以資提倡。同時並與法國哲學家及革新派名人書札往還，徵求意見。史家詩家人才輩出，足為波蘭王國末造之光。宗教專制漸形減銷。廢止憲法，以新者代之。

西元一七九一年之新憲法　新憲法宣布於西元一七九一年五月三日。廢議員自由否決制，王位定為世襲；設國會，其性質略與英國國會同——即君權有限，使君主及國務大臣對於國會負責任是也。

葉卡捷琳娜二世之破壞革新事業　其時國人中頗有反對革新事業者，誠恐一旦佃奴釋放則地主之權利行且掃地以盡也。乃求援於葉卡捷琳娜二世，葉卡捷琳娜二世大喜，宣言：「波蘭之共和政制，行之已數百年而無弊，今反更張，實為謬舉。」又謂：「波蘭之改革家實與法國當日之雅各賓黨人無異，其意無非欲剝奪君權耳。」遂派軍隊入侵波蘭，廢新憲法，恢復議員自由否決制。

第二次分割（西元一七九三年）　俄羅斯既阻止波蘭之改良，再與普魯士商議第二次分割之舉。是時普魯士王為腓特烈‧威廉二世，率兵東入波蘭。其理由以為但澤城實有接濟法國革命黨餉糈之嫌，而波蘭又有暗助法國雅各賓黨人之意；而且波蘭之行動實足以擾亂歐洲之和平。遂占波蘭領土，得有波蘭人口五十萬之眾，並占托倫，但澤及波茲南三鎮。俄羅斯得人口三百萬。奧地利則因俄羅斯及普魯士有允其代向波蘭商議以其領土荷蘭交換波蘭之巴伐利亞，故不與此次分割之事。

柯斯丘什科之叛（西元一七九四年）　是時有波蘭志士名柯斯丘什科（Kościuszko）者曾與美國獨立戰爭之役，暗中布置革命之舉，於一七九四年春間起事。普魯士之波蘭人起而響應之。腓特烈‧威廉二世之軍隊不得已而退出。

第三次分割（西元一七九五年）　葉卡捷琳娜二世聞之，遣兵入波蘭。大敗其國中之叛黨，柯斯丘什科被擒。是年冬，華沙陷。波蘭王退位，俄羅斯遂與普魯士及奧地利分割波蘭殘餘之國土。俄羅斯得立陶宛公國之大部，其面積倍於普魯士及奧地利兩國所得之總數。波蘭遂亡，時西元一七九五年也。然波蘭人之民族精神至今不滅，故一九一四年歐洲大戰以後世界上又有波蘭共和國之復現云。

第六節　奧地利、瑪麗亞・特蕾莎及約瑟夫二世

奧地利之哈布斯堡　當普魯士霍亨索倫家族擴充勢力於北部德國之日，正奧地利哈布斯堡王朝統一領土而成大國之秋。昔日德國皇帝查理五世即位之初，曾讓其奧地利領土於其弟斐迪南一世。斐迪南一世因娶后而得波希米亞及匈牙利兩王國，奧地利之領土因之增加不少。然其時匈牙利王國之大部分均入於土耳其人之手，故十七世紀末造以前，奧地利之王室專意於抵抗土耳其人。

土耳其人之武功　十四世紀初年，亞洲西部有土耳其人種，自東而西征服小亞細亞一帶地。其酋長名奧斯曼（Osman I）（西元一三二六年死），故歐洲人名其族曰鄂圖曼土耳其人，所以別於十字軍時代之塞爾柱土耳其人也。長於戰鬥，兵力極盛；亞洲領土日有擴充。一方並侵入非洲北部一帶。在西元一三五三年時已在東部歐洲方面得一根據地，征服馬其頓地方之斯拉夫族，而占據君士坦丁堡附近之地，至百年後並陷落之。

歐洲諸國之抵禦　土耳其人既有侵略歐洲之舉，歐洲諸國大恐。威尼斯及德國之哈布斯堡王朝首當其衝，負有防禦之責。此後相持不下者幾二百年。西元一六八三年，土耳其人率兵圍奧地利都城維也納，幾陷之。幸波蘭王率兵入援，土耳其人方率兵去。自此以後，土耳其人之勢力日就衰微，奧地利遂恢復匈牙利及德蘭西爾斐尼亞諸地。西元一六九九年得土耳其王之承認。

瑪麗亞・特蕾莎在位時代　腓特烈二世既奪奧地利西利西亞之地，瑪麗亞・特蕾莎引為大辱，蓋其地人民多係德國種，一旦失去，王族之威權為之大損也。他日分割波蘭，所得足以償其所失而有餘；然波蘭人種本屬

異族，一旦入附民族益雜。哈布斯堡王朝領土之中有居於奧地利之德國人，波希米亞及摩拉維亞之捷克種人，匈牙利之馬扎爾種人及羅馬尼亞人，加利西亞之波蘭人，南部之克羅埃西亞種人及斯洛維尼亞人，米蘭及托斯卡尼之義大利人，荷蘭之佛蘭德人及瓦倫種人等。

約瑟夫二世　瑪麗亞‧特蕾莎善於治國，以勤勞國事著於世。在位凡四十年而卒。其子約瑟夫二世（Josef II）已被選為德國皇帝。在位十年（西元一七八〇年至一七九〇年），力行改革。終以阻力過巨，故哈布斯堡王朝之領土始終無統一之機。十八世紀以來英國、法國諸國之民族觀念極盛，而奧地利則因人種複雜之故，不但無民族精神之可言，而且常有四分五裂之危險。加以四鄰強國多與奧地利國內之人民同種，故時有外力入侵之虞。一九一四年歐洲大戰之近因即源於奧地利與其鄰國塞爾維亞之紛爭。故吾人欲瞭然於今日歐洲之大問題，非先明瞭奧地利國史不可。

第一卷　十七、十八兩世紀之回顧

第四章
英國、法國在印度及北美洲之競爭

第一節　歐洲之擴充世界商業

歐洲與殖民地之關係　二百年來歐洲諸國時有戰爭，其目的多在擴充海外殖民地。如西班牙王位承繼之戰為王位者半，為商業者亦半。各國內政亦莫不大受遠居海外之商民及兵士之影響。英國諸城——如里茲、曼徹斯特及伯明罕——工業甚盛，而有賴於印度、中國及澳洲。假使商業範圍以歐洲諸國為限，則利物浦、阿姆斯特丹及漢堡諸城之商業斷無如此之繁盛。

歐洲各國殖民地之廣大　歐洲面積雖僅占世界陸地十二分之一，然世界陸地之屬於歐洲人者竟占五分之三而有餘。法國在亞洲、非洲之領土其面積較歐洲全部為大。荷蘭壤地褊小，而其殖民地之面積竟三倍於德意志帝國。英國領土占世界陸地五分之一，幾百倍其母邦之三島。其他南北兩美洲莫不為歐洲人所有。

本章所述者歐洲殖民事業之由來，英國人戰勝在印度及在北美洲法國人之經過。讀者明乎此，而後七年戰爭之意義方明。

上古中古時代之世界　歐洲史之範圍自古以來愈近愈廣。希臘人及羅馬人雖有與印度、中國交通之跡，然上古世界之範圍仍以亞洲西部、歐洲南部與非洲北部為限，此外知者甚鮮。中古時代民智益趨閉塞，唯對於東方之興味仍甚濃厚也。

十六、十七兩世紀葡西荷三國之殖民政策　當十五世紀末年及十六世紀初年，葡萄牙人及西班牙人頗從事於海上之探險，卒有發見新大陸及印度航路之事。葡萄牙人自西元一四九八年達伽馬直達印度後，即建設商埠於印度沿岸。不久又設商埠於南美洲之巴西。其時西班牙亦占墨西哥、西印度及南美洲大部之地方為己有。未幾荷蘭繼起，而為葡萄牙、西班牙二國商業之勁敵。當西班牙王費利佩二世合併葡萄牙時代（自西元一五八〇年至一六四〇年），禁荷蘭商船不得入里斯本。荷蘭人遂奪印度諸商埠及香料群島於葡萄牙人之手，同時並占爪哇及蘇門答臘諸大島。

英法兩國在北美之殖民地　英國、法國兩國自十七世紀初期以來即殖民於北美洲，互相對壘已非一日。英國在北美洲之殖民地以西元一六〇七年維吉尼亞之詹姆士敦為最古。自後新英倫諸州、馬里蘭、賓夕法尼亞諸地相繼而起。其時英國新教之異派教徒——清教徒、天主教徒及貴格會教徒——之逃亡者多赴北美洲。同時亦有為謀生而前往者，則多販賣黑奴，從事工作。

第二節　英國與法國互爭殖民地

法國之北美殖民地　當英國殖民於北美洲之時，法國亦有建設殖民地於新斯科細亞及魁北克兩地之舉。法國人占據加拿大，英國人雖未嘗阻止，然進行甚緩。西元一六七三年，法國耶穌會傳道教士名馬貴特者及商民若雷二人曾控密西西比河之一部分。不久拉薩勒（La Salle）順流而下，名其地曰路易斯安那。西元一七一八年，法國人建城於河口曰紐奧良，自此北至蒙特羅均築有炮臺以資防守。

第四章　英國、法國在印度及北美洲之競爭

英法兩國之對峙　英國自締結《烏特勒支條約》以後，得法國屬地紐芬蘭、新斯科細亞及哈德遜灣兩岸地，其勢力已達於北美洲之北部。當七年戰爭之初，英國人之在北美洲者已達百萬以上，而法國人尚不及十萬。然當時法國為西部歐洲最強之國，識者固不料其有喪失北美洲領土之事也。

印度之面積　英國、法國所爭者並不僅限於五十萬紅人所居之北美洲。當十八世紀初年，英國與法國均已得有根據地於印度。印度為文明古國之一，當時人口約有二百兆。

印度之蒙古諸帝　達伽馬直抵印度以後三十年，蒙古人名巴布爾（Babur）者自以為帖木兒之後，入據印度帝國。國祚綿延幾達二百年之久。西元一七〇七年，蒙古皇帝奧朗則布（Aurangzeb）死，帝國瓦解。國內諸侯及帝國官吏無不分疆而治，形同獨立。雖蒙古皇帝尚居於德里，然自十八世紀初年以後，徒擁虛名而已。

英法兩國在印度之殖民地　十七世紀初年，英國人設東印度公司於印度以謀商業之發展。當英國王查理一世在位時代，東印度公司購得一村落於印度之東南岸（西元一六三九年），即他日有名之馬德拉斯商埠也。同時於孟加拉地方並建設商埠數處。不久並築加爾各答城。其時孟買已屬於英國。印度之蒙古皇帝對於少數外人之入居其國漠不關心。迨十七世紀末年，東印度公司時有與印度諸王戰爭之舉，方知外人為數雖少固有自存之道也。為英國人之勁敵者不僅印度人而已，而且有歐洲之強國。蓋法國亦設有東印度公司者也。自十八世紀以來即以朋迪治里為根據地。此地人口六萬人，歐洲人僅二百而已。是時葡萄牙與荷蘭二國人在印度之勢力已日就衰微；而蒙古皇帝又復無能為力；故爭持不下者僅英國、法國兩國人及印度諸王而已。

第一卷　十七、十八兩世紀之回顧

英人之獨霸北美　歐洲七年戰爭將啟之前，英國與法國有爭雄於北美洲及印度兩地之舉。其在北美洲則自西元一七五四年後，英國與法國殖民地間已起爭端。英國政府遣布拉道克（Braddock）赴北美洲，意在占據法國人在俄亥俄河流域之根據地迪凱納堡（今匹茲堡）。英國大將不審邊地之形勢，為法國人所敗而死。其時法國因與奧地利同盟方有事於普魯士，無暇顧及北美洲之領土。英國之內閣總理皮特（Pitt）又係著名之政治家。一面援助普魯士，一面援助北美洲之英國人。於西元一七五八年至一七五九年間占據法國人在提康德羅加及尼亞加拉諸地所築之炮壘。同時英國大將烏爾弗攻克魁北克城，次年加拿大地方全入於英國人之手。當魁北克陷落時，英國人並三敗法國海軍於海上云。

杜布雷與克萊芙在印度之爭持　當奧地利王位承繼戰爭之日，英國人與法國人之在印度者已有戰爭。是時朋迪治里之法國總督為杜布雷（Dupleix），善用兵，頗思逐英國人於印度之外。印度諸王中有屬舊日印度種者，有屬蒙古種者，時起紛爭，法國人遂得以坐收漁人之利。杜布雷所統之法國軍為數本少，乃募印度土人充之，加以西法之訓練，此策遂為英國人所仿。

克萊芙戰勝杜布雷　其時英國東印度公司中有書記名克萊芙（Clive）其人者知兵善戰，不亞法國杜布雷。是時年僅二十五歲，募大隊土人而訓練之，遂成勁旅。其時歐洲雖已有亞琛之和約，杜布雷仍繼續在印度與英國人戰。克萊芙之策略遠勝於杜布雷。二年之間英國人勢力已瀰漫印度之南部。

英人獨霸印度　當歐洲七年戰爭開始之時，印度孟加拉地方之總督忽籍沒居在加爾各答英國商民之財產，並監禁英國人一百四十五於一室，一日之間悶死大半。克萊芙聞之急率英國兵九百人印度兵一千五百人往孟加

第四章　英國、法國在印度及北美洲之競爭

拉，於西元一七五七年大敗印度總督五萬人於普拉西。遂易新督以代之。七年戰爭未終，英國人已奪得法國人之朋迪治里。法國人在瑪德拉斯一帶之勢力至此乃消滅垂盡。

七年戰爭時英國所得之領土　西元一七六三年七年戰爭告終，英國所得之領土最多。其在地中海則直布羅陀與在梅諾卡島上之坡特馬洪兩險要均入英國人之手。至於北美洲則法國領土加拿大，新斯科細亞及西印度群島中之法國所領諸島亦均割讓於英國。同時法國並割讓密西西比河以西之地於西班牙。法國人在北美洲之領土至是喪盡。其在印度，法國人雖恢復其領土，然其聲威之著遠不逮英國人矣。

大英帝國及實業革命　十八世紀之英國史為世界帝國建設史，正如十七世紀之英國史為專制政體衰替史。同時國內並有種種機器之發明引起實業之革命，其結果則十九世紀英國富強之象甲於世界。至於實業革命之情形後再詳述。

▍第三節　北美洲英國殖民地之叛

英國對待殖民地之放任　英國方得加拿大於法國人之手，不久在北美洲之英國殖民地忽有叛而獨立之舉。先是英國政府之待北美洲殖民地本取寬大放任之政策，故北美洲之英國殖民地遠較法國與西班牙兩國殖民地為自由。維吉尼亞於西元一六一九年即已有地方自治會，麻薩諸塞一地亦與共和國無異。殖民地之憲法日漸發達，為他日獨立時憲法之根據。當十七世紀時，英國內有國會與君主之爭權，外有路易十四所激起之戰事。自烏特勒支和議後二十年間，沃波爾（Walpole）當國，對於北美洲殖民地極其

067

放任。殆七年戰爭告終時，北美洲殖民地之英國人數達二百萬以上。殖民地既日形富庶，生活又極其自由，加以戰勝法國人，自信之心益固，故不願受母國之干涉。

英國徵稅於北美殖民地　當英國與法國戰爭之時，英國政府方曉然於北美洲殖民地之財力甚為雄厚，遂決令其負一部分之戰費及常備軍費。故於西元一七六五年國會通過《印花稅案》，強北美洲殖民地以實行。殖民地人民以為英國與法國戰爭之軍費負擔已重，而且國會中既無殖民地之代表，即無徵稅於殖民地之權。北美洲各殖民地之代表遂於西元一七六五年集會於紐約城，議決反對《印花稅案》。

航業法律　其時北美洲殖民地人所不滿者尤有甚於《印花稅案》者在，即各種《航業法律》是也。當克倫威爾及查理二世時代所定之航律其目的原在荷蘭。規定凡外貨必經由英國商船方得輸入英國及其殖民地。故一旦北美洲殖民地購買外貨非由英國商船運輸者即為違法。而且又規定凡歐洲各國之出產必經過英國與英國商船之運輸方得銷售於英國之殖民地，殖民地人欲輸出其產品於他國亦非經由英國商船運輸不可。

貿易法律　上述《航業法律》尤為難堪者則英國政府規定凡北美洲殖民地所產之糖、菸草、棉花及靛青，僅能銷售於英國是也。其他物品有禁其輸出者，並有禁其出產者。如北美洲雖產皮，而殖民地不得輸出皮帽於英國或他國。又北美洲鐵礦甚富，而西元一七五〇年之法律則禁止殖民地不得建設煉鋼廠，蓋恐有害英國之鋼業也。其時殖民地之木材及食品多與西印度諸島之糖相交換，而英國政府並禁其不得輸入西印度所產之糖。

北美殖民地人之違法　上述種種法律之不便於殖民地顯而易見，殖民地人遂往往實行私運以牟重利。菸草、蔗糖、麻、棉布諸業，異常發達。

第四章　英國、法國在印度及北美洲之競爭

鋼鐵製造物亦復日有進步。工業既日形發達，則反抗英國之干涉固意計中事矣。

英國取消各種稅法　英國政府不得已取消殖民地之印花稅。唯英國王大不謂然，故於次年有徵收殖民地玻璃、紙、茶等稅之舉。同時並設專司以監督航業貿易諸法之施行。英國國會不得已取消各種稅法，僅徵收茶稅而已。

殖民地人之反抗　西元一七七三年北美洲殖民地人有反抗茶稅之舉。其時波士頓城有某青年暗登茶船擲茶葉於海中。殖民地與母國之惡感益甚。英國下院名議員主張取放任政策，然英國王喬治三世及國會均主以嚴厲手段對付之。以為此次反抗之舉以新英倫諸州為中堅，不難指日平靖也。西元一七七四年，國會通過議案數起，禁止波士頓不得輸出或輸入物品；並剝奪麻薩諸塞殖民地選舉法官及該地上院議員之權利，改由英國王任命之。

大陸會議及宣布獨立　此種政策不特不足以平麻薩諸塞之反抗，而且引起其他殖民地之恐慌。各殖民地遂於西元一七七四年遣代表開大會於費拉德爾菲亞，籌商對付之策。結果議決英國對於殖民地所施虐政未除以前雙方貿易暫行中止。次年殖民地軍隊與英國軍隊戰於萊辛頓及邦克山兩地。第二次大陸會議決議預備與英國宣戰，舉華盛頓為軍統。至是北美洲殖民地尚無脫離英國之意。嗣因調和無望，遂於西元一七七六年七月四日宣布獨立。

北美合眾國求援於法國　法國對於英國北美洲殖民地之獨立異常注意。蓋自七年戰爭以後法國喪地太多，一旦世仇有故當然引以為快也。北美洲合眾國知其然也。故遣富蘭克林赴法國，求援於法國王路易十六。法國政府因未悉合眾國之實力如何不敢遽允。迨西元一七七八年合眾國之

軍隊敗英國大將伯格因（Burgoyne）於薩拉托加，方與合眾國締結條約而承認其獨立。其時法國人之赴北美洲助戰者頗不乏人，著名之拉法葉（La Fayette）即其一也。

合眾國之成立 是時殖民地之軍隊雖有華盛頓為統軍之人，然仍屢次敗績。西元一七八一年幸得法國海軍之援助，迫駐在約克敦之英國大將康沃利斯（Cornwallis）降。英國至是承認北美洲合眾國之獨立。其領土東自大西洋岸，西至密西西比河。河西路易斯安那及南部佛羅里達諸地則尚屬西班牙也。

美國獨立為新大陸解放之始 美國獨立三十年以後，西班牙及葡萄牙兩國在新大陸之領土亦相繼獨立。歐洲人之領土僅存加拿大一區而已。西班牙之領土古巴島至西元一八九八年方得美國之援助而獨立云。

《烏特勒支和約》後歐洲所得戰爭之結果 自《烏特勒支和約》後至法國革命時七十年間，歐洲時有戰事。其結果則歐洲東北有俄羅斯及普魯士之興起。普魯士之領土大有擴充。至十九世紀時，普魯士、奧地利兩國互爭雄長，前者卒代後者起而建設德意志帝國。

東方問題之起源 土耳其之勢既衰，奧地利及俄羅斯遂乘機而起。乃成為歐洲諸國間一大問題，即十九世紀以來所謂「東方問題」是也。假使奧地利與俄羅斯兩國之領土日益增加，則歐洲諸國間均勢之局必破，而為英國人所不喜。故英國人特與土耳其交歡。自是而後土耳其遂入居於平等國之林，西部歐洲各國甚有願與聯盟以資抵制者矣。

英國之領土 英國失策，失去北美洲中部之殖民地。然仍領有北美洲北部之加拿大。至十九世紀時並得澳洲。至於印度，則因競爭無人，其勢力漸普及於喜馬拉雅山南矣。

第四章　英國、法國在印度及北美洲之競爭

路易十五（西元一七一五年至一七七四年）　法國當路易十五在位時代國力衰微大非昔比。西元一七六六年得洛林，西元一七六八年得科西嘉島，次年拿破崙生於島中阿雅克肖城，即他日雄霸歐洲之法國皇帝也。十九世紀初年，法國已由王政一變而為民主，干戈所向到處披靡。吾人欲明法國革命及拿破崙戰爭之影響如何，不能不先述法國革命之所由起。

第一卷　十七、十八兩世紀之回顧

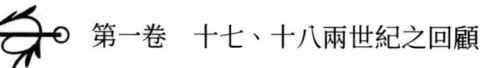

第二卷
十八世紀之狀況及改革

第二卷　十八世紀之狀況及改革

第五章
歐洲之舊制

▍第一節　鄉間之生活 —— 佃奴制度

十八世紀西歐鄉農之狀況　十八世紀初年歐洲鄉農之狀況與十一世紀時初無稍異。雖自十二世紀以來西部歐洲之佃奴制度日就消滅，然各國之遲早初不一致。其在法國則自十四世紀以後佃奴之制已廢，而英國之廢止佃奴則尚在百年以後。其在普魯士、奧地利、波蘭、俄羅斯、義大利、西班牙諸國，十八世紀時之鄉農狀況與昔無異。

十八世紀時法國之封土制度　即在法國，當十八世紀時亦尚有封土制度之遺跡。農民身體雖已不固定於封土，而有購售土地、婚姻、身體諸自由。然地主對於佃奴仍可強其舂米於地主之臼，烘麵包於地主之爐，壓葡萄酒於地主之榨。過橋有稅，渡河有稅，即驅羊而過地主之居亦有稅。而且因有種種限制之故，為農民者往往終身耕種一片地，永無脫離之望。一年所獲須納其一部於地主。一旦售其地於他人，則須將得價之一部交諸地主。

英國之封土制度　至於英國則當十八世紀時佃奴制度已完全消滅。對於地主之徭役早已代以金錢，故佃奴一變而為佃戶。唯地主仍為排難解紛之人，佃戶亦仍行尊重地主之禮。一旦佃戶有冒犯地主之舉，則地主仍有懲罰之權也。

第二卷　十八世紀之狀況及改革

其他歐洲諸國之佃奴狀況　在歐洲中南東各部，佃奴狀況與中古時代無異。其身體終生聯屬於封土，對於地主應盡之義務亦復與千年前不殊，所有器具異常粗陋，自造者多。英國農民所用之木犁其形式與古代羅馬人所用者無異。割麥以鏺，刈稻以鐮，大車之輪仍用木材。

農民居室之卑陋　歐洲各部農民之居室雖不相同，然大致皆係狹小而黑暗之茅舍。牛豕之類與人同居，臭穢可想。飲水既汙，洩水無溝。所幸農家男婦終日力田，家居之為時甚短耳。

鄉間生活之乏趣　十八世紀之鄉間生活絕無興趣之可言。農民除封土外絕無所知；縱有報紙亦不能讀。當日英國之農民識字者五千人中尚不及一人，至於法國則雖徵收田賦之官吏亦無編製報告之能力。東部歐洲諸地之農民其狀況尤惡。匈牙利之農民於一週之中服務於地主者四日，為地主而漁獵者二日，幾無力田之餘暇焉。

第二節　城市及各業公所

十八世紀之城市與中古無異　十八世紀城市之狀況亦與中古時代相同。街衢狹小而屈曲，入夜即昏暗異常。地鋪圓石，穢氣燻蒸，與今日歐洲城市之宏大美麗真有天淵之別矣。

倫敦　當西元一七六〇年，倫敦城之人口約五十萬，僅占今日倫敦人數十分一。城市交通既無所謂電車，更無所謂汽車。僅有數百輛馬車及肩輿二種而已。入夜之後雖有更夫攜籠燈巡行守夜，然盜賊四伏，夜出者咸有戒心，多攜武器以自衛。

第五章　歐洲之舊制

巴黎　當日法國京城巴黎較倫敦為大。城中警察制度遠較倫敦為完備，故盜賊之患絕少。公園大道已具規模。然就全城而論，則街道狹小者仍居多數。雖有地溝可資洩水，然一旦大雨，則滿街積水氾濫難行。水退汙留，河水混濁，居民飲料且取資於是焉。

德國諸城　德國諸城人口稀少，故其範圍多不出中古牆城之外。雖城中建築亦頗有宏大者，然其景況荒涼遠非昔比。柏林人口僅有二十萬，維也納稍多。維也納為今日世界上最美城市之一，在當日城中清道伕役僅自三十人至百人，並以每夜均點路燈自誇云。蓋當時其他各城之路燈僅於冬季無月光時方一放光明耳。

義大利諸城　至於義大利，除威尼斯外，其他著名各城——米蘭、熱那亞、佛羅倫斯、羅馬——雖以有宏大美麗之建築著於世，然其街道之狹陋亦正不亞其他諸城。

工商業之規模狹小　十八世紀歐洲城市中既無大工廠，又無大商鋪。除倫敦、安特衛普及阿姆斯特丹諸城因有殖民地之商業尚形繁盛外，其他諸城之工商業規模狹小，與中古同。

同業公所　其時商鋪之售品多係自製而成。各種同業——如裁縫、製鞋、麵包、製皮、釘書、剪髮、製燭、造刀、做帽、紙花、製假髮等——無不有一種同業公所之組織，以限制他業中人不得製造本業物品為目的。店主之人數及商店之學徒均有定額。學徒學習為期甚長，甚有七年或九年者。其理由以為學精一業斷非旦夕所可能。實則同業公所不願店主人數之增加，故對於學徒特加限制耳。學習之期既屆，學徒遂得升充工匠。然假使無有勢朋友之援引，則終身無充當店主自設商鋪之望也。

英國之同業公所　同業公所之制始於中古，故至十八世紀時相沿已有

数百年。英國學徒學習之期普通定為七年。謝菲爾德地方之刀匠同時不得收二徒；諾福克及諾里奇二地之織工每人以二學徒為限；全國帽工之學徒人數亦然。

法德兩國之同業公所 法國同業公所之勢力較英國尤巨。蓋自柯爾貝當國以後，政府往往加以援助，以冀國貨之改良而得暢銷於外國也。德國同業公所之組織較英國與法國尤為嚴密而普遍。舊日之規定猶是風行。大抵店主之學徒以一人為限，商鋪以一處為限，所售物品以自造者為限。

各業公所之紛爭 為工人者終身一業，不得變更；假使製鞋而不遵舊式，或做麵包者而代人烤肉，則逐之於同業公所之外。巴黎有帽匠以絲和毛製成美觀之帽，暢銷獲利，同業公所中人以其毛中和絲有違成法，遂毀其存貨以示懲。凡未經同業公所允准者不得開設商鋪。同時各業之間亦時有紛爭之事。如金匠與製錶匠，養花匠與紙花匠，每起範圍不明之爭執。製麵包者不得製糕，補破衣者不得新製。凡此種種不但難以實行，亦且有礙工業。

同業公所與今代職工會之不同 同業公所與今代職工會之性質實不相同。第一，同業公所之會員以工頭店主為限。學徒工人對於公所之政策絕無過問之權。第二，公所中之議決案賴官力以實行。假使工人而違背定章，則監禁罰金諸事均由政府負執行之責。第三，公所中人之職業規模狹小，與中古同。

各業公所之衰微 各業公所之勢力表面上雖似宏大，然因社會狀況之變遷有日就衰落之趨勢。當日稍具常識之人莫不知同業公所之足以阻止工業之進步，思所以廢止之。而且種種新工業日興月盛，多不隸屬於同業公所之中，而專賴中央政府之提倡。其勢力遂漸駕於各業公所之上。同時並有實業上之革命，工業性質為之大變，而資本人工諸問題於以興起。

第五章　歐洲之舊制

第三節　貴族與君主

十八世紀時之貴族　當十八世紀時，中古之封建制度雖已廢止，而巨室貴族猶享特權。英國、法國、西班牙諸國君主摧殘國內諸侯之陳跡茲不多贅。總之至十八世紀時，國內貴族已不若昔日諸侯之負固不服，而多仰君主之鼻息矣。蓋昔日之諸侯宣戰鑄錢，立法司法，儼同君主；今日之貴族則反以得侍君主之巾櫛以為榮。諸侯堡壘至是亦已變為別墅。

法國之貴族　法國之貴族與英國不同。不喜鄉居而喜居於凡爾賽宮內。蓋宮廷生活興趣甚濃，而近侍君王進身有道也。然因久離封土之故，對於佃戶威信漸減；加以管理無方，佃農側目，益失人望矣。

法國貴族之特權　又因法國貴族有免納數種國稅之特權，國內平民益形側目。而且因接近君主之故，國內優肥之職每為若輩捷足者所得。又因門第關係夜郎自大，工商諸業皆不屑為。故法國之貴族為數得十三、四萬人，顯然為社會中之特權階級。尤其不堪者則當日法國之貴族多非昔日封建諸侯之苗裔，大都以金錢賄買而得之。以視世襲之貴族尊卑之價相去甚遠；而國人之視貴族亦遂多抱藐視之心矣。

英國貴族之特異　英國封建諸侯堡壘之消滅較法國為早，而英國法律又始終不與貴族以特權。昔日英國君主常有召集國內貴族商議國家大計之舉，日久遂成今日之貴族。凡貴族有充貴族院議員之權，傳其爵於其塚子。然其負有納稅之義務及其同受法律之制裁初與平民無異。而且貴族雖係世襲，僅傳長子，與歐洲大陸諸國之傳其爵位於諸子者異。故英國貴族人數有限。階級雖異，國人初無側目之心也。

德國騎士仍類中古之諸侯　至於德國之貴族其地位與中古之諸侯同。

蓋德國既無中央集權之政府，又無強健有為之君主。其結果則在十八世紀時，諸侯之數尚以百計；壤地雖小，負固如昔。徵稅、司法、鑄錢、統兵，諸權仍握掌中。

國君為貴族之首領　歐洲各國之貴族皆以國君為首領。為君主者類多大權獨攬使國民無參政之機，而暴斂橫徵每致國民有交困之象。宮廷宏大，費用浩繁，歲入取諸國民，大半為權奸所中飽。而且君主得以無故而逮捕人民，任意生殺，不過為國民者多歸咎於朝廷之權相，故對於君主仍甚忠敬也。

君主之盡職　實則當時歐洲各國之君主功業甚盛，實有可敬之道。如封建制度之廢止君主之力也。國內紛爭之終止亦君主之力也。中央官吏遍駐國中，商旅往來安然無慮。修築孔道、整頓幣制、通商惠工、提倡學問、鞏固國基、組織政府，卒成今日之民族國家，亦何莫非君主之力耶？假使封建之制不廢，諸侯獨立之象猶存，則民主精神與政治平等恐永無實現之一日。不過當日君主仍願與貴族合群，每置國民之利害於不顧也。

第四節　基督教會

近世各種問題與中古教會之關係　十八世紀時，歐洲貴族尚享特權。同時基督教士——舊教諸國尤著——亦復享有特權形同貴族，其勢力之宏大與其組織之完備遠出貴族之上。教士之權力出自教會，而教會實數百年來歐洲之最要機關。當中古時代，凡歐洲人民無一不屬於教會，正如今日人民之無一不隸於國家。宗教革命以前，歐洲之宗教統一於駐在羅馬之教宗，偶有叛離，罪同大逆。不忠於教會或不服其管束即視為褻瀆上帝窮

第五章　歐洲之舊制

凶極惡之人。至於教會所資以維持者非若今日之專賴捐助，其收入之來源多恃各國君主及各地諸侯之輸款。此外教會並有徵收什一之教稅之權，凡歐洲人無論信教與否均有納稅之義務。

十八世紀時教會權力之宏大　自中古以來，教會內部雖有變遷，然至十八世紀時其外表尚與昔無異——如隆重之儀式，雄厚之資財，宏大之勢力，專制之信仰等。凡瀆神者或信異端者教會仍有監禁之權。教士所設學校各地林立，青年學子多養成堅忍之教徒。醫院及各種慈善機關多由教士主管。教徒生死均須經其註冊。男女婚娶必經教會之認可方為合法。寺院遍地，資產豐富。西元一七八九年時巴黎一城之中修道之寺數達六十八處，女尼之庵達七十三處。教稅徵輸一如昔日，而教士亦仍享有蠲免直接稅之特權。

新教舊教之宗教專制　居今日而反觀十八世紀之教會，則無論新教舊教均無信教自由之可言。而政府亦盡力於維持宗教之專制，偶有反對國教之舉動或言論即懲辦之。以視今日之信教自由相去遠矣。

法國新教徒之地位　法國自西元一六八五年南特之令取消以後，新教徒之公權剝奪殆盡。西元一七二四年政府下令：凡人民不奉羅馬舊教者則籍沒其財產，男子遠戍，女子監禁終身。傳布新教或他種宗教者處以死刑。他日虐殺之舉雖形減少，然不信舊教者生死無註冊之地，婚姻無認可之人。故新教徒之婚姻及子女均為國法所不認，無承受遺產之權。

出版品之檢查　其時所有出版品均有嚴重檢查之舉，蓋恐其中言論或有攻擊舊教之處，教會及君主之權力或恐因此而搖動也。羅馬教宗久已設有委員會負審查新書之責（此會至今尚存），時時印行《禁書總目》行於世。西元一七五七年法國王曾下令：凡著述、印刷或售買攻擊宗教之書籍者則處以死刑。大學教授之講義亦受嚴重之監督。西元一七五〇年巴黎

有教士因以耶穌之治病與醫神阿斯克勒庇俄斯（Asclepius）相較，被逐出國。當十八世紀時法國出版之書籍頗有抨擊當時政府及教會者皆被焚毀。著書者亦常有被逮之虞。

檢查書籍之無效　當時雖有檢查書籍之舉，然攻擊舊習提議改革之書籍時有發見，通行無阻。蓋著書者往往不發表著者及印刷者之姓名，而且多在荷蘭及日內瓦等處印刷發行。亦有名雖在外國印刷，而其實則在本國祕密印行者。

西班牙、奧地利及義大利諸國之教會　其在西班牙、奧地利及義大利——在教宗領土內尤著——諸國，教士之勢力及其特權較法國尤為宏大。而教士之有力者尤推耶穌會中人。至於西班牙則一面有書籍之檢查，一面有異端法院之設立，故宗教一端至十八世紀末年方有改革之舉。

德國教士地位之特異　至於德國教會之地位與他國絕不相同。南部信舊教，普魯士及北部諸地則信新教。為主教者廣擁領土，儼同諸侯。德國西南兩部之地屬諸教會者竟達三分之一。

第五節　英國之國教及新教諸派

女王伊莉莎白在位時代之國教　英國當亨利八世時代宗教上已叛離羅馬教宗而自立。其女伊莉莎白（西元一五五八年至一六○三年）在位，國會有國教之規定。廢止聖餐儀節，並適用《普通祈禱書》。定教條三十九以資人民之信守。教會之組織雖沿舊教之舊，然大主教及主教等之任命權操於國君。所有教士均有遵守三十九信條之義。宗教上之禮節一以祈禱書

第五章　歐洲之舊制

為根據，凡禮拜日而不赴教堂者則以法繩之。

英國之虐待舊教徒　英國政府之對待舊教徒雖屬嚴厲，然不若法國虐待新教徒之甚。當伊莉莎白在位時代，英國舊教徒因受耶穌會中人之播弄曾有陰謀反對女王之舉。舊教徒頗有因此被誅者。其時凡攜教宗之諭以入英國者信奉舊教者或使新教徒改信舊教者均以大逆不道論。或有躬與聖餐禮者則令其罰金或監禁之。

清教徒　然其時英國之新教徒亦頗有不願信奉國教者。此輩新教之異派漸分為數派。人數最多者首推浸禮會派。此派傳入北美洲後傳道事業之規模最為宏大。蓋自西元一七九二年後即有以傳道為目的之結社也。

貴格會派　英國教派之有名於美國者尚有貴格會派。此派創於西元一六四七年之福克思，以惡衣惡食反對戰爭及各種禮節著於世。其在北美洲以費拉德爾菲亞為根據地，威廉·佩恩（William Penn）為此派之首領。宗教中人永久反對戰爭者首推貴格會。世界弭兵之運動當以此派之主張為最早。

監理會派　英國最後之新教派曰監理會派。創始者為牛津大學學生約翰·衛斯理（John Wesley）其人。信教極具熱誠，起居極有規則。衛斯理離牛津大學後，曾居於北美喬治亞殖民地。西元一七三八年回英國，深信「罪過頓除」之說，其教義即以此為根據。彼在倫敦及其他大城常開宗教之會。奔走全國以傳道為事。襄助之者有查理·衛斯理（Charles Wesley）及懷特腓（Whitefield）二人。監理會派之教徒最初本自命為英國國教中人，日後漸自成一派。至西元一七八四年北美洲之監理會派有組織監理聖公會之舉。至十九世紀初年，英國之監理會派亦獨樹一幟於國中。衛斯理歿時此派之教徒數達五萬，至今在美國者數達六百萬。

第二卷　十八世紀之狀況及改革

虐殺異派之減勢　當十七世紀時，英國信教自由之精神極其薄弱。自光榮革命以後，虐殺異派之事漸形減少。然英國國教依然存在，雖有西元一六八九年之《信教自由議案》，然異派教徒不得充當政府之官吏或收受大學之學位。僅信奉國教者有領有封土之權。國教中主教並得列席於上議院。

英國不承認舊教之存在　英國法律對待舊教之嚴厲始終不變。凡信舊教者不得入英國。國民不得舉行聖餐禮。舊教徒不得充任官吏或議員。就法理論，則舊教徒絕無入居英國之權利。唯對於新教徒之異派則法律上之限制日形寬縱焉。

英國之出版自由　英國教會仍設有司法機關以懲辦教徒之不赴禮拜堂者，信異端者，及有不道德之行為者；然不甚實行。而且英國之出版品不若法國之須得政府之允許。故當日關於科學及宗教之討論當以英國為最自由。十八世紀之英國實為思想進步之中心，而為法國改革家私淑之地。大抵當日英國之教派過多，故一派獨尊之事實不可能。布萊克斯通（Blackstone）之言曰：「吾輩先人宗教專制之政策實不免於謬誤。教派分離之罪斷非政治上之壓力及懲戒所可消除。宗教上之紛爭除非有害於國家之安寧政府初無干涉之根據。官吏固有維護國教之責，然既剝奪異派教徒之公權，則任其信教自由亦復何害？若因意見不同之故驟加虐殺，豈不有背於自由之原理耶？」

第六章
改革精神

第一節　近世科學之發達

　　改革精神　當十八世紀時，社會狀況及人類思想雖已經過五百年之變遷，而中古制度猶頗有存在者。如佃奴也，各業公所也，封建租稅也，享有特權之貴族及教士也，寺院制度也，複雜苛虐之法律也——凡此種種皆中古黑暗時代之遺產而留存於十八世紀者也。然至是歐洲人漸知舊制之不善，漸望將來之改良。並知進步之障礙實在舊制之留存及知識之閉塞。必先廢除舊制開通知識而後方可建設新制以適合於當日之環境。

　　尊古之習　此種希望將來之心理在今日視之本不足異，然在當日則實一種新態度也。蓋當日之歐洲人均有尊古之習，每以現在狀況為不如過去之佳；因若輩對於昔日之缺點知者甚少，而對於當日之陋習則知之甚審也。當時歐洲人亦有欲為武士，為聖人，為名士，為美術家，為偉人者，然皆以能比擬古人為尚，初無超軼古人事業之心。求知識於古人著作之中，不求之於當日世界之上。以為亞里斯多德之科學著述已足包羅萬有詳盡無遺。大學教授之責任即在解釋其著作之意義以傳授於學生，而不在學問之增加或謬誤之改正。所有思想莫不以過去為依歸；所謂改良即是復古。

　　科學家促進進步及改革之精神　歐洲人思想之能由過去而向將來者科學家之功為多。自有科學家之後世人方知古人之謬見極多，古人之思想未

當。盲從古人之習日漸消除，希望將來之心日漸濃厚。故今日之歐洲人無不時存進步之觀念，而種種發明亦因之而日新月盛焉。當中古時代，學者所研究者在古而不在今，重神學與哲學而不重天然科學。抑若讀古人書——亞里斯多德之著作尤要——即足以了解世界者然。

近世之科學方法　然當十三世紀之時，即已有方濟各派之修道士名羅傑‧培根者力言盲從古人之非是，主張獨立以研究真理。其方法有三：第一，對於萬物之變化應有嚴密之觀察，方可以瞭然其究竟。近世衡量及解剖諸法之精審即源於此。例如化學家能在杯水之中詳悉所含各物之多寡及性質，不知者且以為一杯清水不染一塵矣。第二，為實驗。培根以為僅僅觀察天然尚不足恃，必加以人為之實驗方可斷定其結果。故今日之科學家莫不併有賴於實驗之一法。蓋僅有觀察而無實驗斷不足以明萬物之究竟也。第三，吾人既知觀察及實驗為求智之方法，然無觀察及實驗之器械不為功。當十三世紀時已有人知凸鏡之足以顯微，不過不如今人所製者之精緻耳。

法蘭西斯‧培根（西元一五六一年至一六二六年）　規定科學方法之第一人當推英國詹姆士一世在位時代之政治家及著作家法蘭西斯‧培根（Francis Bacon）。彼以為吾人果能研究萬物之本身，排除各種模糊之字義——如「溼」、「乾」、「物質」、「形式」——與大學中所授亞里斯多德之「多刺哲學」，則各種科學之發明當可遠過古人之所得。又謂：「時至今日，能將各種流行之觀念一掃而空而重新研究者尚無其人。故今日人類之知識猶復混雜不堪，有可信者，有偶然者，亦有極其幼稚者。」

自然律之發見　觀察實驗之方法既盛行於世，人類對於地球及宇宙之觀念為之丕變。其最重要之發見莫過於萬物運行皆有定律之一說。而近世科學家即終身以發明此種定律及其應用為事者也。星命之說本無根據，魔

術方法久已不行。天然定律之作用始終不息。科學家研究所得之結果實已遠駕於中古魔術家所得者萬倍矣。

反對科學上之發明 科學雖有進步，而障礙實多。蓋人類天性固不願變更其觀念者也。而且教會教士及大學教員涵養於《聖經》及亞里斯多德學說中者甚深且久。所有知識一唯古人所用之課本是賴。雅不欲多所更張以與科學家同時並進。

神學家之反對態度 有幾種科學上之發明每因不合於《聖經》而為神學家所排斥。如謂地球為行星之一並非上帝所造者，又謂太陽甚多，吾人之太陽不過其中之一云云，此種學說不但教士聞之為之咋舌，即當時之社會亦莫不驚奇。故當時之思想家頗有遭際不良而身受苦痛者，其著作亦頗有被禁或被焚者。伽利略曾被迫宣言不再相信地球之圍繞太陽。又因不用拉丁文而用義大利文著書以懷疑當日之見解故被拘禁；並須每日背誦《讚美詩》至三年之久。

第二節　科學上之發見及改良精神之產生

科學發見之影響於宗教信仰上者 其時思想陳腐之人群知一旦科學發達於若輩定有所不利。蓋自有科學研究以後，泥古之習一變而為疑古之心。舊日宗教中人無論新教舊教均主人類性惡之說。至於科學家之主張則適與之相反，以為人類之性本善；人類應自用其理想；人類果能研究天然定律，其知識定能日有增加。而且迷信破除謬見更正以後人類狀況必能改善。又主張上帝不獨默示於猶太人，其好生之德瀰漫於宇宙之中，自古至今無遠弗屆。

087

第二卷　十八世紀之狀況及改革

自然神教家　此種宗教觀念與基督教義並無不合。蓋古代神父著作中曾有此種主張也。然當時懷有此種觀念者每係自由思想家，攻擊基督教義不遺餘力。以為若輩之上帝觀念遠較基督教徒為有價值。並謂基督教徒既深信靈怪及地獄諸說，是明明以上帝為違反自然律之人矣。

伏爾泰之遊英　西元一七二六年世界上第一自然神教家法國之伏爾泰有遊歷英國之舉。其時伏爾泰年僅三十二歲，對於舊日信仰本已懷疑。既抵英國，思想為之益變。尤仰慕牛頓（Isaac Newton）之為人，故躬行送葬之禮。彼以為萬有引力之發明其功業當在亞歷山大或凱撒之上，故盡力傳播其說於法國人。嘗謂：「吾人所應崇拜者非以力役人之人，乃以真理服人之人，非破壞宇宙之人，乃明瞭宇宙之人。」

伏爾泰所得言論自由之印象　伏爾泰鑒於貴格會派中人生活之簡單及痛恨戰爭之激烈大為感動。對於英國之哲學私淑極深，尤喜約翰・洛克（John Locke）（西元一七〇四年卒）。彼以為洛克所著之〈論人〉一詩為世界上得未曾有之勸善詩。又鑒於英國人言論及著作之自由與夫尊重商人之習慣，異常欽羨。嘗謂：「法國商人受人藐視每自汗顏；然商人既能富國又能裕民，而謂其不若面塗脂粉之貴族一面傲人一面乞憐以得侍君主之巾櫛為榮者，竊未敢信。」

伏爾泰之遊英觀察談　伏爾泰將遊歷英國所得者著文以行世。巴黎之高等法院以其有抨擊國君及政府之處取其書而焚之。然伏爾泰終身為主張依賴理性及信仰進步之最力者。對於當時制度之缺點時有所見，每為文以攻擊。文筆暢達人爭誦之。彼所研究者範圍極廣，如歷史、戲曲、哲學、傳奇、紀事詩、書札等，莫不有所著述。故其文字之影響所及甚廣。

伏爾泰之攻擊宗教　伏爾泰之批評各種制度範圍甚廣，而其攻擊羅馬

第六章　改革精神

舊教尤為激烈。彼以為教會專制,反對理性與改良,實為人類各種進步之最大障礙。故伏爾泰之為人實為教會空前之勁敵。

伏爾泰之弱點　伏爾泰固是多才,然亦有其短處焉。彼之議論每貽膚淺之譏,而武斷之處亦覆在所不免。彼所見者僅教會之弊,而忘卻舊日教會之利。對於教會中人之著作每加以誅心之論。未免將宗教觀念與檢查書籍及神學爭辯諸事併為一談,於理實有未當。

伏爾泰之優點　然彼對於當日之虐政竟能力加攻擊,有膽有識,令人欽敬。彼所攻擊之弊實至大革命時莫不一掃而空。新舊教徒之非議伏爾泰者往往顯其所短而略其所長,究非持平之論。蓋教會之能改良實不能不歸功於伏爾泰之呼號也。

狄德羅之《百科全書》　當日欽慕伏爾泰者頗不乏人,其最著者即為狄德羅（Diderot）及其同志。若輩當時有編纂《百科全書》（*Encyclopédie*）之舉,以傳布科學知識激起改革精神為主旨。《百科全書》之著作並不始於當日,蓋狄德羅之計畫原欲翻譯英國錢伯斯（Chambers）之《百科全書》也。當狄德羅輩所編之《百科全書》未出版時,德國曾編有《百科字典》六十四卷行於世。然當時歐洲人之能讀德國文者為數甚少,而狄德羅輩所編之《百科全書》則因文字淺明及歐洲人多能讀法國文之故風行一世。

神學家之反對《百科全書》　狄德羅輩深恐反對者多,故對於當日流行之觀念雖不同意亦採納之。然同時並將意見相反之材料蒐集無遺,予讀者以權衡之餘地。西元一七五二年首二卷方出版,即因有攻擊君主及宗教之處為法國政府所禁止。

《百科全書》之告竣　政府雖禁止《百科全書》之印行,然並不禁止諸人之編纂。故源源出版,購者日眾,而反對者亦日力,以為編纂者之目的

在於搖動宗教及社會之根本。法國政府遂取消其出版證書,並禁止首出七卷之銷售。然七年之後,狄德羅輩竟將後十卷告竣以公於世。

《百科全書》之價值　《百科全書》中所攻擊者為宗教專制、苛稅、販賣奴隸、苛虐刑法等。立論雖甚和平,而主張異常有力。而且竭力提倡自然科學之研究,舊日之神學哲學遂無形為之失勢。狄德羅所著《立法者》一篇中之言曰:「各國人民有互換工農各業出產品之必要。故商業為聯繫人類之新機關。今日各國均有維持他國財富、工業、銀行、生活、農業之義。一旦萊比錫、里斯本或利馬有衰敗之跡,則歐洲貿易必有破產之虞;而受其影響者將達數百萬人之眾云。」故英國人約翰·莫萊(John Morley)嘗謂:深悉近世社會之原理而能注重實業者當首推法國《百科全書》家云。

第三節　政治上之新思想

《論法的精神》　伏爾泰及狄德羅輩提倡新知雖力,然均無攻擊君主及政府之舉。自孟德斯鳩(Montesquieu)(西元一六八九年至一七五五年)出,雖表示其對於法國政制之信仰,然因稱賞英國政府優良之故極足以使法國人瞭然於本國政府之敗壞。嘗著《論法的精神》(*De l'esprit des lois*)一書,謂:證諸歷史政府為特種時勢所造成,故政府之組織應有以適合當日之情勢。彼以為各國政府以英國為最良。

盧梭攻擊文化　攻擊當日之制度使國人生不滿之心者除伏爾泰外當推盧梭(Rousseau)(西元一七一二年至一七七八年)其人。盧梭之主張與伏爾泰及狄德羅不同。彼以為時人病於思想之過多,並不病於思想之太少;吾人應依賴感情,不應專恃腦力。又謂:歐洲當日之文化實嫌過度,不如

第六章　改革精神

反諸自然樸野之域之為愈。其第一篇文字著於西元一七五〇年，係應懸賞徵文之稿也。文中證明人類道德之墮落實源於學術之發達。蓋學術發達之後人心日趨險詐也。故力贊斯巴達之樸野，而痛罵雅典人之墮落。

《愛彌兒》　不久盧梭又著一研究教育之書，即至今尚負盛名之《愛彌兒》(*Émile*) 是也。書中極言教師改良人類本性之非是，以為「天生萬物莫不優良，一經人手莫不退化……欲保存天性之本來面目其道何由？莫如無為……吾人之智慧皆奴性之成見也；吾人之習慣皆抑制天性之具也。文明之人皆生死於奴境者也。生為衣所縛，死為棺所囚；一生皆受制度之約束」。

《社會契約論》　盧梭主張人類生活以純樸為主聞者莫不心許。不久又有人類自然平等及參預政治權利之主張，時人益為之傾動。其名著《社會契約論》(*Du contrat social ou Principes du droit politique*) 即詳述此種主張者也。其言曰：「人類生而自由者也，而今則處處皆受束縛。一人自以為為他人之主人，而其為奴隸也則較他人為尤下。此種變遷何自來？吾不知也。此種變遷何以竟成合法之舉乎？則吾能答之。」彼以為此種變遷之合法源於民意。統治權當屬諸人民。人民雖可設君主以治國家，然立法之權當操諸人民，蓋人民有守法之義也。他日法國革命時代之第一次憲法定法律之意義為「民意之表示」，即受盧梭學說之影響者也。

貝卡里亞（西元一七三八年至一七九四年）及其著作　十八世紀時主張改革之書籍不一而足，而影響最巨者莫過於義大利人貝卡里亞 (Beccaria) 所著《論犯罪及刑罰》(*On Crimes and Punishments*) 一書。書中所述當日刑法之苛虐不平，簡明允當。蓋當日審判之不得其平，刑罰之殘酷無理，雖在英國亦復如斯。刑訊逼供仍甚通行。考查證人出以祕密，於未見被控者之面之前錄其證據；通風報信者予以重賞；無根之言即足以入人

於罪。罪犯既自承，則用種種虐刑——如拷問機、指夾、火烙諸刑——逼其供出同謀者之姓名。不但殺人者處以死刑即信異端者、贗造者、行劫者、瀆神者，亦莫不處以死刑。據英國名法學者布萊克斯通之言，則英國法律所定之死刑計凡一百六十種，凡砍斷果園之樹，竊自商鋪中五仙令以上，及竊自衣袋中十二便士以上之罪皆屬之。唯英國死刑之罪法定雖多，然因其有陪審公開及出庭狀之制，其審判尚遠較大陸諸國為公允也。

貝卡里亞之主張 貝卡里亞主張審案應公開，證人須與被控者覿面。密控他人者不得受理。尤不應有刑訊逼供，強入人罪。彼並主張死刑之廢止，一因死刑之阻人為惡不如終身監禁之有力；一因死刑之殘酷——如斬、絞、凌遲、車斷等——極足以敗壞觀者之德行也。故刑罰須寬大而一定，當以犯罪及於社會之危險程度為衡。貴族官吏之犯罪其刑罰當與平民等。籍沒財產亦應廢除；蓋因一人有罪遺累其無罪之家族，於理未當也。罰人之犯罪不如阻人之犯罪，欲阻人之犯罪莫若將法律昭示國人，而明定其刑罰。而振興教育，開通民智，尤為澄本清源之上策。

十八世紀之經濟學 經濟學發達於十八世紀中葉以後。其時學者頗能研究國家財富之來源，貨物出產及支配之方法，貨物供求之公律，泉幣信用之功能，及泉幣信用及於工商業之影響等。十八世紀以前，群以為此種事實絕無研究之價值。初不知物價貴賤之不同及利率高低之各異均有定律存焉。古代希臘及羅馬之哲學家對於農工商界中人多藐視之；蓋其時力田經商者類以奴隸充之故也。當中古時代，藐視之態雖不若昔日之甚。然當日之神學家及哲學家好高騖遠絕不注意於人民之生計也。

各國政府規定工商業之影響 當時政府雖不知經濟學上之公例為何物，然已漸有規定工商諸業之舉。吾人已知各國政府常有種種之限制以利其本國之商人，或援助各業公所以維持其專利之職業。法國政府因受柯爾

第六章　改革精神

貝之影響，規定工商各業鉅細無遺。如織品之廣狹、顏色、質地，均有定規。政府對於食糧禁商人不得居奇或竊運出境。

重商主義　總之十八世紀初年之政治家及學者莫不以提倡實業為富國上策。又以為欲增財富必輸出多於輸入方可，蓋必如此而後他國之金銀方可源源而來也。凡主張政府之提倡航業，發展殖民地，及規定製造業者謂之「重商主義家」。

自由貿易主義　然至西元一七〇〇年時，英國與法國學者頗以政府之干涉工商業為失策。以為政府限制過嚴每生極不良之結果；若政府不加限制使製造家得以自由適用新發明，則實業之發達必能較速；又謂法國政府之限制民食過嚴適足以增加人民之痛苦，蓋有背於經濟學上之原則故也。此輩經濟學家頗反對昔日之重商政策。以為重商主義家誤認金銀為國家之財富，殊不知國家之貧富固不在現金之多寡也。世人名此派學者為「自由貿易家」。即法國某經濟學家所謂放任主義是已。

亞當・史密斯之《國富論》　一七七六年蘇格蘭人亞當・史密斯(Adam Smith)所著之《國富論》(*The Wealth of Nations*)一書出版，實為近世第一經濟學之名著。他日經濟學之發達莫不以此為根據。彼頗反對重商政策及其方法——如進口稅、政府補助費、限制穀米之輸出——以為此種限制適與富國利民之道相反背，而減少出產之價值。政府之責盡於保護而已。然彼對於英國之《航業法律》極表同情，故亞當・史密斯實非純粹之自由貿易家也。

經濟學者之攻擊舊制　英國與法國之經濟學者其主張雖不盡相同，然均以為政府不應有違反經濟學原則之舉。例如攻擊舊日稅法之未當，主張賦稅當直接徵之於地主。著書立說風行一世。甚有印行經濟學雜誌以提倡國民之經濟學識者。

第二卷　十八世紀之狀況及改革

十八世紀為開明進步之時代　據上所述可見十八世紀實一開明進步之時代。學者輩出，民智日開。既曉然於舊制之不良，又抱有改良進步之希望。改革精神且達於宮廷之內矣。茲故略述當日開明專制君主之事業。

第七章
法國革命以前之改革

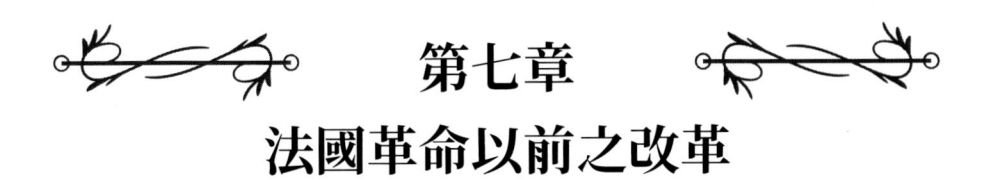

第一節　腓特烈二世、葉卡捷琳娜二世及約瑟夫二世之改革

開明專制君主　當十八世紀時，歐洲各國有開明專制君主數人，即普魯士之腓特烈二世、俄羅斯之葉卡捷琳娜二世、奧地利之瑪麗亞‧特蕾莎、德國皇帝約瑟夫二世及西班牙之卡洛斯三世是也。之數君者皆頗能加意於改良，故有廢舊制、定新法、抑制教士、提倡工商諸善政。世稱為「開明專制君主」。實則若輩雖較當時一般君主為開明，然其利國利民之心至多亦不過與查理曼、克努特及聖路易諸君等。至其專制則真名實相符。總攬國家之大權，使國民無參政之餘地。爭城爭地，時動干戈。故謂其專制則有餘，稱為開明則不足。

腓特烈二世　當日開明專制君主中之最有能力者當推普魯士王腓特烈二世（西元一七四〇年至一七八六年）。王幼年好讀書、賦詩、弄笛，為其父所不喜。曾受業於法國人某，故極愛法國文及法國之文哲諸學。年十八歲因不勝軍事訓練之苦意欲逃亡，中途被逮。其父怒甚，幾手刃之。後遂禁之於庫斯特林衛城中，令讀《聖經》，並使其目睹同謀者一人之被戮。

腓特烈二世之受教　事後腓特烈二世稍稍留意於國家大事。巡視庫斯特林附近之王室領土，遂瞭然於農民之疾苦。其父代訂婚姻，王允之。一

第二卷　十八世紀之狀況及改革

意以研究文字、哲學、歷史、算學為事。並與歐洲文人信札往來，殆無虛日。尤敬伏爾泰之為人。喜著書，有暇則從事於歷史、政治、軍事之著述。死後遺著凡二十四卷，均用法國文著成。

即位後之事業　腓特烈二世既即位乃專心於政治。雖不與人民以參政之權，然其勤勞國事世所罕有。早起晏眠萬機獨理，從不假手於他人。對於宗教極主張信教自由。彼固深信自然神教者也。故國內新教徒雖多，而舊教徒亦頗不少。對於法國新教徒及耶穌會中人一視同仁絕無畛域。嘗謂：「吾對於羅馬及日內瓦，嚴守中立。」又謂：「凡因信仰不同而開罪他人者則罰之；假使吾之信仰有所偏倚，不且激起黨見與虐殺乎？故吾之宗旨所以使各派教徒瞭然於教派雖異其為公民也則同。」

葉卡捷琳娜二世　俄羅斯之開明專制君主應推彼得為第一人，然其名不著於當世。至十八世紀後半期有女帝名葉卡捷琳娜二世者（西元一七六二年至一七九六年）實歷史上一奇人也。帝本德國人，西元一七四三年出嫁於俄羅斯之皇子彼得三世（Pyotr III），年方十四歲。既入俄羅斯遂改奉希臘教，易其名索菲為凱薩琳。其夫在位不過六閱月，待其后甚薄。后恨之，乃陰促禁衛軍叛，遂自立為女帝。彼得三世不得已退位，卒為后黨中人所弒而卒。

葉卡捷琳娜二世之性質　葉卡捷琳娜二世承彼得大帝之志以一意將歐洲文化輸入俄羅斯為事。為人放蕩詭詐。然勤於政事而知人善任。早晨六時即起，沐浴晨餐均自任之。終日披閱公牘無倦容。

葉卡捷琳娜二世仰慕法國文化　葉卡捷琳娜二世極欽慕當日之哲學家及改革家。曾邀狄德羅與之同居者一月。請法國有名算學家達朗貝爾（d'Alembert）來任皇儲之教師，不允，帝為之大失望。又訂購狄德羅之

第七章　法國革命以前之改革

《百科全書》一部。當狄德羅貧困時，女帝並購其藏書而仍許其留用。嘗與伏爾泰通信詳述其改革之計畫。其時俄羅斯人頗有主張廢止佃奴制者；女帝獨不謂然，反增加佃奴之人數；同時並禁止佃奴不得向政府訴苦；佃奴之景況因之較前益困。又將教會及寺院之資產一概沒收。以資產之收入為維持教會及寺院之用，其餘款則為設立學校及醫院之需。

約瑟夫二世之改革事業　腓特烈二世及葉卡捷琳娜二世雖仰慕當時之改革家，然絕無改革法律及社會之意。唯德國皇帝約瑟夫二世自西元一七八〇年其母瑪麗亞‧特蕾莎死後兼領奧地利，極具改革之熱忱。首先著手於鞏固國基。定德國語為國語，所有公文書均應用之。廢舊日之疆域，分全國為十三省。並廢舊日各城市之特權另代以新政府，由中央任命官吏主持之。

約瑟夫二世之攻擊教會　約瑟夫二世嘗遊法國與盧梭及杜閣（Turgot）善，心服其主張；故回國後即著手攻擊國內極有勢力之教會，尤惡修道士。嘗謂：「寺院制度實違反人類之理性。」廢止寺院六百處，沒收其財產為慈善事業及建設學校之用。任命主教不請示於教宗，並禁止輸款於羅馬。宣言婚姻屬民事範圍與教士無涉。凡路德派，喀爾文派及其他異端均許其自由信仰。

約瑟夫二世攻擊封建舊制及提倡實業　約瑟夫二世下令解放波希米亞、摩拉維亞、加利西亞及匈牙利諸地之佃奴，使為佃戶。並減少其他諸地佃奴對於地主之徭役。凡貴族教士一律令其納稅，不得再享蠲免之特權。統一國內雜亂無章之法律，即今日奧地利法律之始基也。對於關稅適用保護政策，並提倡工廠之組織。因提倡國貨之故將宮內之外國酒悉數送入醫院中。同時並禁止民間不得以金銀為製燭臺之用以示節儉之意。甚至禁止死者不得用棺，意謂木材太費也。

約瑟夫二世改革之阻力　其時國內之反對改革者頗不乏人,尤以教士貴族為最力。其領土荷蘭於西元一七九〇年宣布獨立。同年約瑟夫二世死,維新事業亦同歸於盡。

開明專制君主事業之總論　據上述者觀之,所有開明專制之君主均以擴張個人權力為宗旨,專制有餘而開明不足。若輩雖反對羅馬之教宗,然意在攬其權以為己有,間並有取一部分之教會財產以自肥者。對於法律有所改革。對於政府盡力集權。對於農工商諸業亦莫不竭力提倡。然其目的皆在於一己權勢之擴大及政府收入之增多。蓋除約瑟夫二世尚有解放佃奴之舉外,若輩絕不願予人民以參政之權也。

第二節　西元一六八八年後之英國

十七世紀之英國為改革之領袖　當十七世紀時代,英國實為改革事業之領袖。代議制創自英國。英國君主因主張君權神授之故被弒及被逐者各一人。英國國民之宗教及思想無不自由。名詩人約翰・米爾頓(John Milton)曾著文以維護出版之自由。名哲洛克曾力主國民應有信教之自由,政府不應加以干涉。皇家學會盡力於自然科學之提倡。著作家如培根、牛頓、洛克輩之著作無不風行於歐洲大陸諸國以激起諸國之思想。

兩大問題之解決　自西元一六八八年威廉與瑪麗即位後,英國五十年來相持不下之二大問題因之解決。第一,英國國民自此決定信奉新教,而國教與新教異派之紛爭亦漸歸平靖。第二,君主權力限制甚明,故自十八世紀以來,英國君主無再敢否認國會通過之議案者。

第七章　法國革命以前之改革

英國與蘇格蘭之合併　西元一七〇二年威廉三世去世，女王安妮即位。在位之日有與西班牙之戰爭。然有較戰爭尤為重要者即英國與蘇格蘭之最後合併是也。自四百年前英國王愛德華一世開始征服蘇格蘭以來，兩地間時有流血衝突之舉。英國與蘇格蘭兩地雖自詹姆士一世以來即同隸於一人之下，然各有國會，各有政府，並不統一。至西元一七〇七年，兩地國民方願合併其政府而為一。自此以後，蘇格蘭選出議員四十五人出席於英國國會之下院，選出貴族十六人出席於上院。大不列顛一島自是遂成一統之局，紛爭之跡大形減少。

喬治一世之即位　女王安妮之子女多夭殤。西元一七一四年女王卒，無嗣。乃根據昔日之規定以最近之親族信奉新教者繼之。其人為誰？即詹姆士一世之外甥女索菲之子是也，索菲本漢諾威選侯之妻，故英國新王喬治一世（西元一七一四年至一七二七年）並兼領漢諾威而為神聖羅馬帝國之一分子。

英國與均勢之局　威廉三世未入英國以前，本係歐洲大陸上之一政治家。其目的在於防止法國之過於得勢。彼之加入西班牙王位承繼戰爭即以維持均勢之局為目的者也。當十八世紀時代，歐洲大陸諸國間之戰爭每有英國之參預，其原因亦在於此。至於為擴充英國領土而起之戰爭則多在遠地實行之，而不在歐洲之大陸也。

查爾斯親王之入侵　當西元一七四〇年普魯士人與法國人合攻瑪麗亞・特蕾莎時，英國獨援助女王。法國遂命英國王詹姆士二世之孫查爾斯（Charles）親王率海軍艦隊以入侵英國，志不得逞。至西元一七四五年，幼主又入侵英國，在蘇格蘭登陸。其地高區之酋長多響應之。幼主遂召募軍隊南向而進。英國人禦之甚力。西元一七四五年大敗幼主於卡洛登地方，幼主不得已再遁入法國。

第二卷　十八世紀之狀況及改革

第三節　十八世紀之英國立憲君主及喬治三世

英國之立憲君主　英國之政府權在國會，與歐洲大陸諸國之專制政府權在君主者異。蓋英國自西元一六八八年之革命而後，君主之地位有同選舉，而其權力又為憲法所限制也。故雖有君主徒具虛名。欲行專制勢有不可。

十八世紀初年進步黨之得勢　吾人已知當日英國之政黨有二，曰進步黨，為舊日圓顱黨之後，主張國會獨尊及信教自由者也；曰保守黨，為騎士黨之後，主張君權神授及國教獨尊者也。女王安妮死，保守黨中人主張迎詹姆士二世之子入承大統，卒為進步黨人所反對而敗。乃迎漢諾威之喬治一世入英國即位。進步黨自後得勢者幾五十年。

沃波爾為內閣總理　喬治一世既即位，不諳英國語，且不悉英國之政情。國務會議多不出席，付其權於進步黨之領袖。是時進步黨中有羅伯特·沃波爾（Robert Walpole）者極具政才。任總理之職者先後凡二十餘年（西元一七二一年至一七四二年）。對於政治及宗教一以和平方法處置之，措施盡當輿論翕然。彼嘗以政府之公款為購買國會議員之用，故在國會中進步黨人常占多數，政府所欲行者無不得心應手。故沃波爾實為英國內閣總理第一人。

內閣制之發達　國內兩黨對峙政見不同，國王遂不得不於兩黨中選任其大臣。所有國務總理及國務大臣凡遇政府政策為國會所反對時則全體辭職而去。此即威廉三世以來之內閣制度也。若君主柔懦，則大權實在總理之手。

君主之地位　至於君主仍可操縱其間以謀自利。故英國保守黨自西元

第七章　法國革命以前之改革

一七四五年放棄復辟政策後，英國王即無專賴進步黨之必要，進步黨之勢遂不若昔日之盛。

喬治三世之專制　西元一七六〇年喬治三世即位，組織私黨曰王友者，利用賄賂以把持政權。王受母教，一仿歐洲大陸諸國君主之專制。當北美洲殖民地叛而獨立時，英國政府之政策純出於國王一人之意。

改革之要求　英國憲政之缺點不在君主之專橫而在國會之不能代表民意。當十八世紀時，國會議員多為地主富人所獨占，國民已生不滿之心。當時學者多著書以說明英國憲法之未善。以為人民既有參政之權，即應實行投票之舉，並應將憲法編訂成文使國民了解其真義。研究政治之集會日有增加，並與法國之各種政社書札往還以資討論。討論政治之書報源源出版，下議院中人亦頗有力主改革之人。

皮特　自西元一七八三年至一八〇一年，皮特任內閣總理。因國民要求改革之迫切遂提出議案於下議院以冀挽救代表不平等之弊。嗣因鑒於法國革命之過於激烈，英國與法國戰爭之綿延，改革之舉為之中止。

英國政體雖屬自由然不似民主　當時英國之政府已具近世自由政體之規模；蓋國王既不得任意逮捕人民，又不得自由支配國帑，而法律一端又不得任意去取也。而且討論政治之書報風行全國；庶政公開與昔日之嚴守政治祕密者異。然謂當日英國之政治已同民主則大誤矣。貴族世襲之上院既可推翻下院之議案，而下院之議員又不足以代表全國之人民。充任政府官吏者以崇奉國教者為限。刑法之殘酷依然如昔。凡工人不得集會。自喬治三世即位後百餘年，國內農民方有選舉國會議員之權。

法國　至於法國君主之改革事業本章中並不提及之。蓋因法國王之措置無方卒引起國內之絕大變化，王政被廢，共和肇興。其關係於世界人類之將來者甚大，故吾人不得不另章詳述之。

第二卷　十八世紀之狀況及改革

第三卷
法國革命與拿破崙

第三卷　法國革命與拿破崙

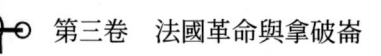

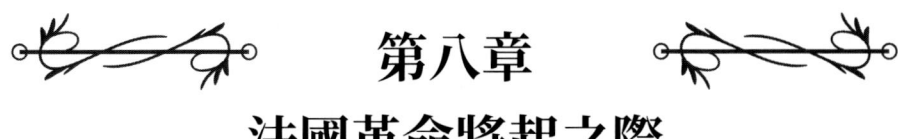

第八章
法國革命將起之際

第一節　法國舊制之紊亂

法國人之改革　近世改革事業之成功，中古舊制之覆滅，當以法國為最早。當十八世紀時，歐洲各國之開明專制君主雖有從事於改良之舉，然其成效蓋寡。西元一七八九年法國王下令召集人民之代表赴凡爾賽，陳述其疾苦及商議救濟之方法。驚動世界之大事遂於是乎始。國內舊制一掃而空。開明專制君主從事百年之久而未能如願者，法國人則於數月之間而大告成功。民眾參政之利於此可見。彼之不知利用民眾援助而唯君主命令是遵者又焉有成功之望耶？

法國革命與恐怖時代不可混而為一　法國革命之事業往往為當日政情紛糾所掩沒。吾人一提及法國之革命，則斷頭機也巴黎暴動也無不宛然在目。雖對於法國革命絕無研究之人亦每熟聞此種情狀焉。其結果則法國革命之一事往往與「恐怖時代」合而為一。殊不知恐怖時代者不過革命之一種結果，非革命之本體也。以之與革命告成之事業較，相去甚遠，學者明乎此，而後可以瞭然於法國革命之真義焉。

舊制之意義　當日歐洲各國之舊制──如專制君主任意逮捕人民、稅率不平、檢查書籍、佃奴制度、封建徭役、國家與教會之衝突等──改革家之主張及當日君主之改革均於前兩章中略述之矣。法國革命所廢止

之種種遺制法國人總稱之為「舊制」。吾人欲知法國之改革事業何以獨冠歐洲，不能不詳考當日法國之狀況。

法國國家之組織　革命以前之法國毫無組織之可言，國內人民之權利絕不平等。蓋法國之領土自古以來時有增加。其初卡佩之領土不過包有巴黎及奧爾良附近一帶地。其子孫或用武力或通婚姻漸將法國國土四面擴大。路易十四占據亞爾薩斯及史特拉斯堡諸地，並伸其勢力於西班牙屬之荷蘭。西元一七六六年，路易十五又得洛林之地。二年之後，日內瓦又割讓科西嘉島於法國。故當路易十六即位時，其領土之廣已與今日之法國無異。然其時國內各部之制度彼此互異絕不一致。

舊日之行省　法國國內如朗格多克、普羅旺斯、布列塔尼及多菲內諸部面積廣大形同國家。各有特異之法律、習慣及政府。蓋各部先後入附時，法國王並不改其法律使與其他諸部一致，只求其輸款尊王而已。各行省中兼有保存其舊日地方議會者。故法國革命以前之行省與今日之郡區異，實一種歷史上之遺跡而非行政上之區域。各地方言各不相同，即文字亦不盡一致。

法律之繁雜　法國南部雖通行《羅馬法》，至於中西北三部則各地法典多至二百八十五種。故人民一旦移居鄰近之城市，其所遇之法律往往與其故鄉絕異。

稅率之不均　最重稅中鹽稅居其一，而國內各部不同。故政府不能不費巨資以監守人民之越境。蓋人民往往偷運稅輕諸部之鹽售諸稅重之地也。

第八章　法國革命將起之際

第二節　特權階級及第三級

享有特權之階級　法國國內不但各部之情形不同，即社會之階級亦極不平等。所有國民並不享同等之權利。就中唯貴族與教士得享特權，不負納丁口稅之義務。其他種種之負擔亦往往藉口以逃避之。例如貴族與教士得免當兵或築路之徭役。

教會　中古時代教會勢力之宏大駕乎當日政府之上。在十八世紀時，歐洲諸國中唯法國之舊教教會其聲勢尚與十三世紀時等。握有教育及慈善事業之大權。資產極富。其領土占法國國土五分之一。教士並謂教產所以備供奉上帝之用，應享免稅之特權。教士雖嘗有輸納「自由禮物」於朝廷之舉，然教會徵收教稅，財力雄厚，頗有自立之概。

教士　教會之收入大部分為上級教士所有，即大主教、主教及寺院住持是也。上級教士類由法國王於貴族中簡任之，故名為教士實同親貴。對於教務漠不經心。至於下級教士職務雖極勞苦，而俸給有限幾至無以自存。故當革命發端之日，下級教士多黨於平民而不願與上級教士為伍。

貴族之特權　貴族之特權與教士同，均源自中古。試細察所享之種種權利即知當日狀況與十一及十二世紀時代無異。法國之佃奴制雖早經廢止，然國內可耕之地在當日尚均在地主之手。地主對於佃戶仍享有徵收各種舊稅之權。

封建之徭役　法國貴族所享之特權各地不同。為地主者往往有分得一部分佃戶收成之權利。凡佃戶逐其牛羊而過地主之居室時亦有納稅之例。亦有地主專設磨臼、酒榨及火爐，迫令佃戶租用者。甚至佃戶出售己產時，其鄰近地主有得其售價五分之一之權利。

畋獵權利 畋獵之權為貴族所獨有。凡農民不得傷害可資畋獵之用之禽獸，故為禾稼之害極大。貴族領土中每建有鴿室，每室有巢一、二千。滿布野中為害尤烈。農民所受之痛苦莫此為甚。

充任官吏之特權 凡軍隊、教會及朝廷上之上級官吏均為貴族所獨占，蓋皆封建時代之遺習也。自路易十六以後，國內貴族雖多入居於凡爾賽，然此種特權依然存在。

世家貴族並不甚多 然當十八世紀時，法國之貴族並非均屬昔日巨室世家之苗裔。大半由國王特封者或以金錢購得者。故此輩貴族之驕橫益足令人側目。

第三階級人民 凡不屬教士或貴族二級之人皆屬第三階級，故第三級實為法國之國民。在西元一七八九年時其人數約有二千五百萬。至於貴族及教士兩共不過二十五萬人而已。第三級人民大部分鄉居以務農為業。普通作史者每以為法國農民之狀況困苦不堪。國家稅率之不平，封建徭役之繁重，固然難堪。而且時有饑饉之禍，益增痛苦。然其實並不如史家所述之甚。美國人湯瑪斯・傑佛遜（Thomas Jefferson）於西元一七八七年曾遊法國，據云農民狀況頗呈安樂之象。英國人亞瑟・楊格（Arthur Young）於西元一七八七年及一七八九年亦嘗往遊法國，亦謂鄉農中固有景況困苦者，然大部皆有家給人足之觀。

法國農民之景況較他國為佳 史家對於法國農民之困苦往往故甚其辭，蓋以為革命發生必源於人民困苦耳。實則十八世紀法國農民之景況遠較普魯士、俄羅斯、奧地利、義大利及西班牙諸國之農民為佳。蓋當日歐洲各國除英國外仍行佃奴之制。佃奴對於地主每週有服務之義，婚姻置產非得地主之允許不可。而且法國人口在路易十四時代本僅一千七百萬人，及革命將起時竟增至二千五百萬，尤可見當日人民之狀況並不甚惡。

第八章　法國革命將起之際

法國革命源於人心之不滿　法國革命所以較他國為早並不因人民狀況之困苦，實因當日法國人之知識程度較他國為高。故對於舊制之缺點莫不瞭然於心目中也。故僅有秕政實不足以激起大革命。必人民生不滿現代制度之心而後革命之勢方不可遏。不滿現制之心在當日以法國人為最著。農民之仰視地主已由保護之人一變而為劫奪之盜矣。

第三節　君主及高等法院

君主之專制　十八世紀法國之政體為專制君主。路易十六（Louis XVI）曾言：「法國之統治權全在吾之一身。唯吾有立法之權，唯吾有維持秩序之權而為其保護者，吾與民一體也。國民之權利與利害即吾之權利與利害，而實握諸吾一人之手中。」故當日之法國王猶是代天行道，除對上帝外不負一切行為之責任者也。試觀下述各節即可見王權過大之險。

君主握有財政權　第一，法國王有每年徵收地稅之權，其數占國家全部收入六分之一。唯徵收之數既祕而不宣，其用途如何又無從過問。國家收入與王室經費合而為一。國王可以隨時填發支票以取國幣，朝廷官吏唯有照給之一法。相傳路易十五曾於一年之中用去國幣合銀幣一億四千萬元之多。

拘人手詔　法國王不但握有財政之權，即對於人民之性命亦有生殺予奪之力，隨時可以任意逮捕人民而監禁之。可以不經審判而下諸獄中，必待王命而後釋放。此種拘人之手詔名曰「加封之函」。此種手詔凡與國王或朝貴接近者均易予取予求以逮捕其私仇以為快。當時因著書而被此種手詔所拘禁者頗不乏人。米拉波（Mirabeau）年幼時曾因放蕩而被拘數次，

即其父適用此種手詔所致者也。

君權之限制　法國君權之巨既如上述，且無成文憲法及立法機關，然君主之權力亦非絕無限制者。國中之高等法院即具有阻止君主行動之力者也。

高等法院及其抗議　法國高等法院——國內十餘處，以在巴黎者為最有勢力——之職權並不僅以審理案件為限。蓋以為君主欲定新法，若不經法院之註冊，則法院之判決將無依據。唯若輩雖承認君主有立法之權，若新法不善則法院往往提出抗議以示反對之意。且將其抗議印刷而賤售之，故國人每視法院為維護民權之機關。法院提出抗議之後國王應付之道有二：其一，取消或修改其命令；其二，則國王可召某法院中人開一「鄭重之會議」，親命法院將命令註入冊中。法院至是遂無反對之餘地。然當革命將起之際，法院往往宣布國王強令註冊之法律為無效。

高等法院與革命之關係　當十八世紀時，高等法院與政府中人時有爭執之舉，實開他日革命之先聲：第一，引起人民對於重大問題之注意。蓋其時國內無新聞紙或國會議事錄可資人民之觀覽也。第二，高等法院不僅批評君主之命令，而且使人民瞭然於君主無自由變更國家大法之權。意謂法國隱然有一種不成文憲法之存在，而為限制君權之利器。故人民對於政府之政治祕密及朝貴擅權益形不滿。

輿論　限制君權之機關除法院外尚有輿論。路易十六時代，某大臣曾謂：「輿論為無財無力之潛勢力，統治巴黎及朝廷——甚至王宮亦在其勢力範圍之下矣。」至十八世紀後半期，國民之批評舊制者公然無忌。改革家及政府中人均知政府之惡劣，其明瞭當日之情勢正與吾人今日所見相同。

公談國事之禁止 當時法國雖無新聞紙，然小本書籍層出不窮以討論時政，其功效正與新聞紙上之時評同。伏爾泰及狄德羅輩之主張言論自由及其著作如《百科全書》等均足以激起國人不滿之心而抱將來進步之望。

第四節　路易十六之為人及其整理財政之失敗

路易十六之即位 西元一七七四年路易十五卒。在位之日絕無善政之可言。因戰爭而失美洲及印度之殖民地，國庫空虛頻於破產；故其末年曾有不認償還公債一部分之舉。國稅太重，人民嗟怨，而每年政費仍短銀幣一億四千萬元之數。王之行動每多不德，以致小人女子播弄其間，所有國帑大都為若輩所中飽。故當其去世之日全國歡呼，以為庸主既逝改良有望也。其孫即位，稱路易十六。

路易十六之性情 新王即位，年僅二十歲。未嘗受教育，性情而傲，好畋獵與制鎖等遊戲。優柔寡斷，宅心純正，而絕無能力。對於國事漠不關心。與腓特烈二世、葉卡捷琳娜二世、約瑟夫二世較，相去遠矣。

瑪麗·安東妮 路易十六之后瑪麗·安東妮（Marie-Antoinette）為奧地利瑪麗亞·特蕾莎之女。西元一七七〇年訂婚，原所以鞏固西元一七五六年來法國與奧地利兩國之同盟也。當法國王即位時，後年僅十九歲，性好娛樂。尤惡宮廷之儀節，每於大眾之前戲謔百出，見者莫不駭然。法國王舉止安詳，后極不喜。時時干涉政治以利其嬖臣或害其仇敵。

杜閣為財政大臣 路易十六即位之初頗思振作，似抱有為開明專制君主之志。於西元一七七四年任當日最有名之理財家杜閣為財政大臣。杜閣

為當日極有經驗之官吏，而且極有學問之名人也。

杜閣之主張 欲使政府無破產之虞，人民得輕稅之利，當然以節儉政策為第一要義。杜閣以為凡爾賽宮中之費用過巨，應予減削。蓋是時君主及王族每年所費不下銀幣二千四百萬元也。而且國王時有任意賞給年金於倖臣之舉，每年亦在二千四百萬元之則。

朝貴之反對 然一旦減削王室之經費及朝貴之年金，則反對之人必群起而阻之，蓋法國政府實為朝貴所把持者也。若輩常譖杜閣於王前，且因自晨至暮均近國王，與杜閣之僅於有事商議時方得入見者，其勢力之厚薄固可想而知也。

杜閣之地位 有某義大利經濟學者聞杜閣被任為財政大臣，曾致書於其法國友人曰：「杜閣竟任財政大臣矣！然彼必不能久於其任以實現其改革計畫也。彼必能懲罰貪官數人；必能盛氣凌人以洩其怒；必且勇於為善；然彼必多方被阻矣。國民信仰必為之減少；人必恨之；必謂彼之能力不足以副其事業焉。彼必為之灰心；彼必求去或免職；然後吾人可以證明任命如此正人為法國財政大臣之非是矣。」

杜閣之免職 某義大利人之言正確精當無以復加。杜閣果於西元一七七六年五月免職去。朝廷官吏無不彈冠相慶，喜形於色。杜閣之改革計畫雖被阻而不克實行，然他日朝廷權貴之失勢實杜閣有以致之。

尼克繼充財政大臣 不久尼克(Necker)繼杜閣而為財政大臣。其有以促成革命進行之處有二：其一，當時法國因援助美國獨立之故與英國再啟爭端，軍費浩大負債益巨。遂產出財政上之絕大危機，而為革命原因之最近者。其二，尼克於西元一七八一年二月詳具國家歲出歲入之報告以陳於國王；使國人瞭然於國家財政狀況之紊亂及王室費用之不當。

第八章　法國革命將起之際

卡隆恩充財政大臣（西元一七八三年至一七八七年）　西元一七八三年卡隆恩（Calonne）又繼尼克而為財政大臣。濫用國帑較前人尤甚，故極得朝貴之歡心。然不久財源告竭，籌措無方。高等法院既不許其假債，國民負擔又已繁重不堪。卡隆恩不得已於西元一七八六年將破產之大禍及改革之必要陳諸國王。法國革命於是乎始。蓋他日之召集國會引起政潮均卡隆恩之報告有以致之也。

第三卷　法國革命與拿破崙

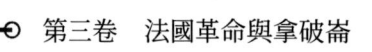

第九章
法國革命

第一節　全級會議之召集

卡隆恩提議改革　卡隆恩嘗謂欲免亡國之禍非改革國中一切弊政不可。故提議減少地稅，改良鹽稅，廢止國內之稅界，整頓各業公所之內容等。然改革事業之最要而又最難者莫過於廢止教士貴族所享蠲免納稅之特權。卡隆恩以為政府若能與貴族教士從長計議或可望其納稅。故請王下令召集教士與貴族籌商整理財政之方法。

貴人之召集（西元一七八六年）　西元一七八六年召集國內貴人開會之舉實與革命無異。蓋法國王至是已承認除求援國民外絕無救亡之道也。所有貴人——主教、大主教、公、法官、高級行政官等——雖純係享有特權之人，然與接近君主之朝貴有異，已足以代表國民之一部。而且先召集貴人，再召集國會，其勢亦較順也。

卡隆恩之批評時政　貴人會議開會之始，卡隆恩向之詳述國家財政之困難。謂：每年政費不敷銀幣八千萬元之則，欲假國債已不可能，欲行減政又嫌不足。「又將用何法以彌補其不足而增加歲入乎？諸君其亦知國家之秕政乎？一年之中因秕政而費者甚巨，倘改革之足以救濟財政之紊亂矣……目下最重要而且最難解決者莫如秕政，蓋其根深蒂固已非一日也，例如平民所負之重稅、貴人所享之特權、少數人所享免稅之權利、各地稅

率之紊亂。」——凡此種種為人民所痛心疾首者均非廢止不可矣。

卡隆恩之免職及貴人之散會　其時貴人對於卡隆恩絕無信仰之心，故對於彼之改革計畫遂無贊助之意。王乃下令解卡隆恩之職，不久貴人會議亦解散（西元一七八七年五月）。路易十六至是仍思用命令以實行其整理財政之計畫。

巴黎高等法院之反對新稅及全級會議之召集　巴黎高等法院每有反抗君主藉得民心之舉，至是尤力。不但反對國王所提之新稅，並謂：「唯有全級會議方有允許徵收永久國稅之權。」又謂：「必俟國民瞭然於國家財政狀況後，方可革除苛政而另闢財源。」數日之後，乃請國王召集全級會議。以為除召集國民外別無他法。王不得已下令於西元一七八九年五月一日開全級會議。

全級會議之性質　法國自西元一六一四年以後即無國會，故當時雖人人高談全級會議之召集，迄少知其內容為何者。法國王遂請國內學者研究之。其結果則關於全級會議之著作層出不窮，國民皆以先睹為快。古代全級會議之組織實適於封建時代之國家。國內三級人民——教士、貴族及第三級平民——之代表其數相等。其責任不在研究全國之利害，而在保護本級之利益。故三級不聚於一院。凡有議案必待各級本身同意後，再各投一票以公決之。

此種制度之反對者　此種制度之不適當在西元一七八八年時之法國人類已知之。如依舊法以召集全級會議，則教士貴族兩級代表之數必兩倍於國民全體之代表。而反對改革最力之教士及貴族其表決權亦兩倍於平民。改革前途寧有希望？是時復任財政大臣之尼克主張平民之代表應增至六百人，使其數與教士貴族等，唯各級不得同聚於一院。

第九章 法國革命

人民之《陳情表》 除表決權外，當日學者並提及全級會議應行提議之改革。同時國王並下令全國人民詳陳其疾苦以備採納。其結果即法國革命時代最重要之《陳情表》也。凡國內各鎮各村均得具表以陳其所受苛政之苦及應加改良之處。讀者瀏覽一過，即知當日法國人民無一不抱改革舊制之希望，大革命之興起固非偶然矣。

國民之希望立憲君主 國民《陳情表》中幾乎皆以君權無限為秕政之源。某表中之言曰：「吾人既知君權無限為國家禍患之源，故吾輩極望編訂憲法以規定人民之權利而且維持之。」蓋當時法國人民本不作廢止君主政體之夢想，若輩所希望者君權有限，國會開會有定期，以決定國稅而保護民權，如是而已。

全級會議之開會 西元一七八九年五月五日，各級代表開第一次會議於凡爾賽。國王下令各級代表仍服西元一六一四年時代表所服之制服。然形式雖舊，精神已非。第三級代表不願依舊法以組織其會議，屢請教士貴族之代表來與平民代表合。貴族中之開明者及教士之大部分均願允其請，然仍居少數。第三級代表不能再忍，乃於六月十七日宣言自行組成國民議會。其理由以為若輩所代表者占國民百分之九十六，彼教士貴族僅占百分之四，置之不理可也。歐洲大陸之變更封建階級為近世國民代議機關者當以此舉為嚆矢。

網球場之誓 法國王聽朝貴之言令三級代表開聯席會議，王親蒞焉。詳述其改革之計畫，並令三級仍依舊制分開會議。然第三級代表已於開會前三日（六月二十日）集於鄰近網球場中宣誓：「無論如何，必待憲法成立而後散。」

教士貴族與平民代表聯合 故當國王下令分開會議時，少數教士及大部分貴族均遵令而行，其餘則仍坐而不動。是時禮官命各代表應遵王命而

去，代表中忽有米拉波其人者起言：「非刀鋸在前者，則吾輩斷不離此地矣。」王不得已，乃命教士貴族與平民代表合開會議。

國民第一次之勝利　三級合議實第一次國民之勝利。享有特權之人竟不能不與第三級代表聯合，人各有表決之權。而且國民議會既宣言必待憲法成立而後散，則此次開會之目的顯已不僅以整理財政為限矣。

第二節　國民議會之改革事業（西元一七八九年七月至十月）

王黨解散國民議會之計畫　國民議會既開會，遂一意於編訂憲法之舉，然其事業不久即輟。蓋當時朝貴組織王黨，為數雖少，然因接近君主之故勢力極大。竭力反對改革事業之進行，尤不願國王之屈服於國民議會。蓋恐一己之特權有消滅之虞，一己之利益無保存之望也。主其事者為王后瑪麗‧安東妮及王弟阿圖瓦伯二人，國民議會所視為驕橫無忌隱奪王權者也。王後輩曾因杜閣與卡隆恩主張改革之故而免其職，則聲勢洶洶之國民議會又焉可任其存在耶？

法王遣兵入巴黎及尼克之免職　法國王頗贊成王黨之計畫，遂遣政府所募之瑞士兵及德國兵一隊入巴黎以備解散議會時平定暴動之用。同時並免雅負虛名之尼克之職。巴黎市民既睹兵士之入城，又聞尼克之免職，惶惑殊甚。群集於皇宮花園中唧唧私議。其時有新聞記者名卡米耶‧德穆蘭（Camille Desmoulins）者奔入園中立於桌上，宣言不久瑞士兵及德國兵將有屠殺全城「愛國者」之舉，力促市民急攜武器以自衛，並衛為國宣勞之國民議會。市民聞之莫不大震。是夕暴民群集於通衢之上，凡購買軍器及

第九章　法國革命

飲食之商鋪無不被劫一空。時七月十二日也。

攻擊巴士底獄（西元一七八九年七月十四日）　至十四日，市民復行劫奪市中軍器之舉。有一部分暴民向巴士底堡壘而去，以劫奪軍器為目的。其時管理堡壘者為德洛奈（de Launay）其人堅執不允。同時並架巨炮於壘上為示威之舉，附近居民益形恐慌。巴士底堡壘原備拘禁用國王手詔所逮之人之用。人民過之者以其為君主專制之標幟莫不側目而視。市民雖知該獄牆厚丈許，壁壘高聳，然仍行攻擊之舉。繼與管理該獄之人商酌和平方法，市民中頗有因之過吊橋而入內者。不意護獄之兵忽開槍擊死市民約百人。市民益憤，攻擊亦益力。護獄之兵士乃迫德洛奈納降，唯以不得傷害獄兵為條件。吊橋既下，暴民一擁而進。不意獄中囚犯僅有七人，遂釋之使出。市民之暴烈者力主復槍斃市民百人之仇，乃盡殺瑞士護兵及德洛奈，懸其首級於長槍之上遊行於通衢之中。

巴士底獄陷落之關係　巴士底獄之陷落為近世史中最足驚人之一事，至今七月十四日尚為法國之國慶紀念日。巴黎市民之反抗王黨以自衛實始於此。君主專制之標幟至是遂倒，毀其牆，殺其守者。昔日森嚴可畏之監獄一旦夷為平地，所存者白石數堆而已。有西元一七八九年七月十四日之暴動，舊制恢復之希望從此永絕，不可謂非人類自由史上之一新紀元。王黨中人雖日以反對改革為事，然適足以促進改革之成功。巴士底獄既陷，王弟阿圖瓦伯作遂逃亡在外，日以嗾使他國君主出兵保護路易十六為事。

護國軍　是時法國王已無維持巴黎秩序之能力。巴黎市民因不堪暴民之騷擾乃組織「護國軍」以自衛，並請拉法葉為軍統。法國王自是遂無遣兵入巴黎之理由，而巴黎軍權乃入於中流社會之手。

巴黎及各市市政府之建設　巴黎市民乃著手於市政府之改組，選國民

議會中人為市長。其他諸城亦相繼仿行，多設委員會以代之以促進革命之進行。並仿巴黎召募「護國軍」為維持秩序之用。既而有國王已承認巴黎市民之舉動為合法之消息，各城市民益信自治之正當。他日巴黎市政府之舉動極有影響於革命，後再詳述之。

國內之騷擾 七月之末全國大亂。人心惶惶不可終日。其時忽有「劫匪」將至之謠傳，鄉農聞之莫不驚恐。各地多急起籌劃自保之策。迨恐慌既過，方知所謂劫匪者並無其事。鄉農之注意乃轉向於其所恨之舊制。群集於空場之上或教堂之中，議決不再輸納封建之租稅。再行焚毀貴族堡壘之舉。

八月四日至五日之夜 八月之初，鄉農之抗納租稅及焚毀堡壘之消息達於國民議會。議會中人以為若不急事更張將無以平鄉農之怒。故於八月四日至五日之夜，國民議會中享有特權之階級中人以諾阿耶（Noailles）為領袖爭相自動放棄其特權。

廢止特權之議決案 先議決廢止貴族畋獵及養鴿之特權。又廢止什一之教稅。教士貴族所享之免稅特權亦從此剝奪之。又議決：「凡公民及其財產均有納稅之義」，而且「所有公民不拘門第均有充任官吏之權」。並謂：「廢止特權既有關於國家之統一，故所有各地一切特權概行永遠廢止，一以國法為準。」

統一國內諸部之政策 此案既公布，法國人民遂享平等一致之權利。昔日稅則不平之象亦永無恢復之機。從此國法一致、人民平等矣。數月之後又議決廢止舊日之行政區域，分全國為郡區。其數較舊日為多，而以本地之山川為名。昔日封建之遺跡至是掃地以盡。

《人權宣言》 革命初期人民《陳情表》中頗有提及公民權利應有明白之規定者。以為如此則種種苛政與專制均將有以限制之也。國民議會因之

有《人權宣言》之議決。此宣言成於八月二十六日，為歐洲史中最重要之文字。不但足以激起當日人民之熱忱，而且自此至西元一八四八年為法國憲法中之精義及歐洲各國同樣宣言之模範。極足以反照歐洲當日之苛政焉。

《宣言》之內容　《宣言》中所縷陳者如「人生而平等且永久平等者也。社會階級當以公善為唯一之根據」。「法律為公意之表示。凡公民自身或其代表均有參與立法之權。」「凡公民除因犯案及依據法定方法外不得被控、被逮或被拘。」「如人民意見之表示不害法定秩序時，不得因有意見——包括宗教意見在內——而被擾。」「思想與意見之自由交通為人類最貴之權利。故凡公民均有言論、著作及出版之自由，唯須負法定濫用自由之責。」「凡公民自身或其代表得議決納稅之必要，有自由允許之權，有明悉用途之權，有規定數目徵收方法及久暫之權。」「社會有要求官吏行政負責之權。」觀此可知國民議會所謂「人類權利之被奪者已數百年」，若輩「此種《宣言》可以復興人道，永為反對壓制人類者之口號」之言，洵非虛語。

第三節　移往巴黎之國民議會（西元一七八九年十月至一七九一年九月）

王黨之反抗計畫　法國王對於批准《人權宣言》一事頗形躊躇。十月初旬國中忽有國王召集軍隊平定革命之謠。其時適有軍隊一連自法蘭德斯調入，禁衛軍宴之於凡爾賽，王后與焉。巴黎人相傳軍官於酒後將革命三色旗——紅、白、藍——擲於地而踐踏之。適是年秋收不足，民食缺

少，巴黎市民益形蠢動。

巴黎市民侵入王宮並挾法王入巴黎　十月五日，巴黎女子數千人及攜有武器之男子紛紛向凡爾賽而進。拉法葉率護國軍隨之。唯當暴民次晨侵入王宮時幾加害於王后而彼竟不加阻止，殊不可解。暴民宣言國王非與若輩同赴巴黎不可，王不得已允之。蓋人民之意以為國王入居巴黎，則人民得享昇平之福也。於是王入居杜樂麗宮，實與監禁無異。國民議會亦隨之移入王宮鄰近之騎術學校中。

法王與議會遷入巴黎之惡果　王室與國民議會之遷移實革命中一大不幸之事。蓋當日國民議會之改革事業並未告竣，而此後之舉動無一不受旁聽席中暴民之牽制也。其時有馬拉（Marat）者在其所辦之《民友報》（*L'Ami du peuple*）中極言城中之貧民皆係「愛國之志士」。故不久貧民皆抱仇視中流社會之意。偶有提倡「自由」或痛罵「逆黨」者群奉之為領袖。勢力雄厚足以操縱巴黎及在巴黎之議會而有餘矣。

新憲法之編訂　數月之間巴黎城尚稱安謐。國民議會乃一意於編訂新憲法。西元一七九〇年二月四日法國王及其后親臨議會宣誓承認新定之政體。規定國王一面代天行道，一面遵守憲法；然全體國民當在法律之上，而法律則在國王之上。

憲法中所規定之立法議會　憲法中當然規定凡立法及徵稅之權均須操諸代議機關之手。至於代議機關與國民議會同，與英國國會異，僅設一院。當時主張取兩院制者雖不乏人，然恐設立上院則充議員者將屬諸教士及貴族，或且存恢復特權之心，故定採一院之制。又規定凡公民每年納稅等於其三日薪資者方有選舉國會議員之權，故貧苦工人無參政之機會，與《人權宣言》未免相背。其結果則國家政權漸握諸中流社會之手矣。

第九章　法國革命

教會之改革　國民議會之改革事業除憲法外尚有關於教會方面者。當日教會財力之雄厚幾難比擬，而高級教士之擁有巨資與下級教士之清貧困苦本有天淵之別。故議會中人以為欲救濟教士苦樂之不均與增進國家之收入，莫如籍沒教會之財產以歸公。而仇視教會者又復欲推翻教會之獨立以為快，即舊教徒中亦頗有以此舉為可以改革舊日之流弊者。

國民議會宣布教會財產之入官　教稅之廢止已於八月間實行。教會每年之歲入因之減少銀幣六千萬元之鉅。西元一七八九年十一月二日議會又宣布籍沒教會之財產歸政府管理，唯政府須負維持教務教士及救濟平民之責。國內教士從此均唯國家之薪俸是賴。國內寺庵之財產同時亦均沒收入官。

紙幣　不久國民議會議決清查教會之財產而轉售之，唯因政府需款甚亟之故，議決發行四萬兆法郎之紙幣，而以教會之財產為擔保品。不久其價格日落，七年之間大部分之紙幣已同廢紙。

《教士組織法》　國民議會既籍沒教會之財產，乃著手於教會之改組。其結果則有《教士組織法》之規定，時西元一七九〇年七月也。將國內一百三十四主教教區減之為八十三，使與行政區域一致。每區設主教一人，由人民選舉之，有一定之俸給。各地教士亦不再由主教或地主派任之，而為人民所公選，其俸給較昔日增加不少。在巴黎之教士年俸六千法郎，其他各處至少亦有一千二百法郎，蓋已二倍於昔矣。最後並規定凡教士授職之際必如官吏然須行宣誓忠於國家，忠於法律，忠於國君及盡力維持國民議會所定之憲法之禮。

反對教士法之規定者　《教士組織法》之頒布實為國民議會之大錯。蓋教會雖有改良之必要，然正不必根本更張方可辦到。主教區域既強之減

少。選舉教士者又復包有新教徒及猶太人。而對於素所信服之教宗又復加以藐視。凡此種種均足以激起多數法國人之反抗。法國王雖有不得已而批准《教士組織法》之舉，然從此切齒於革命矣。

教士之宣誓　其時國內主教多反對新法之實行，思有以阻止之。國民議會遂於西元一七九〇年十一月二十七日議決：凡主教及牧師均須於一週之內舉行宣誓之禮。凡不遵者均以辭職論，不辭職者則以「擾亂和平」論。

不宣誓之教士反對革命　主教宣誓者僅得四人，而下級教士中僅占三分之一。小區牧師之不服新法者得四萬六千人。不久羅馬教宗下令禁止《教士組織法》之實行及教士之宣誓。政府對待不宣誓之教士漸趨嚴厲，實肇他日恐怖時代種種慘殺之基。為自由、秩序及改革苛政而起之革命，至是一變而為激烈、無教、較舊制尤為苛虐之革命矣。

巴士底獄陷落之慶祝　巴士底獄陷落之週年巴黎舉行慶祝大典。各地多遣代表與會，以表示其同情。觀者無不感動。年餘之後國民議會方解散，而以新定之立法議會代之。

國民議會之事業　國民議會之開會先後凡二年有餘。為期如此之促，成功如此之巨，世界上殆無其匹。英國國會盡五百年之力而不克成功者國民議會於二年間而成之。唯有約瑟夫二世之改革事業或可與之比美。

國民議會政策所激起之反抗　國民議會之成功雖巨，然其足以激起他人反抗之處亦正不少。法國王及其后與朝貴與普魯士王及德國皇帝信札往來促其干涉。逃亡在外之貴族亦均力求外援以遂其捲土重來之志。至於教士則多以革命為反對宗教之舉，無不生仇視之心。加以巴黎及各大城之暴民多被激動而有反對國民議會之舉。以為國民議會專為中流社會謀福利，

第九章　法國革命

絕不顧及貧苦之人民。若輩對於拉法葉所統率之「護國軍」尤為側目。蓋軍士衣服都麗，且每有槍傷「愛國志士」之舉也。識者早知法國之在當日，大難之來方興未艾矣。

第三卷　法國革命與拿破崙

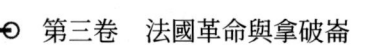

第十章
第一次法蘭西共和國

第一節　立憲君主時代
（西元一七九一年至一七九二年）

　　第二次革命　法國革命之性質及其進行已於前章詳述之。舊制之廢止，國內之統一，人民之參政，皆革命之功也。其改革事業之和平及全國人民之贊助世界史上殆無其匹。然不久而有第二次猛烈之革命，以致君主政體一變而為共和。並有種種過於激烈之舉動激起多數國民之反抗。因之引起與外國之戰爭。內憂外患同時並進。遂產出革命中之恐怖時代。國內政府有同虛設，擾亂之局幾至不可收拾。不得已而屈服於一專制之武人，其專制較昔日之君主為尤甚。此人為誰，即拿破崙·波拿巴是也。然其結果不但將西元一七八九年之事業永遠保存，而且擴充其事業於四鄰諸國。故當拿破崙失敗路易十六之兄入承大統時，即以力維革命之功業為其唯一之政策云。

　　貴族之逃亡　法國人民對於國民議會初期之改革極形滿足，舉行週年紀念之慶典舉國若狂，上章曾提及之。然國內貴族仍不願居於法國。王弟阿圖瓦伯、卡隆恩、康狄親王輩於西元一七八九年七月十四日後即有逃亡之舉。嗣後貴族因焚毀堡壘，廢止特權及廢止世襲制而逃亡者踵相接也。不久逃亡在外之貴族有曾充軍官者組織軍隊渡萊茵河而南。阿圖瓦伯並有

第三卷　法國革命與拿破崙

入侵法國之計畫。極欲假列強之力以推翻革命之事業，援助國王之復辟及恢復貴族之特權。

逃亡貴族之行動反使法王失信於國民　逃亡在外之貴族既有恫嚇之舉，又有假借外力之嫌，其行動遂影響於居在國內之同類。法國人民以為在外貴族之陰謀必隱得國王及其后之贊助，蓋其時德國皇帝而兼領奧地利者實為后之兄利奧波德二世其人也。加以國內不願宣誓之教士顯有反對革命之意。故「愛國者」與反對革命者之間其勢益同冰炭。

米拉波維持王政之失敗　假使法國王聽信米拉波之言，則革命中或不致有恐怖時代之發見。米拉波之意以為法國須有一強而有力之君主，並能遵守憲法，指導國會，維持秩序，而尤以消除人民懷疑恢復特權為最要。然王及其后與國民議會均不聽信其言。彼於西元一七九一年四月二日因荒淫無度而死，年僅四十三，從此遂無人可為法國王之參謀者。

法王之遁走　西元一七九一年六月王攜其眷屬以遁，人民益疑懼。王自批准《教士組織法》後即存避地之念。法國東北境駐有軍隊為迎護國王之備。以為王果能遁出巴黎以與軍隊合，則不難聯絡德國皇帝而捲土重來以阻止革命之進步。不幸王及其后行至瓦雷訥離其目的地僅二十五英里許，中途被逮，遂返巴黎。

法王逃亡之影響　王及其后之逃亡國人聞之既怒且懼。觀於人民之一憂一喜足見其尚存忠愛君主之心。國民議會偽言國王乃被人所迫而走，實非逃亡。然巴黎人頗以國王此舉有同叛國，非令其去位不可。法國之有共和黨實始於此。

共和黨之領袖　共和黨中之最負盛名者為馬拉其人。馬拉者為當時之名醫生，曾著科學書數種，至是主持主張激烈之《民友報》。嘗在報中痛

第十章　第一次法蘭西共和國

罵貴族及中流社會中人，彼謂「人民」者乃指城市工人及鄉間農夫而言者也。此外又有德穆蘭，即曾於西元一七八九年七月十二日演說於皇宮花園中者也。彼亦為主持報館之人，且為科德利埃俱樂部之領袖，為人和藹而有識。最後即為德穆蘭之友丹東（Danton）其人。面貌凶惡，聲音洪亮，極為暴民所信服。其識見不亞於馬拉，而出言不若馬拉之惡毒。然因其精力過人之故，遂有殘忍激烈之行。

國民議會之閉會　西元一七九一年九月，國民議會二年來專心編訂之憲法告竣。法國王宣誓忠於憲法，並大赦天下藉以解除國人之誤會。國民議會至是遂閉會，而以新憲法中所規定之立法議會代之。十月一日開會。

立法議會開會時之憂患　國民議會之事業雖盛，然法國之狀況愈形險惡。外有逃亡貴族之陰謀，內有不遵新法教士之反對，而國王又陰通外國之君主以冀其干涉。當王及其后在瓦雷訥中途被逮之消息傳至德國皇帝利奧波德二世時，德國皇帝宣言法國王之被逮足以證明法國革命之非法，「有害於各國君主之尊嚴及政府之威信」。乃與俄羅斯、英國、普魯士、西班牙、兩西西里諸國君主協商「恢復法國王之名譽及自由，及阻止法國革命之過度」之方法。

《皮爾尼茨宣言》　八月二十七日，德國皇帝與普魯士王聯銜發出《皮爾尼茨宣言》。申明若輩依法國王兄弟之意已預備連結其他各國之君主以援助法國王之復辟。同時並召集軍隊為作戰計畫。

《宣言》之影響　此次《宣言》不過一種恫嚇之文字而已；然法國人民則以此為歐洲各國君主有意恢復舊制之證據。無論革命功業或且為之敗於一旦，即外力干涉之一端已為法國人所不容。故宣言之結果適足以促進法國王之去位而已。

第三卷　法國革命與拿破崙

新聞紙　法國自全級會議開會後新聞紙蔚然興起。革命熱忱之得能持久者新聞紙之功居多。西部歐洲諸國在法國革命以前除英國外類無所謂新聞紙。偶有週刊或月刊以討論政治問題為事者每為政府所疾視。自西元一七八九年後，日刊新聞驟形發達。有純屬表示個人主張者，如《民友報》是也。有並載國內外新聞與今日無異者，如《導師》是也。王黨之機關報名《使徒之條例》立言尖刻而輕薄。新聞紙中亦有畫報專在諷刺時事者，極饒興趣。

雅各賓黨　其時各種政治俱樂部中以雅各賓俱樂部為最著。當國民議會遷入巴黎時，議員中有一部分租一室於會場附近之雅各賓寺中。最初本僅百人，次日人數驟倍。其目的在於討論國民議會中行將提出之議案，決定本黨對於各種政策之態度。因此國民議會中貴族代表之計畫多被阻而不能行。俱樂部日漸發達，於是即非議會中人亦得與於該部之會議。至西元一七九一年十月，則無論何人均得入部旁聽。同時並漸設支部於各地，而以巴黎為中樞，一呼百應，極足以激起全國之民心。當立法議會開會之初，雅各賓黨人並非主張共和者，不過以為君主之權力當與總統相等耳。若國王而反對革命則當令其去位。

立法議會中之政黨　立法議會既開會，對於各種困難實無應付之能力。蓋自國民議會中人議決不能再被選而為立法議員後，立法議會中人遂多年少不更事者。各地之雅各賓俱樂部每能用武力以選出其本黨中人。故立法議會中以反對國王之人居其多數。

吉倫特黨　此外並有多數之青年法學者被選為議員，其中著名者多係吉倫特地方之人，故世人遂以地名名其黨。黨中人多善辯，亦主張共和者。然絕無政治手腕以應付一切困難之問題。蓋亦能言不能行之流亞也。

第十章　第一次法蘭西共和國

宣布逃亡貴族為叛國之人　自法國王逃亡之事失敗後，其兄普羅旺斯伯遂出國以與逃亡在外之貴族合。既嗾使德國皇帝與普魯士王發《皮爾尼茨宣言》，乃集其軍隊於萊茵河上。立法議會宣布「集於邊疆上之法國人」實犯陰謀叛國之嫌疑。令普羅旺斯伯於二個月內回國，否則削其繼統之權。其他貴族若於西元一七九二年一月一日以前不能遵令返國者則以叛國罪犯論，如被逮捕，則處以死刑並籍沒其財產。

對待不遵新法教士之嚴厲　立法議會處置貴族之嚴厲實貴族自取其咎，非立法議會之過也。唯議會處置教士之殘虐則絕無理由，殊為識者所不取。立法議會議決凡教士於一週內不遵新法宣誓者則停其俸給以「嫌疑犯」論。不久（西元一七九二年五月）下令逐國內不遵新法之教士於國外。因之大傷力助革命之下級教士之感情，而激起多數信奉舊教人民之反對。

立法議會啟外國之爭端　立法議會一年中之舉動當以激起法國與奧地利之戰端為最重要。其時議會中人多以當日之狀況為不可忍。外有貴族擾亂之憂，內有國王反動之慮。故吉倫特黨人力主與奧地利開戰。以為唯有如此方可謀國民感情之統一，明國王真意之所在。蓋一旦戰端開始則國王之態度如何不難一目了然也。

第二節　第一次法蘭西共和國之建設

法國對奧地利之宣戰　法國王迫於立法議會之要求乃於西元一七九二年四月二十二日與奧地利宣戰。彼吉倫特黨中之少年律師初不意此舉竟開二十三年之歐洲戰局。而且後半期之戰爭雖已以擴充領土為目的，然法國

第三卷　法國革命與拿破崙

革命之原理能隱然遍傳於西部歐洲者實權輿於此時。

法軍入侵奧屬荷蘭之失敗　其時法國軍隊本無戰鬥能力。蓋自充任軍官之貴族逃亡以後軍隊組織久已瓦解。雖有護國軍，然僅能為維持各地秩序之用，於策略上絕無經驗。故法國軍隊入侵荷蘭時，一見奧地利之騎兵即不戰而潰。逃亡貴族聞之無不大喜，歐洲人亦以為所謂「愛國志士」者亦不過爾爾。

法王否決議會之二案及免吉倫特國務大臣之職　同時法國王之地位亦益趨險惡。立法議會議決議案二：一、令不願宣誓之教士於一月內出國；一、召募志願軍二萬人駐於巴黎城外以資守衛。法國王均否決之，並免吉倫特黨國務大臣之職，此皆西元一七九二年五月至六月間事也。

西元一七九二年六月二十日之暴動　法國王對於議會之議案既有否認之舉，國人益憤。以為此皆「奧地利婦人」或名「否決夫人」者一人所為，而且並知王后果有將法國之行軍計畫暗洩於奧地利之舉。六月間，巴黎暴民舉行示威運動，「愛國志士」中頗有侵入杜樂麗宮中者，往來搜尋「否決先生」。幸其時議會中人環繞法國王而立於窗下，王戴一紅色之「自由冠」，向大眾祝國民之康健，暴民乃四散。王雖得不死，然亦險甚矣。

普魯士軍隊之入侵　巴黎暴民既擾亂王宮，歐洲各國君主益以為所謂革命者實與無政府主義同。普魯士本於法國宣戰時即與奧地利聯合者，至是不倫瑞克公遂率其軍隊向法國而進，以恢復法國王之自由為目的。

宣布全國已陷於險境　於是立法議會於西元一七九二年七月十一日宣布全國已陷入險境。下令全國城鄉人民均須將其所藏之軍器或彈藥報告於各地政府，違者監禁之。並令全國人民一律戴三色之帽章。其意蓋在引起全國人民同仇敵愾之心也。

第十章　第一次法蘭西共和國

不倫瑞克公之布告　當聯軍將近法國時，法國王不但無保護法國之能力，而且犯私通國敵之嫌疑。王之地位已有朝不保夕之勢。不倫瑞克公之布告既出，法國王去位之事益不可免。其布告於西元一七九二年七月二十五日以德國皇帝及普魯士王之名義行之，宣言聯軍以平定法國擾亂及恢復其國王權力為目的；凡法國人有反抗聯軍之舉者則以嚴厲之軍法從事並焚毀其居室。如巴黎人民再侵犯國王及其后或有騷擾王宮之事，則巴黎必得屠城之禍。

馬賽之志願軍及其軍歌　其時巴黎之暴民頗欲強迫立法議會實行廢止國王之舉。召馬賽之護國軍五百人來巴黎以援助之。諸兵士沿途高唱《馬賽歌》，慨慷動人為世界國歌之最。至今尚為法國國歌。

杜樂麗宮之第二次被擾　丹東輩決欲廢立國王而建設共和政體。八月十日巴黎人民有第二次入侵王宮之舉。馬賽之軍隊實為先驅。王及其后與其太子事先遁入立法議會會場所在之騎術學校中，議會中人引之入居新聞記者旁聽席。宮中守衛之瑞士兵忽向叛黨開槍，卒以眾寡不敵之故全體被殺。於是暴民侵入宮中大肆劫略，殺死侍人無算。拿破崙目睹其事，嘗謂若衛軍之將不死，則守護王宮或非難事云。

巴黎之革命市政府　同時巴黎暴民占據市政府，逐市政府之參事而代之。巴黎市政府遂為激烈黨人所占有。乃遣人要求立法議會實行廢立國王之舉。

立法議會召集憲法會議　立法議會不得已允之。唯法國果欲變更其政體則昔日所定之君主憲法當然不適於用。故議決召集憲法會議商酌變更政體之方法。他日憲法會議之事業不但改訂憲法統治國家，而且外禦強鄰內平亂黨，蓋即法國革命中之「恐怖時代」也。

第三節　革命時代之戰爭

法國宣布共和　憲法會議於九月二十一日開會。其第一件議案即為廢止君主宣布共和。國人以為此乃自由世紀之黎明，專制君主之末日矣。乃易正朔，以西元一七九二年九月二十二日為「法國自由元年」之元旦。

九月慘殺（西元一七九二年）　同時巴黎之市政府擅作威福實行殘忍之舉，而為自由史上之汙點。偽言巴黎城中逆黨密布下令逮捕之，因而公民無辜入獄者達三千人。當九月二日及三日之間殺死無算。其理由則謂：「吾人一旦出兵迎敵，彼三千囚犯必且出獄以攻吾人之後矣。」此蓋市政府或恐民間仍有主張復辟之人，故假此以恫嚇之耳。

普魯士軍隊於瓦爾密被阻　八月下旬普魯士軍隊長趨入法國境，於九月二日占據凡爾登要塞。法國大將迪穆里埃（Dumouriez）遇普魯士軍隊於瓦爾密而敗之，此地距巴黎蓋僅百英里而已。是時普魯士腓特烈・威廉二世本無久戰之意，而奧地利之軍隊又復逗留不進。蓋兩國是時方有分割波蘭之事也。

法軍之戰績　因之法國軍隊雖無紀律竟能抵禦普魯士之軍隊而擴充其勢力於國外，侵入德國境，占據萊茵河畔之要塞，並占據東南境之薩沃伊。於是迪穆里埃再率其服裝破爛之兵侵入奧地利所領之荷蘭。於十一月六日敗奧地利軍隊於熱馬普，遂占有其全境。

憲法會議思擴充革命事業於國外　憲法會議急思利用其軍隊以擴充革命事業於國外。乃於西元一七九二年十二月十五日釋出告於法國軍隊所占諸地之人民曰：「吾人已將爾輩之暴君逐出矣。爾輩若願為自由之人者則吾人當加以保護，使暴君不得報爾輩之仇。」所有封建徭役不平賦稅及種

第十章　第一次法蘭西共和國

種負擔一律廢止。凡反對自由、平等，或維護君主及特權者皆認為法國人之敵。

法王路易十六之被殺　其時憲法會議對於處置國王之方法頗費躊躇。然多數議員以為國王陰嗾外國之干涉實犯大逆不道之罪。乃決議開庭以審判之，卒以多數之同意處以死刑。於西元一七九三年一月二十一日殺之於刑臺之上。王臨刑時態度雍容嫻雅見者莫不感動。然因其優柔寡斷之故貽害於國家及歐洲者甚大。而法國人民之所以建設共和政體原非本心，亦王之無能有以促成之矣。

法王被殺之影響　法國王之被殺無異法國對於歐洲列強之挑釁。列國聞之莫不投袂而起以反對法國。英國政府之態度尤為激烈。英國王喬治三世且為法國王服喪，逐法國駐英國之使臣而出之。內閣總理皮特宣言慘殺法國王之罪大惡極實為史上所未有。英國人尤慮法國人抱擴充領土之野心。以為路易十四侵占奧地利所領之荷蘭及荷蘭之計畫行且復現。二月一日，皮特向下院宣言：法國之革命足以擾亂歐洲之和平，故英國應與歐洲大陸各國合力以抗之。

法國對英宣戰　同日憲法會議亦議決對英國及荷蘭二國宣戰。初不料加入聯軍最後之英國竟為反對法國最久之敵人。戰爭延長至二十餘年之久，迨拿破崙流入荒島後方止。自此以後，法國軍隊漸形失勢。蓋自西元一七九三年一月第二次分割波蘭後，奧地利、普魯士乃得專意於法國方面之戰爭也。

法軍之敗績及法將之遁走　是年三月，西班牙與神聖羅馬帝國亦加入同盟以抗法國，法國遂處於四面楚歌之境。三月十八日，奧地利軍大敗迪穆里埃於尼爾維登，逐法國軍隊於荷蘭之外。迪穆里埃既恨憲法會議之袖手旁觀，又不滿於國王之慘遭殺戮，遂率其軍隊數百人遁入敵中。

同盟諸國提議瓜分法國　同盟軍既戰敗法國軍隊，乃發瓜分法國之議。奧地利應得法國北部一帶地，並以亞爾薩斯及洛林二地與巴伐利亞，以其在奧地利境內之領土與奧地利。英國應得敦克爾克及法國所有之殖民地。俄羅斯之代表主張西班牙及薩丁尼亞亦應稍分餘潤。「既分之後，吾輩應於殘餘法國國土內建設穩固之君主政府。如此則法國將降為第二等國家不致再為歐洲之患，而歐洲之導火線亦可從此消滅矣。」

第四節　恐怖時代

公安委員會　法國人既喪失荷蘭一帶地，其名將又有降敵之舉，憲法會議中人莫不驚惶失措。內憂既迫，外患交乘；亡國之禍近在眉睫。若必俟憲法告成方謀建設以自衛，實屬緩不濟急。故組織一種強而有力之政府以平定內亂而抵抗強鄰實刻不容緩者也。於是憲法會議於西元一七九三年四月決議組織委員會，會員初本九人，後日增至十二人。即著名之「公安委員會」也。委員會中人曾言曰：「吾輩欲推翻君主之專制，非建設自由之專制不可。」

吉倫特黨　其時憲法會議中黨派不一，有力者凡二：其一為吉倫特黨，以韋尼奧（Vergniaud），布里索（Brissot）等為首領。黨中人多長於辯才而力主共和者。在西元一七九二年之立法議會中極占勢力，與奧地利及普魯士之宣戰即為該黨之主張。以為唯有如此方可明國王之態度如何。然該黨黨人少應變之才無指導之力。因此聲勢漸衰，而山嶽黨遂起而代之。

極端共和黨　山嶽黨為極端之共和黨，如丹東、羅伯斯比（Robespierre）及聖茹斯特（Saint-Just）輩皆黨中健者。凡國內之雅各賓俱樂部皆

第十章　第一次法蘭西共和國

在其勢力範圍之下，同時並得巴黎市政府之援助。若輩以為法國人民在君主政體之下無異奴隸，故所有君主時代之遺制亟應一掃而空之。應建設自由、平等、博愛之新國以代昔日君主之專制、貴族之驕橫及教士之詐偽。又謂法國人之天性本皆良善，然亦仍有主張維持舊制者，若聽其自在則數年革命之功必且敗於一旦，故若輩對於表同情於貴族或教士者皆以「反革命黨」目之。不惜用極殘刻之方法以排除異己，而巴黎暴民實贊助之。

吉倫特黨之被逐　吉倫特黨極不滿於巴黎之暴民及其市政府。以為巴黎不過法國之一市，焉得以一市而統治全國？故提議解散市政府，並移憲法會議於他處以免受巴黎暴民之牽制。山嶽黨以此種主張足以破壞共和而推翻革命，乃激動巴黎暴民以反抗之。六月二日暴民圍會場，市政府之代表要求逐吉倫特黨人於會議之外。

法國之內亂　山嶽黨及巴黎市政府之橫暴漸為國人所不滿。正當同仇敵愾之日，幾罹國內分裂之禍。反對山嶽黨之最力者為布列塔尼之農民，尤以旺迪一區為尤甚。該地人民多具愛戴君主及教士之忱，故雅不願出兵以助推翻王政及戮殺教士之共和。同時馬賽及波爾多兩城亦頗怒山嶽黨對待吉倫特黨之太過有反叛之舉。里昂城之商民尤痛恨雅各賓黨及共和，蓋該城本以產絲織品著名，一旦教士與貴族失其權勢，則絲織品之銷場為之大減也。故當憲法會議要求出兵輸餉時，該城獨不奉命，且募軍萬人以抵抗之。

法國要塞之陷落　同時法國之外敵又進逼不已。西元一七九三年七月十日，奧地利軍隊攻陷其要塞康德。二週之後，英國人亦占據瓦朗謝訥。同盟軍隊遂得有根據地於法國境。離巴黎僅百英里許，都城陷落危在旦夕。普魯士人又逐法國軍隊出美茵茲，向亞爾薩斯而進。法國之海軍根據地土倫亦擁太子叛，稱路易十七 (Louis XVII)，並請英國之海軍來援。

第三卷　法國革命與拿破崙

卡諾組織軍隊　至是法國之共和政府已有朝不保夕之勢，而公安委員會竟能應付裕如，殊足令人驚嘆。八月中，卡諾（Carnot）入充公安委員，遂著手召募軍隊，不久而得七十五萬人。乃分為十三軍以禦敵。每軍有特派代表二人，蓋恐統軍之將復蹈西元一七九二年拉法葉及迪穆里埃之覆轍也。於是軍勢為之復振。

法軍戰敗同盟軍　是時同盟軍竟不向巴黎而進。奧地利人專意於占據沿邊之城鎮，英國人則西向以攻敦克爾克。然法國軍隊不久敗英國軍隊於敦克爾克附近，而奧地利人亦於十月間在瓦蒂尼地方為法國大將所敗。其時腓特烈‧威廉二世方有事於波蘭，不倫瑞克公之軍隊不甚猛進。故西元一七九三年之冬法國已無復外患。

城市叛亂之平定　公安委員會對於各城市及旺迪農民之叛亂，亦頗具平定之能力。先召回駐紮邊境之軍隊攻陷里昂城。乃遣殘忍性成之科羅得霸馳往懲辦之。五月之間市民被殺者凡二千人。同時憲法會議議決夷其城，更其名為「自由市」。幸其時遣往實行此議決案者為羅伯斯比之至友，僅毀城中房屋四十座而止。

波拿巴在土倫　波爾多及馬賽二城鑒於里昂城被懲之慘遂不敢再抗憲法會議，允其代表之入城。二處市民之被殺者各約三、四百人。唯土倫尚堅壁自守。其時有無名之騎兵軍官名拿破崙‧波拿巴者力主占據港外之海角以便炮擊港外之英國軍艦。西元一七九三年十二月十九日，市民多登英國軍艦遁。憲法會議之代表乃入城。

旺迪亂事之平定　旺迪之農民雖屢敗自巴黎遣來之護國軍，然是年秋間因兵力不支而敗，農民死者無算。憲法會議代表之在南特城者殺死或淹死叛黨二千人。革命中之慘酷事件以此為最。憲法會議乃召回其代表而殺之。

恐怖時代　公安委員會雖能外禦強鄰內平叛亂，然革命事業終未告成。旺迪農民及諸城之叛亂足見法國人多不滿於雅各賓黨。憲法會議之對於此輩均以「反革命之嫌疑犯」對待之。又以為欲阻止國人之反對莫若用恐怖之方法。故所謂恐怖時代者乃革命黨之一種除敵方法也。其起訖時期雖無一定，然最烈時代約十閱月——自西元一七九三年九月至一七九四年七月。

革命法院　吉倫特黨未敗以前，巴黎本已設有特別司法機關曰革命法院以審理革命中之嫌疑犯為務。其初遇事慎重，處死刑者絕少。自城市叛亂以後，公安委員會於九月間新增委員二人，此二人曾與於九月慘殺之事者也。任為委員所以恫嚇反對革命之人也，同時並規定凡言語行動有反對自由之表示者即以「嫌疑犯」論。所有貴族及其父母妻子如不表示其贊助革命之心跡者概拘禁之。

王后之被殺　十月間王后瑪麗·安東妮被控，法院審之卒處以死刑。同時名人如羅蘭夫人（Madame Roland）及吉倫特黨人亦多被殺。然受害最烈者仍推里昂及南特二城，上已述及茲不再贅。

第五節　恐怖時代之告終及督政部之組織

山嶽黨之破裂　不久山嶽黨內部忽有分裂之跡。丹東本為雅各賓黨人所心服者，至是頗厭流血之舉動，以為恐怖主義已無存在之必要。同時巴黎市政府之領袖曰埃貝爾（Hébert）者態度激烈如故，以為不如此則革命終難告成功。並主張廢止上帝而以「崇拜理性」代之，乃以一女優裝理性之神坐於聖母院中之壇上受人頂禮。

第三卷　法國革命與拿破崙

羅伯斯比及聖茹斯特　羅伯斯比為公安委員會之委員對於溫和及激烈兩派均不表其同情。頗以道德高尚思想精深負時譽。彼與聖茹斯特極醉心於盧梭之學說，以冀光榮快樂共和國之實現。國內無貧富之階級，男女有自立之精神。生子五歲即由國家教育之。國內建神廟以崇拜「永久」之自然神。國人須於定期中在廟中宣布其朋友為誰。如無友或負情者則流之遠方。

羅伯斯比之剷除異己　羅伯斯比因急於建設理想共和國之故，以丹東為反對共和及革命之人，又以埃貝爾之主張無神為有礙革命之前途，均主張殺卻之以為快。其結果則溫和及激烈二派之首領於西元一七九四年三月、四月中前後被殺。

羅伯斯比之被殺　異己者既剷除殆盡，羅伯斯比遂大權獨攬。然不能持久也。當彼將革命法院分為四部以便辦事迅速時，憲法會議中人莫不人人自危，恐蹈丹東及埃貝爾之覆轍，因有陰謀反對之舉嗾憲法會議下令逮捕之。七月二十七日羅伯斯比入議場中方欲有所陳說，忽聞「推倒暴君」之呼聲。羅伯斯比大驚，幾不能作聲。某議員起立大呼曰：「渠之喉已為丹東之血所窒塞矣！」羅伯斯比急求援於巴黎市政府，然終被憲法會議所逮，與聖茹斯特同時就戮，時西元一七九四年七月二十七日也。此二人固熱心革命者，徒以過於急就卒致身敗名裂良可慨矣。

政局之反動　羅伯斯比既被殺，國內遂無敢再主張恐怖主義者。國人厭亂，政局上之反動隨之以起。革命法院所殺之人數亦大形減少。不久巴黎之市政府為憲法會議所廢止，雅各賓俱樂部亦被解散。

恐怖時代之回顧第一步　「恐怖時代」之性質及其重要讀史者每多所誤會，茲故不厭繁複重總述之。當全級會議開會時，法國人仍忠於王室，

第十章　第一次法蘭西共和國

不過希望政治之重新整理、立法之參預、特權之廢止而已。貴族懼而遁。國王及其後又陰求外力之干涉。奧地利與普魯士之軍隊入侵法國，普魯士之軍統並要求恢復法國王室之自由，否則且毀巴黎城。巴黎得馬賽城人之助竟廢止君主，而憲法會議並決議殺之。當英國與奧地利之軍隊攻陷法國邊境要塞時，里昂、馬賽及土倫諸城，與旺迪之農民群起作亂。憲法會議與公安委員會乃不得不用殘酷之方法以外禦強鄰內平叛亂。

第二步　內憂外患既皆消除，羅伯斯比及聖茹斯特輩因欲建設其理想共和國，乃用殘忍方法以驅除異己。其結果則有第二步之「恐怖時代」。

法人大部分不受恐怖時代之影響　讀史者須知當恐怖時代法國人之受其影響者甚少。即以巴黎而論亦並無人人自危之象。絕不致如狄更斯（Charles Dickens）輩小說家所言之甚。商業進行如故，公共娛樂場之擁擠亦如故。貴族之被殺者固多，而人民所受之影響則仍絕少。

憲法會議之改革事業　而且當「恐怖時代」憲法會議中人並不專注於「嫌疑犯」之逮捕。曾召集軍隊百萬以敗同盟軍。並能實行國民會議所提之改革。又定初等教育之制為他日之模範。法典之編訂亦在此時，不過因拿破崙有增訂之舉，故其名為彼一人所居耳。至於所定共和曆雖不久即廢，然其衡量之制至今為歐洲大陸諸國所採用。

廢除舊習之熱忱　憲法會議之廢除舊制未免有太過之處。如廢止「先生」、「太太」之稱，而以「公民」及「女公民」代之。巴黎城中街道之名稱凡帶君主臭味者亦一律更改之。並思均人民之貧富，乃籍沒貴族教士之財產分售於貧民。故小康之地主為之增加不少。西元一七九三年五月並通過《最大限律》，規定民食之價格不得逾過各市政府所定之最高價。不過因實行甚難，故無甚結果耳。

第三卷　法國革命與拿破崙

紙幣價值之低落　紙幣之價日落，限制幣價跌落之法日嚴，國內金融益形紊亂。當西元一七九六年時，紙幣之流通者約四萬兆法郎。一法郎之現金竟至值三百法郎之紙幣。

共和第二年之憲法　最後憲法會議著手編訂憲法，蓋西元一七九二年九月之召集憲法會議其宗旨原在於此。憲法之首冠以《人類及公民之權利及義務宣言》。規定立法機關為二院制：曰五百人院，曰元老院。為元老院議員者須五十歲以上之男子，已娶妻或鰥居者。行政機關設督政部，由立法機關選舉五人組織之。

憲法會議之敵　憲法尚未告竣，反對憲法會議者日益增多。其時中流社會重複得勢，極不滿於君主之廢止及暴民之專橫，故力主君主立憲之實現。憲法會議懼共和之傾覆，乃議決選舉新議員時須於憲法會議議員中選出三之二。又深信軍隊之可恃，議決將新憲法交諸軍隊以求其同意，並召集軍隊使駐於巴黎附近以維持選舉議員時之秩序。巴黎富民聞之大怒，乃召募護國軍以攻之。

西元一七九五年十月五日　憲法會議急令拿破崙・波拿巴任保護會議之責。波拿巴率其軍隊駐會場外，巴黎之護國軍遂為其所敗而潰。王黨之志乃不得逞。

第十一章
拿破崙・波拿巴

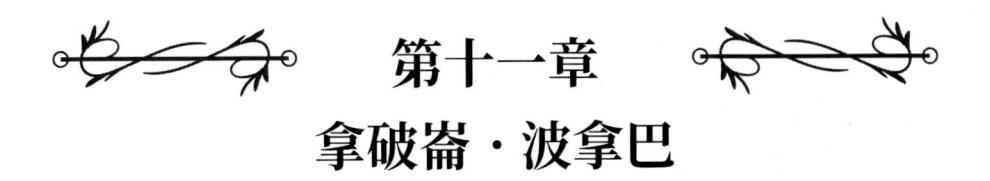

第一節　波拿巴第一次入侵義大利

軍隊之變性　當革命時代，法國軍隊之性質為之大變。昔日充軍官者皆係貴族。自巴士底獄陷落後，貴族逃亡者踵相接也。其他如拉法葉及迪穆里埃輩初本具贊助革命之熱忱，然自西元一七九二年後相繼降敵。又有因戰敗而為監軍之代表所殺者，如屈斯蒂納（Custine）及博阿爾內（Alexandre de Beauharnais）（即他日皇后約瑟芬〔Joséphine de Beauharnais〕之前夫）輩是也。舊日之軍紀至是蕩然無存。為軍官者類多行伍出身，每能不拘舊法以敗敵人。無論何人凡具統軍能力者隨時可望為上將。故莫羅（Moreau）以律師一躍而為名將，繆拉（Murat）為曾任店夥之人，如耳洞則曾以販布為業者，蓋法國之軍隊至是亦與國家同具民主精神矣。

拿破崙時代　當時出身行伍之軍統當以拿破崙・波拿巴為最著。十五年間之歐洲史無異彼一人之傳記，故世人名此期為「拿破崙時代」。

拿破崙之家世　波拿巴於西元一七六九年八月十五日生於科西嘉島中。此島雖於前一年入屬於法國，然彼實係義大利種。彼所用之語言亦係義大利之語言。其父卡洛・波拿巴（Carlo Buonaparte）雖係貴族之後，仍從事律師之職務於島中之阿雅克肖鎮。共有子女八人，家貧幾無以自給。不得已乃遣其最長之二子留學法國。長子名約瑟夫（Joseph Bonaparte）習

第三卷　法國革命與拿破崙

神學,次子拿破崙則入布里耶納之陸軍學校習兵學,時年僅十歲也。

波拿巴求學時代　波拿巴之在陸軍學校中者自西元一七七九年至一七八四年前後凡五、六年。起居極清苦,頗惡同學中之貴冑子弟。嘗致函其父曰:「我以清貧之故常為無恥同學所竊笑,我實厭之。蓋若輩所以勝我者富而已,而我之思想高尚則固遠出若輩之上也。」不久遂抱使科西嘉島離法國而自立之志。

波拿巴在科西嘉島之政治陰謀　波拿巴既畢業於陸軍學校,乃得下尉之職。既無財,又無勢,故無升遷之望。不得已返科西嘉島,一在謀該島獨立之實行,一在謀維持家庭生活之方法,蓋自其父去世後家中境況益貧困不堪。故彼屢次告假回里以實現其獨立之陰謀。及革命既起,其陰謀暴露,遂於西元一七九三年全家被逐,乃逃入法國。

波拿巴之得勢　波拿巴逃入法國以後,三年之中落泊無定。土倫之役頗獲微譽,然不願赴旺迪以平其亂,仍居巴黎以待時機。二年後,其友巴拉斯(Barras)令其率兵入衛憲法會議。一生遭際造端於此。蓋巴拉斯是時為督政官之一,援引波拿巴以入於縉紳之列。彼不久即遇博阿爾內之寡妻愛而娶之,即九年後之法國皇后約瑟芬也。

波拿巴入侵義大利　西元一七九六年春,督政部命波拿巴率三師之一入義大利,時年僅二十有七歲。其武功甚盛直堪與古代亞歷山大比美。

普魯士及奧地利在西元一七九四年時對法戰爭之冷淡　當西元一七九三年時,歐洲各國之與法國為敵者計有奧地利、普魯士、英國、荷蘭、西班牙、神聖羅馬帝國、薩丁尼亞、那不勒斯王國及托斯卡尼。同盟諸國聲勢雖大,然僅能占據法國邊境之要塞,而不久復失。蓋是時普魯士及奧地利方有第三次分割波蘭之舉,無暇顧及法國之革命也。其時波蘭志

第十一章　拿破崙・波拿巴

士柯斯丘什科率波蘭人叛，於西元一七九四年四月逐俄羅斯之軍隊於華沙之外。葉卡捷琳娜二世求援於普魯士王腓特烈・威廉二世。普魯士王允之，遂一意於平靖波蘭之亂。英國之內閣總理皮特輸鉅款於普魯士，請其留兵六萬於荷蘭以禦法國人。然普魯士軍隊並不盡力，即奧地利亦因戰事失敗決意退出荷蘭以便專心於分割波蘭之舉。

英國無力阻止法軍之進行　英國人見普魯士及奧地利態度之冷落大為失望。蓋英國之所以加入同盟軍者一在援助普魯士及奧地利以維持均勢之局，一在維護荷蘭以阻止法國軍隊之入侵荷蘭也。西元一七九四年十月，奧地利軍隊退出萊茵河外；英國軍隊不得已亦自荷蘭退至漢諾威。荷蘭人頗有熱心共和者，故法國軍隊所至無不聞風歸向。廢其世襲之行政首領，另建巴達維亞共和國而受法國之節制。

法國與普魯士及西班牙之和　自開戰以來三年之間，法國人所征服者有奧地利所領之荷蘭，薩沃伊，及尼斯諸地，建巴達維亞共和國，並占據德國西部之地以達於萊茵河。西元一七九五年四月，普魯士與法國媾和於巴塞爾，暗許法國人可以永有萊茵河左岸地，唯普魯士所受之損失應有相當之賠償。三月之後，西班牙亦與法國和。西元一七九六年春，法國政府聽波拿巴之言發三軍分頭進攻奧地利都城維也納。如耳洞率一軍向北溯美茵河而進；莫羅則經黑森林沿多瑙河而下；波拿巴則入侵倫巴底。

義大利之分裂　義大利政局之紊亂與五十年前亞琛和會時無異。統治那不勒斯王國者為優柔寡斷之費迪南多四世 (Ferdinand IV) 及其后卡羅琳娜 (Maria Carolina)。在其北者則有橫斷半島中部之教宗領土。托斯卡尼之政府和平而開明。帕爾馬公為西班牙王族之親屬，摩德納公為奧地利王族之親屬。純屬他國者為倫巴底，於西班牙王位承繼戰爭後人屬於奧地利者也。威尼斯及熱那亞兩共和國雖仍存在，然其國勢久已衰落。半島中

第三卷　法國革命與拿破崙

最強之國當推薩丁尼亞王國——包有皮埃蒙特、薩沃伊、尼斯及薩丁尼亞島。

波拿巴逼薩丁尼亞求和並入據米蘭　與波拿巴為敵者有奧地利及薩丁尼亞兩國之聯軍。波拿巴自薩沃納北進，以中截敵軍。逼薩丁尼亞軍使之向杜林而退。薩丁尼亞不得已割薩沃伊及尼斯兩地於法國以和。波拿巴既無後顧之憂，乃沿波河而下。奧地利軍隊懼法國軍隊或斷其後路乃急向東而退，法國軍隊遂入占米蘭，時在西元一七九六年五月十五日。

法軍大肆劫掠　波拿巴入義大利之始宣言法國軍隊以驅除暴君為宗旨。然法國政府仍望征服各地負維持軍隊之責。觀其與波拿巴之訓示，尤屬顯然：「凡物之可為吾用而且因政情上不能不移動者毋任留在義大利。」故波拿巴入據米蘭之後不但令其輸款二千萬法郎，而且令其交出美術品多種。帕爾馬及摩德納兩公國亦納款於法國而以停戰為條件。

曼圖亞之役　波拿巴率軍東向躡奧地利軍隊之後而敗之。奧地利軍隊一部分逃入曼圖亞城，蓋一極強固之要塞也。法國軍隊圍而攻之。七月下旬，奧地利援軍自提洛分三路而下。其數倍於法國軍隊，法國軍隊殊危急。波拿巴竟乘奧地利軍未聯合以前一一敗之。五日之間奧地利軍敗退，法國軍隊獲俘虜萬五千人。波拿巴乃決溯阿迪傑河而上，中途又大敗奧地利軍於特利騰。奧地利將維爾姆澤思截法國軍隊之後，不意並其軍隊亦為法國人圍入曼圖亞城中。

阿爾科勒及里沃利之兩役　是年十一月奧地利又遣二軍來解曼圖亞之圍，一沿阿迪傑河，一沿皮亞韋河。其自皮亞韋河來者遇法國軍隊於阿爾科勒，相持三日，卒為法國軍隊所敗。其他奧地利軍隊聞風而遁。次年一月法國軍隊敗奧地利軍於里沃利，遂陷曼圖亞。法國人乃得義大利北部之地。

第十一章　拿破崙‧波拿巴

《雷奧本停戰條約》（西元一七九七年四月）　波拿巴既征服義大利北部之地，乃率師直搗奧地利京維也納。西元一七九七年四月七日，法國軍距奧地利京僅八十英里許，奧地利將請停戰，波拿巴允之。蓋至是法國軍隊在外經年，離鄉已久，而且莫羅及如耳洞所率之二軍又覆敗退至萊茵河左岸也。至是年十月並有坎波福爾米奧之和約。

《坎波福爾米奧和約》　坎波福爾米奧之和約極足表示當日法國奧地利二國對待小國之蠻橫。奧地利割其屬地荷蘭於法國，並陰許助法國獲得萊茵河左岸地。奧地利並承認波拿巴在北部義大利所建之奇薩爾皮納共和國。此國之領土包有倫巴底、摩德納公國、教宗領土一部分及威尼斯之領土。奧地利得其餘之威尼斯領土。

波拿巴之行轅　當法國奧地利和議進行時，波拿巴設行營於米蘭附近之別墅內。軍官大吏集於一堂，莫不以得波拿巴之一顧為榮。蓋是時波拿巴已隱抱帝王思想矣。

波拿巴對於法人及其軍隊之觀念　波拿巴嘗謂：「吾之事業實不足道。此不過吾之境遇之發端耳。汝以為吾在義大利之戰功以增加督政部諸律師之勢力為目的耶？汝以為吾之目的在於建設共和國耶？此誠謬誤之觀念也！……督政部解吾之兵柄可矣，夫而後方知誰是主人也。國家須有首領者也，然所謂首領者必以戰功著名，非彼富於政治思想言詞富麗或高談哲理者所能勝任者也。」波拿巴所謂「以戰功著名」之首領所指何人，讀史者不難預測。昔日貧寒律師之次子竟為他日法國之英雄。其處心積慮之跡至此已彰明昭著矣。

波拿巴之特點　波拿巴身材矮小，長不滿五尺四寸。人極瘦削。然其儀態動人，目含精氣，舉止敏捷，口若懸河，見者莫不驚服。其最勝人之

處有二：一，在思想精深；二，在力能實踐。嘗告其友曰：「當吾任下尉時，吾每任吾腦盡其思索之能事，然後靜思實現吾之夢想之方法」云云。

波拿巴之性情　波拿巴之成功與其性情極有關係，蓋彼絕不顧其行為之為善為惡者也。觀其行事無論對於個人或對於國家皆絕無道德上之觀念。而親友之愛情亦絕不足以阻其擴充個人勢力之雄心。此外並具天賦之將才及忍勞耐苦之能力。

當日政情足以促進波拿巴之成功　波拿巴雖為當日之奇才，然假使西部歐洲政情不如此之紊亂，則彼之鞭笞歐洲亦正不能如此之易。蓋其時德國與義大利均非統一之邦，勢同瓦解。四鄰諸國弱小無能，其力本不足以自守。而且強國之間互相猜忌初無一致之精神。故普魯士無力戰法國之心，奧地利有屢戰屢北之禍。

第二節　波拿巴之得勢

遠征埃及之計畫　波拿巴既與奧地利訂《坎波福爾米奧和約》乃返巴黎。鑒於當日法國人之態度頗知一己之戰功雖巨而國民尚未具擁戴之忱。又知久居巴黎則昔日之名將將變為庸碌之常人。欲保持其令名則賦閒實非上策。因之有遠征埃及之計畫。其時英國、法國之間尚未休戰。波拿巴力陳遠征埃及之策於督政部，以為果能征服埃及則不但可奪英國人在地中海中之商權，而且可斷其東通印度之孔道。實則波拿巴之存心一欲仿古代亞歷山大之東征，一欲率法國之精銳遠赴埃及以陷督政部於無以自存之域，然後彼可樹救國之幟幡然返國矣。督政部聽其言，命率精兵四萬並強盛之海軍往埃及。彼並聘科學家工程師一百二十人隨之，負籌備他日殖民事業之責。

第十一章　拿破崙・波拿巴

埃及之戰爭　西元一七九八年五月十九日，法國軍艦自土倫起程。因在夜中故地中海中之英國軍艦絕無所覺。七月一日抵亞歷山卓城登岸，即大敗土耳其人於金字塔下。同時英國大將納爾遜（Nelson）所率之海軍方自敘利亞岸邊搜索法國軍隊不得而返，知法國軍艦屯於亞歷山卓港遂擊而大敗之，時八月一日也。法國軍隊通歐洲之途乃絕。

波拿巴征略敘利亞　是時土耳其政府已與法國宣戰。波拿巴擬由陸道以攻之。西元一七九九年春率兵向敘利亞而進，於亞克地方為土耳其之陸軍及英國之海軍所敗。法國軍隊返埃及，疫癘大起，雖於六月中復奪開羅，而死傷者無算。不久並擊敗方在亞歷山卓登岸之土耳其人。

波拿巴之返國　其時國情危險之消息達於埃及，波拿巴遂棄其軍隊而返國。蓋是時西部歐洲諸國組織新同盟以攻法國。北部義大利之領土亦復喪失殆盡。同盟軍入逼法國境，督政部已倉皇失措矣。波拿巴於西元一七九九年十月九日安抵法國。

西元一七九九年十一月九日之政變　法國督政部之腐敗無能世所罕見。波拿巴遂與人陰謀傾覆之。擬不遵憲法另建新政府。此種急遽之方法百年以來盛行於法國，故即在英國文中亦有法國文「政變」二字矣。波拿巴輩在國會中頗有多數之同志，在元老院中尤夥。於未實現其計畫之前率兵五百人入院中以驅除異己者。其餘議員重開會議，以波拿巴之弟呂西安（Lucien Bonaparte）為主席。議決設執政官三人，波拿巴居其一焉。並令執政官與元老院及特派委員共同編訂新憲法。

共和八年之憲法　新訂之憲法複雜而詳盡。規定立法之機關凡四：一為提議之機關，一為討論之機關，一為表決之機關，一為議決法律是否與憲法牴觸之機關。然所有政權實在波拿巴一人之手。政府中之最重要機關莫過於以國內名人組織而成之國務會議，而以波拿巴為會長。

中央集權之制 波拿巴之最大目的在於中央集權。凡各地政權皆握諸中央政府之手。故各省有省長一，省長之下有郡長，郡長之下有縣長及警長，皆由第一執政官任命之。所有各地郡長——波拿巴稱之為「小第一執政官」——與王政時代之道尹無異。實則新政府與路易十四之政府頗有相同之處。他日雖有種種變遷，然至今尚為法國政治組織之根據。亦足徵波拿巴實具有政治之才也。

國民贊成新政府 波拿巴之不信人民為有參政之能力與路易十四同。彼以為改革政體僅問國民之可否已足矣。故彼有實行「國民公決」之舉。新憲法既告竣乃令國民表決其可否。其結果則贊成者三百萬人，反對者僅一千五百六十二人而已。然當日法國人之贊助波拿巴者並非多數，不過贊成新政府總較反對新政府之危險為少耳。

法人贊成波拿巴為第一執政官 波拿巴以少年名將入據要津，法國人民因其能鞏固中央政權故無非議之者。瑞典駐法國之使臣曾言：「法國人之贊助波拿巴較其贊助正統君主為尤力，若彼不能利用此種機會以改良政府，則其罪誠不可恕也。蓋法國人民厭亂已久，只求進步，不問政體之變更與否也。即當日之王黨亦以波拿巴有光復舊物之心，無不悅服。其他亦以為從此昇平之象不難復見。即共和黨人亦並不反對也。」

第三節　第二次對法國之同盟

第二次同盟 當波拿巴任第一執政官時，與法國交戰者有英國、俄羅斯、奧地利、土耳其及那不勒斯諸國。先是自巴塞爾及坎波福爾米奧媾和後，英國獨力與法國戰。西元一七九八年俄羅斯皇帝保羅 (Paul I of Russia）忽有與英國聯合以攻法國之舉。保羅於西元一七九六年即位，其痛恨革命與其母凱薩琳同，而其出師攻法國則與其母異。奧地利則因波拿巴不能履行《坎波福爾米奧條約》之故亦頗願重開戰事。至於土耳其則因波拿巴遠征埃及之故竟與其世仇俄羅斯合力以攻法國。

法國建設共和國於四鄰諸國 其時法國盡力於建設共和國。先有荷蘭之變更政體，繼之以北部義大利之息薩爾賓共和國。法國人又激起熱那亞人廢止其舊日之貴族政府，而建設親近法國之利古里亞共和國。

羅馬共和國 不久羅馬城中人得波拿巴之兄約瑟夫之援助亦宣布羅馬為共和國，蓋約瑟夫是時適為法國駐羅馬之大使也。當城中叛亂時有法國將被殺，法國督政部遂藉口率兵入羅馬。西元一七九八年二月十五日，羅馬城中之共和黨人集於市中宣布古代共和國之復興。法國遣往之特派員侮辱羅馬教宗備至，奪其手中之杖及環，令其即時出城去。法國人除得新國所輸之六千萬法郎外，並將教宗宮內之美術品多種移往巴黎。

督政部之干涉瑞士 法國人之處置瑞士尤為過當。瑞士各州之中自昔即有為他州之附庸者。沃州中人不願仰伯恩州之鼻息乃求援於法國。西元一七九八年一月，法國軍入瑞士，敗伯恩州之軍隊，並占據其城（三月中）。奪其庫中所存八千萬元之鉅款。遂建設海爾維蒂共和國。琉森湖畔之守舊諸州頗欲與法國人為難，法國人對於反抗變更者無不加以虐殺。

那不勒斯與法再戰及其改建共和國 法國與列強之重開戰釁實始於那不勒斯。蓋其地之後卡洛琳娜本係瑪麗‧安東妮之姊，鑒於法國人之入據羅馬頗惴惴不自安也。英國大將納爾遜自在尼羅河口戰敗法國海軍後，即返駐那不勒斯籌驅逐法國人於教宗領土之外之策。法國軍隊入那不勒斯，大敗之，時西元一七九八年十一月也。王族登英國軍艦遁走巴勒摩。法國

人遂於次年一月改建帕登諾帕共和國。劫其府庫攜其美術品而歸。

法人占據皮埃蒙特　同時法國人又占據皮埃蒙特，逼其王退位。其王遁居薩丁尼亞者十五年，至波拿巴失敗時方返國。

法國已達到天然疆界　西元一七九九年春，法國軍隊頗有所向無敵之象。天然疆界至是已如願以償。北得萊茵河左岸之奧地利領土荷蘭及神聖羅馬帝國之地，南得薩沃伊公國。其他又有臣服法國之共和國五——即海爾維蒂、巴達維亞、利古里亞、羅馬及息薩爾賓是也。同時波拿巴並已占有埃及，向敘利亞而進以征服東方。

蘇沃洛夫及奧地利軍逐法人於義大利之外　然不數月間形勢忽變。法國軍隊在德國南部為奧地利軍所敗而退至萊茵河畔。其在義大利，則俄羅斯將蘇沃洛夫（Suvorov）逐法國人於北部義大利之外。不久與奧地利軍合力屢敗法國軍，圍其殘眾於熱那亞。蘇沃洛夫乃向北越山而進，方知其他來援之俄羅斯軍隊已為法國人所敗。俄羅斯帝以為軍隊之敗係奧地利之陰謀有以致之，遂召其軍隊回國（西元一七九九年十月），並與奧地利絕交。

第四節　西元一八〇一年之昇平及德國之改組

第一執政官之主和　西元一七九九年十一月法國之督政部解散，改設執政官三人。第一執政官深知國民之厭戰，乃於耶穌聖誕之日親具手書於英國王喬治三世（George III）及德國皇帝法蘭茲二世（Franz II）力言文明國間戰事頻仍之非是。「何必為虛榮而犧牲商業與昇平？和平豈非吾人之要著及榮耀？」

第十一章　拿破崙·波拿巴

答覆之冷淡　英國內閣總理皮特覆稱歐洲大陸之戰事咎在法國。如法國人不表示和平之擔保則英國人將無中止戰爭之意。並謂最上之策莫過於請波旁王朝之復辟云。奧地利之覆文雖較和婉，然亦不願與法國言和。波拿巴遂密募軍隊以解熱那亞之圍。

波拿巴越聖伯納德嶺　法國軍隊入義大利之道在昔或沿熱那亞之海岸，或越薩沃伊之阿爾卑斯山。至是波拿巴欲攻敵人之後，乃集其軍隊於瑞士，率之越聖伯納德嶺而南下。其時山道險阻，步行不易，所有戰炮均裝入空木中曳之而行。西元一八〇〇年六月二日抵米蘭城，奧地利人大驚。波拿巴遂恢復息薩爾賓共和國，再西向而進。

馬倫哥之戰　其時波拿巴未悉奧地利軍隊之所在，乃於六月十四日在馬倫哥附近地方分其軍為數路而進。命德賽（Desaix）率一軍向南。奧地利之軍隊以全力來攻波拿巴親率之軍。德賽聞槍聲急率軍返，竟大敗奧地利人。德賽雖陣亡，而法國軍隊固已獲勝矣。次日兩方有休戰之約，奧地利軍退出明喬河之外。法國復得倫巴底一帶地，令其地負供給法國軍餉之責。至於息薩爾賓共和國則月輸二百萬法郎於法國。

莫羅戰敗奧軍於霍恩林登　當波拿巴預備越過聖伯納德嶺時，法國大將莫羅率一軍入德國之南部以斷奧地利軍入義大利之路。數月後，當《馬倫哥休戰條約》期滿時，莫羅率師向維也納而進。十二月三日遇奧地利軍於霍恩林登，大敗之。乃有西元一八〇一年二月之《呂內維爾和約》。

《呂內維爾和約》　和約中之規定大致與《坎波福爾米奧和約》相似。法國仍得有奧地利屬之荷蘭及萊茵河左岸地。奧地利並承認巴達維亞、海爾維蒂、利古里亞及息薩爾賓諸共和國。威尼斯仍附屬於奧地利。

西元一八〇一年之和平　奧地利既休戰，西部歐洲遂成息爭昇平之

第三卷　法國革命與拿破崙

局。即英國至是亦知繼續戰爭之無益，故自敗埃及之法國軍後，即有與法國締結《亞眠和約》之舉。

西元一八〇一年諸約之結果　諸約之結果類多暫而不久，而最要者則有二端。第一，為法國售路易斯安那地方於美國。此地本係西班牙之領土，因西班牙與法國交換義大利之利益而入於法國者也。第二，為德國之改組，樹他日德意志帝國統一之基，因其關係重大故詳述之如下：

法人獲得萊茵河西岸地之影響　據《呂內維爾和約》之規定，德國皇帝代表德國奧地利二國承認法國人占據萊茵河左岸地。德國法國間以萊茵河為界，自海爾維蒂共和國邊境起至巴達維亞共和國邊境止。其結果則德國小諸侯中之喪失領土者數幾及百。

世襲諸侯所得之賠償　和約並規定凡世襲諸侯所失之領土由德國皇帝另以帝國中之領土賠償之。凡非世襲者如主教及寺院住持等，則予以終身之年金。至於城市在昔雖極為隆盛至是已以等閒視之矣。

以教會領土及自由城市為賠償世襲諸侯之用　然當日帝國之內已無隙地足為賠償之資。乃奪主教寺院及自由城市之領土為賠償世襲諸侯之用。此舉無異神聖羅馬帝國中之革命，蓋教會領土原甚廣大，一旦入官極足以減少分裂之勢也。

分配領土之委員會　德國皇帝派諸侯數人組織分配帝國領土之特別委員會。世襲諸侯多奔走於巴黎第一執政官及其大臣塔列朗之門以謀私利。奴顏婢膝，見者羞之。分配結果之報告名曰《帝國代表報告書》於西元一八〇三年通過於德國公會。

教會領土及自由城市之消滅　所有教會之領土除美茵茲外均被籍沒而歸諸世襲諸侯。皇城原有四十八處至是存者僅六處而已。就中漢堡、布萊

第十一章　拿破崙・波拿巴

梅及呂北克三城至今尚為德國聯邦之分子。特派員之分配領土非地圖所可說明。茲故特舉數例以明之。

分配領土之例　普魯士因失克理甫斯等地，乃得希爾德斯海姆及帕德博恩兩主教領土，芒斯特主教領土之一部分，美茵茲選侯領土之一部分，及梅爾豪森，諾德豪森與戈斯拉爾三城，其面積四倍其所失。巴伐利亞選侯因失萊茵河左岸地，故得符茲堡、班堡、佛萊辛、奧古斯堡及帕紹諸主教領土，並得十二寺院住持之領土與十七自由城。奧地利得布里克森及特倫特兩主教領土。其他多數之小諸侯則予以片地或數千元之奧幣以安其心。波拿巴意欲兼併帕爾馬及皮埃蒙特兩地，故以托斯卡尼予帕爾馬，而以薩爾茲堡主教領土予托斯卡尼。

二百餘小邦之滅亡　據上所述者觀之，可以瞭然於當日德國內部分裂之情形及此次合併小邦之重要。萊茵河東諸國之被併者約一百十二國，河西之被併於法國者亦幾及百國云。

波拿巴結好南德諸邦之用意　德國國勢之衰微雖以此時為最，然此次之兼併實肇他日中興之基。波拿巴之用意原在減少德國之勢力。其增加南部德國諸邦——巴達維亞、符騰堡、厄斯及巴登——之領土蓋欲另建「第三德國」以與普魯士及奧地利相峙而成鼎足之局也。其計畫雖能實現以滿其希望，然實伏六十七年後德意志統一之機，此又非波拿巴意料所及者矣。

第三卷　法國革命與拿破崙

第十二章
歐洲與拿破崙

第一節　波拿巴恢復法國之秩序及隆盛

督政部時代法國之擾亂　波拿巴不但善於用兵，亦且長於政治。當彼得勢之日正法國經過十年變亂之秋。先之以恐怖時代之騷擾，繼之以督政時代之腐敗。國民議會之改革既未告成功，革命之事業亦半途中輟。通衢大道盜賊成群，海港橋梁壅塞塌毀。工業不振，商業大衰。

紙幣　財政狀況尤不堪問。國內擾亂過甚，故當西元一八〇〇年時國家幾毫無賦稅之收入。革命時代之紙幣幾同廢紙。督政政府已瀕破產。第一執政官與其大臣籌劃種種補救之方法，並令各地官吏督促新法之實行。改良警察制度，嚴懲匪盜。規定稅率而如期徵收之。漸儲的款以備償還國債之用，政府信用漸形恢復。國債擔保品易以新者，並設國家銀行以振興商業。督政部之處置教士及貴族之財產頗為失當，故政府所得者極微。至是亦力加整頓收入較裕。

政府與教會之關係　革命政府種種設施之失敗以對待教會為最。當國民議會宣布《教士組織法》後，對於不宣誓之教士極其虐待。不久埃貝爾有崇拜理性之主張，羅伯斯比有自然神教之創設。迨西元一七九五年時，舊教教堂均有重開之舉，而憲法會議亦於是年二月二十一日宣言政府以後不再干涉國內之宗教，不再負擔教士之俸給，全國人民均得享信教之自

由。於是全國教士多從事於教會之改組。然教士之供職如常者雖不乏人，而憲法會議及督政部中人之對於不肯宣誓之教士虐待如昔。教士之被放或被拘者仍不一而足也。

波拿巴希望教會之援助 波拿巴雖係渾信自然神教之人，然深知獲得教會及教宗之援助異常重要。故任第一執政官後即注意於解決宗教上之困難。凡教士之被拘者如允不反對憲法則皆釋放之。流亡在外之教士多連袂返國。恢復已廢之禮拜日。所有國慶紀念日除七月十四日及九月二十二日外一概廢止。

西元一八〇一年之《宗教條約》 西元一八〇一年法國政府與羅馬教宗締結《宗教條約》，其效力竟達百餘年之久。約中聲言羅馬舊教既為法國大部人民所信奉，則其一切儀式當然可以自由遵守；教宗與法國政府應協同規劃法國之教區；凡主教由第一執政官任命之，唯須得教宗之認可；至於下級教士則由主教選任之。凡主教及下級教士之薪俸均由政府供給，唯須宣誓遵守共和制之憲法。凡教會財產之尚未售去者仍交還主教，唯已售去之財產教宗不得干涉之。

波拿巴使教會附屬於政府 實則波拿巴並無使政教分離之意，蓋第一執政官既有任命主教之權，則教會隱為政府之附屬機關也。教宗雖有認可之權，然易流為一種形式而已。主教所選之教士不得有反對政府之態度；教宗之命令非得法國政府之允許不得行於國中。

教會所受革命之影響 西元一八〇一年之《宗教條約》雖頗有與昔日王政時代相同者，然自革命而後教會之種種舊制已為之一掃而空。如教會領土、封建權利、什一之稅、修道士之制、教會法院、宗教專制，虐殺異端之權利等無不廢除殆盡。而波拿巴亦初無恢復此種舊制之心也。

逃亡在外貴族之返國 至對於逃亡在外之貴族，波拿巴下令不得再增

第十二章　歐洲與拿破崙

其人數於名冊之上。同時並於冊中登出其姓名或交還其財產。恢復貴族親友之公權。西元一八〇二年四月下大赦之令，因之貴族返國者竟達四萬戶。

舊習之恢復　恐怖時代之種種新習亦漸廢止。國人複用「先生」、「太太」等稱號以代「公民」或「女公民」。街道之名概復其舊。昔日貴族之尊稱仍許延用。杜樂麗宮中之生活亦與王室無異。蓋波拿巴至是已不啻法國之君主矣。

法國人民之愛戴　法國自革命以來，國內糾紛已十餘載。人民厭亂之心早已昭著。一旦有人焉戰勝強鄰於國外，恢復秩序於國中，郅治之隆指日可待，其加惠國民為何如耶！法國人生息於專制政體之下者已非一日，則其愛戴波拿巴也豈非勢所必至者耶？

《拿破崙法典》　波拿巴一生之事業以編訂法典為最著。昔日紊亂之法律雖屢經革命時代各立法機關之修訂，然未成統系。波拿巴知其然也，乃特派數人任修訂之責。初稿既成，乃提出國務會議討論之，第一執政官尤具卓識。其結果即為世界著名之《拿破崙法典》。應用之者不僅法國而已，即萊茵畔之普魯士、巴伐利亞、巴登、荷蘭、比利時、義大利、北美洲之路易斯安那州諸地之法律亦莫不以此為根據。此外並編訂刑法及商法。各種法典無不有平等主義貫徹其中，法國革命之利益遂因之遠播於國外。

波拿巴之稱帝改名為拿破崙一世　波拿巴生性專制。而法國自西元一七九九年十一月九日政變以後，所謂共和政府本已徒有其名。波拿巴屢屢改訂共和之憲法，隱集政權於一身。西元一八〇二年被選為終身執政官，並有選擇後任者之權利。然此尚不足以滿其意。彼既有帝王之實，並望居帝王之名。深信君主之政體，雅慕君主之威儀。其時王黨中人有陰謀

傾覆波拿巴之舉。彼遂有所藉口而為稱帝之要求。示意於上議令其勸進。西元一八〇四年五月上議院上尊號,並予波拿巴之子孫以世襲之權。

杜樂麗新宮 是年十二月二日,波拿巴加冕於聖母院大禮拜堂,改稱法國皇帝拿破崙一世。教宗躬自羅馬來觀禮,波拿巴不待教宗之舉手即自加其冕以示其不服之意。重修杜樂麗宮以為新君起居之所。請塞居爾(Comtesse de Ségur)及康龐夫人(Madam Campan)二人入宮中任指導宮廷儀節之責。又新定貴爵以代西元一七九〇年所廢之貴族制。封其叔為大施賑官,任塔列朗(Talleyrand)為御前侍從官長,杜洛克(Doroc)為巡警總監,任大將十四人為法國元帥。共和黨人見之,有痛恨者,亦有竊笑者,拿破崙不之顧也。

出版品之檢查 拿破崙即位以後漸形專橫,尤惡他人之評論。當其任執政官時,舊日新聞紙之被封者已屬甚多,並不許人民之新設報社。至是查禁尤厲。凡消息均由警察機關供給之,對於皇帝不敢稍有非議。並下令「凡有害於法國之新聞一概不得登載」。除政府公報外,彼固不願有其他報紙之存在也。

第二節　拿破崙滅神聖羅馬帝國

拿破崙對戰爭之意見 法國人雖大都厭亂,然拿破崙為維持其地位起見有不能不戰之苦。西元一八〇二年夏間曾向國務會議言曰:「假使西部歐洲諸國有重開戰端之意者則愈速愈妙,蓋為日過久則若輩漸忘其失敗之恥,吾人亦且漸減戰勝之榮也……法國所要者乃光榮之事業,則戰爭尚矣……鄰國而欲和平也吾亦何嘗不願,然一旦有戰爭之必要則吾且先發制

第十二章　歐洲與拿破崙

人矣⋯⋯就法國現狀而論，吾以為所謂和平條約者不過停戰條約而已，而吾之將來必以繼續戰爭為事者也。」

拿破崙欲為歐洲之皇帝　西元一八〇四年拿破崙曾向人言：「歐洲若不統治於一人之下則將來永無和平之一日——必有皇帝一人，以各國國王為其官吏，分各國領土於諸將，凡義大利、巴伐利亞、瑞士、荷蘭諸國均應封一人為王，而兼為皇帝之官吏。此種理想不久即有實現之一日。」

英國反對拿破崙之理由　英國、法國間雖於西元一八〇一年三月有亞眠之約，然常有破裂之虞。求其理由不一而足。言其著者則拿破崙顯有征服歐洲之野心，而對於輸入法國領土之貨物又復重徵關稅。英國工商界中人莫不驚懼。英國人固極願和平，然和平適足以增進法國商業之發達以不利於英國。此英國之所以終以戰勝法國為目的也。故其他各國皆有與法國媾和之舉，而英國則自與法國重啟戰端以後直至法國皇帝為俘虜時方罷干戈。

西元一八〇三年英法間戰端之再啟　西元一八〇三年五月英國、法國兩國間之戰端為之重啟。拿破崙急率兵占據漢諾威，並宣布封鎖自漢諾威至奧特朗托之海岸。荷蘭、西班牙及利古里亞共和國均令其供給軍隊或餉糈，而禁止英國船隻之入其海港。

拿破崙擬入侵英國　不久拿破崙遣軍駐布倫，此地與英國僅隔一峽，朝發可以夕至，英國人大恐。彼並集多數船隻於港外，日以登船下船諸法訓練兵士，入侵英國之意昭然若揭。然英國法國間之海峽雖狹，而風濤險惡，船渡不易，運送大隊兵士幾不可能。至於拿破崙是否真有入侵英國之意雖不可知，謂其為歐洲大陸戰爭之備亦未可料。然英國人已飽受虛驚矣。

第三卷　法國革命與拿破崙

亞歷山大一世與英聯合　西元一八〇三年八月俄羅斯新帝亞歷山大一世有調和英國法國之舉。拿破崙不允。次年拿破崙並有入侵他國之預備，同時並以昂吉安公陰謀傾覆拿破崙之故而殺之。俄羅斯皇帝大憤，乃與英國聯盟以驅逐法國人於荷蘭、瑞士、義大利及漢諾威諸國之外為目的，時西元一八〇五年四月也。至於歐洲政局則開一國際公會以解決之。

奧地利加入聯盟普魯士嚴守中立　奧地利鑒於拿破崙之發展北部義大利足為己患，乃急加入俄羅斯與英國之同盟。蓋西元一八〇五年五月拿破崙自稱為義大利王，並合併利古里亞共和國於法國也。當日並謠傳法國有攫奪奧地利領土威尼斯之意。普魯士王腓特烈‧威廉三世 (Friedrich Wilhelm III) 庸懦保守，不敢加入反對法國之同盟。然同時法國雖有割讓漢諾威於普魯士之意，普魯士王亦終不敢與拿破崙攜手。卒以嚴守中立之故喪失甚巨。

拿破崙專意於奧地利　拿破崙極欲擴充其海上勢力以凌駕英國人之上，蓋英國軍艦一日駐守英國之海峽，則法國軍隊一日無渡海入英國之望也。然英國海軍竟能包圍法國使不得逞。法國入侵英國之舉從此絕望。西元一八〇五年八月二十七日，拿破崙不得已移駐在布倫之軍隊向南部德國而進，以與奧地利軍對壘。

烏姆之戰及維也納之陷落　拿破崙故意集其軍隊於史特拉斯堡附近，奧地利將軍馬克 (Mack) 率軍直趨烏姆以禦之。不意法國軍隊實繞道北方美茵茲及科布倫茲諸地而東。十月十四日占據慕尼黑，以截奧地利軍之後路。是月二十日奧地利將馬克所率之軍被圍於烏姆，不得已納降，全軍六萬餘人被擄，法國軍士死傷者僅數百人而已。法國軍隊乃向維也納而進，是月三十一日入其城。

第十二章　歐洲與拿破崙

奧斯特里茲之戰　德國皇帝法蘭茲二世聞法國軍隊之東來，急離其都城向北而遁，以便與俄羅斯之援軍合。奧地利與俄羅斯之聯軍決與法國軍隊一戰。乃駐軍於奧斯特里茲村附近小山之上。十二月二日俄羅斯軍隊下山攻法國軍，法國軍急占其山以攻俄羅斯軍之後。聯軍大敗，淹死山下小湖中者無算。俄羅斯帝率其殘軍以退，德國皇帝不得已與法國締普雷斯堡之約，時十二月二十六日也。

《普雷斯堡和約》　和約中規定奧地利承認拿破崙在義大利一切之變更，並割讓《坎波福爾米奧和約》中規定奧地利屬威尼斯領土於義大利王國。奧地利並割讓提洛於巴伐利亞，並割其他領土以與符騰堡及巴登，蓋凡此諸邦皆與法國交好者也。法蘭茲二世並以神聖羅馬皇帝之地位進封巴伐利亞及符騰堡兩地之諸侯為王，與巴登公同享統治之權，其地位與奧地利及普魯士之君主等。

萊茵河同盟　《普雷斯堡和約》於德國史上極有關係。蓋諸大邦既離帝國而獨立，實肇他日組織同盟援助法國之基。西元一八〇六年夏，巴伐利亞、符騰堡及巴登與其他十三邦果有同盟之組織，名萊茵河同盟，受法國皇帝之保護。並供給軍隊六萬三千人，由法國人訓練之，備拿破崙戰爭之用。

拿破崙不認神聖羅馬帝國之存在　八月一日拿破崙向在雷根斯堡之神聖羅馬帝國公會宣言曰：「吾之所以願受萊茵河同盟保護者之稱號，本為法國人及其鄰國之利害起見。至於神聖羅馬帝國名存實亡，實不能再認其存在。而且國內諸邦多已獨立，若任帝國之繼續，不且益滋紛擾耶？」

神聖羅馬皇帝之改稱號　德國皇帝法蘭茲二世與昔日諸帝同，兼領奧地利之領土。兼稱匈牙利、波希米亞、克羅埃西亞、加利西亞及雷奧多麥

利亞諸地之王，洛林、威尼斯、薩爾茲堡諸地之公等。當拿破崙稱帝時，法蘭茲二世遂棄其繁複之稱號，而以較簡之世襲奧地利皇帝及匈牙利王代之。

法蘭茲二世之退位及神聖羅馬帝國之滅亡 自《普雷斯堡和約》締結以來，德國南部有萊茵河同盟之組織。德國皇帝法蘭茲二世深知所謂神聖羅馬皇帝者已同虛設，故於西元一八〇六年八月六日有退位之舉。一千八百年來之神聖羅馬帝國至是遂亡。

拿破崙之分封其兄弟 拿破崙一心於建設「真正法蘭西帝國」，使四鄰諸國均入附於法國為目的。奧斯特里茲戰後，即宣言廢那不勒斯王斐迪南四世（Ferdinand IV）。並遣將入南部義大利「以逐其罪婦於御座之外」。蓋因王后卡洛琳娜有聯絡英國人之舉也。三月中封其兄約瑟夫為那不勒斯及西西里之王，封其弟路易（Napoléon-Louis Bonaparte）為荷蘭之王。

第三節　普魯士之失敗

普魯士之被逼而戰 普魯士為歐洲大陸強國之一，自西元一七九五年來即與法國媾和而嚴守中立。當西元一八〇五年時，俄羅斯帝曾勸其聯合以攻法國，普魯士王不聽。至是被拿破崙所逼，不得已再與法國戰，然已陷於孤立無助之境矣。

漢諾威問題 此次戰事重開之近因即為漢諾威之處置問題。該地當時本暫由腓特烈‧威廉三世負管理之責。一俟英國人同意即可入屬於普魯士。漢諾威介於普魯士新舊領土之間，故普魯士王急欲占為己有也。

第十二章　歐洲與拿破崙

拿破崙對待普魯士之傲慢　拿破崙遂利用此種機會以圖私利。彼既使普魯士大傷英國人之感情，並允許以漢諾威與普魯士，同時並向英國王喬治三世表示交還漢諾威於英國之意。普魯士人大憤，迫其王與法國宣戰，王不得已允之。

普魯士軍隊在耶拿為法軍所敗　其時統率普魯士軍隊者為宿將不倫瑞克公。西元一八〇六年十月十四日於耶拿地方為法國軍隊所敗。普魯士人莫不驚惶失措。沿途要塞類多不戰而陷，其王亦遠遁於俄羅斯邊疆之上。

波蘭之役　拿破崙既戰勝普魯士，乃於西元一八〇六年十一月率兵入舊日波蘭境，以與俄羅斯及普魯士之聯軍戰，敗之於弗里德蘭地方。西元一八〇七年六月二十五日，俄羅斯皇帝與拿破崙會晤於涅曼河中木筏之上。商訂法國、俄羅斯、普魯士三國間之《提爾西特條約》。俄羅斯皇帝亞歷山大一世至是已為法國皇帝所折服，棄其同盟之普魯士，助法國以攻英國。

拿破崙既戰勝普魯士，遂奪其易北河西之地及第二第三兩次分割波蘭所得之領土。普魯士於《提爾西特條約》中承認之。拿破崙遂建華沙大公國，以其友撒克遜王兼治之。在西部則建西發里亞王國，以予其弟熱羅姆（Jérôme Bonaparte）。

俄法間之祕密同盟條約　至於拿破崙之對待俄羅斯其態度極為和平。彼提議法國與俄羅斯間應結同盟以為平分歐洲大陸之計。俄羅斯皇帝允許其分裂普魯士，並承認其在西部歐洲方面之各種改革事業。並謂假使英國王不願與法國講和，則俄羅斯當助法國以攻英國，並令丹麥及葡萄牙諸國禁止英國船隻之入港。果能如是，則英國與西部歐洲之交通當然為之斷絕。同時拿破崙並許俄羅斯皇帝奪取瑞典之芬蘭及土耳其之摩爾達維亞及瓦拉幾亞諸省。

第四節　大陸封港政策

拿破崙摧殘英國商業之計畫　拿破崙之商訂《提爾西特條約》顯然抱有摧殘英國之深心。蓋彼自行軍以來，在歐洲大陸之上所向無敵，而在海上則屢遭挫敗，心實不甘。西元一七九八年彼本目睹法國之海軍盡殲於尼羅河口之外。西元一八〇五年當彼預備入侵英國時，法國之海軍艦隊又被困於布列斯特及卡迪斯之二港。當彼大敗奧地利軍於烏姆之日，正英國大將納爾遜大敗法國海軍於特拉法爾加之秋。拿破崙深知以兵力入侵英國勢所不可，故遂一意以摧殘英國之工商業為務。以為絕英國人與大陸貿易之道必可以斷英國人致富之源也。

拿破崙之《柏林命令》　西元一八〇六年英國宣布封鎖自易北河口至布列斯特之海港。拿破崙戰勝普魯士後，於同年十一月頒發《柏林命令》，宣言英國「絕無公平之觀念及人類文明之高尚感情」。並謂英國人本無實力，而乃竟有封港之宣言，實係濫肆淫威罪在不赦，乃亦宣布封鎖英國之三島。凡寄往英國或用英國文所書之信札及包裹一概禁止其郵遞。歐洲大陸諸國之附屬於法國者不得與英國貿易。凡英國人之居於法國及其同盟諸國者均以俘虜待之，並籍沒其財產為合法之戰利品。實則拿破崙及其同盟並無實力以期其封鎖政策之實行，所謂封鎖者亦不過「紙面封鎖」而已。

《米蘭命令》　一年之後英國對於法國及其同盟之海港亦宣布同樣之紙面封鎖。唯中立國船隻之欲經過英國海港者必須領有英國政府之護照及繳納出口稅方得通行無阻。西元一八〇七年十二月拿破崙頒發《米蘭命令》，宣言無論何國之船隻凡服從英國之規定者均作敵船論，被法國船隻

拘獲時即籍沒之。受此種政策之影響者中立國中以北美洲合眾國為最巨。故是年十二月美國政府有禁止船隻出國之令。嗣因損失過巨，故於西元一八〇九年即復開與歐洲通商之禁。唯英國、法國兩國之商船不得駛入美國云。

拿破崙欲使歐洲不仰給於殖民地　拿破崙極信封鎖政策之可行。不久英國一金鎊之價格果由二十五法郎跌至十七法郎。英國商人亦頗有懇求政府與法國媾和之舉。拿破崙益喜。彼又欲陷英國於一蹶不振之域，乃有使歐洲不仰給於殖民地之計畫。提倡以苦苣代咖啡，種植蘿葡以代蔗糖，發明各種染料以代靛青及洋紅。然大陸封港維持不易，歐洲大陸人民多感不便。拿破崙乃不得不用嚴厲方法以求其實行，不得不擴充領土以伸長其海岸線。他日失敗之禍未始非大陸封鎖之制有以致之。

第五節　拿破崙之最得意時代（西元一八〇八年至一八一二年）

拿破崙對國內之政策　法國人所受拿破崙之惠極厚。秩序之恢復及西元一七八九年革命事業之保存皆彼一人之力也。彼雖犧牲多數法國之青年於戰場之上；然其武功之盛，國勢之隆，足以使全國之人民躊躇滿志。

建築　拿破崙欲以改良公共之事業為獲得民心之具。故沿萊茵河、地中海及阿爾卑斯山諸地修築通衢大道，以便行旅；即在今日見者尤讚嘆不止焉。又復廣闢巴黎城內之林蔭大道，修塞納河上之船埠，造宏大之橋梁，建雄壯之凱旋門。中古黑暗之巴黎遂一變而為近世美麗之都會。

第三卷　法國革命與拿破崙

西元一八〇六年設大學　拿破崙欲使法國人永久愛戴之，乃有改革全國學校之舉。西元一八〇六年組織「大學院」。所謂「大學院」者實無異全國教育董事部。其教科自小學以至大學皆備。「大學院」院長曰「總監督」，其下有評議會以三十人組織之，專任編制全國學校規則、編纂教科書及任免全國教師諸責。「大學院」並有甚巨之基金，並設師範學校為培養師資之用。

《欽定問答體教科書》　政府得隨時干涉學校之教授；地方官吏須隨時視察各地之學校，報告其狀況於內務大臣。「大學院」所編之第一冊教科書名《欽定問答體教科書》。書中要旨有「基督教徒應感激其君主，而吾輩尤應敬愛，服從，忠順吾國皇帝拿破崙一世，從戎納稅以維護帝國及其帝位。吾人並應為皇帝之安全及國家之隆盛上求天祐」等語。

貴族及勛位　拿破崙不特建設新官爵，而且定「榮光團」之制，凡有功於國家者皆給以獎章而命之為團員。彼所封之「親王」均得年金二十萬法郎。國務大臣、上院議員、國務會議會員及大主教，皆封之為「伯」，年得三萬法郎。至於武臣之年俸亦甚豐巨，其有功勳者則賜以「榮光團」勳章。

拿破崙之專制　拿破崙之專制與時俱進。政治犯之被逮者不下三千五百人。批評政府或謾罵皇帝者每罹被逮之禍。曾下令改《波拿巴戰史》之書名為《拿破崙大帝聖武紀》，並禁止德國城市中不得演席勒（Schiller）及歌德（Goethe）所編之戲劇。蓋恐其激起德國人愛國之心而有叛亂之舉也。

民族主義之興起　自拿破崙得勢以來，所與抗者不過各國之政府而已。至於人民之對於當日各種政變則漠不經心焉。然一旦民族精神激起以後，則法國皇帝之政制必有瓦解之一日。故拿破崙一世次之挫折竟來自民

第十二章　歐洲與拿破崙

間，又豈彼之始料所及哉？

法軍占據葡萄牙　拿破崙自《提爾西特條約》後即專注於西班牙半島。彼與西班牙之王室原甚和好，唯葡萄牙仍與英國交通，允英國船隻得以自由入港。西元一八〇七年十月拿破崙令葡萄牙政府向英國宣戰，並令其籍沒所有英國人之財產。葡萄牙僅允宣戰，拿破崙遂遣舉諾率兵往。葡萄牙王室乘英國船遁往南美洲之巴西，法國軍隊遂占據葡萄牙，事雖輕易，然卒為拿破崙平生最失策之一事。

拿破崙封其兄約瑟夫為西班牙王　當時西班牙王室之內亦起紛爭，拿破崙遂思合併之以為己有。西元一八〇八年春召其王卡洛斯四世（Carlos IV）及其太子斐迪南（Fernando VII）赴貝雲來會。拿破崙力勸其退位，西班牙王不得已從之。六月六日拿破崙封其兄約瑟夫為西班牙王，而以其妹夫繆拉繼約瑟夫入王那不勒斯。

西班牙之叛　約瑟於七月間入馬德里。西班牙人因法國人之廢其太子也，群起作亂。國內修道士亦以法國皇帝為侮辱教宗壓制教會之人煽動人民以反抗之，敗法國軍隊於貝倫地方。同時英國人又敗法國軍隊於葡萄牙境內。七月下旬約瑟夫及法國軍隊退至埃布羅河以外。

西班牙之征服　十一月法國皇帝率精兵二十萬人親征西班牙。西班牙軍隊僅有十萬人，兵窮糧缺。加以前次戰勝，趾高氣揚。法國軍隊所向披靡。十二月四日入其京城。

拿破崙在西班牙之改革　拿破崙既征服西班牙，遂下令廢止所有舊日之遺制，許人民以職業上之自由。裁撤異端法院並沒收其財產。封禁全國之寺院，留存者僅三分之一而已。禁止人民不得再有入寺修道之舉。廢止國內各省之稅界，移稅關於邊境之上，凡此種種頗足以表現拿破崙以武力

傳播革命原理之功績。

法軍不得不久駐於西班牙 不久拿破崙即返巴黎，蓋將有事於奧地利也。約瑟夫之王位殊不鞏固，蓋西班牙之「別動隊」極足以擾亂法國軍隊而有餘也。

奧地利之侵法 拿破崙既與俄羅斯結好，奧地利大懼，蓋恐一旦法國軍隊平定西班牙之亂即將有東征奧地利之舉也。且奧地利之軍隊曾經改革，其兵士亦大有加增，故決於拿破崙專心於西班牙時乘虛以入侵法國，時西元一八〇九年四月也。

阿彭本及瓦格拉姆之二役 拿破崙急向東而進，敗奧地利軍隊於巴伐利亞，直搗奧地利京。然其戰功不如西元一八〇五年時之速而且巨。五月二十一日至二十二日法國軍隊竟於阿彭本地方為奧地利軍隊所敗。七月五日至六日方敗奧地利軍於京城附近之瓦格拉姆。奧地利不得已求和。十月中訂《維也納和約》。

《維也納和約》 奧地利聲言此次戰爭之目的在於傾覆拿破崙之屬國制與恢復昔日之原狀。自瓦格拉姆戰後，奧地利反割地以與巴伐利亞；割加利西亞以與華沙大公國；並割亞得里亞海岸之地以與拿破崙，名其地曰伊利里亞省，直隸於法蘭西帝國。

拿破崙之再娶 其時奧地利之內閣總理梅特涅（Metternich）極欲與法國修好，主張奧地利之王室應與法國皇帝聯姻。拿破崙亦頗以無嗣為憂。皇后約瑟芬既無出，乃與之離婚。西元一八一〇年四月娶奧地利公主瑪麗‧路易絲（Maria Luise）為后。不久生太子稱為「羅馬王」。

拿破崙重合教宗之領土於法 拿破崙方與奧地利戰爭時，宣言「重合」教宗之領土於法蘭西帝國。彼以為昔日法國先帝查理曼予教宗以領

土，今為法國安寧起見不得不收回以重合於法國云。

合併荷蘭及漢薩同盟諸城　荷蘭曾改建為王國，由拿破崙之弟路易統治之。路易與其兄之意見向來不合，拿破崙遂於西元一八一〇年合併荷蘭及北部德國一帶地──包有布萊梅、漢堡及呂北克諸城──於法國。

拿破崙勢力極盛時代　至是拿破崙之勢力實已達於極盛之域。西部歐洲諸國除英國外無不仰其鼻息。法國境界北濱波羅的海，南達那不勒斯灣，并包有亞得里亞海邊一帶地。法國皇帝並兼任義大利王及萊茵河同盟之保護者。其兄為西班牙王，其妹夫為那不勒斯王。波蘭中興，改建華沙大公國，而附屬於法國。奧地利之國土日促一日。法國區域之廣，皇帝勢力之宏，歐洲史上殆無其匹。

第六節　拿破崙之敗亡

拿破崙事業之不穩　拿破崙雖才兼文武，然欲維持其帝國於不敝迄無方法。彼雖力能屈服西部歐洲諸國之君主，而不能阻止蒸蒸日上之民族精神。蓋西班牙、德國及義大利之人民至是均以屈服於法國皇帝之下為可恥也。而且歐洲列強之中不服屬於法國者尚有二國──即英國及俄羅斯是也。

在西班牙之英人（西元一八〇八年至一八一二年）　英國人不特不因大陸封鎖以與法國求和，而且屢敗法國之海軍，漸登歐洲大陸以與法國戰。西元一八〇八年八月英國大將威靈頓公率軍隊於葡萄牙登陸，逐舉諾及法國軍隊於葡萄牙之外。當次年拿破崙有事於東方時，英國軍隊侵入西

班牙，大敗法國軍。英國軍隊乃退回葡萄牙，修築要塞炮臺於里斯本附近之海角以為行軍之根據地。法國軍隊駐守西班牙者凡三十萬人。故拿破崙實未嘗征服西班牙，而西班牙之戰爭適足以消耗法國軍隊之精華，而壯敵人之膽。

拿破崙與亞歷山大一世之關係　歐洲大陸諸國中唯俄羅斯始終不受法國之約束。至是兩國雖仍遵守《提爾西特條約》之規定，然兩國之間頗多誤會。蓋拿破崙不但不助俄羅斯以獲得多瑙河諸省於土耳其人之手，而且陰破壞之。加以拿破崙或有再造波蘭王國之心，將為俄羅斯他日之患。

俄羅斯不能遵守大陸封鎖政策　然最困難者莫過於俄羅斯之不願遵守大陸封鎖制。俄羅斯皇帝雖願根據《提爾西特條約》不允英國船隻之入港，然不願並禁中立國之商船。蓋俄羅斯之天產物不能不設法以銷售於他國，同時又不能不輸入英國製造品及熱帶上之天產品也。故俄羅斯人之生活及安寧不得不有賴於中立國之船隻。

拿破崙決意入侵俄羅斯　拿破崙以為俄羅斯之舉動極足以妨礙大陸封鎖政策之實行，遂有入侵俄羅斯之預備。西元一八一二年彼以為東征之時機已至。其時廷臣中頗有以越國過都危險殊甚為言者。拿破崙不聽，乃募集新軍五十萬人屯駐俄羅斯邊境之上以為作戰之備。軍中類多年少之法國人及同盟諸國之軍隊。

俄羅斯之戰役　拿破崙東征俄羅斯之困難情形茲不細述。彼以為征服俄羅斯非三年不可。然不得不與俄羅斯戰而獲勝一次。俄羅斯軍隊不戰而退，沿途焚掠一空。法國人深入以追逐之。九月七日兩軍戰於博羅季諾地方，法國軍大勝。七日後入其舊都莫斯科。然兵士之死亡者已達十萬餘人矣。法國軍隊將抵俄羅斯舊京之前城中大火，昔日富庶之區頓變荒涼之

第十二章　歐洲與拿破崙

地。法國人既入城絕無養生之資，不得已而退。時值隆冬，天寒食缺。沿途復受俄羅斯人民之蹂躪，法國軍士死亡相繼，悲慘之劇殆無倫匹。十二月返達波蘭，法國軍隊之存者僅得二萬人而已。

拿破崙召募新軍　拿破崙既返巴黎，偽言東征之法國軍現尚無恙。實則兵士之死亡者其數甚巨，不得不召募新軍六十萬人以繼續其戰事。新軍中除年老兵士外並募有至西元一八一四年方可入伍之兵士十五萬人。

普魯士所受之苦痛　拿破崙之同盟離叛最早者厥唯普魯士，蓋非偶然。普魯士所受之苦痛不一而足。拿破崙既奪其地，並侮辱其政府，迫普魯士王流其能臣斯坦因（Stein）於國外。凡普魯士有改革之舉則設法阻止之。

普魯士耶拿戰後之改革事業　普魯士雖經腓特烈大王之改革，然在耶拿之戰以前國內狀況頗似中古。農民地位猶是佃奴。社會之中猶分階級——貴族、市民、農民。各級間之土地不得互相交易，既有耶拿之戰，又有提爾西特之約，普魯士之領土喪失殊巨，國人頗有歸咎於舊制之不善者。雖普魯士之君主及其廷臣並無徹底改革之意，然斯坦因及哈登堡親王輩力主維新，其結果則政府亦不得不從事於改革之舉。

佃奴制之廢止　西元一八〇七年十月普魯士王下令「除去阻止個人力能獲得幸福之障礙」，廢佃奴及階級制。無論何人均得自由購買土地。

近世普魯士軍隊之起源　普魯士舊日腓特烈大王之軍隊至耶拿戰後元氣大傷。提爾西特訂約後普魯士遂從事於軍隊之改革，以實行全國皆兵之制為目的。拿破崙僅許普魯士養兵四萬二千人，而普魯士之改革家則常常添募新兵，令退伍者為備份兵。故軍隊之數目雖有限制，而不久即得能戰之兵十五萬人。此種全國皆兵制他日風行於歐洲大陸各國，為一九一四年

大戰時各國軍隊之根據。

費希特之演講　佃奴及階級諸制既廢，普魯士人頗注意於激起民族精神之舉。此種運動之領袖為著名哲學家費希特（Fichte）其人。彼於耶拿戰後西元一八〇七年至一八〇八年間在柏林舉行公開之演講。彼以為德國人實為世界民族之最優者。其他諸民族皆已盛極而衰；世界之將來非德國人莫屬。因德國人天賦獨厚必有為世界領袖之一日。又謂德國語言文字之優壯遠勝於弱懦之法國文及義大利文。雄辯滔滔聞者莫不感動。以後德國之著作家、經濟學家、哲學家及教士莫不追隨費希特之後，盡力於養成自重輕人之習。

柏林大學之設立　歐洲大戰以前之柏林大學建設於西元一八一〇年，為世界最著最大高等教育機關之一。第一年入學之學生僅四百五十八人而已。學生中組織所謂「進德同盟」以提倡愛國仇法為主。普魯士人民同仇敵愾之心大為激起。

約克之叛離　當拿破崙東征俄羅斯時，普魯士所供給之軍隊由約克（Yorck）統率之。因未與戰事，故其軍未敗。迨拿破崙自莫斯科敗退時約克遂叛，倒戈以助俄羅斯。

普魯士與俄羅斯反攻拿破崙　普魯士王鑒於約克之行動及公意之逼迫不得已於西元一八一三年二月二十七日與俄羅斯訂同盟之約。俄羅斯允許必俟普魯士恢復耶拿戰前領土後方罷干戈。普魯士以第二第三兩次分割波蘭所得之領土割讓於俄羅斯而得德國北部之地。此條規定關係甚大。三月十七日腓特烈・威廉三世下令於「我之人民」──布蘭登堡人、普魯士人、西利西亞人、波美拉尼亞人及立陶宛人──應取法西班牙人以驅逐外國暴君為職志。

第十二章　歐洲與拿破崙

撒克遜之戰役　假使奧地利、義大利及萊茵河同盟仍能援助拿破崙者，則彼之地位正未易搖動。西元一八一三年拿破崙率新軍向萊比錫而進，以攻普魯士與俄羅斯之聯軍。於五月二日敗聯軍於呂岑地方，乃長驅直入撒克遜都城德累斯頓。於八月二十六日至二十七日之間有最後德累斯頓之戰。聯軍又復大敗。

奧地利與瑞典反攻拿破崙　拿破崙之地位漸形搖動，梅特涅之友誼亦漸形冷落。梅特涅之意以為拿破崙若能放棄其西元一八〇六年後所得領土之一部分，則奧地利與法國間之同盟不難維持永久。拿破崙不允，奧地利遂與聯軍合攻之。同時瑞典亦加入聯軍，遣兵入北部德國。

萊比錫之役　拿破崙既知俄羅斯、普魯士、奧地利及瑞典有聯合來攻之舉，急向萊比錫而退。於此地與聯軍戰，先後凡四日（十六日至十九日），法國軍隊大敗，死傷不下十二萬人。即德國人所謂「民族之戰」是也。拿破崙既敗，萊茵河同盟先叛。熱羅姆棄西發里亞王國而遁，荷蘭人亦起逐國內之法國軍。英國大將威靈頓（Wellington）援助西班牙以逐法國人，至西元一八一三年冬，西班牙境內已無法國人足跡。威靈頓遂能越庇里牛斯山以侵入法國境。

聯軍入占巴黎　拿破崙雖敗，聯軍諸國尚欲與之言和，而以拿破崙放棄法國以外之領土為條件。拿破崙不允。聯軍遂侵入法國境，於西元一八一四年三月三十一日攻陷巴黎。拿破崙不得已退職，聯軍許其仍得用帝號退居厄爾巴島。稱號雖尊，實同俘虜。法國波旁王朝乃有復辟之舉。

拿破崙之返國　法國王既復辟，一切措施頗不滿法國人民之意，同時聯盟各國又復互相猜忌未能一致。拿破崙聞之，遂於西元一八一五年三月一日遁出厄爾巴島而返國。軍隊頗有聞風來會者。至於人民之態度雖不反

對，然已無熱忱。蓋拿破崙雖以和平自由諸主義相號召，已不足以取信於國人。且聯盟各國雖有互相猜忌之跡，然其仇視拿破崙則始終一致。故法國皇帝返國時，聯盟各國遂合力以驅逐之。

滑鐵盧之戰　拿破崙聞英國大將威靈頓及普魯士大將布呂歇爾（Blücher）已率軍抵荷蘭，乃急親率新軍以禦之。戰敗普魯士之軍隊。英國軍隊駐於滑鐵盧，拿破崙於六月十八日率軍攻之。英國軍隊幾不能支，幸普魯士軍來援，遂大敗法國軍。

拿破崙被流於聖赫勒拿島　拿破崙既敗，乃向海岸而遁。然英國軍艦林立不可復進，不得已投入英國船。其意以為英國人或有寬容之意。不意英國政府仍以俘虜待之，流之於大西洋南部聖赫勒拿島中。居此六年，憂憤成疾而卒，時西元一八二一年五月五日也。

拿破崙之被拘於聖赫勒拿島在歐洲通史上生出二種神情。被拘一事不但使後人念末路之英雄生同情之感慨；而且使讀史者常想其功業之盛而忘其暴厲之行……舊日偉人竟流於萬里重洋之外，殁於荒涼窮島之中，至今尚令人嘗於海市蜃樓中見拿破崙其人也。

第四卷
自維也納會議至普法戰爭

第四卷　自維也納會議至普法戰爭

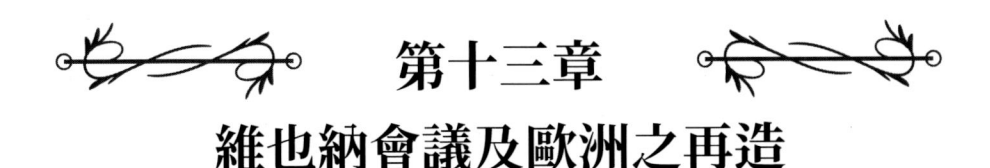

第十三章
維也納會議及歐洲之再造

第一節　維也納會議及其事業

改造歐洲地圖之困難　拿破崙敗亡以後改造歐洲地圖異常困難。數百年來之舊境莫不因連年戰爭之故一掃而空。古國之滅亡者不可勝數——如威尼斯、熱那亞、皮埃蒙特、教宗領土、荷蘭及無數德國中之小邦。凡此諸國或合併於法國，或合併於鄰邦，或改建為新國——如義大利王國，如西發里亞王國，如萊茵河同盟，如華沙大公國。其他舊國除英國、俄羅斯外均能擴充疆土，更易君主，或變更制度。拿破崙退位後，亡國君主之要求恢復者不一而足。英國、奧地利、俄羅斯、普魯士四國挾戰勝之餘威，自居於公斷者之地位。然諸國以自私自利為心，處置不能公允。

第一次《巴黎和約》　困難較小之處已於第一次《巴黎和約》中（西元一八一四年五月三十日）解決之。如允路易十六之兄普羅旺斯伯復辟，稱路易十八（Louis XVIII）。法國疆界本許其得仍西元一七九二年十一月一日之舊。後因拿破崙自厄爾巴島返國法國人迎立之故，故奪其薩沃伊之地。又議建荷蘭王國，以奧倫治家族統治之。德國諸小邦聯合而成同盟。承認瑞士之獨立。並恢復義大利諸王國。至於重要問題則留與秋間維也納會議解決之。

荷蘭王國併得奧屬荷蘭　維也納會議之政策與舊日同，一本強國之主

張，不問人民之意向。聯盟諸國議決建設荷蘭王國。並因防禦法國入侵起見，以奧地利所領之荷蘭予之。其不顧兩地語言、習俗及宗教之不同，正與昔日西班牙與奧地利之以武力征服之者無異。

德國內部之合併 德國內部領土問題之解決驟視之頗為困難，而處置並不棘手。國內除小諸侯及教士外對於西元一八〇三年之事業已無復稍存異心者。神聖羅馬帝國之恢復亦皆視為無望。然德國人均知餘存三十八邦有聯合之必要。故三十八邦遂建一極其疏弛之同盟，許昔日萊茵河同盟中諸國仍得享舊日之權利。昔日萊茵河西之德國領土四分五裂形同瓦解，致法國人常存思逞之心。自西元一八一五年後普魯士得萊茵河上之地，加以得巴登、符騰堡及巴伐利亞三國之援助，法國人遂不敢復存侵略德國領土之意。

奧地利在義大利之勢力 義大利國內形勢之散漫與法國革命以前無異。拿破崙極盛時代曾合併諸小邦為義大利王國，而自兼王位。以那不勒斯王國予繆拉。至於皮埃蒙特、熱那亞、托斯卡尼及教宗領土均合併於法國。至是聯盟諸強國一反拿破崙之所為，恢復昔日諸王國。托斯卡尼、摩德納、教宗領土及那不勒斯等無不有復辟之舉。而以帕爾馬一地與拿破崙之后瑪麗・路易絲。薩丁尼亞王歸自海外，入駐土倫。至於熱那亞及威尼斯二共和國在會議中已無人顧及之。以熱那亞之領土予薩丁尼亞為抵禦法國之備。奧地利因喪失荷蘭領土故以威尼斯之領土償之，遂與昔日之米蘭公國合併而成倫巴底威尼托王國。

瑞士 關於瑞士困難較少。維也納會議承認瑞士各州為自由平等之區域，並承認瑞士為局外中立國，無論何國不得率兵入侵或經過其領土。各州遂訂新憲法，建瑞士聯邦，共有小州二十二。

第十三章　維也納會議及歐洲之再造

瑞典挪威之合併　維也納會議承認瑞典與挪威合併，同屬於拿破崙大將伯納多特（Bernadotte）之下。挪威人抗不遵命，自訂憲法，自選國王。伯納多特乃允挪威人得另訂憲法及政府，至於王位則由彼兼領。此為瑞典挪威「屬身結合」之始，至一九〇五年十月兩國方分離獨立焉。

俄羅斯及普魯士二國之處置華沙大公國及撒克遜王國　關於上述種種之處置，會議中人頗能和衷共濟。迨俄羅斯及普魯士兩國之要求提出後，會議中意見紛歧爭執甚烈，同盟諸國間幾起戰事。因之拿破崙有自厄爾巴島遁回法國之舉。俄羅斯極欲得華沙大公國，與俄羅斯屬波蘭合併而設王國，以屬於俄羅斯之皇帝。普魯士王頗贊助之，唯須以撒克遜王國之領土附屬於普魯士為條件。

英奧法三國反對俄普二國之計畫　奧地利與英國頗反對俄羅斯及普魯士二國之計畫。蓋英國與奧地利二國雅不願撒克遜王國之滅亡，尤不願俄羅斯勢力之西進。而且俄羅斯所欲得之華沙大公國其領土之一部分原屬於奧地利。法國外交家塔列朗遂乘機以間離英國、普魯士、奧地利、俄羅斯四國之感情。同盟諸國先本抱藐視法國之心，至是英國與奧地利頗欲得法國之歡心以為己助。塔列朗承路易十八之意於西元一八一五年一月三日與英國奧地利密訂同盟之約，以武力援助二國以抵抗俄羅斯與普魯士。甚至行軍計畫亦已運籌就緒。三十年來擾亂歐洲和平之法國至是復入列於強國之林，不可謂非塔列朗之功也。

俄羅斯得波蘭普魯士之勢力及於萊茵河　諸國之間卒用折中主義以調和其意見之異同。俄羅斯讓出華沙大公國領土之一部分，但仍得如願另建波蘭王國。普魯士得撒克遜王國領土之半及萊茵河左岸之地。普魯士雖失波蘭人所居之領土，而所得新地之民族純係德國種，實為他日普魯士獨霸德國之基。

181

第二節　革命時代之結果民族精神

西元一八一五年之歐洲與烏特勒支和議後之歐洲之比較　試將維也納會議後之歐洲地圖與百年前烏特勒支和議後之狀況相較，即可知其變化極顯而巨。大抵小國之數大減，各地均有合併統一之跡。荷蘭與奧地利所領之荷蘭合建王國。神聖羅馬帝國四分五裂至是滅亡，而以三十八邦之同盟代之。普魯士之領土大有增加。波蘭王國至是復現，然領土較昔為狹，而且已非獨立之邦。其領土雖有割讓於普魯士與奧地利者，然大部分則屬於俄羅斯。奧地利雖失荷蘭，然得威尼斯共和國之領土。至於薩丁尼亞王則得熱那亞及其附近一帶地。其餘義大利諸地猶仍昔日分崩離析之舊。

英國得錫蘭島與好望角　英國此次所得之領土與西班牙王位戰爭時同，多係海外殖民地，其最要者為印度東南角之錫蘭島及非洲南端之好望角。好望角本荷蘭屬地，因荷蘭入附拿破崙之故，英國於西元一八〇六年奪而據之。實開他日英國非洲南部領土發展之局。

西元一八一五年時英國殖民地之廣大　英國雖於法國革命將起之際喪失北美洲殖民地，然至西元一八一五年時已植他日商業殖民事業之基。其在北美洲則加拿大與除阿拉斯加以外之西北部皆為其所有。西印度群島中之英國領地為與南美洲通商之孔道。直布羅陀又為入地中海之門戶。好望角一區不但為他日北入非洲沃地之根據，而且足以扼印度航路之咽喉。其在印度則孟加拉一帶及東西兩岸已入於英國人勢力之下，殖民帝國造端於此。此外在太平洋之南部尚有澳洲，先為罪犯遠戍之區，卒變為人民富庶之地。加以海軍甚強，商船獨夥，雄霸海上，豈偶然哉！

販奴之禁止　維也納會議並革除歐洲自古相傳之陋習，即販賣黑奴是

第十三章 維也納會議及歐洲之再造

也。會議中雖僅宣言販賣黑奴實違反文明及人權諸原理；然因英國主張甚力之故，除西班牙、葡萄牙二國外，莫不設法革除販奴之惡業。蓋販奴事業之殘酷在十八世紀時已為英國、法國二國人所不忍聞。西元一八〇七年三月英國國會有禁止人民販奴之議案。西元一八一三年瑞典亦起而仿行之。一年後荷蘭亦如之。當拿破崙自厄爾巴島返國時，因欲交歡於英國故亦有禁止法國人販奴之舉。

民族主義之漠視 拿破崙之事業除變更歐洲地圖及傳播革命原理之外，當以民族精神之激起為最有關係。十九世紀之所以異於十八世紀者即在於此。當法國革命以前國際戰爭專以君主之意為依據，而人民不與焉。領土分配亦唯以君主之意為標準，不問居民之意向何如。蓋皆只求領土之增加不問種族之同異也。

法國國民議會宣言君主對於人民應負責任 然西元一七八九年法國所宣布之《人權宣言》中曾謂法律為民意之表示，凡公民皆有參政之權利。君主與官吏之行動均對於人民負責任。此種觀念發生之後，人民對於政治上之興趣於以激起。政治領袖接踵而起。新聞報紙遂漸以討論國事為務，而政治集會亦因之紛起矣。

民族主義之興起 各種民族漸覺其各有語言各有習俗以自異於他國。德國、義大利、希臘諸國之愛國者類皆回顧古代之光榮，以激起人民愛國之熱誠。所謂民族主義者即各國之政府應適合於各國傳統之習俗而以本國人治之；凡異族入主或君主任意處置其領土者皆視為不當。此種精神發端於法國革命之初，至十九世紀而益著。義大利、德意志二國之統一，希臘及巴爾幹半島上諸國之離叛土耳其，一九一四年歐洲大戰之開端，皆民族精神有以致之。

第三節　神聖同盟及梅特涅之反對革命

西元一八一五年後之復古精神　西元一八一五年六月維也納會議將其議決各種條約匯成一集名曰《最後議案》。數日之後拿破崙大敗於滑鐵盧，不久被流於聖赫勒拿島，十五年來之恐怖至是渙然冰釋。復辟之君主鑒於二十五年來之干戈雲擾戰爭連年，凡有提及改革者莫不談虎色變，驚惶不可名狀。革命二字尤為逆耳。蓋不但為君主所不喜，即貴族教士亦頗不願聞也。

神聖同盟之組織　維也納會議雖已告終，然欲維持其會議之結果與防止革命餘燼之復燃則諸國間之同盟顯有繼續存在之必要。俄羅斯皇帝亞歷山大一世有組織宗教同盟以維持和平之計畫，即「神聖同盟」是也。奧地利皇帝及普魯士王均讚許之，遂於西元一八一五年九月間宣布成立。三國君主以同志相待，為「統治一家三族之上帝代表」。其他諸國之君主如能承認其原理者則許其加入同盟而為同志之一。

神聖同盟並非阻止革命之同盟　俄羅斯皇帝與普魯士王二人頗具宗教之熱忱，故對於神聖同盟極具維持之誠意。然當日各國外交家心目之中，以為所謂神聖同盟者實俄羅斯皇帝之一種幻想。實則神聖同盟之組織並非壓制革命之機關。其條文中並不提及革命危險之宜屏除或會議結果之宜維持。然當日新聞紙及改革家仍多以神聖同盟為列強反抗革命之組織。並非以上帝之名行親愛之實，實隱受克萊門斯・梅特涅（Klemens von Metternich）親王之指導，專以壓止改革為事者也。

梅特涅之政治主張　拿破崙敗亡以後，歐洲最著之政治家當首推奧地利宰相梅特涅。彼生於西元一七七三年，自法國革命以來即抱仇視改革之

意。西元一八〇九年後身任宰相，凡有提及憲法二字或民族統一者彼均以革命目之。

民族精神實不利於奧地利 彼本仇視改革者，又因鑒於奧地利國內情狀之獨異，故其仇視益甚。而且歐洲諸國受法國革命之禍最烈者除普魯士外首推奧地利。假使民族主義日盛一日，則奧地利國內之各種民族——如德國人、捷克人、波蘭人、匈牙利人、義大利人等——將群起革命而要求憲法。奧地利、義大利、德國等諸國偶有革新思想，即有覆滅人種複雜之奧地利之虞。故梅特涅之意所謂保存奧地利即壓制革命，亦即維持歐洲之和平。

祕密同盟 西元一八一五年十二月二十日，奧地利、普魯士、英國及俄羅斯四國締結祕密同盟之約以維持歐洲之和平。並規定諸國間常開有定期之會以籌謀公共之利害及應付之方法。此實一種維持維也納會議議決之國際公會矣。

亞琛公會 根據密約所開之第一次公會於西元一八一八年在亞琛地方舉行。商議聯軍退出法國境外之事。法國遂加入同盟。梅特涅之保守政策至是大行。

第四節　十九世紀初年之思想及文化

歷史不僅以政治為限 自法國革命以來歐洲歷史多述政治，抑若當時文化絕無足稱者然。實則當日之農工商賈經營貿易依然如舊。當拿破崙自厄爾巴島返國之日，正史蒂文生（Stephenson）發明機車之時。其影響之大

遠駕拿破崙武功之上。實業革命關係重大,另詳下章。與工商業同時並進者尚有文學、美術及哲學。其關係之巨與工商業等。茲特略述其梗概。

十八世紀時代之文學頗受法國文化之影響 當十八世紀時代,歐洲文學頗受法國文化之影響。詩文多富麗而整齊,然不免有矯揉造作之病,如英國之德萊頓(Dryden)及波普(Pope),皆其著者也。蓋自中古文藝復興以來,考古精神大著於世,所謂教育者大都以研究古代希臘羅馬之文學為務。為文者則仿西塞羅,賦詩者則仿維吉爾。所用之字以雅而不俗者為限,故為數甚少。所選題材以高尚者為限,蓋以為古文體裁僅能適用於高尚題材也。其結果則所謂文學者不若今日之以常人常事為主,而以描述英雄功業為務。伏爾泰之著作頗能舒展自如,脫去古文窠臼。盧梭之負有文名亦因其能叛離古文獨樹一幟之故。

文學上之「自然」 英國雖無盧梭其人,然詩人羅伯特‧伯恩斯(Robert Burns)及華茲渥斯(Wordsworth)輩頗能破矯揉造作之習以返於自然,大受時人稱譽。觀其著述顯見當日讀書之人已不僅以朝貴為限,蓋中流社會中人亦已漸形得勢矣。

浪漫主義 十九世紀之初拿破崙敗亡之後文字上之傳奇主義或浪漫主義大盛,專以描寫古代光榮為事。當法國革命之中歐洲思想多非古而是今,希望將來,痛惡過去。至是文學名家多向於素所藐視之中古,津津樂道封建時代之生活。華特‧史考特(Walter Scott)之詩文可稱此派之領袖。浪漫派之文學由英國而入於法國與德國。自滑鐵盧戰後人民本皆抱復古之念,此派文學應運而生固非偶然。傳奇派之文學雖足以塞人民注意現在之心,然因此而激起科學化歷史之研究,其影響不可謂不巨也。

近代史學家 傳奇派文學家所描寫者多出諸幻想之中,而非真有其事。俠士佳人千篇一律,類出虛構並無其人。然因此而引起歷史之研究。

第十三章　維也納會議及歐洲之再造

史家輩出均以搜求材料明瞭實情為能事。又因當日政治問題最為重大，民族主義正在發生，故史家心目之中莫不以政治與民族為其研究之資料。蓋自法國革命以後，歐洲大陸諸國中民族主義方興未艾。法國與德國二國之史家莫不以搜求本國民族史料為要務。自古至今蒐羅殆盡。故十九世紀以後之歷史知識遠軼前代。其有功於後日之史學實非淺鮮。

德國歷史家及其影響　德國自與拿破崙戰後，愛國熱忱驟然奮起，故研究歷史之事業較他國尤為發達。德國人先屈於拿破崙，繼又屈於梅特涅，戰爭與虐政之禍相繼而來，故唯有回憶古代之光榮聊慰當日之痛苦。民族精神涵養既久，至一九一四年乃大著於世，蓋皆十九世紀之史家有以致之。

德國之哲學家　十九世紀之初德國文學及思想，因有哲學、詩學及史學而益富。伊曼努爾·康德（Immanuel Kant）為近世第一哲學家。其最要之原理謂人類不特居於物質世界之中，亦且居於道德世界之內，人生原理當以「義務」為最要。其他哲學家如費希特、黑格爾（Hegel）輩並謂「義務」之中當以服從國家為第一，又謂德國人及德國人之理想為世界史上之最精良者云。

德國之韻文　此期中德國有最大詩人而兼科學家歌德其人。其最著之著作為《浮士德》（*Faust*）劇本。劇中之浮士德本一學者沉湎於各種快樂之中，歌德將其經驗及苦痛詳述無遺，藉以瞭然於人欲及感情之作用。歌德並以善作樂府著名，而其科學思想亦甚精到。因研究動植物而發明進化之理，實開他日達爾文（Charles Darwin）學說之先聲。所著小說風行一世，為後日德國小說家之模範，以身心俱臻完美為其理想中之目的。至於彼之不喜普魯士人及痛惡武力主義之處，正與詩家海涅（Heine）（西元一七九七年至一八五六年）同。

德國新文學之影響　德國文學在腓特烈二世時世人尚以俗而不雅視之，至是忽起而為世界文學上利器之一。至歌德而益著，真足令人驚異不止。腓特烈二世所著之詩文類皆棄德國文而用法國文。迨彼武功大盛之後北部德國人方起自信之心，應用德國文以與法國文爭勝。德國人民族精神之發達遂因之而益甚。

讀書之新時代　十九世紀之初，中流社會既興，讀書之人益眾，於是歐洲文學上別開新面。除歷史、韻文、小說以外，新聞紙開始盛行。且因印字機改良以後，每小時能印報紙八百頁，讀書之新時代實始於此。

法英二國之國民教育　十八世紀時代歐洲人民大都皆不識字。教育之權操諸教士之手。教材本極簡陋，而能培植子弟讀書者又以中流社會為限。法國當恐怖時代曾有國民義務教育之規定，然始終未嘗實行。至於英國，則至十九世紀後半期方有改良教育之傾向。

普魯士之教育制度　至於普魯士，教育一端本為改革家如斯泰因輩事業之一，而洪堡特（Humboldt）實為首領。柏林大學建於西元一八一〇年。當一九一四年歐洲大戰以前德國之大學名滿世界，外國人之遊學其地者連袂而來。然德國大學教授之態度對於大戰中德國政府之種種行動多所偏袒，德國學者態度之名譽不免受其影響也。

第十四章
維也納會議後歐洲之反動及革命

第一節　法國之復辟

法國人不反對復辟　法國王路易十六之兄雖逃亡在外二十年以與革命為敵，然當西元一八一四年入即王位時法國人民並無反抗之意。蓋法國人之主張共和政體者本居少數。人民心目中又尚有君主政體存在也。

路易十八之維持革命事業　然同時新王亦並無推翻革命事業之意。彼之性情與其弟阿圖瓦伯之剛愎不同。當幼年時代喜讀伏爾泰及其他諸哲學家之著作，對於舊教黨徒亦無特別之情感。而且年已六旬，身體肥巨，具有常識者豈願輕信貴族之言恢復舊制以轉滋紛擾耶？

西元一八一四年六月之《憲章》　西元一八一四年六月法國王所頒之《憲章》較拿破崙時代尤為自由，而與英國憲法頗為相似。設國會取二院制。上院貴族由國王任命之；下院代表由富民選舉之。唯君主有提議法律之權，而下院得行請願立法之舉。

人權之維持　除建設代議機關外，《憲章》中並維持革命時第一次《人權宣言》之原理。宣布人民在法律上之平等，有充任軍政官吏之權。稅率以人民之貧富為比例。雖定羅馬舊教為國教，而人民仍得享宗教及身體之自由。人民並有出版之自由，唯不得濫用。

阿圖瓦伯所統率之極端保王黨　《憲章》頒布之後國內政黨紛然而

起。逃亡之貴族及教士組織極端保王黨，以推翻二十五年來之改革事業與恢復昔日之舊制為目的。主張擴充教士權力，限制出版自由，增加君主權力，恢復喪失財產。此黨人數雖少，然因有王弟統率之故極有勢力。

溫和保王黨　然力能援助法國王者實為溫和保王黨。此黨鑒於二十五年來之政變深知恢復舊制之不可能。故一面力勸極端保王黨人不可堅持，一面力使法國人民維持王政。以上二黨一屬激烈一主溫和合占國內人民之大部。

自由黨　第三黨可稱為自由黨。此黨雖忠於王政，然以為《憲章》所付人民之權利未免太少，主張減少人民選舉權上之財產限制及責任內閣之建設。

無可調和之黨　此外尚有極端反對波旁王朝之無可調和黨。第一為波拿巴黨，類皆拿破崙部下之軍人。若輩常憶昔日之光榮，並恨反對革命者之得勢。拿破崙未卒以前此黨日望其有捲土重來之一日，及其既死乃擁其子為號召之資，稱之為拿破崙二世（Napoléon II）。此外又有共和黨人對於波旁及波拿巴兩王族均所反對，而以恢復西元一七九二年之共和為主。

第二節　西元一八三〇年之革命

查理十世之政見　當路易十八在位時代王黨之勢殊盛。故法國王於西元一八二四年去世時波旁王朝之勢力已足以戰勝反對黨而有餘。假使其弟查理十世（Charles X）（西元一八二四年至一八三〇年）即位以後處置有方，則國祚延綿正未有艾。不意彼竟有「與其尸位若英國王，不如刊木生

第十四章　維也納會議後歐洲之反動及革命

活之為愈」之語。即位之始其政策一受教士及耶穌會中人之指使。貴族之喪失財產者年發國幣數千兆法郎以賠償之。

七月命令　查理十世之政策既行，反對者當然甚烈，王不之顧。且於西元一八三〇年七月有專橫之舉。根據《憲章》上君主有為公安而立法之權之規定，於七月中下令數通，規定檢查出版之制，增加選舉權上之財產限制，宣告唯君主獨有提議立法之權。憲政精神摧殘殆盡。人民權利絕無保障矣。

新聞記者之抗議　下令之次日即七月二十六日，巴黎之新聞記者提出抗議。為人民顯然反抗命令之始。宣言若輩不能遵守王命，仍當繼續其新聞之出版。並謂國王既剝奪民權，則人民不應再忠於王室。

共和黨人之暴動　然查理十世之傾覆共和黨人之力居多。七月二十七日巴黎城中之共和黨人多毀移通衢之巨石，堆成堡棚以禦政府之兵士。

候補王位者之出現　至七月二十九日巴黎全城皆入於叛黨之手。王知事體擴大，乃與國會商酌收回成命之法。然為時已晚，國會難開。富商巨賈已有擁戴奧爾良公之子路易·菲利普（Louis Philippe I）入繼王位之計畫。路易·菲利普在昔本極熱心於共和，曾與於瓦爾密及熱馬普諸戰役。不久被放，居於英國數年。復辟後返國，主張民主以取信於國人。衣服樸素，遣其子入普通學校中就學，不另聘教師。故中流社會之主張維持王政者莫不以彼為最屬相當之人物。

查理十世之退位及路易·菲利普之被任為中將　查理十世知王位之不可再留乃決意退位，傳其位於其孫波爾多公。並命路易·菲利普為中將負實行王命之責，稱其孫為亨利五世（Henri V）。而己則攜眷遁入英國。此種措置本可望人民之讚許，然路易·菲利普並無實行之意。彼反一意以結好共和黨人為事。蓋此次變亂共和黨之功獨多，而且並有擁戴老耄之拉法

葉組織臨時政府之舉也。其時叛黨設委員會於市政府中，四周圍以暴民。路易・菲利普突圍而進，以數言折服拉法葉。二人遂攜手立於窗外之平臺上。拉法葉手擁路易・菲利普以示親密之意，路易・菲利普亦手搖三色之旗以表其同情革命之忱。共和黨人至是已知無法可阻路易・菲利普之入即王位矣。

下議院之勸進　路易・菲利普於八月三日召集下議院宣布查理十世之退位，唯不明言其繼統之人。四日之後下議院議決請路易・菲利普入承大統，上議院承認之。路易・菲利普當允許即位時，嘗曰：「吾實無法拒絕國家之召我。」

修訂《憲章》　國會中人從事於《憲章》之修訂，且要求新王於加冕以前承認之。將《憲章》之第一段文字全行刪去，以為「給予」二字有傷國民之榮譽。宣布出版自由，規定責任內閣制。並刪去定羅馬舊教為國教之一條。

西元一八三〇年革命結果之微　就事實而論，西元一八三〇年之革命無甚結果。君主雖已易人而政府之專制如故。選舉之權仍以富民為限。昔日貴族教士擅權之政府至此仍以富商巨賈代之。白旗雖廢而代以三色旗，然同是王政初無變更。彼共和黨之革命絕無效果之可言也。

第三節　比利時王國之建設

比利時人對於荷蘭之不滿　法國西元一八三〇年之革命其影響並及於奧地利領土荷蘭。此地自維也納會議後即合併於荷蘭。其不滿意於荷蘭之處不一而足。第一，荷蘭王威廉雖宣布憲法於全國，然以法國之《憲章》

為依據。故上無責任內閣之制，下有財產限制之選舉權。而且南省人民數逾北省百餘萬，而代表之數則與北省相等。加以充任官吏者類多荷蘭人，不顧南省人民之利害。至於宗教則南省多信舊教，北省多奉新教。國君又係新教教徒每有強迫南省人民改奉新教之舉。

比利時王國之獨立　路易·菲利普即位不久，布魯塞爾即有叛亂之舉。南方各省聞風興起，遂建設臨時政府，於西元一八三〇年十月四日宣布離荷蘭而獨立。不久並召集國民公會以建設永久之政府。公會遂編訂憲法，以民主觀念為根據而建設立憲君主之政府。是時之比利時人實與西元一六八八年時之英國人無異。西元一八三一年七月迎科堡之利奧波德（Leopold I）為比利時新國之君。

第四節　德國同盟之建設

德國所受拿破崙之影響（一）小國之滅亡　拿破崙占據德國之影響有三：第一，自法國得萊茵河左岸地後，德國領土之因之合併者及小邦之因之滅亡者不一而足。至維也納會議討論組織德國同盟以代神聖羅馬帝國時，德國小邦之存在者僅得三十八。

（二）普魯士地位之優勝　第二，普魯士之內外情形為之丕變，卒為他日繼奧地利而獨霸德國之基。蓋普魯士雖喪失第二、第三兩次分割波蘭所得之領土，然因之反得撒克遜王國之半及西部萊茵河畔之地，領地人民純屬德國種，而異族不與焉。與奧地利國內之五方雜處者大異。至於內部之改革則自耶拿戰後有斯坦因及哈登堡輩盡力革新，其成績之優美幾可與法國第一次國民議會等。廢止階級，釋放佃奴，經濟發達造端於此。軍隊

改組實為西元一八六六年及一八七〇年戰勝他國之預備。

（三）**立憲之要求** 第三，自拿破崙戰爭以來，德國之民族精神為之大盛。國民既抱救國之忱，又有參政之望，則其要求立憲不滿王政又勢所必然者矣。

西元一八一五年之德國同盟 當維也納會議討論德國統一問題時，提出方法有二。普魯士代表所提出之計畫在於組織強而有力之同盟，與北美洲合眾國相仿，國內大政操諸中央。反對此種計畫最力者為奧地利之梅特涅，而有德國諸小邦為其後盾。蓋奧地利深知其國內人種之複雜斷無統一德國之希望。無論在匈牙利及南部諸省絕無德國人，即其西部諸地亦有多數斯拉夫種人雜居其內。而且奧地利向欲獨霸國中，則非使國內諸小邦形同獨立不可。其結果則奧地利之計畫見諸實行。

德國同盟為君主之聯合 德國同盟並非聯邦可比，實包有「德國之君主及自由城市」者也。如奧地利之皇帝及普魯士之王皆有領土在同盟之中。此外丹麥之領土霍爾斯坦及荷蘭之領土盧森堡亦均在同盟之列。四國之君主皆為同盟中之分子。故同盟之中有二君純屬外人。而其他重要二君之領土又非全部屬諸同盟者。

法蘭克福公會之無力 同盟之公會設於法蘭克福城。為會員者皆代君主而不代表人民。公會之權力極小。既無干涉各邦內政之權，而會員又不能任意表示其可否，凡事均須請命於其國君。權力既微，議事敷衍，適足以為歐洲人士談笑之資耳。

德國同盟之弱點 同盟中各邦均有與他國締結各種條約之權，不過不得妨害同盟之安全，並不得與同盟諸邦宣戰。同盟之憲法不得各邦君主之全體同意不能修正。此種組織缺點顯然。然卒能維持至五十年之久，至西

第十四章　維也納會議後歐洲之反動及革命

元一八六六年普魯士與奧地利戰役後方解體也。

德國學生之政治組織　維也納會議未能為德國建設強而有力之政府，德國之新黨中人無不失望。大學學生群起而非議之，而抱德國自由之望。西元一八一七年十月十八日大學學生群集於瓦德堡堡壘，舉行路德改革宗教及萊比錫大戰紀念之祝典。演說中多讚嘆因與拿破崙戰爭而陣亡之愛國者。

柯策布之被刺　此種學生之運動歐洲政治家聞之無不驚恐，而梅特涅尤甚。學生頗有痛恨新聞記者柯策布（August Friedrich Ferdinand von Kotzebue）為阻止俄羅斯皇帝維新之事業者，竟刺殺之，新黨之信用益為之墜落。梅特涅益有所藉口，以為學生之集會，政府之維新及出版之自由，其結果必皆可怖。

卡爾斯巴德議決案　梅特涅於西元一八一九年八月召集同盟諸大邦之代表開會於卡爾斯巴德地方。通過各種議案以限制新聞紙及大學學生之言論自由及逮捕革命黨。此種卡爾斯巴德議決案由奧地利提出，雖有抗議者卒通過於大會。既限制出版之自由，並干涉大學之教授，妨礙進步莫過於此。然德國人亦無有力之反抗，屈服梅特涅制度之下者蓋垂三十年也。

南德諸邦之立憲　然在德國南部諸邦政治上仍頗有進步。西元一八一八年巴伐利亞王即有編訂憲法建設國會之舉。二年之內巴登、符騰堡及厄斯諸邦無不聞風而起。至西元一八三四年又有「關稅同盟」之組織。各邦貨物通行無阻，昔日稅界一掃而空，影響他日政治上之統一者甚大。關稅同盟以普魯士為領袖，而奧地利不與焉，實為他日德意志帝國統一之先聲。

第五節　西班牙與義大利之恢復舊制

約瑟夫‧波拿巴時代之西班牙　西班牙之恢復舊制較他國尤為徹底。拿破崙因力維其兄之地位之故戰事連年，大傷西班牙之元氣。至西元一八一二年法國人方被英國人逐於西班牙之外。然西班牙之人民雖屈服於法國人之下，而始終反抗實與獨立無異。西班牙之國會雖忠於故主，然能利用國內無主之機會，於西元一八一二年編訂憲法以植立憲之基。

斐迪南七世之廢止憲法　西班牙王斐迪南七世之被禁於法國者先後凡六年。至西元一八一二年仗英國人之力而復國。返國之日即廢止憲法。宣言國會之編訂憲法，顯欲以「根據法國革命原理之煽亂憲法」強國民之遵守，實越俎而奪君主之大權。又宣言凡主張立憲者均以大逆不道論處以死刑。於是專制政體，異端法院，封建特權及宗教團體無不死灰復燃，一仍昔日之舊。耶穌會中人捲土重來。檢查出版品較昔尤厲。壓制言論之自由，恢復寺院之財產。新黨人之被拘或被逐者踵相接也。

西元一八一五年後之義大利　維也納會議對於義大利絕不關心，不過以一種「地理上之名詞」置之。蓋義大利絕無政治上之統一者也。北部之倫巴底及威尼托則屬於奧地利。帕爾馬、摩德納及托斯卡尼諸邦則均屬於奧地利之王族。南部之那不勒斯王國則屬於西班牙之一支。中部有教宗領土截半島而為二。外有奧地利之蟠據，內有羅馬教宗之負固，義大利之統一幾絕望矣。

拿破崙時代義大利之改革　拿破崙之統治義大利雖甚專制，然其設施興革成績昭然。廢除舊制，澄清吏治。興利除弊成績燦然。然因其利用義大利以謀一己利益之故大失人望。昔日熱忱援助之人不久皆抱與汝偕亡之意。

第十四章　維也納會議後歐洲之反動及革命

皮埃蒙特之廢止新政　薩丁尼亞王維多・伊曼紐二世（Vittorio Emanuele II）於西元一八一四年五月二十日返其京杜林。全國人民莫不欣然色喜。不意返國之後，即將皮埃蒙特於法國革命時引入之新政一律廢止。恢復貴族之特權，交還教士之財產。宗教法庭設定如昔，檢查出版嚴厲如前。人民遂無復宗教上之自由矣。

教宗領土中之復古　教宗領土中之政策亦復與其他諸國相似。西元一八一四年教宗下令廢止一切革命時代之法律，而恢復昔日之舊制。熱忱過度，甚至種痘及路燈諸事亦以革命事業目之加以禁止。

義大利境內之奧地利領土　奧地利所領倫巴底及威尼托二地中之新政無不革除殆盡。奧地利因欲維持其領土，特設明暗二種偵探制以干涉個人之自由。其橫暴情形實有令人難忍之處。

奧地利在義大利之勢力　奧地利除領有義大利北部之地外，並享有保護摩德納之權。托斯卡尼公國則因條約關係無異奧地利之領土。帕爾馬之瑪麗・路易絲付其權於奧地利皇帝之官吏，而那不勒斯王國又與奧地利訂有攻守之同盟。故義大利半島中除薩丁尼亞及教宗領土外無不在奧地利之勢力範圍中。

法國革命之事業並不全廢　義大利半島雖四分五裂日處於強鄰威脅之下，然西元一八一五年之義大利已與西元一七九六年拿破崙入侵時之義大利異。諸邦中雖皆有恢復舊物之舉，然法國革命之遺跡不但留在法律政府之中，而且深入人心之內。民族主義方興未艾，雖有警察已難剷除。人民雖恨拿破崙之專橫，而對於法國之改革事業則欣慕不已。

197

第四卷　自維也納會議至普法戰爭

第六節　美洲之西班牙殖民地及西元一八二〇年之革命

南北美洲西班牙殖民地之夢想獨立　梅特涅思想之實現以在西班牙及義大利二國者為最著。因之革命之舉不再啟於德國與法國，而重見於西班牙及義大利。西班牙本國僅占其全國領土之一小部分。蓋西班牙之領土除歐洲本國及各處島嶼外本包有北美洲之一部，中美洲之全部及南美洲之大部。美洲之西班牙殖民地自始即受母國自利之商業政策之苦。凡殖民地僅能與母國之商埠一、二處往來貿易。自北美洲合眾國叛英國而獨立以後，西班牙之殖民地遂有蠢蠢欲動之勢。迨拿破崙入據西班牙之消息傳到美洲，西班牙之殖民地群起而叛亂。

西班牙殖民地之叛　西班牙殖民地之叛亂實始於西元一八一〇年。是時墨西哥、新格拉納達（即今日之哥倫比亞）、委內瑞拉、祕魯、布宜諾斯艾利斯及智利諸地名雖擁戴斐迪南七世，實則均起奪政權於母國派來官吏之手。最後乃有獨立之舉。最初西班牙頗以殘暴方法平定叛亂。至西元一八一七年委內瑞拉之叛黨首領玻利瓦（Bolívar）出，該地獨立竟告成功。此後五年之間新格拉納達、祕魯、厄瓜多、智利、墨西哥及上祕魯（即今日之玻利維亞）諸地相繼獨立。

英國反對西班牙武力平亂　斐迪南七世自復辟以來，即遣兵赴美洲以平定殖民地之叛。彼並以革命為有害諸國之利害為理由求援於各國。不意英國政府頗持反對。蓋自南美洲諸邦獨立後英國之商業驟形發達，不願放棄其利益也。

西班牙恢復西元一八一二年之憲法　西元一八二〇年一月西班牙調遣

第十四章　維也納會議後歐洲之反動及革命

駐在卡迪斯之軍隊赴美洲平亂。兵士深知遠征之苦遂有叛亂之行。宣言恢復西元一八一二年之憲法。全國新黨聞風響應。京都之暴民於三月間圍王宮以迫西班牙王宣遵守憲法之誓。

西班牙革命消息傳入義大利　西班牙革命消息不久傳入義大利。義大利本有各種祕密結社專謀叛亂。其最著者為「燒炭黨」，以謀立憲政體及國家統一為目的。那不勒斯人既知西班牙王有允許恢復憲法之舉，亦群起迫其王仿行西班牙之憲法，時西元一八二〇年七月也。那不勒斯王不允並求援於各國。

梅特涅以革命為疫病　梅特涅乃請俄羅斯、普魯士、法蘭西及英國合力以阻止「叛亂及罪惡」之發展。彼以為革命之為物正同疫癘。不獨抱病者有生命之憂，即旁觀者亦有被染之險。欲防傳染應速隔離。

奧地利之干涉　西元一八二一年一月奧地利請各國遣代表開大會於萊巴赫，以商議恢復南部義大利之原狀為宗旨。那不勒斯王斐迪南亦來赴會，極願奧地利遣兵入其國以平內亂。叛黨之被戮或被逐者不一其人，憲法遂廢。

維洛納公會　同時西班牙之革命日趨於不可收拾之境。俄羅斯、奧地利、普魯士、法國及英國於西元一八二二年開公會於維洛納，以研究對付西班牙革命之方法。英國不主張有干涉之舉。法國王路易十八因被國內教士及極端保王黨之逼迫，遣兵入西班牙以「維持亨利四世子孫之西班牙王位為宗旨」。法國之自由黨人頗不謂然。以為法國今茲之援助斐迪南七世實與西元一七九二年時普魯士及奧地利之援助路易十六無異。法國軍隊既入西班牙，斐迪南七世之地位復固。平定內亂殘酷異常，法國人恥之。

西班牙殖民地問題　當法國援助西班牙王平定內亂之日，正英國美國

援助西班牙殖民地獨立之秋。在維洛納公會中除英國外無不欲援助西班牙以平定其內亂。蓋同盟諸國固以壓制「無論何地及何種之叛亂」為目的者也。

門羅主義 梅特涅輩既有援助之意，北美洲合眾國之總統門羅(Monroe)於西元一八二三年十二月向國會宣言歐洲列強干涉之危險，即後世所謂「門羅主義」是也。其意略謂凡歐洲同盟諸國有欲擴充其制度於西半球之任何部分者即以有害於合眾國之和平及安全論，而且視為一種有傷友誼之行動。

英國承認西班牙殖民地之獨立 同時英國外交大臣坎寧(Canning)向法國駐在英國大使力言西班牙欲平殖民地之叛斷難得手。又謂西班牙與其殖民地間有所爭執，英國當取中立之態度，然不容有第三者之干涉。西元一八二四年之冬英國承認布宜諾斯艾利斯、墨西哥及哥倫比亞之獨立。歐洲大陸諸國以英國此舉「足以提倡革命之精神」頗示不滿之意，英國不顧也。

葡萄牙 當西元一八〇七年拿破崙遣兵入侵葡萄牙時，其王族渡大西洋遁居南美洲之巴西。自英國人逐出法國人以後，葡萄牙之政權握諸英國大將貝爾斯福德(Belsford)之手。擅作威福，遂激起西元一八二〇年之叛。叛黨要求王室之返國及立憲之宣布。王約翰六世(John VI of Portugal)遂歸自南美洲，命其子佩德羅(Pedro I of Brazil)留守巴西。

梅特涅國際警察制之失敗 觀上所述可知梅特涅壓制革命之國際警察制已完全失敗。蓋英國美國既持異議，同盟之勢大為減削。當希臘叛土耳其而獨立時，俄羅斯有對土耳其宣戰之舉。希臘獨立卒告成功。足見雖俄羅斯當有利於一己時亦未嘗無援助革命之意。至西元一八三〇年法國有七

第十四章　維也納會議後歐洲之反動及革命

月革命之舉,梅特涅之政策益不能行。故就事實而論,所謂神聖同盟者絕無成績之可言。一面內部解體,一面革命精神復興,瓦解之勢至此遂不可收拾矣。

第四卷　自維也納會議至普法戰爭

第十五章
實業革命

第一節　紡織機之發明

實業革命源於機器之發明　上數章所述者為法國革命，拿破崙戰爭及維也納會議諸陳跡。以政治家武人及外交家之力為多。然在法國全級會議未召集以前，英國社會中已有一種革命。其影響較國民會議之事業及拿破崙之武功尤為遠大。人民之習慣思想及希望莫不因之而變更。

十八世紀以前之實業狀況　古代希臘人及羅馬人雖以文明著於世，然對於實業器械上絕少發明。十八世紀以前歐洲之工業狀況幾與古代埃及無異。紡織耕種純賴手工，貨物運輸專恃車輛，信札郵遞之遲緩亦與羅馬帝國末造無異。迨十八世紀之末葉忽有種種實業器械之發明，不百年間工商業之狀況為之丕變，即世人所謂「實業革命」是也。近世之各種問題如商埠也，工廠制度也，工黨也，貧民也，皆由是而起。故實業革命之重要實不亞於君主，國會，戰爭，憲法諸事矣。

紡織業之改良　一百五十年來之實業革命可以紡織業之改良一端說明之。織布之先必先紡毛、棉或麻成紗而後可。紡紗之法自古已有發明，然一人同時僅紡一線。至西元一七六七年英國人詹姆斯‧哈格里夫斯（James Hargreaves）發明紡紗機，以一人運動機輪同時可紡十線。是則一人之力可以作十人之工矣。次年又有理髮匠名阿克萊特（Arkwright）者發明紡紗

之輥機，創設紗廠，卒致鉅富。西元一七七九年克朗普頓（Crompton）合詹姆斯·哈格里夫斯之紡機及阿克萊特之輥機而一之。至十八世紀之末已有同時能紡二百線之機器之發明。運用機器者一、二人已足，專恃手工者遂不能與之爭衡。工廠制度從此發端。

織布機及軋棉機　紗線之出產既富，舊日之織機已簡陋不適於用。至西元一七三八年約翰·凱（John Kay）有飛梭伊之發明。織工運用機柄，使飛梭往來不再需他人之輔助。至西元一七八四年肯特之教士卡特賴特（Cartwright）博士發明新機，飛梭提緯均係自動。然至五十年後手工不敵機器時，昔日之手織機方廢。十九世紀之中織機之改良日有進步。至今利用機織一人之力可當昔日二百人之工。此外又有以酸質漂白之發明。昔日漂白專恃日光動需數月之久，至此數日而已足。西元一七九二年美國人伊萊·惠特尼（Eli Whitney）發明軋棉機，每日每人力能軋棉一千餘磅，以視昔日之每日僅軋五、六磅者真有天淵之別矣。

各種發明之影響　自紡織機發明之後布之出品驟然增加。西元一七六四年英國每年僅輸入棉花四百萬磅，至西元一八四一年增至五萬萬磅。拿破崙戰爭將終時羅伯特·歐文（Robert Owen）宣言在新拉納克工廠中二千工人之工作足以抵蘇格蘭全部人民之手工工作。

第二節　蒸汽機

機器之發明與鐵力之關係　機器之發達及普遍端賴二物：第一，製造機器之材料首重堅固，故鋼鐵最為相宜。第二，機器巨大斷非人之手足所能運用。在昔雖有藉風水之力以運動者，然其力有限而無定不足以促進機

第十五章　實業革命

器之發達。故當紡織機發明之日正鍊鐵方法及利用蒸汽進步之秋，鐵之為用並不自十八世紀始。然煉鐵方法極其簡陋。至西元一七五〇年溶鐵之燃料方以煤代炭。棄風箱而用新機，火力較巨。鍛鐵以蒸汽錘而不用手矣。

瓦特之改良蒸汽機　世人每以瓦特（Watt）為發明蒸汽機之人，其實不然。蒸汽機之重要部分——如水爐、圓筒、活塞等——早已發明，用之為抽水之具。瓦特之研究蒸汽機實始於西元一七六三年之冬。其時彼居格拉斯哥為機器匠，是年有人請其修理六十年前紐科門（Newcomen）所發明之蒸汽機模型。彼固聰慧而勤勞者，遂改良紐科門之機器以裨實用。西元一七八五年瓦特之蒸汽機始於諾丁漢郡工廠中用以紡紗。阿克萊特於西元一七九〇年應用之。至十八世紀之末其用途之廣已與風車水車等。

法國之實業革命　近世機器之發達以英國為最早。至於法國西元一八一五年後實業革命方見端倪。拿破崙雖有提倡機器及保護實業之舉，然其成績不著。迨彼將敗之時法國之有蒸汽機者僅亞爾薩斯地方棉廠中一具而已。然至西元一八四七年全國有蒸汽機五千具，足當六萬匹之馬力。棉花之消費三十年間增至五倍。在西元一八四七年時全國共有紡機十萬餘具，紡錘三百五十餘萬支。至西元一八四八年法國實業大城已林立於全國。巴黎一城已有工人三十四萬二千人。其他如里昂、馬賽、里爾、波爾多及土魯斯諸城無不工廠林立，工人滿布。自此以後，工人漸有組織工黨及同盟罷工之舉，以要求薪資之增加及工作時間之減少。

第三節　資本主義及工廠制度

實業之家庭制度　十八世紀末年英國之實業革命已略如上述。茲再述實業革命之影響於人民生活上者。自古以來，製造二字仍指手藝而言。工人多在家中或商鋪中製造物品。偶有餘暇則兼事種植以資生活之補助。

笛福所述之工人狀況　西元一七二四年至一七二六年間，新聞家笛福（Defoe）曾遊歷英國之約克郡地方，詳述當日之工人狀況如下：「所有土地分成小區，自二畝至六七畝不等，三四區之間必有一家，雞犬相聞也。每家必有張布之架，架上必有布篷。每家幾皆有工廠。織布之工人必有一馬為運貨入市之用，並牛一二頭為其家庭飲料之資。故各區土地占用殆盡，種植所得尚不足以養家禽也。一家之中類皆身壯力健之輩，有染色者，有織布者，有整理布匹者。至於婦人稚子則專事紡紗，無論老少無一閒居無事者。」

工廠制度之原理　實業革命以來專恃手藝之工人其力不能與機器相敵。小規模之實業漸漸無獲利之望。不得不入資本家所設之工廠借謀生計。

工廠制度之結果（一）分工制度　工廠制度之結果不一，其最要者為分工。昔日之工作以一人而負全部工作之責。至是一人專管製造之一步。同時學習之期較昔為短，蓋其事較簡也。而且因分工之故以機器代人工之發明亦較為容易。

（二）生產增加　因利用機器及分工之故，製造品之量大有增加。試舉其例，則有亞當·史密斯所著《國富論》中所述製針之一事。據云：分工製造則一針之微製造之步驟可得十八，一日之內以十人之力可製針四萬

八千枚。此種狀況尚就機器發明之初日而言。至於今日則每機每分鐘可以製針一百八十枚。一廠所出每日得針七百萬枚，所需工人不過三人而已，再如印刷自古騰堡發明印字機以來，凡排版、用墨、鋪紙、印刷，無不用手。至今則巨城中之新聞紙幾無不全用機器印刷之。每分鐘可得折成之報五百餘紙。

（三）**城市發達** 機器未經發明以前，工人散居城外，半工半農人人有獨立生活之資。自工廠制度發生以來，此種狀況不可復見。工人群居於工廠附近之地。住室陋劣，鱗次櫛比。既無田園，又無草地。此今日大城所以有工人住室問題之發生也。

（四）**資本家之發見** 自實業革命以後，社會階級分而為二。一方為主有工廠及機器之資本家，一方為資本家僱傭之工人。十八世紀以前政治上及社會上之得勢者當推廣有田產之地主。而富商巨賈其財力亦可與大地主抗衡，至今則地主富商以外並有資本家矣。

（五）**工人依賴資本家** 為工人者不得不賴少數資本家以維持其生活。蓋獨立之工作已不足以自存也。資本家既主有工廠及機器，工人之求生活者又接踵而來。其結果則工作時間之長，工人工價之賤一任資本家之規定。工人之特出者或可望成資本家，而中人以下者則終身從事於工作之一業。自資本家與工人應如何分配其利益之問題起，今日人工與資本之難題遂從此發生矣。

（六）**工廠中女子及幼童** 自家庭實業制推翻以後，其影響並及於女子及幼童。工廠既立機器日有發明。除重大工作如煉鋼造船等外，女子與幼童之入廠工作者日增月盛。試舉其例，英國紡織業自西元一八四二年至一八九一年五十年間，男工之增加率為百分之五十三，而女工為百分之

二百二十一。當蒸汽機未發明以前，幼童之工作多以簡單者為限，如揀棉是也。至於今日，則看守機器、接續紗線等事女子及幼童均優為之，而其薪資並可較男子為賤。當家庭實業制度未廢以前，為女子者並不閒惰。不過其工作複雜而且在家中任之。至於今日則汽笛一鳴，為女工者不得不群趨於工廠。流弊因之而發生，政府乃有補救之方法。其顯著者雖已盡除，而女子與幼童之工作困難仍未盡去。同時中流以上之女子較十八世紀以前為閒。蓋昔日之需用手工品者至是已代以工廠製造品矣。

（七）**工人所受之影響**　當實業革命以前，人民之生活及習慣無甚變遷。自機器發明以來，人民風習隨之俱變。發明愈多，變遷愈速。實業有新陳代謝之跡，工人事業亦有時時變遷之機。舊日陳陳相因之習既然破除，工人僕僕往來之行難以倖免。經驗既富，心思亦長。國內有工黨，國際有公會，以研究工人之利益及政策為宗旨。

（八）**商業之擴大**　實業革命之影響並及於商業。十八世紀以前商業雖已發達，然運輸不便範圍不廣。自機器發明以後各國製造之品暢銷於世界之全部。歐洲、美洲、澳洲、亞洲皆成貿易之場。西元一七八三年英國之輸出品尚不值一千四百萬鎊，十三年後乃達二千九百萬鎊。

（九）**政治上所受之影響**　自實業革命以後政治思想為之一變。中流社會與工人兩級中人莫不加入政治潮流之中以謀一己之利益。十九世紀歐洲史大部分為中流社會與工人合力與地主教士競爭之陳跡。非洲亞洲之開放實歐洲各國製造家競爭市場之結果。

　　中流社會　工商界中人本不滿意於貴族之把持政府，尤不滿意於政府之限制工商。蓋此種干涉政策始於中古不適於今，而且足以妨害工商業之發達也。

第十五章　實業革命

經濟學　中流社會中人遂發達經濟學原理以謀自利。亞當·史密斯即此派學說之首創者，主張營業自由，政府不得橫加干涉。凡物價之高下，物質之優劣，工作時間之長短，薪資之多寡等均應聽其自然。

個人主義　此種經濟學原理實以個人主義為根據。以為判斷利害以一己為最明。若任其自然則其成敗將以其賢愚為標準。製造家既有自由競爭之機，則物價必能達最低之率。工人之值可以因供給需求之定律為標準。此種原理頗為富商巨賈所主張，以為不但可以產生快樂，而且有合於「天理」。凡政府及工人均不應破壞之。

實業革命之惡果　上述之學說雖言之成理，而實行甚難。巨城之中工人群集，所謂快樂者僅少數富人享有之，而工人之貧困不堪者仍居多數。九歲以下之幼童每日工作十二小時至十五小時不等。而女子之離其家庭工作於工廠中者又復接踵而至。完工之後則不得不返居陋室無異坐獄。

保護工人之法律　拿破崙敗亡之後英國之工人狀況愈趨愈下。於是國內有補救改良之舉動。有主張擴充選舉權者，以為一旦工人有代議之權利，即可得法律之保障。此種運動雖有資本家加入其中，而以工人為主體。他日之《人民憲章》運動實肇基於此。

工黨之起源　此外工人中並有工黨之組織以便合力與資本家相抗。此實近世史上最重要事實之一。此種運動始於十九世紀之初年。當時英國政府本有禁止工人集合要求增薪之舉，犯者以大逆不道論罪。工人因之被拘或被放者頗不乏人。至西元一八二四年國會廢去此種苛法，工黨遂日盛。然限制仍甚嚴密也。至今工黨組織已遍傳於世界各國矣。

社會主義　改良工人地位之第三法即為「社會主義」。五十年來社會主義大有影響於歐洲史。茲故不厭詳盡述其意義如下。

第四節　社會主義之興起

生產機關公有之主張　社會主義之原理以為生產機關應屬於社會不應屬於私人。然「生產機關」之為義甚泛，凡田園器具皆可包括在內。而社會主義家之意則所謂「生產機關」者似係專指機器、工廠、鐵道、輪船而言。總而言之，社會黨人之主張在於各種大實業不應握諸私人之手而已。以為工廠為資本家所獨有於理不合。並謂同盟要求增薪之舉斷非治本之法，因近世之實業制度實予少數人以獲利之機，已屬謬誤，非根本改革不可也。工人為資本家之「薪資奴隸」，失去自由。補救之法莫過於將各種大實業變成公有，使全部人民均蒙其利。若輩以為此種之理想社會將來必有實現之一日，即所謂合作之共和國是也。

最初之社會黨人　最初之社會黨人每冀賴資本家之善意以實現其主義。夢想將來有開明之日，使社會無困苦之人。英國富人歐文即主張此種原理之最著者，當拿破崙戰後於英國極有勢力者也。社會主義之名詞實始於彼。其在法國則將近十九世紀中葉時社會主義之著作風行一世，其勢力亦正不小。

後日之社會黨人　然近世之社會黨人多以昔日之社會黨人為夢想有餘而實行無法，以為富人斷無放棄其實業之意。故提倡社會主義當專從工人方面入手，使之曉然於社會主義之有利無弊，激之使與資本家爭鬥以實現其主義。並謂富之產生專恃勞工，資本之用專在供給機會而已。是則工人應享勞動所得之結果寧非合理之事？

馬克思　近世最著名之社會主義著作家首推德國人馬克思（Karl Marx）。彼一生多居於倫敦，學問淵博，對於哲學及經濟學研究尤精。嘗

第十五章　實業革命

讀歷史，斷言將來工人必能起代資本家，正如昔日資本家之起代貴族。所謂工人者指專賴勞動而生活之人而言。自工廠制度發生以來，工人乃不得不受資本家之約束。馬克思於西元一八四七年曾與恩格斯 (Engels) 合著《共產黨宣言》(*Manifest der Kommunistischen Partei*) 公諸平民，令其起奪生產之機關以為己有。宣言之在當日雖無影響，然至今社會黨人尚視同玉律金科也。

社會主義及民主主義　故近世之社會主義或馬克思之社會主義實一種工人之運動，而為民主主義發達史之一部分。假使實業私有之制依然存在；眾貧獨富之象未能革除：則枝節之改良於事無濟。故社會主義家必欲工人不失其唯一之目的，不受他種政黨之牽制，必俟合作之共和國建設成功而後已。

社會主義為一種國際運動　社會主義之在今日不但為一種國內之運動，而且成為一種國際之運動。視他國工人之舉動為抵抗工人公敵之方法。所謂公敵即「資本主義」是也。故一九一四年以前之社會主義實維持國際和平之一種大力。自一九一四年大戰之後，俄羅斯忽發生一種極其激烈之社會主義，即德國亦一變而為社會主義之共和國。此種運動凡研究歷史者均應明瞭者也。

第四卷　自維也納會議至普法戰爭

第十六章
西元一八四八年之法國革命

第一節　路易‧菲利普政府之不滿人意

路易‧菲利普之特質　有西元一八三〇年之革命，法國君權神授之說遂不復存。路易‧菲利普所承認之《憲章》已有統治權屬諸人民之宣言。彼於舊日「天命法國人之王」稱號之上，並冠以「民意」二字。然此皆外表而已，人民之得參與政治者仍屬少數。改訂之選舉法雖將選民年齡自四十減至三十，財產限制亦減去三分之一，然大多數之人民仍無參政之機會。而法國王則宣言彼之政策實介於保守精神與維新精神之間之「中庸主義」。

正統黨　其時反對「七月王政」者實有二黨：一為正統黨，一為共和黨，前者擁戴查理十世之孫，稱之為亨利五世。此黨人數較少，類皆貴族教士二級中人，不常用暴烈之方法。

共和黨　至於共和黨則大異是。此輩黨人每念西元一七九二年之革命而不能忘，頗抱捲土重來之意。其革命運動多持祕密結社以傳播於各大城中，與義大利之燒炭黨無異。鑒於西元一八三〇年革命成功之易屢起叛亂，卒不得逞。

政府之壓制共和黨　同時共和黨並組織報館以攻擊政府及國王為事。政府惡之，乃嚴訂監視集會及檢查出版之法。共和黨之勢益衰落不振。

社會黨　同時巨城之中社會黨人日多一日。改革政體及擴充選舉權諸

事已不足以滿其意。若輩鑒於數十年來之政變,雖由共和而帝國,再由帝國而王國,猶是陳陳相因。至於憲法之編訂修改雖不一次,而人民之困苦猶昔。又鑒於昔日之中流社會有剝奪貴族教士特權之舉,則今日之工人又何嘗不可有平分富民財產之行?

巴貝夫當恐怖時代所主張之社會主義制度 當法國大革命時代已有非議私有財產及貧富不均之人,然注意者蓋寡。巴貝夫(Babeuf)(西元一七六〇年至一七九七年)於恐怖時代曾宣言政治革命不足以變更人民之狀況,則經濟革命尚矣。「當吾見無衣無鞋之工人,又思不耕而食不織而衣之少數人,吾乃曉然於今日之政府猶是昔日以少數壓制多數之舊,所不同者形式而已」。彼主張一切財產應歸國有,使人民皆有自食其力之機。此說一出聞者莫不首肯,並組織一會以宣傳之。不久被禁,而巴貝夫並被殺。然其著述已不脛而走。自有西元一八三〇年之七月革命,社會黨人又漸形蠢動矣。

烏托邦派之社會黨 社會黨人中亦有富於夢想者。如傅立葉(Fourier)輩主張合作之工人應組織團體自食其力,而以互助為主。傅立葉並希望慈善家能提倡之。此種思想實與英國歐文之主張無異。又有路易·布朗(Louis Blanc)者其主張與傅立葉異。彼於西元一八三九年著《勞動之組織》一書公之於世。宣言工作為人類之權利,預備工作則為政府之責任。故政府應出資設國立工場由工人負管理之責,所獲利益分諸工人。如是則資本家之階級可不廢而自廢。《勞工之組織》一書遂成工黨之口號,即在下議院中亦時有所聞。然當日尚未有正式組織之社會黨也。

梯也爾與基佐之意見 其時法國政權實握諸二黨人之手。一以梯也爾(Thiers)為領袖,一以基佐(Guizot)為領袖。此二人皆以長於史學文學名於世。梯也爾頗醉心於英國之憲政,常謂「英國王為統而不治」之人。

第十六章　西元一八四八年之法國革命

基佐則甚願君主握有實權，不應高踞「虛座」。並謂法國憲法已無更張之必要。彼於西元一八四〇年任內閣總理之職，前後凡八年。為人雖忠厚誠實，然其吏治不修，綱紀不振，極為國人所指摘。有非議者則以嚴厲方法處置之——如警察之監視及新聞記者之被殺是也。彼對於改良工人之狀況及擴充人民之選舉權始終反對，蓋以為法國人民之「能獨立而投票適當者」尚不及十萬人而已，保守過度卒釀成革命之禍。

第二節　第二次法蘭西共和國

巴黎之二月革命　西元一八四八年二月巴黎城中叛黨有暴動之舉。法國王懼甚。基佐不得已辭職而去。然叛黨以為僅變更閣員實不足以滿其意。二十三日之晚叛黨群集於基佐所居之外交部公署，署中護兵槍傷叛徒數人。叛徒益憤，乃將車載屍明火以遊於通衢之上。天尚未明，巴黎城之東部已全為叛黨所占。

路易‧菲利普之退位　二十四日巴黎全部皆入於叛黨之手。路易‧菲利普不得已宣告退位，傳王位於其孫巴黎伯。然共和黨及工黨中人已不欲王政之復見，即於是日下午宣布共和，以待他日國民議會之追認。

工黨之得勢　共和黨中之和平者以廢止王政為滿足，而工黨則因此次革命有功必欲實現布朗之計畫以為快。迨臨時政府下令建設「國立工場」，命工部大臣負施行之責。

實業特派委員會　同時政府並於盧森堡宮即貴族院之舊址設實業特派委員，會負維持工人利益之責。此舉實反對社會黨者之妙策。蓋如是可使

工黨中人遠離臨時政府所在之市政府。一任其高談闊論，終無經費可資實行也。

工人國會　盧森堡委員會以布朗及工黨首領名阿爾伯特（Albert）者為領袖。於三月一日開第一次會議；遂著手組織工人國會，其議員以各業代表充之。工人國會於三月十日開會。開會之時布朗起言此地為昔日貴族院之舊址，曾立法以壓制工人者，今工人竟有集會於此之舉，不勝感慨係之云云。又謂：「昔日占此席者非身衣錦繡光耀奪目之人耶？而今則何如？諸君衣服之破爛，無非正當勞動之所致或係此次衝突之標幟。」然工人國會絕無成績，因政府未嘗以經費予之也。故布朗輩無力以實行其國立工場之計畫。

國立工場為一種權宜之計　臨時政府雖有下令建設國立工場及擔保國人工作之舉，然其用意與工黨之委員會實不相同。布朗輩之意本欲使各種實業成為永久自給之實業，由政府出資，由工人辦理。而臨時政府之意則無非出此空言藉資搪塞。雖實行工賑之舉，然皆係無用之職業。工人結隊成群日以掘溝築城為事，每日人得二法郎。而工務大臣即反對國立工場之最力者。國立工場於三月一日開始，十五日間工人之數即達六千人。至四月間人數驟增至十萬，薪資所費達數百萬法郎。此種計畫與政府之目的適合――即保守黨之勢力未恢復以前，必使賦閒無事之工人無擾亂秩序之機會是也。

國民議會不表同情於社會主義　五月四日臨時政府解散，國民議會起而代之，以編訂共和憲法為目的。議員大都為溫和之共和黨人，極反對社會主義之趨向。而鄉間農民之代表尤反對巴黎工人之計畫及要求。

西元一八四八年之「六月天」　國民議會鑒於工人之日多國庫之日匱

第十六章　西元一八四八年之法國革命

乃議決廢止國立工場,令工人轉入行伍或離巴黎城。工人大憤,遂有極其激烈之巷戰。自六月二十三日起至二十六日止,工人所居之區秩序大亂。國民議會予卡芬雅克(Cavaignac)將軍以平定暴動之全權。政府之軍隊大勝。懲辦亂黨極其慘酷。市民之非法被逐者凡四千人,報館之被封禁者凡三十二處。並拘禁工黨中之著作家。秩序不久恢復。然可怖之「六月天」,至今巴黎工人念及之,尚切齒於資本家而未已也。

憲法之編訂　叛亂既平,國民議會乃著手於憲法之編訂。議會中雖有少數有力之王黨,然開會之始議會即有贊成共和之宣言。重提「自由、平等、博愛」之格言,勸國人捐棄宿怨,合為一家。凡六閱月而憲法告成。宣言統治權屬於國民,並擔保宗教及出版之自由。國會取一院制。凡人民皆有選舉權。設總統一,由人民選舉之,任期四年。

總統之候補者　憲法既宣布,遂定西元一八四八年十二月十日為選舉總統之期。其時候補者有三人:一為賴德律-洛蘭(Ledru-Rollin)代表工黨,一為卡芬雅克上將平亂有功,一為拿破崙一世之姪路易・拿破崙(Napoléon III)。

路易・拿破崙境遇之離奇　路易・拿破崙一生之境遇最為離奇。當其父為荷蘭王時,彼生於巴黎。其伯父敗亡時年僅六歲,與其母並被逐於法國之外。嗣後流離失所者凡數年。其母嘗告之曰,凡名波拿巴者必能成大事於世界之上者也。自此彼遂抱光復舊物之志。

路易・拿破崙著《拿破崙之理想》　自西元一八三二年拿破崙一世之子去世後,路易・拿破崙遂自命為應承皇統之人。四年之後曾欲煽動史特拉斯堡之軍隊擁戴一己為皇帝,敗而走居於英國。西元一八三九年著《拿破崙之理想》一書公之於世。意謂拿破崙一世實革命原理之僕,其帝國為

人民權利之保障，而彼之希望在於民主主義之進步。總之其著書之意無非以拿破崙一世為愛民之人而為暴君所傾覆。西元一八四〇年路易·拿破崙以為入法國之時機已到又思一逞。偕同志數人於布洛涅登岸，攜馴鷹一隻自隨，視為帝國之徽。不意又敗，被禁於堡壘之中。西元一八四六年復遁入英國以待時機之至。

路易·拿破崙之返國　西元一八四八年革命事起，路易·拿破崙返國之機又至。共和宣布後四日彼忽現身於巴黎。投入臨時政府，宣言願盡其力以援助之。並謂除服務國家之外別無他意。不久被選為國民議會議員，頗得巴黎市民之歡心。

路易·拿破崙被選為總統　彼素以民主黨人自命，宣言深信統治權屬於人民之理。屢著文以表示其同情於工黨。彼並以熱心於布朗之計畫聞於時。至是乃出而為總統之候補者。宣言當選後願竭力為工人謀利益。然同時又明言不承認社會主義之計畫，而以維持秩序保護財產之說以示好於中流社會。卒以五百五十萬票之大多數當選為總統。其他二候補者合得一百五十萬票而已。

第三節　路易·拿破崙與第二次法蘭西帝國

路易·拿破崙建設帝制之計畫　路易·拿破崙既被選為總統，不久即有建設帝制之意。先著手於憲法之修改，任期自四年延長至十年。國務大臣多以親友任之。與軍隊及官吏亦復多方交好以得其歡心。同時並巡行國內遍問民間疾苦。

第十六章　西元一八四八年之法國革命

西元一八五一年之政變　其時國民議會頗持異議。彼仍密謀實行政變之舉。西元一八五一年十二月一日之晚召密友數人赴宮中告以實行政變之計畫。次日早晨巴黎城牆之上已滿張總統之命令，宣布解散國會，復行普選及舉行新選舉。

國民投票予總統以軍政全權　最後並以下述之事提付國民公決之：「法國人民願維持路易‧拿破崙‧波拿巴之權力，並付以改訂憲法之權，而以十二月二日之布告為根據。」凡法國人年在二十一歲以上者均得否之。據政府之報告則認可者七百七十四萬人，反對者六十四萬六千人，此種計數雖不可恃，然法國人之贊成政變實無疑義。昔日拿破崙一世之「立憲專制政體」於是復見。

西元一八五一年政變之和平　十二月四日巴黎雖稍有流血之跡，然此次革命之性質實甚和平。國內反對黨之被逮者凡十萬人。被逐者凡萬人，而多數國民初無異議。工人則以主張西元一八四八年六月流血之政客至是無不失敗亦復引為大快。

帝國之復現　至是法國總統大權獨攬。任命官吏、提議法律、宣戰、媾和諸大權無不在彼一人之手。事實上雖已與皇帝無異，然彼必欲並其名而得之。凡彼所到之處人民多向之呼「皇帝萬歲！」益足以徵民心之傾向。此種民情雖當日官吏有意造成，然拿破崙之名極足以激起人民嚮往之思使之具帝國中興之望。西元一八五二年之冬路易‧拿破崙在波爾多地方宣言彼信廢止第二次共和政府之時機已至。上院議員多黨於路易‧拿破崙者至是議決勸進，稱之為法國皇帝拿破崙三世。十一月將勸進之議案提付國民公決之，卒以大多數通過。路易‧拿破崙之夢想乃竟實現，而拿破崙之帝祚乃竟中興。

拿破崙三世之專制　拿破崙三世在位十年實甚專制。憲法中名雖保存革命之原理，然不久即有廢止出版自由之令。凡新聞紙或雜誌之以討論政治經濟為事者非經政府之允許不得印行。而且政府官吏得任意封禁各種新聞紙。拿破崙三世雖允許教授之自由，然大學教員均須宣忠於皇帝之誓。並竭力限制歷史及哲學等科之講授。凡大學教授不得留鬍，「以便除盡無政府主義遺跡之表示」。

法國之盛隆（西元一八五二年至一八七〇年）　政府雖甚專制，而法國之狀況頗有家給人足之觀。皇帝雖擅權，然頗具開明之想。利民之事不一而足。興築鐵道，幹線至是落成。巴黎城之美麗亦復日有進步。狹小道路無不變成廣衢。西元一八五五年之展覽會尤足以徵明法國實業及科學之進步。各種進步雖不始於此時，而集其大成則實在帝國之日。而且至西元一八七〇年，又有改訂憲法及建設責任內閣之舉。假使無外患之交乘，則拿破崙三世名譽之隆在位之久正未可量也。

第十七章
西元一八四八年之革命
── 奧地利、德意志、義大利

第一節　梅特涅之失敗

西元一八四八年革命之主張較西元一七九三年之主張為廣　梅特涅聞法國有二月之革命，大懼。宣言「今日之歐洲無異西元一七九三年之第二」。然五十年來，歐洲已經過極大之變化。當西元一八四八年時，《人權宣言》中之原理早已風行一世。如民主政治也，出版自由也，法律平等也，廢除舊制也，皆當日新黨中人之主張也。加以自拿破崙時代以來，民族精神日興月盛頗足以激起反對舊制之情。而且自實業革命以來，大多數之人民皆現蠢動之象。為工人維護利益之著作家不一其人，在法國英國二國尤著。故在西元一八四八年時，人類權利之外並有民族權利及工人權利之爭矣。

西元一八四八年之革命遍及西歐各國　西部歐洲各國之新黨鑒於法國二月革命之成功無不躍躍欲試。其在英國則有憲章黨力爭選舉權之運動。至於瑞士則內亂方終，廢西元一八一四年之憲法另以新者代之。然西元一八四八年之擾亂除法國外首推德國，蓋受梅特涅之壓制已四十年矣。

奧地利國內種族之複雜　欲知西元一八四八年之革命，不能不先考奧

地利國內種族之組織如何。維也納以西至瑞士及巴伐利亞止為德國人所居之地。南部卡爾尼奧拉、施蒂里亞、卡林西亞及伊斯特里亞諸省類多斯拉夫種人。至於北部波希米亞與摩拉維亞諸省大都為捷克種人。與俄羅斯交界之處則有波蘭人。至於匈牙利王國之內除居於多瑙河流域之馬扎爾種人外，東南有羅馬尼亞人，西南有克羅埃西亞人。阿爾卑斯山外之倫巴底威尼托王國，則純屬義大利人。就中以奧地利之德國人，匈牙利之馬扎爾種人，波希米亞之捷克種人及倫巴底與威尼托之義大利人為最有勢力。

奧地利之政府 奧地利帝國之內皇帝統治於上，有任免官吏之權。立法、徵稅及國用均無須國民之同意。新聞紙、書籍、戲院、教員等無不受嚴密之監視，以防止新思想之輸入。無政府護照者不得有出國旅行之舉。故西部歐洲之思想無從輸入奧地利，而梅特涅嘗以奧地利各大學內無科學精神之發生為幸。貴族之享有特權依然如昔。教士之勢力宏大與舊日同。不奉舊教者不得充任政府中之官吏。

匈牙利之貴族 匈牙利王國之政權純在馬扎爾種貴族之手。雖有兩院制之國會，然上院為貴族之機關，而下院則為地主所占有。馬扎爾種人雖不及全國人數之半，然其力足以壓制克羅埃西亞人、羅馬尼亞人及斯洛伐克人而有餘。其時國內亦頗有開明之新黨。主張國會公開，國會議事錄之印刷，國會會期每年一次之規定，賦稅之平等，農民徭役之廢除等。

科蘇特 政府中人莫不盡力以壓抑新黨為能事。關於改革之演講錄不得印刷。並因新黨首領科蘇特（Kossuth）（西元一八〇二年至一八九四年）有傳抄演講稿之事逮捕而監禁之。科蘇特不久被釋，乃設報館於佩斯鼓吹匈牙利政治之改革及奧地利干涉之抵抗。力主廢止封建之特權，引用陪審之制度及修改苛虐之刑法等。倫巴底威尼托之義大利人亦不滿於當日之政府。奧地利在義大利方面之政權多操諸警察及法官之手，凡有主張義大利

第十七章　西元一八四八年之革命—奧地利、德意志、義大利

人之權利者無不任意逮捕而監禁之。關稅制度純在增加帝國之府庫，摧殘義大利之工業。國內要塞無不有奧地利之軍隊屯駐其中以為平亂之用。

維也納之三月革命　故法國二月革命之事起，德國、奧地利、匈牙利及義大利之人民莫不蠢動，以傾覆梅特涅之制度為目的。西元一八四八年三月十三日維也納城中之學生成群結隊以向地方議事廳而進，市民附和追隨者頗眾。人數既增，乃有填築壁壘實行巷戰之舉，與「梅特涅俱亡」之呼聲傳入宮內。梅特涅知革命之端既開，聲勢洶洶已不可復遏，乃有辭職之舉。遂遁走英國。威靈頓公歡迎之。梅特涅既遁，奧地利皇帝乃下令改組內閣，著手於憲法之編訂。

第二節　中部歐洲之革命

匈牙利之改革　維也納暴動後之二日，普雷斯堡之匈牙利國會遣代表赴奧地利京，要求皇帝實行責任內閣制，允許出版之自由，適用陪審之制度及提倡國民教育之普及。於是匈牙利國會受科蘇特之運動廢昔日奧地利皇帝所派之官吏，另設財政、陸軍、外交三部以代之。獨立之機益迫。同時並釋放佃奴不予地主以賠償。匈牙利王至是已無力壓制矣。

布拉格之暴動　三月十五日，布拉格城中之捷克人亦開國民大會，要求民法上之自由及佃奴制之廢止。舉行鄭重之聖餐禮後，乃送代表乘專車前赴維也納。奧地利皇帝向波希米亞代表用捷克語表示其允許之意，代表等大悅。蓋是時匈牙利及波希米亞之愛國志士並無傾覆帝室之意也。

義大利之三月革命　至於奧地利之在義大利素為義大利人士所痛恨。

梅特涅失敗之消息傳來，米蘭人遂逐奧地利軍隊於城外。不久倫巴底之大部已無奧地利軍隊之足跡。威尼斯人亦繼米蘭人之後起而重建共和國。米蘭人深知來日方長外患未已，乃求援於薩丁尼亞王卡洛·阿爾貝托（Carlo Alberto）。至三月中旬義大利半島之大部分無不紛紛暴動。那不勒斯、羅馬、托斯卡尼及皮埃蒙特諸國之君主亦相繼宣布立憲。薩丁尼亞王迫於清議，不得不驅逐奧地利人之領袖而為將來統一之初步。羅馬教宗庇護十世（Pius PP. X）及那不勒斯王均允出兵以爭得義大利之自由。義大利之獨立戰爭實始於此。

普魯士人之要求立憲　奧地利既有內憂又有外患，遂無力以壓制德國之諸邦。故巴登、符騰堡、巴伐利亞及撒克遜諸國同時均起暴動。巴黎二月革命之消息傳來，柏林大震，乃有舉代表謁王要求立憲之舉。三月十八日市民群集於王宮外，警察欲解散之，遂相衝突。叛黨亦仿巴黎市民之舉動，於街衢之上高築壁壘為戰守之備。腓特烈·威廉四世（Friedrich Wilhelm IV）雅不欲有秩序擾亂或革命流血之舉，乃允許召集議會以編訂憲法。

德國國民議會之召集及憲法之編訂　梅特涅既失勢，德國頗有改組同盟籌劃統一之希望。同盟公會被新黨之壓迫議決召集國民議會，以各邦民選之代表組織之。西元一八四八年五月十八日，開議會於法蘭克福城，著手於憲法之編訂。

第三節　波希米亞及匈牙利革命之失敗

三月革命之希望　當西元一八四八年三月下旬時，革命之前途似極有希望。匈牙利及波希米亞已得其欲得之權利。維也納之委員會又正在編訂

第十七章　西元一八四八年之革命—奧地利、德意志、義大利

奧地利各省之憲法。義大利半島中諸國之有憲法者已得其四。普魯士則有召集議會編訂憲法之允許。而德國全國又正有法蘭克福之議會實行修訂憲法之舉。

新黨之分裂利於舊黨之恢復勢力　然改革事業雖似勝利，而其困難亦日甚一日。蓋各國中之新黨莫不四分五裂，致與舊黨以恢復舊日勢力之機也。

波希米亞之德人與捷克種人意見之不同　舊黨之勝利實始於波希米亞有種族之爭，卒致奧地利皇帝有恢復勢力之日。捷克人本仇視德國人，而德國人又懼捷克人一旦自由將有壓制德國人之舉動。故德國人極不願波希米亞之離奧地利而獨立，蓋若輩之保護者乃維也納之政府，而非捷克種之同胞也。波希米亞之德國人並欲遣代表赴法蘭克福之憲法會議，冀列於德國同盟諸邦之林。

斯拉夫公會不能用德語　至於捷克種人方面，則頗欲破壞德國人之聯合運動。乃有召集奧地利帝國內斯拉夫種人開聯合斯拉夫公會之舉。西元一八四八年六月初旬開公會於布拉格。凡北部之捷克種人、摩拉維亞人及魯特尼亞人，南部之塞爾維亞人及克羅埃西亞人皆舉代表赴會。不幸各種方言相去甚遠，不得已而用法國文，代表中仍多不諳者乃卒用德國文。

溫迪施格雷茨平定波希米亞之叛　公會雖開會多日毫無成績。當六月十二日公會將解散之際，忽有學生及工人高唱波希米亞歌，並謾罵奧地利駐在布拉格之將軍溫迪施格雷茨（Windisch-Graetz），因其態度甚為傲慢也。遂與兵士衝突而有巷戰之舉，隨有人攻將軍之住室。六月十七日奧地利軍用炮攻布拉格城，房屋燒毀無算。次日宣布革命之平定，此為奧地利戰勝叛黨之第一次。

溫迪施格雷茨攻陷維也納 其在維也納形勢愈惡。皇帝於五月十八日懼而遁走因斯布魯克，叛黨乃建設臨時政府召集議會以編訂憲法，然一無所成。同時秩序之擾亂益甚。帝國政府已無能力。溫迪施格雷茨乃宣布其直搗維也納之意。皇帝允之。維也納人死力守城，卒因不敵而敗。溫迪施格雷茨以炮攻之，於十月三十一日入其城，市民被殺者無算。

法蘭茲‧約瑟夫入即帝位 奧地利皇帝乃改組內閣任施瓦岑貝格（Schwarzenberg）為總理，其保守專制與梅特涅無異。逼皇帝斐迪南退職，傳其位於其姪法蘭茲‧約瑟夫（Franz Josef I）。

馬扎爾種人與斯拉夫種人之不和 當梅特涅失敗之初，奧地利皇帝本無反對匈牙利要求之能力，而匈牙利幾達於完全獨立之境。然民族主義漸普及於匈牙利王國中之他種人。匈牙利、奧地利、土耳其三國中之斯拉夫種人久有聯合建國於南方之意。當馬扎爾種人強欲克羅埃西亞人應用匈牙利語言時，克羅埃西亞人之領袖曾言：「爾輩馬扎爾人不過斯拉夫洋中之一島而已。毋使大浪忽興，將爾輩淹沒。」故克羅埃西亞人與塞爾維亞人大都與維也納政府交好，以備與匈牙利戰。

奧地利平定匈牙利之叛 奧地利皇帝至是一反昔日因循之舊，於十月三日下令宣布解散匈牙利之國會，並宣告國會之議案為無效。十二月，溫迪施格雷茨率兵入匈牙利，次年一月五日入佩斯城。然匈牙利人又為科蘇特所激起，群起叛亂。於西元一八四九年四月十九日宣布完全永久與維也納政府分離。不意俄羅斯皇帝忽有援助奧地利之舉。俄羅斯軍隊十五萬人自東來攻，匈牙利力薄不能支，八月中休戰。奧地利大懲叛黨。叛黨之被殺被拘者數以千計。科蘇特輩多遁往英國及北美洲合眾國。古代之匈牙利王國至是幾夷為奧地利之郡縣。然此後不二十年間，匈牙利卒得其欲得之獨立。歐洲大戰以後完全與奧地利分離矣。

第十七章　西元一八四八年之革命—奧地利、德意志、義大利

第四節　奧地利恢復義大利之勢力

義大利人之失敗　奧地利恢復義大利之勢力，其成功與在匈牙利同。義大利人始終不能逐奧地利軍隊於國外。其時奧地利軍為名將拉德玆基（Radetzky）所統率，駐於曼圖亞附近，有四大要塞保護之。薩丁尼亞王阿爾貝托除少數志願軍外不得其餘諸國之援助。奧地利之最好同盟莫過於義大利諸國之袖手。羅馬教宗庇護九世（Pius PP. IX）宣言彼之任務在於維持國際之和平，而奧地利又為維護羅馬舊教之至友，故不願傷至友之情而破和平之局。那不勒斯王亦有召回軍隊之舉。七月二十五日阿爾貝托為奧地利軍戰敗於庫斯圖薩地方。不得已與奧地利訂休戰之約，撤其軍隊於倫巴底之外。

義大利共和黨之政策　然義大利之共和黨人並不因此而喪氣。佛羅倫斯亦繼威尼斯之後宣布共和。至於羅馬則主張革新之洛西於十一月間被人暗殺而死，教宗遁走那不勒斯。革命黨人乃召集憲法議會，於西元一八四九年二月間因聽馬志尼（Mazzini）之言宣布廢止教宗之政權，建設羅馬共和國。

奧地利再敗薩丁尼亞軍　當義大利各處多事之日，正皮埃蒙特與奧地利休戰條約終止之期。西元一八四九年三月兩國之戰端再啟。先後不過五日而已，奧地利軍隊復大敗薩丁尼亞軍於諾瓦拉，時三月二十三日也。義大利獨立之希望至是乃絕。阿爾貝托退職，傳其位於其子伊曼紐二世（Vittorio Emanuele II），即他日改薩丁尼亞王之稱號為義大利王之人也。

奧地利在義大利勢力之恢復　奧地利乘戰勝之餘威向南而下以恢復昔日之舊制。新建之共和國乃行消滅。羅馬、托斯卡尼及威尼斯均恢復其原

狀。半島中諸邦之憲法除皮埃蒙特外無不一掃而空。至於皮埃蒙特之伊曼紐二世不但保其父所傳之代議制，而且廣聘新黨之名人為他日率領諸國驅逐奧地利人之預備。

第五節　西元一八四八年德國革命之結果

德國聯合之範圍問題　至於德國奧地利亦因其有內亂而得收漁人之利。西元一八四八年五月十八日國民議會開會於法蘭克福，以議員約六百人組織之，遂著手於憲法之編定。然將來新國之境界為何？西元一八一五年之同盟並不包有全部普魯士之德國人，而實包有奧地利西部之異種。普魯士之領土使之全人於新國之中固屬易事。而奧地利則何如？不得已決定凡西元一八一五年奧地利領土之附屬同盟者，仍允其依舊。因此建設統一之國家勢有所不能。蓋新國中普魯士與奧地利兩雄並立，又誰願甘居人下者？故所謂統一之新國猶是昔日複雜散漫之舊。

法蘭克福議會之失策　法蘭克福議會之措置不當益增統一上之困難。不急著手於新政府之組織，坐費數月之光陰於規定公民權利之上。迨憲法將告成功之日，正奧地利勢力恢復之秋。保守精神於以復盛。遂連繫南部德國諸邦合力以反對新政。

議會之失敗及其解散　雖有奧地利之反對，然議會所編之憲法卒告成功。規定國中應有世襲皇帝一人，請普魯士王任之。腓特烈・威廉四世本主張新政者，因有柏林之暴動遂一變其政策。而且彼本膽怯之人心存保守。既恨革命之舉動，又疑議會究竟有無率上尊號之權。加以彼向重視奧地利，誠恐一旦稱帝，有傷奧地利之感情，萬一宣戰實甚危險。故於西元

第十七章　西元一八四八年之革命──奧地利、德意志、義大利

一八四九年四月不允稱帝，並憲法而否認之。國民議會之一年事業至此毫無結果，代表遂星散。奧地利力主恢復舊日之公會，德國乃再返於舊日四分五裂之域中。

普魯士之立憲　西元一八四八年之革命雖無結果之可言，獨普魯士有宣布憲法之舉，於德國之將來頗有關係。法國革命之傳入柏林及普魯士王之允許立憲前已述及。是年五月憲法會議開會於柏林，提議廢止貴族及刪除國王稱號上「天命」二字。同時城中工人蠢蠢欲動，於六月十四日圍攻兵工廠。普魯士王大懼，退居波茨坦。乃令會議移往布蘭登堡。會議中人不允，遂被解散。西元一八四九年普魯士王另編憲法，再慎選憲法會議以討論之，於西元一八五〇年一月頒布。他日雖稍有修改，然為普魯士之國憲者垂六十餘年，至歐洲大戰告終時方廢。

新黨之失望　普魯士新黨之希望民主政體者至是無不失望。雖有內閣而其責任則對於君主負之。國會採二院制：曰貴族院，以親王、貴族、國王特任之終身貴族、大學校代表及巨城之知事等組織之，曰代表院。

普魯士之選舉制　下院議員之選舉採複選制。凡年在二十五歲之公民皆有選舉之權。以初選當選之人選舉國會之議員。然根據其憲法之規定，則選舉中富民之勢力特巨。凡納稅較多之人其數目達國稅總數三分之一者，共得選出初選當選人三分之一，第二等納稅得總數三分之一者亦如之。至於多數貧民年納之稅為數甚微，且其人數較眾，然亦僅得選出初選當選人三分之一。故偶有富人年或納稅達總數三分之一者，則其一人之選舉權竟可與該處全部貧民相等也。

第四卷　自維也納會議至普法戰爭

第十八章
義大利之統一

第一節　統一義大利之計畫

西元一八五〇年之義大利　義大利新黨驅逐奧地利人及建設立憲政府諸舉無不失敗。自諾瓦拉戰後義大利之政情幾有恢復舊狀之險。那不勒斯王既不實踐其立憲之言，且有懲罰革命黨之舉。羅馬教宗因得法國、奧地利、西班牙及那不勒斯之援助，竟能覆滅羅馬共和國。至於北部義大利、奧地利之勢力依然存在。摩德納、帕爾馬及托斯卡尼諸邦之元首無不仰奧地利之鼻息以望其保護。然革命黨人之逃亡在外者仍日以驅逐奧地利及統一義大利為職志。

新黨意見之紛歧　然自拿破崙一世失敗以來，義大利之新黨對於統一之目的雖同，而對於方法之意見則異。共和黨人則深惡君主政體而渴望共和。又有主張擁戴羅馬教宗為統一半島之元首者。此外又有希望薩丁尼亞王為解放義大利之領袖者。西元一八四八年之革命完全失敗，而薩丁尼亞之君主年富力強，並允立憲。

馬志尼　共和黨中之著名領袖首推馬志尼（西元一八〇五年至一八七二年）。有識而多才，自幼即醉心於革命。不久入燒炭黨，於西元一八三〇年為警察所逮，拘於熱那亞之西薩沃納炮壘中。然仍能用密碼與他處革命黨通聲氣。

少年義大利　馬志尼鑒於燒炭黨之無用，乃組織新黨曰少年義大利，以養成義大利青年之共和思想為目的。馬志尼以為君主及外援皆不可恃。主張建設統一共和國，蓋恐聯邦之制形勢散漫，有強鄰入逼之虞也。然馬志尼雖能激起人民愛國之熱忱，而乏實行之能力。同時志士之中亦頗有主張擁戴羅馬教宗為聯邦之首領者。

維多‧伊曼紐之開明　然義大利之將來既不繫於共和黨，亦不繫於教宗黨，而實屬於薩丁尼亞王。義大利之獨立必自驅逐奧地利人於國外始，而驅逐奧地利人之事唯彼優為之。故志士之具有實行能力者無不傾心於彼之一身。蓋自西元一八四八年以來唯彼能與奧地利對壘，亦唯彼能熱心於立憲政治也。皮埃蒙特之有憲法雖始於西元一八四八年當其父在位之日，然彼能不顧奧地利之要求，一意以維持憲法為事。

加富爾　維多‧伊曼紐二世頗有知人之明，即位之後即任加富爾（Cavour）（西元一八〇一年至一八六一年）以國家大事。加富爾主張立憲及統一甚力，固近世有名政治家之一也。然彼以為欲謀義大利之統一非藉外力之援助不可，蓋薩丁尼亞之壤地褊小國力太微也。人口不過五百萬，國內分為四區，各區又復互相猜忌。若無他國之援助，必難望統一之成功。而諸國中彼以為法國最為可恃。嘗曰：「無論吾人之好惡如何，吾人之將來實有賴於法國；遲早之間歐洲必有運動會，而吾人必當為法國之伴侶。」

第二節　法國皇帝拿破崙三世與義大利

薩丁尼亞加入克里米亞戰爭　不久薩丁尼亞即得與法國同盟之機會。西元一八五四年英國、法國二國與俄羅斯有克里米亞戰爭。次年加富爾與

第十八章　義大利之統一

法國訂攻守同盟之約，遣兵赴克里米亞以援助之。至西元一八五六年巴黎開和平會議時，薩丁尼亞遂得列席之機會。加富爾力言奧地利之占有北部義大利實有擾亂歐洲和平之虞，並要求法國皇帝拿破崙三世援助義大利之獨立。蓋法國皇帝昔日曾表同情於燒炭黨者也。

拿破崙三世之地位及政策　拿破崙三世之所以干涉義大利尚有他種原因。彼與拿破崙一世同，得位不正。彼知門閥名譽不甚足恃。欲得民心非為國立功不可。一旦援助同種之義大利人以與奧地利戰，必能博得國民之同情。法國並或可因此而擴充領土，而為義大利聯邦之保護者。故拿破崙三世與加富爾遂有密商之舉。所議何事雖不可知，然一旦義大利有與奧地利戰爭之舉，法國必允援助無疑。假使奧地利被逐於北部義大利之外，則薩丁尼亞即允割讓薩沃伊及尼斯二地於法國。

馬詹塔及索爾弗利諾之勝利　西元一八五九年四月維多‧伊曼紐二世與奧地利宣戰。法國軍隊來援，敗奧地利軍隊於馬詹塔。六月八日拿破崙三世與維多‧伊曼紐二世並駕入米蘭城，人民之歡聲雷動也。六月二十四日奧地利軍又敗於索爾弗利諾。

拿破崙三世忽允停戰　不久拿破崙三世忽與奧地利訂休戰之約，留威尼托之地於奧地利之手。歐洲各國聞之無不驚異。實則法國皇帝目睹戰場之慘酷不欲久戰。而且彼以為欲驅盡奧地利之軍隊非有兵士三十萬不可。加之鑒於義大利諸邦對於皮埃蒙特無不表示其熱忱，一旦驟成強國，將為法國之大患。故僅以倫巴底、帕爾馬及摩德納諸地與皮埃蒙特，使義大利之統一不能完成。然至是彼雖見到義大利將有絕大變化，而其力已不足以阻止之。變化維何？即建設統一之國家是也。

義大利諸邦之合併於薩丁尼亞　西元一八五九年八九月之際帕爾馬、摩德納及托斯卡尼三地之人民宣言永逐其元首以與薩丁尼亞合併。亞平寧

山以北之教宗領土曰羅馬尼亞者，亦有開會宣言脫離教宗而加入薩丁尼亞之舉。諸邦間之稅界一律廢止。引用薩丁尼亞之憲法，並交郵政管理權於薩丁尼亞官吏之手。此種國民運動實開義大利統一之局。

加里波底 南部義大利之那不勒斯王既不願與薩丁尼亞聯盟，又不欲實行立憲。其時有加里波底（Garibaldi）者（西元一八〇七年至一八八二年）極仰慕馬志尼之為人，決意以武力強迫南部義大利及西西里與薩丁尼亞合併。彼於西元一八六〇年五月率「紅衣」志士一千人，由熱那亞渡海向西西里而進，敗那不勒斯之軍隊，遂以維多‧伊曼紐二世之名義占據該島。不久渡海登義大利半島，與那不勒斯軍隊稍有衝突。九月六日進那不勒斯城。

拿破崙三世之干涉 加里波底意欲向羅馬城而進。拿破崙三世大恐，蓋法國人民多奉舊教，雅不願羅馬教宗之失勢也。彼允維多‧伊曼紐二世可以占有北部之教宗領土，唯加里波底不得以武力久占那不勒斯，應另設永固之政府以代之。至於羅馬城及其附郭一帶則應仍屬教宗。十月間維多‧伊曼紐二世遂南向占據那不勒斯。那不勒斯王納款求和，南部之地遂併入於義大利王國。

義大利國會之開會 西元一八六一年二月義大利國會開第一次會議於杜林，遂著手於新國之合併。義大利人既實現其統一與獨立之希望莫不欣然色喜。然奧地利之勢力猶在，羅馬教宗之負固依然，未免美中不足耳。

第十八章　義大利之統一

第三節　西元一八六一年後之義大利王國

教宗對於新國之態度　義大利之統一事業雖未告成功，而愛國之人並不因此而失望。新義大利王國國會第一次開會時，加富爾力主恢復「永久之城及亞得里亞海之後」。同時羅馬教宗庇護九世亦下令逐薩丁尼亞王及其大臣於教會之外。並宣言憲法為革命之產物，當視為瘋犬，應隨地擊斃之。拿破崙三世受舊教徒之壓迫，遣兵入駐羅馬城以保護教宗為宗旨。

威尼托之加入　然不久薩丁尼亞忽得一種意外之援助。西元一八六六年之春，普魯士與奧地利間戰爭之機甚迫。普魯士因欲得義大利之援助，乃於四月間與維多・伊曼紐二世締結條約。七月間戰事開始，義大利人與普魯士人遂合攻奧地利。義大利之軍隊於庫斯圖薩地方為奧地利所敗，然普魯士竟敗奧地利軍於薩多瓦。奧地利乃允割讓威尼托於拿破崙三世，唯以交還該地於義大利為條件。義大利人本欲並奪特利騰及的里雅斯德諸地於奧地利。嗣因海軍失敗故不得志。

羅馬城之被據　西元一八七〇年普魯士與法國宣戰。法國軍隊之駐於羅馬城中者均撤歸。維多・伊曼紐二世遂乘機要求教宗庇護九世應與義大利王國協商一切。教宗不允，義大利軍隊遂入占羅馬城。教宗退居梵蒂岡宮中，自稱義大利政府之囚犯。然城中居民頗表示歡迎義大利之意。羅馬城及教宗領土以十三萬票之多數，於西元一八七一年一月合併於義大利，反對者僅一千五百票而已。

羅馬為新國之都城　至是義大利統一之功完全告竣。西元一八七一年維多・伊曼紐二世向國會宣言曰：「吾輩將來之責任在於使吾國強大而快樂。」新國之都城西元一八六五年自杜林遷至佛羅倫斯，至西元一八七一

235

年乃移入羅馬。新主宣言曰：「吾人竟入羅馬矣，吾輩將永留此地也。」薩丁尼亞之憲法遂為義大利王國之憲法。

教宗之地位　羅馬教宗與新政府之關係如何極其難定。西元一八七一年五月義大利政府宣言教宗享有宗教職務上之完全自由，規定其身體為神聖不可侵犯。教宗仍得享君主之尊榮，得與外國往來遣使。在其領土範圍內與獨立君主無異。義大利官吏不得因公事入內。義大利政府並年給教宗優待費銀幣一百二十萬元，賠償其領土之喪失。然當時教宗不但不受此種年金，而且不願承認義大利之政府，而以罪囚自待。直到一九二九年方與義大利政府復交，蓋絕交已達六十年矣。

義大利為歐洲之強國　義大利因欲維持其新國之尊嚴，頗費鉅款以擴充其海陸軍。製造新式戰艦，實行徵兵制度，仿普魯士之徵兵制以改組陸軍。海陸軍之費用因之加倍。國帑日益不敷。當西元一八八七年時不敷之款已達銀幣一億六千六百萬元。

義大利加入三國同盟　然義大利之政府仍日以擴充殖民地為事。中隔地中海與義大利遙遙相對之地為古代之迦太基即今日之突尼西亞，義大利必欲得之以為快。不意於西元一八八二年先為法國所占據。義大利憾之，德國宰相俾斯麥遂利用機會令義大利加入德國與奧地利匈牙利之同盟，即他日著名之三國同盟也。至一九一四年方解散。

義大利在非洲之殖民政策　義大利占據北部非洲之計畫既完全失敗，乃移其注意於與紅海口相近之衣索比亞地方。西元一八八七年遣軍隊渡海而往。嗣後戰事遷延至十五年之久方克服之。他日義大利並有與土耳其爭奪北部非洲之黎波里之舉，後再詳述。

義大利之政黨　今日之義大利頗不能維持昔日加富爾及維多·伊曼紐

第十八章　義大利之統一

二世輩之本意。因欲勉為歐洲之強國，不惜歲耗巨費以擴張軍備而殖民海外。賦稅之負擔日重，人民之痛苦不堪。昔日各地愛國之精神遂一變而為利己之心理。蓋義大利各部之利害原來本不一致也。共和黨人仍以反對王政為事。社會主義亦已深入工人之腦中。此外尚有主張維護教宗政權者。凡此皆新政府之勁敵也。

義大利之進步　義大利之國情雖不甚佳，然三十年來之進步實足驚人。實業發達一日千里。至今人民之從事工商業者已達三分之一以上。絲、棉、毛貨之輸出外國者為數日增。

教育之進步　義大利之人民頗以不識字為各國所詬病，故其政府有改良學校之計畫。然共和黨及社會黨人均尚心懷不滿之意。以為不識字之人數雖已大為減少——西元一八六二年不識字者約百分之七十三，一九〇一年約百分之五十二——然國家每年之軍費竟六、七倍於教育費，實屬國家之奇恥。

重稅　若以其財富為比例，則義大利實歐洲負債最巨徵稅最重之國家。國民須納地稅、所得稅、房稅、遺產稅、印花稅、統捐及關稅等。此外菸、彩券、鹽及桂寧等無不由政府專賣。稅則規定未得其平。以工人及農民所負擔者為最重，故國家之收入半出自貧苦之人民。而且最重之稅往往加諸日用必需品之上，如鹽及穀類是也。偶遇水旱，則人民每因乏糧而叛亂。至於食鹽則每二百二十磅徵稅銀十六元，而其成本實不過值銀六角而已。據西元一八九八年某經濟家之計算，佛羅倫斯之工人年納其收入四分之一於地方及中央政府，而英國之工人則尚不及二十分之一。然讀史者須知義大利在未曾統一以前稅重而政苛。統一以後賦稅雖不能減輕，而公共事業之進步亦正不小也。

亨伯特之被刺 維多・伊曼紐二世於西元一八七八年卒。其子翁貝托一世（Umberto I）即位。為人雖勇敢而且忠於憲法，然無實行改革之能力。一九〇〇年七月二十九日為叛黨所刺而卒。其子維多・伊曼紐三世（Vittorio Emanuele III）繼之，仍以繼續其父之政策為事。

義大利之移民 國民之不滿意於政府依然如昔。自翁貝托一世被刺後人民之移出國外者接踵而起。西元一八八八年人民出國者計十一萬九千人；至一九〇〇年增至三十五萬二千人；至一九〇一年竟達五十餘萬人。義大利領土之在非洲者類皆窮鄉僻壤，故義大利人之移出國外者多赴巴西、阿根廷、烏拉圭及巴拉圭諸國。其赴北美洲合眾國者亦以千萬計。一九一〇年回國者不下十四萬七千人。移出國外之人數雖多，然終不足以蘇國內人民之困苦。當一九〇五年時國內社會黨之勢力極其強盛，故教宗庇護十世通令舊教徒參加選舉以資抵抗。蓋舊教徒自來本不許參加選舉者也。然亦有以為社會黨之發生頗足以激起保守黨之實行改革云。

第十九章
德意志帝國之成立
及奧地利、匈牙利之聯合

第一節　普魯士為德國之領袖

德意志之實業革命　西元一八四八年法蘭克福公會中之維新黨人本有統一德國之計畫，而終歸失敗。推求其故蓋在德國諸邦之君主負固自守，互不相下。然是時德國之工商業日興月盛，統一之基潛伏於此。西元一八三五年始築鐵道，運輸之業於以大盛。敷設電線交通益便，製造品日有增加，推廣市場遂不能僅以本國之界線為限。故德國在政治上雖非統一之邦，而統一之基則造端於實業革命時也。

國土分裂之影響於商業上者　自西元一八一五年後德國之政治家及工商界中人無不曉然於國土分裂之為害。三十八邦並立國中，彼界此疆儼同敵國。至其有礙於商業之發達則一覽當日德國之地圖即可知其梗概。自富爾達至阿爾滕堡相去不過百二十英里，而經過之邦凡九，界線凡三十四。當西元一八一九年時有商會曾向同盟國會訴商業上之困苦，謂自漢堡至奧地利或自柏林至瑞士必經過十邦，熟悉關稅制度十種，納稅十類。

關稅同盟　西元一八三四年一月德國國內十七邦有組織「關稅同盟」之舉。各邦稅線一律廢除，商民得往返自由而無阻。十七邦之周圍有公同

界線以與同盟以外諸邦隔絕。奧地利始雖躊躇，終不加入。其他諸邦則因利害切身故均先後入盟。

威廉一世之即位 普魯士既為關稅同盟之中堅，國力遂漸形濃厚，伏他日戰勝奧地利之機。西元一八五八年威廉一世（Wilhelm I）之即位實為普魯士開一新紀元。王為人沉毅有為。即位之始即以排除奧地利於同盟之外，合其餘諸邦而建設一強而有力之國家為己任。彼以普魯士與奧地利之戰勢所難免，故一意於軍備之整頓。

普魯士之軍隊 德國陸軍強甲天下，而實始於威廉一世之改革。五十年以前當法國皇帝拿破崙一世征服德國時代，普魯士名將沙恩霍斯特（Scharnhorst）始創強迫全國國民從軍之徵兵制為驅逐法國人之備。凡國中男子身體強健無疾病者均須入常備軍受訓練。乃退伍而為備份兵以備國家之用。及威廉一世即位，將每年徵兵之數自四萬人增至六萬人，而訓練之期以三年為限。限滿之後乃退伍而為備份兵者二年。威廉一世頗欲增加備份之年為四。蓋如是則國家可得國民從軍之義務七年，一旦有事則軍隊之數可達四十萬人也。此事因普魯士國會下議院不願供給軍費幾有中止之勢。

俾斯麥之統一政策 然普魯士王竟一意實行其計畫。至西元一八六二年並任現代著名政治家俾斯麥（Bismarck）為相。俾斯麥極忠於普魯士，精明強悍。其政策在於以普魯士之精神貫注於德國諸邦。深信君權神授之說，極不喜代議之制。對於自由思想多所藐視。彼以為欲達目的非用武力不為功，蓋彼實普魯士軍閥之中堅也。俾斯麥既欲實行其計畫遂有三大戰爭。至一九一四年之歐洲大戰世界沸騰，皆俾斯麥政策之遺響也。

俾斯麥成功之要著有四 俾斯麥以為欲使普魯士雄霸歐洲其要著有

第十九章　德意志帝國之成立及奧地利、匈牙利之聯合

四：（一）普魯士須有強而有力之陸軍。（二）奧地利非驅出德國範圍之外不可。（三）普魯士之國土必須增加，必須鞏固。凡介於普魯士領土間之小邦均應併吞之。（四）德國南部諸邦向不喜普魯士之所為，非誘之北附不可。統一德國之業似屬無望，蓋自中古鄂圖一世以來無一能成功者。不意俾斯麥竟能於十年之間成就之，其才力之偉大可想而知焉。

俾斯麥壓制普魯士國會　俾斯麥所遇之阻力第一即為普魯士下議院之反對增加軍費以擴充陸軍。俾斯麥遂不顧下院之反對及輿論之非議一意實行其計畫。其意以為上下兩院既有相持不下之勢，而憲法上又無規定解決之明文，則普魯士王當然可以行使其舊有專制之特權。彼曾向國會言曰：「現在之種種大問題斷非演說或多數議決所能解決，吾人所需者唯有血與鐵耳。」其時普魯士之政府抑若回返昔日專制之舊。迨俾斯麥之「血鐵」政策成功以後德國人竟多以目的既達何擇方法恕之。

什勒斯維希——霍爾斯坦事件　不數年間普魯士之軍力驟然增長，已有戰勝其世仇之望。俾斯麥既欲逐奧地利於德國同盟之外，乃利用什勒斯維希——霍爾斯坦事件以實現其計畫。什勒斯維希、霍爾斯坦兩地中之居民雖多係德國種而附屬於丹麥，然與丹麥之關係不甚密切。西元一八四七年丹麥王宣言將兩省合併於丹麥王國。德國人聞之莫不憤怒。至西元一八六三年丹麥竟合併什勒斯維希。

俾斯麥之計畫　俾斯麥以為欲解除此事之紛糾莫過於將此兩省奪為己有。同時並可得對奧地利宣戰之機會，彼先邀奧地利協同普魯士籌商解決之法。丹麥王絕無讓步之意。普魯士、奧地利兩國遂於西元一八六四年二月向丹麥宣戰。丹麥以弱小之邦而與兩大國戰，故不數月而敗，遂割兩省之地於兩國以和。至於兩省領土之處置一聽兩國自決。俾斯麥實不願兩省處置之適當，蓋彼本欲藉端以傷奧地利之感情，同時並可占有兩省之地

也。乃於霍爾斯坦境內沿波羅的海濱之基爾地方修築軍港為屯駐普魯士海軍之用。奧地利以其食言也遂大憤。

第二節　西元一八六六年之戰爭及北部德國聯邦之組織

德國同盟之解散　西元一八六六年四月俾斯麥與義大利約，謂三月之內如普魯士與奧地利宣戰，則義大利亦當出兵相助以獲得威尼托之地為目的。普魯士與奧地利之感情日趨惡劣。西元一八六六年六月奧地利使公會下令召集同盟之軍隊以與普魯士戰，普魯士議員遂宣言同盟之解散。

普魯士之宣戰　六月十四日普魯士、奧地利兩國均有宣戰之舉。當時德國諸邦除梅梅克倫堡及北部德國諸小邦外，莫不助奧地利以攻普魯士。俾斯麥急提出要求於北部德國諸大邦——漢諾威、撒克遜及厄斯加塞爾——令其與普魯士一致。諸國不允，普魯士軍隊遂入侵其境。

薩多瓦之戰　普魯士之軍隊訓練有年，征略北部德國勢如破竹。七月三日大敗奧地利軍隊於薩多瓦。三週之後奧地利不復成軍。普魯士遂霸。

北部德國聯邦　普魯士深知美茵河以南諸邦尚未有與北部德國諸邦聯合之意。故僅合美茵河以北諸邦而組織北部德國聯邦。普魯士並乘機擴充領土，凡北部德國諸邦之曾反抗普魯士者除撒克遜以外無不據為己有。如漢諾威、厄斯加塞爾、拿騷、法蘭克福自由城及什勒斯維希與霍爾斯坦兩國均入屬於普魯士。

組織之要件　普魯士之領土既大加擴充，乃召集諸國籌商制憲之方

第十九章　德意志帝國之成立及奧地利、匈牙利之聯合

法。普魯士所抱之目的有三：（第一）凡普魯士治下之人民不問屬於何邦均應予以參政之機會，則國會尚矣；（第二）普魯士之霸主地位須始終維持；而（第三）同時各邦君主之尊嚴又不能不顧及。乃決定以普魯士王為聯邦之「總統」。設聯邦議會為行政機關。在聯邦會議中各邦君主及三自由城——漢堡、布萊梅及呂北克——至少各有一表決權，以明示其不隸屬於普魯士之意。以為北部德國聯邦之統治者實為聯邦諸國之全體，而非普魯士王也。實則會議中之表決權數共四十三，而普魯士竟得其十七。而且同時並可望他邦之援助。至於憲法之編訂非常周密，故他日南部德國諸邦——巴伐利亞、符騰堡、巴登及南厄斯——加入聯邦時已無更張之必要。

第三節　法國與普魯士之戰爭及德意志帝國之建設

拿破崙三世之外交政策　西元一八六六年普魯士驟敗奧地利，法國皇帝拿破崙三世聞之大為不愜。法國皇帝本甚願戰事之延長使普魯士與奧地利成兩敗俱傷之局，法國乃得以從容而收漁人之利。此次戰事驟然中止，彼已為之嗒然；加以國內新黨中人又有要求改革之舉，應付之術已窮。而同時經營墨西哥之事又復失敗。政府威信掃地無餘。其時荷蘭王本有售盧森堡公國於法國之意，卒因普魯士之反對而止，法國皇帝益憤。其他在兩國國交上，法國皇帝亦自愧不敵俾斯麥手腕之靈敏。巴黎與柏林兩地之新聞紙上時有兩國戰禍勢所難免之言；兩國人心亦因之而大為搖動。法國人既抱「復薩多瓦之仇」之意，德國亦存報復「世仇」之心。

西班牙王位承繼問題　是時適有西班牙王位承繼問題之發生。西班牙自西元一八六八年女王伊莎貝拉（Isabel II）被逐以後王位空虛。西班

國會開會討論承繼之人物。卒議決迎立普魯士王威廉一世同族之利奧波德（Leopold）入承大統。法國人大不悅，以為此事如果實行則西班牙、普魯士兩國將與合併無異。法國之外交部大臣宣言此舉無異於查理五世帝國之重建。實則西班牙人多不願迎立利奧波德或義大利王太子亞馬丟斯（Amadeus）為王。若輩所願者在於女王太子阿方索（Alfonso XII）其人也。

法國當日之態度 然法國與普魯士之武人莫不欲乘機而思一逞。西元一八七〇年六月利奧波德得普魯士王之同意竟允入繼西班牙之大統。嗣因法國政府之抗議遂不果行。此事原可就此結束。不意法國猶以為未滿，要求普魯士王擔保不再重提此事。普魯士王不允。俾斯麥故將普魯士王之言斷章取義遍載柏林諸日報上，使讀者誤認法國大使有侮辱普魯士王之舉。全國大譁。西元一八七〇年七月十九日法國遂與普魯士宣戰。

法國之失敗 法國政府中人之宣戰也曾有「無足重輕」之言，不久即自知其輕舉妄動之失策。法國皇帝之意以為一旦戰勝普魯士，則南部德國諸邦如巴伐利亞、符騰堡及巴登諸國皆將聞風興起援助法國。不意法國軍隊始終無戰勝普魯士之能力，而南部德國諸邦亦且與北部德國諸邦合力來攻。加以法國之軍隊兵甲不利，統率無人。德國軍隊渡萊茵河，不數日而法國軍隊敗退。在梅斯附近血戰數次，而法國之一師軍隊被困城中。不二月而有色當之戰。西元一八七〇年九月一日德國人又俘法國軍一師並獲法國皇帝。

巴黎之被圍及戰事之終了 德國人遂長驅直入圍困巴黎。法國皇帝拿破崙三世至是信用全失。法國人遂宣布帝國之廢止及第三次共和之成立。新政府雖有抵禦之意而力不從心。西元一八七一年一月二十八日巴黎納降，並與德國訂停戰之約。

德國之要求 當兩國議訂和約之時德國傲慢特甚，卒至鑄成大錯伏他

第十九章　德意志帝國之成立及奧地利、匈牙利之聯合

年大戰之根。當普魯士與奧地利戰爭終止時，俾斯麥之對待奧地利一以寬大為主。而對於法國其政策獨異。德國人之意頗欲於戰勝之餘獲得實益以永誌其復仇之舉。乃強法國人割讓亞爾薩斯及東北部洛林之地。使法國之領土與德國之萊茵河隔絕，而以佛日山頂為兩國之界。亞爾薩斯居民雖多用德國語，且該地自昔即為神聖羅馬帝國之領土；然均以亞爾薩斯為法國之領地不願入附於德國，因之遷入法國者頗不乏人。

此外德國人並要求法國人納極巨之賠款──二千兆元──德國軍隊須俟賠款還清後，方允退出法國之境。法國人恥之，盡力籌款以速敵軍之退出。德國、法國仇恨之日深實始於此。一方法國人抱報復之心，一方德國人有懷疑之態，兩國成仇不可復解。一九一四年之戰禍實伏於此。亞爾薩斯、洛林之爭執實為歐洲大戰原因之一云。

德意志帝國之宣布成立　普魯士既戰敗法國，俾斯麥建設德意志帝國之希望於是成功。南部德國諸邦──巴伐利亞、符騰堡及巴登──亦相率加入北部德國聯邦之中。各邦協商之結果乃將北部德國聯邦易名為德意志帝國，而擁同盟「總統」為「德意志皇帝」。威廉一世遂於西元一八七一年一月十八日在法國凡爾賽宮中上皇帝之尊號。當時歐洲美洲各國固多表同情於德國也。

第四節　西元一八六六年後之奧地利、匈牙利

西元一八六六年奧地利之問題　奧地利自被普魯士戰敗以後離德國而自立。乃盡力於與匈牙利及國內諸異種之調和，一面並謀所以應付新黨要求立憲之政策。

奧地利、匈牙利王國之建設 當西元一八六一年時奧地利曾有統一國土建設帝國之舉。設國會於維也納。嗣因匈牙利人、波希米亞人、波蘭人、克羅埃西亞人等相率退出於國會，事遂中止。西元一八六六年奧地利既為普魯士所敗，奧地利帝國與匈牙利王國之關係遂根據於一種協約而決定。奧地利皇帝法蘭茲・約瑟夫自認為兩獨立國之元首：（一）奧地利帝國包有十七省——即上奧地利、下奧地利、波希米亞、摩拉維亞、卡林西亞、卡爾尼奧拉等地。（二）匈牙利王國，包有克羅埃西亞及斯拉沃尼亞諸地。兩國各有憲法，各有國會——一在維也納，一在佩斯，各有國務大臣。唯關於外交、宣戰、媾和三事則兩國一致有同一國。此外兩國之海陸軍亦共有之。幣制、度量衡制及關稅等亦兩國一致。此種國家之組織雖屬新奇，而國力甚強故能維持數十年之久。

奧地利、匈牙利之政制 凡兩國共同之事由奧地利皇帝派三大臣任之——即外交大臣、海陸軍大臣及財政大臣是也。三大臣對於兩國國會代表聯席會議負責任。聯席會議以奧地利、匈牙利兩國會各選出代表六十人組織之。其開會地方則一年在維也納，一年在佩斯，以免不平之感。開會之日分道揚鑣，一用德國語，一用匈牙利語。往返商酌全賴文書。偶有異同，則合開會議以便取決，初無討論餘地也。

種族問題 各種民族同處國中，言語不同，思想互異，政府必欲盡人而悅之，於勢有所不能。當西元一八六七年時奧地利境內有德國人七百十萬，捷克人四百七十萬，波蘭人二百四十四萬，剌提尼亞人二百五十八萬，斯洛維尼亞人一百十九萬，克羅埃西亞人五十二萬，義大利人五十八萬及羅馬尼亞人二十萬。德國人以為維也納為帝王舊都，應為奧地利之京城；德國語之為用最廣，應為奧地利之國語。至於波蘭人及捷克人則追思往日之自由莫不以謀劃獨立為職志。對於言語一項亦思用其母語以代德國文。

第十九章　德意志帝國之成立及奧地利、匈牙利之聯合

教會勢力之衰微　五十年來奧地利極著之事業有三：（一）為西元一八六七年之憲法，（二）為西元一八六七年至一八六八年明定政教之關係，（三）為一九〇六年選舉權之擴充。奧地利自西元一八六七年戰敗以後，國會中之德國新黨人提出限制教士權力之議案，予國民以信教自由之特權。無論信奉何種宗教之人均得服務於政府及學校。凡人民婚禮如不願教士舉行或教士不願舉行時得由官吏代負其責。羅馬教宗對於此種法律盡力反對宣言無效，然終無如奧地利政府何也。

選舉權問題　奧地利與其他歐洲諸國同亦大受實業革命之影響。工人之人數既日有增加，其參政之要求亦愈接而愈厲。至一九〇六年奧地利政府遂有擴充選舉權之舉。規定凡國內男女年逾二十四歲者皆有選舉之權。根據新法而行之選舉於一九〇七年五月舉行。社會黨人之被選為國會議員者得五十人。然教會中人之被選者亦復不少。

匈牙利之馬扎爾種人　西元一八六七年後匈牙利之歷史與奧地利相似。然匈牙利國中之馬扎爾人把持政權，其勢力遠出奧地利國中德國人之上。據一九一一年之統計，匈牙利人口約共一千八百萬人，而馬扎爾人居其泰半。克羅埃西亞人及斯拉沃尼亞人合共二百五十萬有奇。國會下院中，匈牙利之議員約四百十三人，而克羅埃西亞及斯拉沃尼亞合共四十人而已。國會、政府、大學及鐵道上均以馬扎爾語為國語。其政府並力倡移民入城之舉，蓋馬扎爾人勢力之中心多在巨城中也。

匈牙利之種族問題　克羅埃西亞人及斯拉沃尼亞人對於布達佩斯國會中種族待遇之不平極示不滿之意。塞爾維亞人亦日望若輩所居之地之合併於塞爾維亞。而羅馬尼亞人亦日望合併於羅馬尼亞。一九一四年歐洲大戰之爆發及一九一八年匈牙利王國之瓦解均伏機於此。

第四卷　自維也納會議至普法戰爭

第五卷
歐洲大戰以前之改革

第五卷　歐洲大戰以前之改革

第二十章
德意志帝國

第一節　德國之憲法

德國憲法之來源　德意志帝國成立之沿革已詳上章。其憲法本訂於西元一八六六年普魯士戰勝奧地利之後，以維持普魯士之霸權為目的。人民雖稍有參政之機，然以俾斯麥之深信君權及武力，吾人固難望其削君主之權減武人之勢以與國民更始也。

普魯士之獨霸國中　在西元一八六六年北部德國聯邦中，普魯士兼併之餘實無異聯邦之全部。自普魯士戰勝法國以後，南部德國諸邦相率來歸，而德意志帝國於以成立。然對於四年前之憲法無甚修正。美茵河以南諸國雖加入聯邦，而普魯士之領土仍占國中三分之二，人口之比例亦然。

西元一八五〇年之普魯士憲法　欲知德國憲法之內容不能不先明普魯士政府之性質。當西元一八五〇年普魯士王頒布憲法時俾斯麥頗持反對之態。故當西元一八六二年時彼竟有不顧國會擅增軍隊之舉，普魯士王之權力猶是根據於舊日君權神授之成見。上院議員類皆武人地主充之。至於下院議員之選舉方法規定尤為奇特，故予富民以操縱之權。

三級制　下院議員用複選制。雖二十五歲以上之男子均有選舉權，然假使貧無資產則所謂選舉權者雖有若無。蓋憲法中根據納稅之多寡分選民為三級。凡富民納稅之額占全數三分之一者則得三分之一選舉權。其次納

第五卷　歐洲大戰以前之改革

三分之一稅者亦如之。至於大部貧民亦因其所納之稅僅有三分之一，故人數雖多其選舉權則與少數富民等。初選當選者再互選國會之議員。

普魯士選舉之性質　有時富民一人得選本區初選當選人三分之一。當一九〇〇年時社會民主黨人選民之數居其大半，而僅得國會議員七人。而且普魯士政府令人民於選舉時須高聲唱被選者之名以表示其意思。同時政府並干涉各區之選舉以免反對普魯士政策者之得勢。

下院之力薄　普魯士之下院權力極微。普魯士王既有任意選派上院議員之權，故上院議員一唯王意之是從。所有法律均由政府提出之，而普魯士王有否決國會議案之權。行政大權一人獨攬。政府各部均為守舊官吏所占據。下院議員雖有討論之機會與不允增加預算之權力，然政府得用種種方法強其相從。故世人稱普魯士政府為官僚政府洵非虛語。茲再略述德國之聯邦憲法。

德意志皇帝之地位　當西元一八六六年編訂北部德國聯邦憲法時其目的原望南部德國諸邦之加入。四年後帝國成立時憲法上無甚變更。以古代尊號「德意志皇帝」上諸普魯士王威廉一世，並以帝位永予霍亨索倫家族。唯不以德國統治者自命，蓋恐傷諸邦君主之感情也。故僅以帝國中之「主席地位」予諸德國皇帝。

皇帝之權力　皇帝對帝國國會所議決之議案雖無直接否決之權，然因有他種權力之故有同專制之君主。帝國總理及海陸軍官均由皇帝任免之。帝國海陸軍由皇帝統率之。調遣軍隊由皇帝主持之。

聯邦議會　德意志帝國之統治權理論上不在皇帝而在聯邦議會，此實德國政制中之最奇特最重要而又最不易明瞭之機關也。其議會以二十二邦君主及自由城之代表充之。德國之聯邦議會與美國之上議院同，以各邦之

第二十章　德意志帝國

代表組織之。然德國之議員與美國之上院議員異，蓋若輩乃政府之代表而非人民之代表也。表決議案一以君主之意為去取。普魯士王有表決之權十七，此外再加以亞爾薩斯，洛林之權三。故六十一權之中普魯士王一人得其二十，巴伐利亞王得其六，撒克遜及符騰堡之王各得其四，其餘諸小邦大抵僅得其一。

下議院　德意志帝國中機關之較近民主者唯有帝國下議院。議員約共四百人，各邦所選之數以人口之多寡為標準。憲法規定凡德國人年逾二十五歲者均有選舉下院議員之權。議員任期五年。然皇帝得聯邦議會同意時得隨時解散下議院。一九〇六年後下院議員方有公費。

帝國總理　帝國總理由皇帝於聯邦議會普魯士代表中選任之，然皇帝可以不問下議院中政黨勢力之消長任意免總理之職。故總理僅對於皇帝個人負責任，下院意志之向背可不問也。聯邦議會之主席由總理任之，聯邦之官吏亦由彼任命而監督之。

德國無內閣制　總之德國無所謂責任內閣制。皇帝既有任免總理之權，又係普魯士之元首，權力之巨，遠在其他立憲諸國君主之上。而所謂下議院者批評政府雖有餘，監督政府則不足也。

法律一致之必要　西元一八七一年德意志帝國統一後之情狀與西元一七八九年美國聯邦成立後之情狀頗相彷彿。各邦雖因同文同種之故聯合成國，然有隨時瓦解之虞，初難保其永久。德國諸邦之君主類皆一意於維持一己之威權，雅不喜普魯士王之獨霸。各邦各有獨立之舊觀，各有工業之利害，各有特種之政體。帝國政府知其然也，乃規定全國一致之法律以鞏固統一之精神。

帝國政府之權力　統一帝國之責任唯俾斯麥實負之。所幸帝國憲法所

予帝國政府之權力遠較美國之中央政府為大。凡關於商業，各邦間及與外國之交際，國幣、量衡、銀行、鐵道、郵、電諸業均由帝國國會規定之。此外帝國政府並得制定全國之刑民各法，規定法院之組織，訴訟之手續等。故帝國總理之權力甚為宏大。欲施興革頗能措置裕如也。

帝國法律 帝國既成立，國會遂行使其憲法所予之權力。西元一八七三年議決國幣統一之案，昔日紊亂之幣制為之一掃而空。以「馬克」為單位。新幣之上一面鐫皇帝之像，一面刻帝國之徽，以志統一之慶。西元一八七一年議決全國一致之刑律。西元一八七七年又議決關於法院之組織，民事刑事訴訟之程序，破產之處置及註冊專利之規定諸議案。自西元一八七四年至一八八七年並設編訂民法之機關，於一九〇〇年施行。

文化之爭 是時德國人之主張地方分權者頗不滿俾斯麥統一之政策，而舊教徒之反對尤力，蓋恐信奉新教之普魯士一旦得志則舊教徒將無立足之地也。當西元一八七一年舉行第一次帝國國會選舉時，舊教徒之當選者凡六十三人。俾斯麥以為此乃教士反對國家之陰謀，非設法破壞之不可。西元一八七〇年教宗曾宣言政府不得干涉羅馬教宗與教徒之關係及教會之事件。俾斯麥則以為國法當在宗教之上。不久而管理學校之問題起。所謂「文化之爭」於是乎始。將耶穌會中人及他種宗教結社逐諸國外，教士之批評政府者則依法懲之。普魯士不久亦定種種苛法以限制教士，而德國教士亦多連繫教宗合力以反抗俾斯麥之政策。舊教徒團結益固，卒成政黨名曰「中央」，於西元一八七四年選出議員九十一人於下議院。

俾斯麥與舊教徒之調和 俾斯麥鑒於舊教徒反抗之日烈，社會黨發達之迅速，不得已與舊教徒言和。所有苛法幾皆廢止，同時並復與教宗言歸於好。然舊教徒政黨之在下院者聲勢殊大。政府抑制社會黨之政策亦不甚有效云。

第二十章　德意志帝國

第二節　俾斯麥與國家社會主義

德國社會主義之發達　德國社會黨之發生實始於俾斯麥當國時代。當西元一八四二年時德國某大學教授曾謂德國既無勞動界，則社會主義之運動當然可以無慮。然三十年間德國亦步英國、法國之後塵而有實業革命之跡，巨城蔚起，工廠如林，工人之數遂因之日眾。而資本與勞工問題亦隨之而起矣。

馬克思及拉薩爾　當西元一八四八年革命以前，德國學者馬克思曾著有《資本論》(*Das Kapital*) 一書，詳論勞工問題及其解決之方法。然二十年後德國政局中方有社會黨之發見。其領袖為拉薩爾 (Lassalle) 其人，深思善辯。於西元一八六三年在萊比錫工人大會中組織「工人協會」。然經營一年，而會員之數尚不及五千人，乃大失望。於西元一八六四年因戀愛問題與人決鬥而死。

社會民主黨之興起　拉薩爾雖死，然社會主義之運動進行如昔。其激烈者因受馬克思學說之影響，於西元一八六九年在艾森納赫地方另組新會名曰「德國之社會民主工黨」。此黨與昔日之工人協會並立國中。至西元一八七五年於哥達地方開工人大會時方合併為一，並釋出其政見及目的。是年適值下院選舉之期，社會黨人之投票者得三十四萬。德國政府乃大懼。

俾斯麥之壓制社會主義　俾斯麥頗反對社會主義。又因有人謀刺德國皇帝者前後凡二次，俾斯麥乃歸咎於社會黨人，於西元一八七八年制法以限制社會主義之運動。規定凡以「傾覆社會秩序」或提倡社會主義為宗旨之集會出版品及結社均一律禁止之。無論何處凡遇工人暴動時，政府得宣

第五卷　歐洲大戰以前之改革

布戒嚴令。此法之施行凡十二年之久。社會黨勢力之及於政局上者因之大衰。然社會黨人仍祕密宣傳其主義於工廠軍隊之中，其出版品亦多由瑞士祕密遞入於國內。故政府雖有壓制社會主義之法律，而社會主義則未嘗因此而絕跡也。

國家社會黨之起源　當政府壓制社會黨之日正國家社會主義發生之時。主張此種主義之學者以為政府而欲壓制社會主義莫若實行社會主義之主張，而為釜底抽薪之計。此輩所提議者不只一端。言其著者如工人失業者之設法維持，工作時間之減少，工廠衛生之注意，女工童工之限制，工人損傷疾病之預防等。此外為均貧富起見，凡以租價利息或投機所得為收入者均須令其納稅；所有鐵道、運河、各種交通及運輸機關、自來水、煤氣、市場、銀行及保險諸業及城市中之土地均應歸諸國有。

俾斯麥之態度　俾斯麥對於國家社會主義頗為讚許。故自西元一八七八年以後至辭職時止始終主張種種改革以利工人。彼以為此種政策無異返諸昔日布蘭登堡保育政策之舊以福國而裕民。然彼始終以為貧富階級乃勢所必然無可變更；政府之責一面固在改良工人之地位，而一面亦不能不增加進口稅以保護實業之發展。

各種工人保險法　俾斯麥以為有幾種改革事業頗足以減削社會主義之勢。乃於西元一八八二年由政府提出工人殘廢及疾病保險之二案。討論二年，於西元一八八五年議決實行。前者規定凡資本家均須另儲經費為工人殘廢保險之用。工人之殘廢者可得相當之賠償；一旦身故，則其妻子亦可免無以自給之患。後者規定凡工人均須納疾病保險之費，其另一部分由資本家供給之，用人者並負實行此法之責。

工人壽險法　西元一八八九年政府並有工人壽險法之規定。凡工人收入年在千元以上者均須納其收入之一部分於政府。年逾七十歲之工人得向

政府領養老金以資生活。如年未及七十而已不能工作者亦如之。工人應納之費其一部分由資本家負之,而政府亦有一定之津貼。據一九一三年之統計,工人之依法保險者達二千五百萬人以上。

社會黨人對於國家社會主義之不滿 政府得因上述政策以維持工人之安寧,即今日所謂國家社會主義者是也。然社會黨人猶以為未足,以為此種政策缺一社會主義之最要原質——即「民主」是也。此種政策不過昔日腓特烈大王時代保育政策之變相。資本之主義猶存,貧富之不均如昔。德國政府對於此種非議雖不之願,然對於維持工人之工作及鐵道礦業之國有諸端,始終進行不懈,造福正復不淺也。

第三節　德國之保護政策及殖民外交

德國實業之要求保護 俾斯麥一面保育工人,一面亦保護實業。德國既戰勝法國,建設帝國並得法國之鉅款,國內實業因之大為興起。新業發達一日千里。即就普魯士一邦而論,西元一八七〇年時有合資公司四百十所,至西元一八七四年竟增至二千二百六十七。薪資日增,工人之生活程度亦日高。然投機過度,不久而有反動之象。物價薪資均漸低落,公司工廠之閉歇者日有所聞。於是製造家及農民群起要求政府之保護以免為外貨所排擠。以為德國實業尚在幼稚時代,若政府不加意保護者則商業場中將無立足之地也。

德國之保護制度 西元一八七八年德國政府乃提出改良關稅議案於國會。其要點有二:(一)以保護本國之製造品為目的,(二)凡德國所無之原料則減少其進口稅。次年國會通過新稅則。德國他日能成世界上最大實

第五卷　歐洲大戰以前之改革

業國之一實造端於此。

非洲之殖民　德國製造家雖已得政府之保護,然尤以為未足。乃要求政府推廣本國製造品之銷場。俾斯麥初本輕視殖民地為無甚價值者,至是亦不得不謀伸其足於非洲矣。

多哥蘭及喀麥隆　俾斯麥於西元一八八四年遣古斯塔夫・納赫蒂加爾 (Gustav Nachtigal) 博士赴非洲西岸一帶實行其獲得殖民地之計畫。不久果得非洲多哥蘭及喀麥隆兩地土酋之承認,均願受德國之保護。兩地面積合得二十萬方英里。同年布萊梅商人名呂德里茨 (Lüderitz) 者亦受俾斯麥之命樹德國旗於非洲西岸之安格拉——佩克納地方,德國商人之經營此地者頗能盡力。不數年間德國政府將該地擴充之,計得三十二萬方英里。名之為德屬西南部非洲。歐洲人之居此者尚不及萬五千人也。

德屬東非　德屬東部非洲面積尤廣。西元一八八四年「德國殖民會」遣卡爾・彼得斯 (Carl Peters) 博士赴該地調查一切。西元一八八八年向尚吉巴土酋租得一帶狹長之地,長約六百英里。二年以後德國出二百萬元之價購之。德國人經營頗力,德國政府並設農業試驗場數處於此。

俾斯麥與三國同盟　俾斯麥於外交上極為活動。當德意志帝國統一時代俄羅斯為德國之益友。統一之後德國、俄羅斯、奧地利三國之皇帝互相攜手以防法國之復仇。然在西元一八七八年奧地利因俄羅斯在巴爾幹半島中頗為得手,遂與俄羅斯決裂,俾斯麥乃助奧地利以攻俄羅斯,次年並與奧地利同盟。西元一八八二年義大利亦加入同盟之中,即世稱三國同盟者是也。一九一四年夏日德國對奧地利之態度太形親密,亦為歐洲大戰近因之一。然戰端既起,義大利竟脫離三國同盟而與德國、奧地利之敵攜手。

第四節　威廉二世在位時代

威廉二世之即位　威廉二世（Wilhelm II）既即位，俾斯麥之勢力驟衰。蓋德國宰相當先帝在位時代得威廉一世之信任，大權獨攬，言聽計從。新帝之為人則異是，深信君權神授之說。即位之始即宣言曰：「吾既人承吾祖之大統，吾將求助於萬王之王。吾誓以吾祖為模範，為堅毅公平之君主，提倡忠孝及畏上帝，以和平為懷，援助貧困之人而為公平之保管者。」

俾斯麥之辭職　德國皇帝以青年而親政，俾斯麥當然不能忍受。遂於西元一八九〇年三月中辭職。國民雖具愛戴之忱，而「鐵相」已遂告歸之志矣。俾斯麥既辭職，德國皇帝宣言曰：「吾所感之苦痛與喪吾之祖父同，然上帝所命吾人唯有忍受之，雖死可也。舵工責任加諸吾肩。船之方向未嘗稍改，吾輩尚其開足汽力而前進！」

威廉二世對於社會主義之態度　新帝即位之始頗有與社會黨人調和之傾向。西元一八七八年來俾斯麥所訂壓制社會黨人之法律均於西元一八九〇年廢止之。社會黨人之運動遂復昔日之舊。新帝宣言彼將繼其祖父之志以救濟貧民為務。並謂彼對於工人困苦關切異常。然不久憤工人之非議政府漸改其常態，至謂社會民主黨為「無異帝國及普魯士之敵」。

德國之在遠東　德國既實行其殖民政策，威廉二世亦置身於世界政潮之中。當西元一八九五年中日戰爭之後彼與俄羅斯、法國二國合阻日本之占據中國遼東半島。二年以後德國人乃強占中國山東之膠州。

德國殖民政策之價值　德國之殖民地雖廣，然得不償失，初無價值之可言。所得諸地類皆不適宜於德國人之移居。非洲之殖民地尤劣。其地土

人往往好勇狠鬥,時有反側之舉動。當一九〇五年至一九〇六年間德國政府所用平定非洲土人叛亂之經費數達一千八百萬元,而殖民地之進出口貨合僅值銀幣四百萬元而已。歐洲大戰既起,所有德國之殖民地乃喪失殆盡。

維新黨及社會黨之不滿 德國中之反對政府者亦頗有人在。蓋德國雖有成文憲法及民選之下院,然其政府之專制實冠西部之歐洲。政府中無責任內閣之制,人民非議政府者有被捕之虞。而且所謂下議院亦絕不足以代表真正之民意。議員之分配仍沿一八七一年之舊。其結果則如柏林一城雖有居民二百萬人,應有議員之額二十,而事實上僅得其六。故社會黨之選民雖多,而議員之人數卒不及保守黨人之眾。如一九〇七年之選舉,社會黨之選民得三百二十五萬人而被選者僅四十三人,至於保守黨之選民為數雖僅得一百五十萬人而被選者竟達八十三人之多。至一九一二年時社會黨被選之人數驟然增加,亦足見其勢力之日大也。

德國無反對政府之巨黨。唯有社會民主黨時有反對武力主義及帝國主義之言論。然當一九一四年歐洲大戰開始時,社會黨人之反對戰爭者實居少數,亦可見民族主義入人之深及國界打破之不易也。

第二十一章
第三次共和時代之法蘭西

第一節　巴黎市政府與復辟問題

第三次共和國之宣布　西元一八七〇年九月三日拿破崙三世自色當電致巴黎曰：「吾軍敗而被俘，而吾已為俘虜。」二十年來之帝國至是遂覆滅。巴黎暴民侵入下議院中大聲要求改建共和政體。下議院遂議決廢拿破崙三世及其朝代。次日甘貝塔及巴黎之議員占據市政府，宣布共和政體之重建，巴黎人大悅，同時其他巨城如波爾多、馬賽、里昂等亦莫不聞風而響應。

德人圍困巴黎　德國軍隊既敗法國軍隊並獲法國皇帝，遂長驅直入所向披靡。九月下旬陷落史特拉斯堡，再逾月又陷落梅斯。遂圍攻巴黎，而普魯士王則駐兵於凡爾賽宮內。甘貝塔乘氣球遁走都爾城。召募志願軍為解圍之用。然新兵未經訓練多不戰而潰。西元一八七一年一月法國人遣兵斷德國軍隊之後路，又為德國人所敗，紛紛向瑞士而遁。巴黎城中幾有絕糧之患，不得已於一月二十八日納降。

國民議會之召集　自西元一八七〇年九月以來法國人無編訂新憲之機會，政權暫操於甘貝塔輩所設之國防政府之手。唯臨時政府是否有媾和之權尚屬疑問，故召集國民議會以代表國家與敵人開和平會議。選舉之結果則王黨——如擁戴查理十世之孫之正統黨，擁戴路易·菲利普之孫之奧

第五卷　歐洲大戰以前之改革

爾良黨，及少數之波拿巴黨——之被選者得五百人，而共和黨僅二百人而已。此蓋甘貝塔輩宣言非力戰德國人不可，國民深恐若輩得勢則戰禍遷延為害更烈也。國民議會知巴黎人極熱心於共和，故決議移往波爾多城，於二月十二日開第一次會議。

梯也爾　國民議會中之最有才力者首推梯也爾其人。彼本精於史學，從事於新聞業及政治生活者已近四十年，頗負時望。當法國在危急存亡之際，領袖人才非彼莫屬。彼以二百餘萬票之多數當選，法國人之屬望甚殷可知。國民議會乃推彼為法蘭西共和國之行政元首，並允其得自選國務大臣以助其行政。此蓋一種應變之方法而非永久之機關也。至於政體問題則決定俟德國軍隊出境後再議。梯也爾宣言丁茲國家命脈一髮千鈞之秋，全國公民無論政見有何異同均應敵愾同仇恢復元氣。

《法蘭克福和約》　實行其政策之第一步即為與德國人之媾和，蓋停戰之期行且終了也。二月二十一日梯也爾急向凡爾賽而進，與德國皇帝及俾斯麥開和平之議。至二十六日和議大綱方定。法國允割讓亞爾薩斯及洛林之一部於德國，並允納賠款一萬兆法郎，德國軍隊得駐在法國境中，俟賠款清償後方始撤退。國民議會深知再戰無勝利之望，不得已而允之。和約於五月十日在法蘭克福地方簽字。

國民議會移往凡爾賽　法國既與德國媾和，共和黨力主國民議會之任務既了即應解散。然大眾多不以為然，遂著手於憲法之編訂。唯國民議會不願返於巴黎，乃移往凡爾賽。布朗謂國民議會如不能滿足巴黎人之要求而棄多年之都會，則在「對外戰爭死灰之中，恐再發見極可畏之內亂」。不久巴黎人果有暴動之舉，以為國民議會中人類皆來自田間之「鄉愚」，只知拘守君主制度而不識城市之需求。

第二十一章　第三次共和時代之法蘭西

巴黎之反抗　巴黎叛亂之醞釀已數月於茲。德國軍隊圍攻之結果，工人之失業者日眾，城中之秩序益亂。革命黨人良莠不齊，有共和黨，有共產黨，有社會黨，有無政府黨，及其他以擾亂秩序為事之暴民。領袖之中亦頗有具高尚之思想者不惜犧牲一己以維護共和，以共和政體為「合於人民權利與自由社會發達之唯一政體」。若輩要求各城市應顧慮本身利害，有自治之權。法國因之成為一種城邦之聯合。各城市得自由立法以應付本地之要求。此「市政府黨」之名所由來也。

市政府黨之失敗　然市政府黨之原理信從者少。而國民議會又有力平巴黎叛亂之決心。四月下旬梯也爾下令攻擊巴黎。巴黎人死者無算。三週之後國軍直入巴黎，時五月二十一日也。城中之秩序大亂，姦淫擄掠，無所不至。五月二十八日國軍司令麥克馬洪（MacMahon）方下停戰之令。然殺戮之事並不因之中止。蓋王黨設立軍法院，不訊而處以死刑者以百計也。遠戍者凡七千五百人，拘禁者凡一萬三千人。

正統黨與奧爾良黨之不和　巴黎之叛既平，國民議會方有討論國體之機。倘使當日之王黨無內部破裂之跡，則王政中興易如反掌。正統黨人力主立查理十世之孫香波伯為王。而奧爾良黨人則竭力擁戴巴黎伯。兩黨相持不下，除反對共和以外絕無相同之點焉。

梯也爾整頓陸軍　國民議會中各黨之意見既不一致，均願緩議國體問題，藉以延宕時日。梯也爾亦頗以此種政策為然，故於八月被舉為總統後即力主整頓陸軍以恢復國家之元氣。國民議會鑒於辱國喪師之恥，遂通過陸軍議案。仿普魯士之徵兵制，凡法國人均有充當五年常備兵，十五年備份兵之義務。邊防加固，軍備改良。而軍事部亦重加改組。

梯也爾之失敗及麥克馬洪之被選　梯也爾本屬奧爾良黨。西元

第五卷　歐洲大戰以前之改革

一八七二年十二月彼忽宣言以維持共和為己任，以為一旦變更政體則革命之禍必因之復起。然彼之共和主義近於保守，為甘貝塔及激烈共和黨人所不喜；同時王黨中人亦惡其反覆無常思有以報之。西元一八七三年五月國民議會以多數通過反對政府政策之議案，梯也爾遂辭職。交政權於王黨人之手。王黨人乃舉麥克馬洪為總統，並組織一王黨之混合內閣，以正統黨、奧爾良黨、波拿巴黨中人充國務員。

正統黨與奧爾良黨之調和　不久各王黨中人深知欲恢復王政非各黨攜手不可。故奧爾良黨與正統黨協商擁香波伯為國王之候補者，稱之為亨利五世。彼本無嗣，故死後應以奧爾良黨中之巴黎伯繼之。至於國旗問題，究用革命時代之三色旗或用波旁王朝之白色旗，議論紛紜，莫衷一是。乃決定暫從緩議。

香波伯堅持適用白色旗　各王黨之協商恢復王政也，絕未顧及香波伯之性情何若。是時彼已年逾五十，曾逃亡於蘇格蘭、德意志、奧地利及義大利諸國，飽嘗風露，彼曾受舊教徒之教育，而光復舊物之志極堅。巴黎市政府失敗之後，彼即宣言：「法國既來歸於我，我亦以我之原理及國旗來歸於法國。」彼雖允與巴黎伯協商攜手之策，唯堅持一己為正統之君主。不久並宣言白旗為彼族之標幟，無論如何不能廢棄。

麥克馬洪任期之延長　香波伯不久赴凡爾賽，籌備登基之典禮。奧爾良黨人恨其一意孤行，思有以尼之。乃與波拿巴黨及共和黨協定延長總統任期為七年。以冀屆時或可令巴黎伯入繼大統也。

第二十一章　第三次共和時代之法蘭西

第二節　第三次共和國之建設及其憲法

　　共和政體之決定　同時國民議會中之意見複雜異常。共和黨要求建設共和；正統黨要求總統退職；奧爾良黨要求總統任期延長至西元一八八〇年。至西元一八七五年國民議會方討論政體問題。一月二十九日以一票之多數議決共和國之總統應由上下兩院合開之聯席會議選舉之。政體於是遂定為共和。

　　法國現代憲法之奇特　王政恢復之望既絕，國民議會遂著手於政府組織之規定。然此次不復如昔日之專事於編訂憲法，僅陸續議決各種法律以為根據而已。此種法律及日後之種種修正合成為第三次共和國之憲法。故現代法國之憲法與昔日之憲法異。關於統治權，人民權利及共和政體等均無切實規定之明文。一望而知其為一種倉促成功應付潮流之法律。然竟能傳世行遠，而政府之穩固亦遠在第一次革命以來之政府之上。今之研究政治學者每以世界最良憲法之一目之。

　　法國總統之地位　據新憲之規定，法國總統之地位與美國之總統異，而與英國之君主同。蓋總統之下既有內閣及內閣總理，故所謂總統者非行政之元首實一種裝飾品而已。而且總統之選舉不由人民直接舉行，而產生於上下兩院之聯席會議。總統之任期七年，不另選副總統。總統因病故或辭職出缺時即選新總統以繼之。內閣閣員多由下院議員中選充之，故閣員之勢力每大於總統。行政大權如英國然實在總理之手。總統無否決議案之權，僅能交回國會覆議而已。

　　國會　國會取兩院制，此為與西元一七九一年及一八四八年所設立法機關相異之一點。上院曰參議院，下院曰代表院。下院議員約六百人，任

265

期四年，由人民直接選舉之。凡國民年在二十一歲以上者皆有選舉權。上院議員三百人，用複選制由各區官吏選舉之。任期九年，每三年改選三分之一。

國會權力之宏大 法國國會權力之宏大遠在美國國會之上。蓋國會不但握有選舉總統之權，而且可以開上下兩院聯席會議以修正憲法而不必徵求人民之同意。國會所定之法律又不如美國之有大理院可以宣布法律之違憲。而總統又無否決議案之權。法國之內閣亦與英國同以國會議員多數之向背為行藏之標準。

第三節　西元一八七五年後之法國屈里弗斯案

麥克馬洪之辭職 國民議會組織政府之大業告成，遂於西元一八七五年十二月三十一日解散。全國行選舉新國會議員之舉。選舉結果則共和黨人之當選為下院議員者得大多數；其在上院數亦不少。總統麥克馬洪本屬奧爾良黨，與國會意見相左。乃於西元一八七七年下解散下院之令，思設法改選以增加王黨議員之人數。不意選舉結果大失所望。共和黨人之勢力並不因之滅殺。力斥總統政策之非是，並不願通過總統提出之預算案。政府與國會之爭持延至西元一八七九年，總統不得已而辭職。共和黨之儒勒‧格雷維（Jules Grévy）乃被選為總統。

出版集會之自由 共和黨之勢力經西元一八八一年之選舉而益巨，乃著手於改革之計畫。當西元一七八九年及一八一五年時法國政府雖有出版自由之宣言，然其監視報紙及懲罰新聞記者之抨擊政府者數見不鮮。至西元一八八一年，廢出版須領執照之制。發行者不必再繳保證金，警察機關

第二十一章　第三次共和時代之法蘭西

此後亦不得受理侮辱官吏之案。此外凡國民得以自由集會，只須將集會之宗旨向當道宣告已足。西元一八八四年又議決工人得自由結合。最後又將管理學校之權奪諸教士之手。詳述後章，茲不先贅。

王黨之消滅　年復一年法國之共和內得國民之擁護，外得列強之信任，根基益固。西元一八七九年拿破崙三世之子卒，西元一八八三年香波伯亦去世，波拿巴黨及正統黨均失其擁戴之人。西元一八九四年巴黎伯卒，奧爾良黨亦失其所恃。當西元一八九三年選舉時，王黨中人之被選為下院議員者不過七十三人，亦足見法國人愛戴共和政府者之為數甚多也。

布朗熱擬推翻政府　第三次共和國成立以後有重大之政潮二次。甘必大（Gambetta）力主改革之議而求援於工黨中人。卒為守舊共和黨人所反對而失敗，於西元一八八一年去世。甘必大既死，政府乃一意於海外事業之經營，如中國、安南諸地均為其目的地，意欲轉國民對內之心使之向外。然工人仍不滿於政府。其時有軍官名布朗熱（Boulanger）者仿拿破崙三世之故智，隱與軍隊及工人交歡，以遂其奪取政權之大志。西元一八八九年彼以絕大多數再被選為下院議員，聲勢宏大國人無出其右者。其敵人乃以居心叵測貽害國家之罪加之，判以監禁終身之罪。彼遂逃亡出國，於西元一八九一年自盡。王黨之勢益不振，而共和之基益固。

屈里弗斯案之開端（西元一八九四年）　布朗熱之事方終而屈里弗斯之案又起。政爭激烈舉國騷然。其紛糾之情形幾與普魯士與法國戰爭之時無異。當西元一八九四年時有砲兵上尉名屈里弗斯（Dreyfus）者，本亞爾薩斯之猶太人。忽以犯為德國人密探之嫌疑被控。法國政府乃密開軍法會議以審之，結果褫其軍職定以監禁終身之罪，流之於南美洲法屬基阿那附近之鬼島中。屈里弗斯始終不服，自謂冤屈，其友人亦代為設法冀達再審之目的。然軍隊中之要人多不主張舊事之重提，蓋恐有傷軍隊之名譽也。

全國人民之激昂 屈里弗斯之友人多痛罵軍官之不德與腐敗；其敵人則力言軍隊之榮譽不可不維持；而教士則又以屈里弗斯為猶太人，實法國之敵。其時政府中人多以屈里弗斯為有罪，而在野之政客，新聞記者及激烈黨人則力言其冤屈，而議政府為袒護軍官有枉法徇私之嫌。王黨中人則援此事為共和失敗之明證。故屈里弗斯一案不但為軍事上之問題，亦且成為宗教上及政治上之問題；不但法國舉國若狂，即世界各國亦莫不引領注目。

屈里弗斯宣告無罪 屈里弗斯案之爭執至西元一八九八年而益烈。其時有名小說家左拉（Zola）著文痛論審理此案官吏之不當，謂若輩不但不公而且無信。國人益憤，文人學士群起為屈里弗斯呼冤。政府乃拘左拉，定以武斷誣人之罪。然屈里弗斯案其勢已不能不複審。西元一八九九年夏日在雷恩地方開庭再審。仍判定監禁六年，隨之以總統盧貝（Loubet）特赦之令以為如此則於負初審責任者之聲譽上不致有所損害。屈里弗斯猶以為未足，蓋彼所望不在罪人被赦之自由，乃在無罪之宣布。其友人亦日為奔走，卒於一九〇六年再經法國最高法院之審判宣告無罪。

此案之影響 此案雖告結束，而其影響之及於政局者則甚深且巨。國內之共和黨人無論為和平為激烈無不聯合而組織團體，以減削軍隊及教會之勢力為宗旨。軍官之屬於王黨者漸以共和黨人代之。至於剝奪教士之政權則其事較難也。

第四節　教會與國家之分離

教士之反對共和 法國之舊教教士自始即反對共和，蓋若輩鑒於反對教士黨之得勢及出版與學校之自由頗以舊教失勢為慮也。羅馬教宗庇護九

世於西元一八六四年曾發表宣言，極言當日之種種危險及謬誤。言其著者如信教自由、良心自由、出版及言論自由、政教分離及世俗教育等皆是。而此種危險又適為共和黨人所主張而力行者。故國內教士盡力以詆議共和而冀王政之恢復。耶穌會及他種宗教團體中人日以反對共和之思想注入學校青年之腦中，凡遇選舉之期亦必盡力於選舉舊教徒之舉。舊教徒之報紙亦嘗謂共和政體之建設為偶然之不幸，以致惡人當國，君子道消。然必有改建合法政府之一日。

共和黨人之態度 教士反對共和既力，共和黨亦益憤。凡教士及其主張在共和黨心目之中都無是處。甘必大宣言教士為法國「唯一之敵人」。至西元一八九二年羅馬教宗良十三世（Leo PP. XIII）方忠告法國之教士，令其「贊成共和，蓋此乃國人所建之權力也；尊之服之視為上帝權力之代表可也」。

二十五年來反對教士者之目的 羅馬教宗雖有忠告之言，而法國教士初無和平之意。國家與教會之爭相持不下，卒至國家勝利而教會之勢力大衰。反對教會者之目的有二：（一）奪教士辦理學校之權，以免法國青年再受王政主義之陶鑄；（二）使政府不再負供給教士薪俸之責，以期政教之永遠分離。

公立學校之設立 第一步即增加公立學校之數，以吸收教會學校中之學子。三十年來政府支出之教育費計達銀幣四百兆元之巨。西元一八八一年至一八八六年所定之法律規定：國民小學不取學費，為教士者不得充當教師，凡兒童年在六歲與十三歲間者均實行強迫教育，私立學校則由政府監督之。

宗教集會之反對 其時法國國內之寺庵雖經第一次革命政府之摧殘，至是漸復舊觀與昔無異。而新者且日有增加，大都為慈善事業及教育之機

關。然法國人以耶穌會中人為教宗之爪牙，以道明派之托缽僧為反對共和之勁敵；同時對於教士所設之學校亦以其為灌輸王政及復古思想之機關。

集會法之規定 國會中之議員常發廢止一切宗教結社之議。迨一九〇〇年總理瓦爾德克-盧梭（Waldeck-Rousseau）實行減少宗教團體之政策，以為「政治中僧侶太多，實業中僧侶亦太多」。次年國會中果通過《結社法》。規定凡不得國會特許者無論何種宗教團體不得存在於國中；未經國會許可之宗教團體中人不得充當教師或辦理學校。當時法國宗教團體中人其數約十六萬，機關約二萬處。請求特許者國會多不照准。因之宗教團體解散甚多，二年之間教會學校之關閉者約一萬處。當一九〇九年至一九一〇年間法國兒童之入公立學校及其他世俗學校者約五百萬人，在教會學校中者尚不及十萬人也。一九〇四年之法律並規定所有教會學校於十年之內一律廢止。

西元一八〇一年之《宗教條約》 法國人之攻擊宗教團體實為他日國家與教會完全分離之先聲。而政教分離之發端則自百年以前始。當西元一七九五年時憲法會議曾有政教分離之宣言，不願再予教士以俸給，不願承認教會之存在。迨西元一八〇一年波拿巴與教宗訂《宗教條約》，稍稍復昔日之舊。自此至一九〇六年政府與教會之關係全以此約為根據。波拿巴雖不將教會之財產交還教士，然承認政府應負付給教士薪俸之責任。唯教士之任命由政府主之。法國人雖多信舊教，然政府對於新教及猶太教亦時加援助。

十九世紀中教士之勢力 法國政府以為既握有任命教士之權，則操縱民意舒捲自如，實為得計。故政局時有變遷，而與教會之關係始終一貫。如路易十八、查理十世、路易‧菲利普及拿破崙三世諸君莫不以竭力維持《宗教條約》為能事。

教會與國家之最後分離　自第三次共和建設以來，因教士多同情於王黨，故政府之態度亦為之大變。加以國民中雖頗有不反對教會者，然其對於宗教極為冷淡。若輩以為政府年予教士以四千萬法郎之鉅款而令其負教育之責，為計殊左。況在政局之中既有排斥教士之舉，而獨於教育一事則信託之而不疑。政策矛盾莫過於此。然政教合一之局淵源甚古（始於羅馬皇帝君士坦丁及狄奧多西一世時代），分離之事本不易行。迨一九〇五年十二月《分離法》方公布焉。

《分離法》之要項　新法中之重要條文寥寥不過數端。規定嗣後凡關於宗教事業政府不得再予以補助費；唯教士服務年久者得領年金。其他教士之俸給則逐漸停止之。並宣布國內之大禮拜堂、禮拜堂、主教之居室及其他教會之建築物均歸國有；唯宗教團體得以自由使用，毋庸再納租費。管理之責則託各地方之文化協會負之，會員少者七人，多者二十五人，視各地方人口之多寡而定。西元一八〇一年之《宗教條約》至是遂廢。

教宗及教士之反對　新法既公布，教宗及教士反對殊力。當政府遣兵赴各地收管教會產業時頗有衝突之事。一九〇六年二月羅馬教宗致長函於法國之大主教及主教，力言文化協會之不當設立。然對於補救方法卻絕口不提，殊可異也。

國民之援助政府　國內教士多遵教宗之言不願協助文化協會之組織，並不願向政府領年金。然國民顯然有贊助政府之意，因一九〇六年五月間之選舉以激烈黨人及社會黨人為多，皆具有實行新法之決心者也。

政府允許禮拜之繼續　組織文化協會之期原定一九〇六年十二月為止，凡教會財產之無合法主有者概入於官。其時政府中人不願教堂禮拜就此停止，故允許不遵新法之教堂仍得照常禮拜。是年十二月國會乃議決凡

文化協會尚未依法設立之區，所有教堂及教堂內之器具仍歸教士及該地信徒全體自由使用。

教宗反對之無效 一九〇七年一月羅馬教宗再宣言法國政府處置之不當，以為有籍沒教會產業及摧殘基督教之深心。即在今日，羅馬教宗與法國政府之感情尚未言歸於好。然法國政府既抱政教分離之決心，已難變更其初志。教士之補助費已不籌劃。一九一二年之預算案中僅備款十萬元為「補助退職教士」之用。至於主教牧師之選擇，舉行禮拜之時地，一任教會之自由。唯教會之建築物多改為學校及醫院之用。

第五節　政黨

國會中之政黨 法國國會中政黨之多，不勝列舉。一九〇六年選舉之結果在下院中得下列各黨之代表：激進黨、激進社會黨、獨立激進黨、獨立社會黨、統一社會黨、共和左黨、進步黨、國民黨、王黨及其他諸小黨。除王黨及波拿巴黨以外，雖均以維持共和政體為職志，且關於國家大計如教育及宗教等問題亦頗具全體一致之精神；然關於其他改革之事業則意見紛歧難以究詰。有主張維持現狀者，有主張實行經濟革命以增進工人之幸福者。以為國內土地礦產工廠及種種生產機關均應歸諸國家，使工人均享其利。

社會主義之復現 當西元一八四八年革命及巴黎市政府得勢時代，社會黨之聲勢甚為浩大。西元一八七一年巴黎亂事既平之後其勢驟衰。然自共和政體正式建設以後社會黨復盛。西元一八七九年黨人開大會於馬賽，

此為現代法國社會黨運動之始。次年政府大赦巴黎市政府時代之叛黨，全國工人遂開工人大會於巴黎，決定採取馬克思學說為法國社會主義之原理。

社會黨之分裂 法國社會黨人之目的雖大致相同；然關於方法一端則自始即意見紛歧莫衷一是。大體可分為二派：其一為馬克思派，主張用激烈方法以實現社會主義之原理，如是則工人可以得勢而謀一己之利益。第二派人數較多，稱為「可能派」，不信武力革命為能實現社會主義之精神。此輩主張實業國有之政策，徐圖實現其理想。

社會黨之勢力 法國社會黨之流別約得六、七派。於西元一八九三年選舉時頗能協力同心選出本黨議員約五十人於下院，法國政局上之形勢為之一變。自後此黨之聲勢與日俱進。至西元一八九九年，國務總理瓦爾德克-盧梭竟不能不任社會黨人米勒蘭（Millerand）為商部總長以便統制下院之黨人。自此以後「可能派」中人常有充任國務員者，且亦常能與他黨和衷共濟以實行社會黨之政策。

法國政黨與英美不同之點 在英國、美國兩國之中素有兩大政黨並峙之局，此起彼伏互為雄長。至於法國則黨派紛歧不可勝數，國會中絕無多數黨可以操縱其間。故議案之通過每有賴於數黨之協助。而少數黨亦因之有左右政局之機會，政治上絕無成為機械作用之虞。雖因黨派分歧之故內閣有時時更替之煩，而對於議案之能斟酌盡善則遠在一黨把持之上。

質問權 下院如有不滿於內閣之處每得利用其「質問」之特權，向閣員質問其政策及用意。凡議員既宣告其有提出質問之意，則下院必於定期中予以提出之機會。歐洲各國之國會雖亦有提出質問之舉，然不若法國之頻繁也。

第五卷　歐洲大戰以前之改革

第六節　殖民事業

　　西元一八七〇年之殖民地　法國第三次之共和政府一面盡力於解決國內之政潮，一面亦頗能盡力擴充領土於海外。殖民地之物產雖不豐富，而幅員之廣則足以償十八世紀中之所失而有餘。當第三次共和政府建設之時，法國已有北部非洲之阿爾及利亞，西部非洲之塞內加爾及自幾內亞至剛果河諸地，安南之一部及其他諸海島。元氣恢復以後乃盡力於帝國主義之實現。

　　法國占領阿爾及利亞　先是當西元一八三〇年時阿爾及利亞土酋有在廣眾之中掌擊法國總領事之舉，法國政府要求土酋謝罪，不允，遂遣兵渡海奪其地。西元一八七〇年法國軍隊敗績之消息傳來，阿爾及利亞遂叛。法國軍隊與叛黨交綏二百餘次，方平其亂。阿爾及利亞之面積略小於法國，有人口五百餘萬人，而歐洲種人僅占八十萬。在其東者有突尼西亞，其種族宗教均與阿爾及利亞同。法國人咎其騷擾阿爾及利亞之邊疆，遣兵入其境，土酋不能敵而降，至今為法國人所占。

　　法國人在塞內加爾　同時法國人又在西部非洲一帶擴充領地。法國人之占領塞內加爾本始於西元一六三七年，唯自領有阿爾及利亞後方有圖謀兩省領土接觸之志。自十九世紀中葉以後法國人日伸其勢力於內地，至西元一八九四年遂奄有廷布克圖之地。

　　法屬剛果　法國人於西元一八三九年購得赤道下加彭河口之地，他日度察宇及得布拉扎維之遠征莫不以此地為根據。其結果則剛果河北一帶地均入於法國人之手，即所謂法屬剛果是也。至於法國人在非洲領土之廣大，披圖一覽即可知其梗概焉。

第二十一章　第三次共和時代之法蘭西

馬達加斯加之占領　當法國人圖謀非洲西北部之日，正其教士及商人經營馬達加斯加大島之時。法國政府藉口於法國人有被殺於土人之事，遂於西元一八八二年至一八八五年間與土酋戰，卒得其地為法國之保護國。不久法國人又因島中盜匪橫行，咎女酋臘納瓦洛娜三世（Ranavalona III）之無信無力，於西元一八九五年遣兵逐而出之，全島遂歸於法國。

法紹達事件　西元一八九八年法國有探險家名馬爾尚（Marchand）者自西部非洲起程東經撒哈拉沙漠以達於尼羅河上流法紹達地方，遂樹法國國旗於其地。不意此地本已在英國人勢力範圍之中，英國兵士強法國人下其國旗。其時兩國幾有因此宣戰之勢。法國人不得已退出其地，兩國並籌商劃定境界之舉。故法紹達事件幾肇戰端，而忽變為兩國協約之根據。蓋法國既允退出埃及蘇丹。英國人亦允退出摩洛哥。非洲西北一隅遂成法國人自由行動之域。唯此次協商德國未與，卒伏他日法國、德國爭奪摩洛哥之機。

法人占據安南　法國人之經營安南始於柯爾貝當國提倡工商諸業時代。唯越國過都，法國人不甚注意。至西元一八五〇年安南人忽有殺死法國教士之舉，法國人遂有所藉口以實行其侵略之政策。西元一八五七年法國皇帝拿破崙三世遣兵與安南人戰。既敗安南軍乃強其納款割地於法國。法國人既得根據地，遂著著進步；於西元一八六四年占據柬埔寨；於西元一八六七年占據交趾。至西元一八七三年法國人強欲開通紅河之航路，又與東京王戰而敗之，遂宣布安南全部為法國之保護國。中國政府以安南向為中國之屬國，其王又為中國所冊封，力持異議。然西元一八八四年之戰，中國與安南之軍隊雖有名將劉永福之忠勇終歸失敗。安南及東京一帶地至是遂永亡於法國。至西元一八九三年法國人又擴充其領土於東京以南一帶地以達於湄公河。法國領土遂與中國西南諸省相接觸，法國勢力亦因獲得敷設鐵道及開採礦產諸權漸及於中國內地矣。

第五卷　歐洲大戰以前之改革

第二十二章
英國政治上及社會上之改革

第一節　選舉權之擴充

十九世紀初年英國之政局　十八世紀時代之英國政府世稱為歐洲之最自由而且最開明者。英國雖無成文憲法，然既有立法之國會，又有司法之法庭，均能保障民權，不受政府之牽制。然至十九世紀時英國立法司法兩機關之急宜改良與夫人民自治權利之薄弱方大著於世。

腐爛城市　國會之改良尤為急切，蓋此時英國之國會已成為一種富民與貴族獨有之機關，不足以代表全國之人民也。求其原因可得二端：其一，是時國中有多數之「腐爛城市」。此種城市自古即有選舉國會代表二人之權利。至十九世紀初年各城之人口雖有增減，而代表之人數則初無變更。且自查理二世以來新城蔚起而終不予以選舉代表之權。如鄧尼奇城之沉沒於北海者已近二百年，老沙倫城久已成為荒涼滿目之草地，而國會中尚各有代表二人！同時因實業革命之影響有村變為鎮，鎮變為市者，如伯明罕、曼徹斯特及里茲諸大城反無選舉議員之權。康瓦爾一區僅有人口二十五萬，而議員之額占四十四人。蘇格蘭之人口較多八倍而代表之數僅多一人。

選民之數甚少　第二，當時國內之選民為數甚少。在數城凡納稅公民均有選舉權，然各處之標準初不一致。如加頓一城選民之數僅得七人。其

第五卷　歐洲大戰以前之改革

他諸城選舉往往操諸知事及城議會之手，而人民不與焉。

貴族之操縱　有數城為上院貴族所占有，故其地議員之選舉一唯貴族之命是從。

鄉間之狀況　至於鄉區之選舉亦復如此。法律雖規定凡國民有田產其收入年在四十先令以上者均有選舉國會議員之權。然小農日少，地主日增。選舉之權唯大地主享之。如蘇格蘭之標特一區人口雖有一萬四千眾，選民僅有二十一人。而二十一人中僅有一人為本區之土著。

賄賂之公行　每當選舉之際處處賄賂公行。又因選舉公開其弊滋大。選舉之事於露天舉行。監督選舉之官吏朗誦候補者之姓名，令選民歡呼舉手以決其可否。其失敗者可要求依選民冊將選民逐人而問之，各選民須將其名簽於選民冊之上，故威嚇利誘之事在在發生。

英國政府為貴族所把持　議員之人數不均，選舉之方法又異，加以城市私有，賄賂公行，故下院議員之選舉實操縱於少數貴人之手。據近日某學者之計算，當日議員之合法選出者尚不及三分之一也。

十九世紀以前之改革計畫　英國之選舉制度如此奇離，故提議改革者自昔即不一其人。當十八世紀之中葉，國中頗有攻擊選舉之不當者。當法國革命將起之際亦常有改革國會之舉動。皮特父子即主張改革之有力者。不久法國革命事起，英國人鑒於恐怖時代之暴亂，對於改革之舉驟然冷淡。誠恐民眾得勢將蹈法國之覆轍也。故自此至西元一八三〇年英國政權實操於保守黨之手。政府對於改革之要求亦無不多方阻止之。

曼徹斯特城之慘殺事件　自法國皇帝拿破崙敗亡以後，演說家及文學家無不盡力以激起工人之暴動。組織漢普登俱樂部宣揚改革之主義；舉行遊行大會以表示民眾之熱心。西元一八一九年曼徹斯特城開國民大會，軍

第二十二章　英國政治上及社會上之改革

警有毆殺人民之舉。全國大譁，政府懼，乃透過多種法律以限制人民言論出版及集會之自由，即所謂《六種議案》是也。

工商界之要求改革　然壓制人民之法律其勢不能持久，蓋是時不但工人有要求改革之舉，即巨商大賈亦有要求參政之心。國會中之進步黨在羅素（Russell）領袖之下屢提改革之議。迨西元一八三〇年法國革命事起，英國人之要求改革益急。保守黨內閣之總理威靈頓公乃為公意所逼而辭職。

《改革案》之通過　保守黨既失勢，進步黨或稱改革黨入組內閣。西元一八三一年三月羅素提出《改革議案》於國會，國會反對甚力。政府遂下改選下院之令，其結果則主張改革者居多數，此案遂通過於下院。然貴族院不同意。下院乃再提出性質相同之議案交諸上院，而全國人民之矚望上院通過者亦莫不激昂異常。最後英國王威廉四世（William IV）知民意之不可復違，乃准內閣總理「得增加貴族院之議員，以擔保《改革案》之通過」。貴族院知反對之無用乃通過該案，時西元一八三二年六月中也。

《改革案》之內容　據《改革案》之規定，凡腐爛城市五十六處其人口在二千以上者均不得有選舉代表之權。另有城市三十二處其人口在四千以上者各減議員之額一人。此外新城之得有選舉代表權者凡四十三處，視人口多寡得各選出議員一人或二人。並將國內各行政區域分為選舉區，各區之議員額數與人口之多寡成正比，城中市民凡主有或租有房產年值十鎊之上者，與鄉民之主有或租有田產者均有選舉權。選民之數雖因之增加，然城中之工人及鄉間之佃戶則尚無選舉權之可言也。

《改革案》離民主精神尚遠　故西元一八三二年之《改革議案》實不能謂為民主精神之勝利。據西元一八三六年政府之統計，國內成年男子共有

第五卷　歐洲大戰以前之改革

六百零二萬三千七百五十二人，而選民之數僅有八十三萬九千五百十九人。因之國內貧民多不滿意於新案。加以改革黨類皆資本階級中人對於工人疾苦多不經意，工人益憤。

《憲章》之要求　《改革案》通過之後，國內要求改革之小冊書籍風起雲湧。如《大憲章》也，《權利法案》也，長期國會之廢止貴族院及君主議案也，無不印成單行小冊以傳播於工人之間。最後並有所謂《憲章》者內列要求之條件六：即普遍選舉，祕密投票，國會每年一選，國會議員須有歲費，減除議員選舉資格上之財產限制，及選舉區之平等。

憲章黨之運動　女王維多利亞（Queen Victoria）即位之初年，人民之贊成憲章者為數甚多，世遂以「憲章黨」名之。各巨城中均有憲章黨俱樂部之設立。西元一八四〇年又設立全國憲章協會，以連繫各地之俱樂部為宗旨。多才善辯之人蔚然興起；出版報紙以宣傳其主張；著憲章黨之詩歌；開憲章黨之大會。全國時有開會遊行之舉。不久改憲章為請願書，簽名者達一百萬人之上。於西元一八三九年提出於國會，卒以大多數之反對不得通過。

憲章黨亦有主張暴動者　憲章黨知和平方法之不能行，乃力主暴動以實現其主張。各巨城頗有聞風興起者，秩序殊亂。政府不得已用警察之武力以平之。然擾亂秩序之舉並不甚烈，而中堅人物仍繼用和平方法而進行。憲章黨人後有被選為國會議員者，乃再提出第二次之請願書於國會。

西元一八四八年之請願書　當西元一八四八年時法國既有革命之舉，又有重建共和之事，英國之憲章黨遂乘機而起竭力從事於改革之要求。適是年國內之生活狀況較為困難，工人之失業者甚眾，乃益憤政府不當以武力為答覆人民要求之利器。於是再從事預備提出請願書於國會，並思結隊向倫敦舉行示威之運動。請願團中途為老將威靈頓公所驅散，然六百萬人

第二十二章　英國政治上及社會上之改革

署名之請願書卒得遞交於國會。國會交委員會審查之，其結果則真名不及二百萬，其餘如女王維多利亞、威靈頓公、短抑鼻等名氏顯係偽造。請願書之價值大減，國會不願加以討論。憲章運動之信用從此乃掃地無餘。

格萊斯頓之改革主張　憲章之運動雖完全失敗，而改革之主張則始終不懈。蓋自憲章運動發生以來民主精神遍傳全國，而下院議員中之提議改革者亦屢有所聞。雖改革之舉未能實現，而改革之急切則盡人皆知。最後至西元一八六六年下院領袖格萊斯頓（Gladstone）遂以改革一端為其主要之政綱。彼之被選為下院議員也在西元一八三二年《改革案》通過之後，本屬保守黨中人。不久國人即服其辯才之長與手腕之敏。不數年而彼之政見大變，遂脫離保守黨。當彼於西元一八六四年在國會中討論改良國會時，嘗謂證明之責當由主張「排斥工人五十分之四十九於選舉權利之外」者負之。次年羅素入任內閣總理之職，遂選格萊斯頓為下院之領袖。

迪斯雷利繼為下院之領袖　西元一八六六年國會既開會，格萊斯頓提出擴充選舉權利之議案，大體仍以財產資格為限制。其同志大不悅，有以為太過者，亦有以為太不及者。其結果則內閣改組，而德比起而組織保守黨之內閣以迪斯雷利（Disraeli）為下院之領袖。迪斯雷利實十九世紀中英國之一大政治家。青年時代因著一小說名滿全國。年三十三被選為國會議員，一生政治事業於是乎始。彼本猶太種，衣服奇異，語言典麗，人多笑之。然不久而大眾即承認其為政治家矣。

迪斯雷利之《改革案》　保守黨鑒於人民要求改革之激烈及海德公園暴動之聲勢頗為驚恐。然迪斯雷利竟能不顧同志之叱罵及敵黨之竊笑於西元一八六七年通過其提出之《改革案》。該案規定凡大鎮之成年男子居住在十二個月以上而納本地之濟貧稅者無論其為房主或租戶均有選舉之權。凡寄居其地年出租屋金十鎊以上者亦如之。至於鄉間，則凡主有田產之人

年得盈利五鎊以上者，或佃戶年納租金十二鎊以上者亦均有選舉之權。西元一八七二年國會又議決採用祕密投票制而廢舊日之公開記名制。

選舉權之擴充 至西元一八八四年自由黨（即舊日之進步黨）之領袖格萊斯頓再提出改革之案，蓋英國雖有西元一八三二年與一八六七年之兩次改革，而農民之無選舉權者尚有二百餘萬人也。自由黨之意以為果能如此，則保守黨操縱鄉農之勢力或可從此打破也。據新案之規定，不問市鎮之大小凡市民均有選舉之權，鄉區亦然，全國一致。然因英國房租甚低之故，未娶之小工年納租金尚不及十鎊者甚多，故尚無選舉權之可言也。

女子參政問題 二十年間英國人對於選舉權問題多不甚注意。蓋保守黨得勢之日，不求有功但求無過，不欲多所更張也。自一九〇六年自由黨秉政以來，不但男子選舉權問題有解決之必要，即女子參政問題亦應運而發生。蓋自實業革命以來女子有工作機會，生計漸能自立。十九世紀末造國內諸大學相繼開放女禁，而女子專門學校亦相繼建設。女子之知識既然增高，而生活又能自立，參政之要求遂成為自然之趨勢。英國國會於一九一三年雖有否決擴充選舉權之舉。然至一九一七年國會竟通過改革案，凡成年男子及年逾三十歲之女子均有選舉之權。其詳情後再述之。

第二節　內閣

英王之地位 英國政治改革之結果將選民之數大為增加，獨於國王及貴族院頗能維持其舊有之尊嚴而不改。凡英國王行加冕禮時，儀節隆重不異疇昔；國幣上及諭旨上仍有「奉天承運」之文；而議案之首亦必冠以經「國王陛下與集於國會之平民之忠告及同意」而通過之句。凡法庭判決之

第二十二章　英國政治上及社會上之改革

執行與殖民地之統治無不以國王之名義行之。即海陸軍及郵政等亦莫不冠以「皇家」二字。

國會之得勢　昔日英國亦曾有君主專制之跡。如亨利八世在位時代，任免官吏，宣戰，媾和諸權無不由國王一人操之。即國會議員亦復為彼所操縱，然當十七世紀時君主與國會有爭權之事，再加以西元一六八八年之革命，國會之勢力遂駕乎君主之上。國王雖握有否決議案之權，而始終無行使之者。實則英國王之權力僅限於商酌提倡及勸告而已。且英國國會握有分配國帑之權，國王不得不仰其鼻息，故始終不敢與國會為難。

內閣與國會之關係　英國行政之權握諸內閣之手。內閣以各部大臣組織之，上有總理。內閣制之發達情形前已詳述。內閣閣員名雖由國王任命，實則不過下院多數黨人所組織之委員會而已。國王每令多數黨之領袖組織內閣，閣員由彼一人於上下兩院中擇人任之。其在美國行政與立法兩機關之往來專用間接之方法，而英國之內閣總理及閣員則能出席於下院以辯護其政策。

內閣責任之一致　凡重要議案均由內閣預備完好然後提交國會，名曰「王言」，由國王或其代表朗誦之。所有內閣之行動無不全體一致，閣員偶有獨持異議則唯有辭職之一途而已。故內閣對於國會及國民始終表示其一致之態度也。

內閣之改組　如下院對於內閣提出之重要議案不予透過或提出彈劾內閣之案時，則內閣之對待方法可得二端。其一則內閣辭職，予彼反對黨以入組織新閣之機。然假使內閣閣員以為其政策必得國人之贊助，則可用「訴諸國民」之法，請國王下解散舊會召集新會之令，以覘民意對於內閣政策之向背。內閣之行止至是乃視選舉之結果而定之。如贊成者仍居少數，則內閣唯有辭職之一途矣。

第五卷　歐洲大戰以前之改革

英國政府受民意之監督　一九一一年之法律雖有國會每五年改選一次之明文,然下院議員之任期初無一定之期限。蓋英國王有隨時解散下院之權以便得真正民意之所在也。故英國政府對於民意之感覺遠較國會議員任期有定者為靈敏。如美國下院議員之任期二年,上院六年,其結果則假遇行政與立法兩機關有相持不下之局時,唯有任其自然,不若英國之可以隨時舉行改選以便決定政策之去取也。

貴族院　或問英國政府之民主精神既若是之顯著,何以不負責任之世襲貴族院至今尚能存在於國中乎?欲明其故,須知英國財政大權握諸下院之手,下院有操縱君主之權。上院如有反對下院議案不予通過時,則下院可迫國王加派相當之貴族以便補足通過下院議案之人數。此種事實雖不多見,然國王一旦表示其實行之意時,則上院即不敢堅持到底也。

人民對於上院之不滿　當十九世紀中重要議案之被貴族破壞者雖不一而足;唯上院議員漸知民意之不可違,凡國民所贊成之政策,上院每不敢堅持反對之意。然在今日,英國人之不滿於貴族院者日甚一日。上院議員亦多不能盡其職責。開會之日多不出席。又因一九〇六年上院有反對教育案之舉,一九〇九年又有反對預算案之舉,廢止上院或改組上院之問題為之復起。其結果則有一九一一年《國會案》之通過。

第三節　言論及意見之自由刑法之修改

新聞紙及出版品之徵稅　當英國國會改良之日正人民獲得出版集會及信教諸自由之時。英國出版品之不受政府檢查實自西元一六九五年始,蓋其時國會有不欲再繼續檢查出版品之法律之舉也。然遇政局不安之日如當

第二十二章　英國政治上及社會上之改革

法國革命及西元一八一九年時代，則檢查出版品之舉仍所難免。加以新聞廣告之類均須納印花稅於政府，故國內無賤價之報紙以傳達政治消息於國中。報紙每份須納稅十六分，故售價每份計二角八分，《倫敦泰晤士報》每份竟售三角六分。此外尚有紙稅，故報紙之成本因之增加百分之五十。

出版自由　當日主張國民教育及政治改革之人無不攻擊此種「知識稅」之不當。至西元一八三三年廣告之稅減輕；西元一八三六年印花稅亦為之減少；倫敦之報紙價遂多降至二角。二十年後此種稅一律廢止。至西元一八六一年印刷用紙之關稅亦一律免除。出版自由至是實現。然政府所取報紙之郵費尚不若美國之低廉也。

言論自由　集會與言論之自由在民主國中其重要不亞於出版之自由。當十八世紀時代英國限制集會與言論之法律雖不若歐洲大陸諸國之嚴密，然英國人之言論自由至十九世紀中葉方始完備。今日英國人頗以有此種自由自喜，實則許人民以集會及言論之自由固無害而有益者也。

信教自由　英國之舊教徒及新教之異派鑒於政治上及言論上均已自由，遂有要求廢止限制宗教法律之舉。其時凡舊教徒雖有信教之自由，然充當官吏之權剝奪殆盡。新教之異派亦然，唯得充國會議員一節為稍異耳。自監理會派發見以後新教之異派之勢力日盛一日，國會不得不允其要求於西元一八二八年廢止舊日限制異派之法律，予以充當官吏之權，唯須宣誓不用其勢力以傷害國教。次年舊教徒亦要求國會通過《解放議案》，凡舊教徒均有充當官吏及議員之權，唯須宣誓不承認教宗為領袖及無損害新教之意。

宗教與學校　然此種改革仍未能解決政治上宗教之爭，蓋尚有學校管理權問題在也。當十九世紀時國教徒舊教徒及新教之異派莫不廣設學校以教育國民。迨國民有普通教育之要求，政府於西元一八七〇年有公立學校

之建設。宗教團體中人遂力爭遣派代表以服務於學務局，各教派中人一致主張學校中應有教義之講授；而應授何派之教義則意見分歧。必欲盡人而悅之於勢實有所不能。英國政府至今尚無解決此問題之善法也。英國學校日有進步，人民之不識字者因之日減。當西元一八四三年時成年男女於結婚簽名時只能劃一「十」字者男子百人中得三十二人，女子得四十九人。至一九〇三年則國內不識字者男子僅得百分之二，女子僅得百分之三。

刑法 同時國人對於舊日之刑法亦頗有議其殘忍非基督教國家所應有者。舊日刑法上之死罪竟達二百五十種之多。自西元一八一〇年至一八四五年間人民犯死罪者有一千四百人之眾。

刑法之改革 然改良刑法為日殊久。在十九世紀上半期中濫肆淫威之跡雖減去大半，然至西元一八六一年時死罪之種類方減為三。當西元一八三五年時國會曾有調查監獄之舉，方知內容黑暗難以形容。遂有視察及改良管理之規定。監獄改良於是乎始。如建築之衛生、男女之分監、積犯與青年之隔離、待遇之優美、囚犯之感化等無不著著進行。

第四節　社會改革

工廠生活之惡劣 英國之刑法始於中古。自喬治三世在位時，實業革命以後人民所受之痛苦尤有甚於慘無人道之刑法者。此即英國工人所得於工廠制度者也。其時英國國內工廠如林；急就造成每背衛生之原理。空氣臭惡，黑暗異常。無家可歸及無地可耕之男女無不趨入城中工廠以求生活。工作機會全操諸資本家之掌中。加以國際貿易時有漲落，工人每有失業之虞，生活每無一定之局。

第二十二章　英國政治上及社會上之改革

童工　自蒸汽機發明以來童工之為用遂廣。貧民子弟數以千萬計，名雖入工廠為學習之徒，實則與奴隸之地位無異。為父母者迫於生計，設工廠者貪傭賤工。兒童之入工廠者趨之若鶩。

工廠狀況之黑暗　成年工人生活之狀況其惡劣與童工等。青年婦女多充廠工，甚至危險黑暗之礦中亦有用女子為工人者。危險之機器多不設法防衛，工人生命隨地堪虞。工作之時間甚長，工人每現力竭精疲之象。吾人試讀白朗寧（Browning）夫人所著之詩《孩子們的哭聲》（*The Cry of the Children*），金斯萊（Kingsley）所著之《阿爾頓‧洛克》（*Alton Locke*），及卡萊爾（Carlyle）與狄更斯所述之文字，則當日工廠生活之黑暗即可見其一斑云。

限制工廠之反對者　為工人者既無參政之權利又無教育之機會。而當時之政治家亦多不願為工人籌謀增進幸福之地。此外經濟學家亦頗盡心以維持資本家之權利。若輩以政府之干預工商各業為非計。以為商人之熟諳商業情形遠在政府之上。假使工人作工之時間減少，則工廠將無利可圖。其結果則工廠休業，工人將更無生活之機矣。

工人之要求　因學者有此種主張，故十九世紀最初三十年間政府絕不顧及工人之困苦。當西元一八○二年時政府雖有減少兒童工作時間至每週七十二小時之舉；並有其他改革如廠主每年頒給工人以衣服一襲等。然廠主每視此種議案為具文；工人生活困苦如昔。自西元一八一五年至一八一九年間大慈善家歐文曾有要求國會設法保護兒童之運動。彼以其工廠中優遇工人之利益宣示於國人；並請國內廠主同襄善舉，使無告工人得享安居樂業之福。然國內工廠無起而響應者。而國會所通過之法律亦不過彼所要求者之一部分而已。規定嗣後工廠中不得傭九歲以下之童工，凡年在九歲以上十六歲以下之工人工作時間每天不得逾十二小時。

最後國會之改良計畫 然自此以後一面有改革家之要求,一面有工人之蠢動,國會遂不得不籌改良工廠生活之法。其時因工廠中空氣臭濁,飲食稀少,工作之時間甚長,衛生之原理不講之故,疫癘為害遍傳廠外,若不設法危險殊甚。於是改革家如阿士力輩莫不起而提倡改良。國中志士聞聲響應。西元一八三二年國會乃有派人調查工廠之事。其結果則工廠黑暗大白於世。國會乃議決再減童工工作之時間,而定期調查工廠之制亦始於此。至西元一八四二年阿士力並提出禁止女子幼童入地開礦之案於國會,卒得通過。

女工童工工作十小時之要求 此種法律尚不足以滿改革家之意,若輩遂又要求將女工童工工作時間減為每天十小時,膳時在外。下院中對於此案爭持極烈。布萊特（Bright）以此案為「最有害於國家利益者」、「對於工人之一種蠱惑行為」及「得未曾有之惡政策」。然至西元一八四七年此案卒通過於國會,成為法律。事實上則此項規定並適用於成年之男工,蓋女工童工一旦輟業時,則工廠中即不得不以男工補充之也。

摩黎之描寫 自此案通過之後工商界反對政府干涉之力遂破。政府對於工人之保護日益周密。至於今日則保護工人之最為盡力者除德國外當以英國政府為首推。摩黎嘗謂英國「有完全精密巨大之保工法典,廠中須清潔無臭惡之氣;危險機器須圍以欄柵;機器運動時幼孩不許走近清潔之;工作時間不僅有限而且有定;繼續工作之時間雖各業不同,而法律有定;工人假日亦由法律規定之;凡童工必須入學,廠主每週須保存其修業之證書;對於麵包房、花邊廠及煤礦中之工作均有特別法律以規定之;欲實行此精密法典之規定,則有多數之視察員、外科醫生等往來於海陸,馳驅於城鄉,以盡其監視法律之實行與保護工人之利益之責」。至於十九世紀末年之種種議案尤為重要,後再詳述之。

第五節　自由貿易

十九世紀以前英國之保護政策　英國自十四世紀以來即有高率關稅，航海條例及種種法律以保護本國之工商農航各業。對於外國輸入製造品及農業品徵以高稅；對於國內之商業予以種種補助費。凡英國人輸入英國領地之物產非由英國船隻運輸不可。

製造家要求廢止《穀律》　亞當‧史密斯輩均以此種保護政策為有害於商業及工業。然開英國自由貿易之端者，實始於十九世紀中葉製造家之要求。蓋百穀之進口稅太重，工人之食品太貴也。若輩以為俄羅斯、美國諸國之農產如大、小麥之類果能自由輸入英國者，則英國之製造品如毛織品、鐵器之類必能暢銷於外國。英國壤地褊小，實業之盛又無倫匹，故農工兩業均無保護之必要。因此國內製造家多攻擊保護農產之《穀律》。自西元一八一五年後歐洲大陸戰事終了，英國農民驟受價格低落之影響幾有破家蕩產之虞，故農產之進口稅較昔加重。

反對《穀律》同志會　國內製造家因謀《穀律》之廢止及自由貿易主義之宣傳，乃於西元一八三八年組織反對穀律同志會。為領袖者有哥布登及布來脫諸人。十年之間精神不懈。一年間開會印刷之費竟達二百餘萬元之巨，其有功於國民教育史所罕見。若輩所攻擊者以《穀律》為目標，蓋唯此方可激起民眾之感情也。此實一種攻擊地方之戰爭。

皮爾開自由貿易政策之端　此種運動至西元一八四五年而益烈。蓋是年英國之秋收甚歉，而愛爾蘭之番芋亦然，全國饑荒不可終日。其時國內學者均以政府如再不廢農產之進口稅，則民食維艱，太無人道。故內閣總理羅伯特‧皮爾（Robert Peel）始雖以竭力維持《穀律》為事，至是亦抱

廢止之決心。於西元一八四六年提出廢止《穀律》之議案於國會，卒得通過。彼曾因此而被逼辭職，然英國之保護政策自此打破矣。

自由貿易之實現　十年之間昔日之航業法律一律廢止。海濱商埠一律開放。西元一八五二年格萊斯頓任財政臣時貨物之免稅者凡一百二十三種，減輕凡一百三十三種。十五年後格萊斯頓再當國時，除茶、酒、可可等以外，所有關稅一概免除。

歐洲各國之傾向自由貿易　自由貿易之傾向不獨英國為然。當西元一八七〇年以後歐洲大陸諸國亦因商約關係幾皆入於自由貿易範圍之內。法國拿破崙三世時代之維新黨即主張自由貿易主義者。德國於西元一八七九年俾斯麥未訂稅則以前亦贊成自由貿易之主義。然不久美國及歐洲大陸諸國又漸復其保護政策之舊矣。

英人漸不滿於自由貿易　歐洲、美洲各國之經濟既有變動，英國人亦頗有主張改變自由貿易政策者。一九〇六年之選舉張伯倫並以主張保護政策為政綱。結果雖然失敗，然自一九一四年歐洲大戰開始以來英國即有增加關稅之舉焉。

第六節　愛爾蘭問題

土地問題　英國不但內政上有種種困難問題，即對於愛爾蘭之糾紛亦幾窮於應付之術。蓋愛爾蘭人係凱爾特種，而信奉舊教。其感情習慣均與英國人不同。所謂愛爾蘭問題者其亂源有三：即土地、宗教及自治是也。

土地問題之起源　土地問題之發生實係英國人屢次征服其地之結果。

第二十二章　英國政治上及社會上之改革

英國軍隊入侵一次，則愛爾蘭人之土地亦日促一次，蓋皆被奪而入於英國軍人或貴族之手也。英國人之入侵始於十二世紀亨利二世在位時代，遂奪都柏林附近所謂佩爾者一帶地。當十六世紀時愛爾蘭有叛亂之舉，英國女王伊莉莎白遂遣兵奪北部阿爾斯特之地。至詹姆斯一世時英國及蘇格蘭之新教徒相率遷入其地。不久英國國內有清教徒之叛，愛爾蘭乘機蠢動，終以內部分裂為克倫威爾所敗。蹂躪全國，土地之被沒收者甚廣。至西元一六八八年英國有革命之舉，愛爾蘭人起而勤王以擁護詹姆斯二世為目的。愛爾蘭之新教徒多被驅逐。最後西元一六九〇年七月一日威廉三世敗詹姆斯於波印河畔。阿爾斯特之新教徒自此有每年慶祝「奧倫治・威廉拯救」之舉，並組織奧倫治同志祕密黨以反對愛爾蘭之舊教徒為目的。

遙領地主制之流弊　愛爾蘭屢次叛亂之結果為土地之日減。為地主者皆係英國人而遠居英國，即所謂遙領地主是也。當十九世紀時愛爾蘭金錢之流入英國者年以百萬鎊計。而遙領地主則有終身足未踐愛爾蘭之土者。對於佃戶除如期收租外一切利害漠不關心。凡佃戶之不能如期繳租者則依法奪其居室及田產而逐之。據西元一八四七年之計算，愛爾蘭地租之繳入英國遙領地主者占全島地租三分之一。

農民之狀況　愛爾蘭之農民大都常有餓死之險。對於田產絕不欲設法以改良之，蓋因英國人有隨時強奪之虞，其田產有朝不保夕之勢也。全島民食半恃番芋，一旦水旱成災，則人民之困苦情形筆難盡述。如「四十七年之黑年」（即西元一八四七年之大飢）即其著例。英國政府雖力籌賑濟，而人民之餓死者不可勝計也。自此以後愛爾蘭人之移入北美洲者漸多。五十年間竟達四百萬人之眾，挾其痛恨英國人之心以俱往。

愛爾蘭之新教　愛爾蘭之第二亂源即為宗教。當英國改信新教之時曾有強愛爾蘭人亦奉新教之舉，而愛爾蘭人則始終不從。英國政府乃封閉其

寺院，沒收其教產。逐舊教教士而以新教教士代之。徵收教稅於信奉舊教之人以維持新教。當十九世紀中黑暗之日人民雖極其貧困，而教稅之收入為數甚巨。實則愛爾蘭人之信奉新教者僅十分之一而已。而且教稅之徵收僅以鄉農為限，困難異常，每有與巡警激戰之舉。

新教之廢止 因之愛爾蘭人對於新教徒極其切齒而有傾覆國教之運動。自《解放議案》通過以後，愛爾蘭之舊教徒與英國之舊教徒同，均得享充當議員及官吏之權利。至西元一八六九年英國國會議決廢止愛爾蘭之國教及教稅。然國教教士仍占有美麗宏壯之建築物，英國政府並予以補助費以賠償其廢止教稅之損失。

帕內爾與土地同盟 教稅雖廢而遙領地主之制猶存。愛爾蘭人既力爭廢止國教而獲勝，遂盡力於土地改革之事。於西元一八七九年組織土地同盟，以國會議員史都華·巴奈爾（Stewart Parnell）為會長。其目的有三：公平之地租，一定之田產及公平之售賣。換言之，即法律上須規定所有地租不得由地主任意規定，須由法庭根據土地之價值而定其高下；凡佃戶年納法定租金者不得變更其田產之所有權；凡佃戶交出田產時應有盡售其因改良而添置之物品之權。

愛爾蘭土地議案 巴奈爾與國會中之愛爾蘭議員用「故意延宕之計」以強迫國會承認若輩之三件要求。國會不得已於西元一八八一年議決土地議案以承認其要求。不久並通過土地購買議案，政府得貸愛爾蘭人以購地之資，用分期方法取還。自一九〇三年之議案通過後，政府更撥鉅款以備貸予愛爾蘭人購地之用。地主之願出售田產者因之日多。故愛爾蘭土地問題頗有完全解決之望。

自治問題 愛爾蘭之第三亂源即為自治之爭。西元一八〇一年以前愛

第二十二章　英國政治上及社會上之改革

爾蘭本自有國會。嗣因西元一七九八年有新教徒名沃夫·托者醉心於法國之社會主義有反叛之舉，不久事平。英國國會遂於西元一八〇一年通過《合併議案》，廢止愛爾蘭之國會，令愛爾蘭人選出代表百人出席於英國之下院，令愛爾蘭貴族選出代表二十八人出席於英國之上院。愛爾蘭之志士大憤，遂著手自治之運動。所謂自治者即愛爾蘭之內政應決諸愛爾蘭之國會，不應由英國與蘇格蘭兩地代表所操縱之國會主持之之謂。

歐康諾　自西元一八二九年《宗教解放議案》通過之後，歐康諾(O'Connell)盡力於廢止《合併議案》之運動。西元一八三四年選舉之結果得贊成愛爾蘭自治之議員四十人。不久有廢止協會之組織。歐康諾並屢開國民大會以激起國人之熱忱，每舉比利時及希臘之獨立為例，以說明愛爾蘭人之可以有為。愛爾蘭全島人民聞之，無不激昂慷慨，存心一逞。同時在美國之愛爾蘭人亦籌劃入侵加拿大之舉。英國政府乃遣軍隊三萬五千人入駐該島，歐康諾殊無戰志也。

格萊斯頓主張愛爾蘭自治　歐康諾於西元一八四七年去世，然自治運動並不因之中止。蓋土地同盟中人及芬尼亞黨中人實行恐怖之手段以對待地主，自治問題遂常在人民心目之中也。西元一八八二年愛爾蘭行政長官卡文迪許(Cavendish)及其祕書被人暗殺於都柏林之鳳凰公園中，全國大驚。格萊斯頓乃知愛爾蘭問題之解決方法捨允其自治以外別無他道。西元一八八六年選舉之後格萊斯頓之同志居其多數，乃連繫愛爾蘭議員以從事於運動《合併議案》之廢止。不意同志中頗有持異議者，遂與格萊斯頓分離另組自由統一黨，格萊斯頓之議案卒以少三十票不獲通過。七年之後格萊斯頓又提出議案規定愛爾蘭另建國會於都柏林，同時並保存其出席於英國國會之代表。此案雖通過於下院，終以上院之反對而失敗。

第五卷　歐洲大戰以前之改革

第六卷
歐洲史與世界史之混合

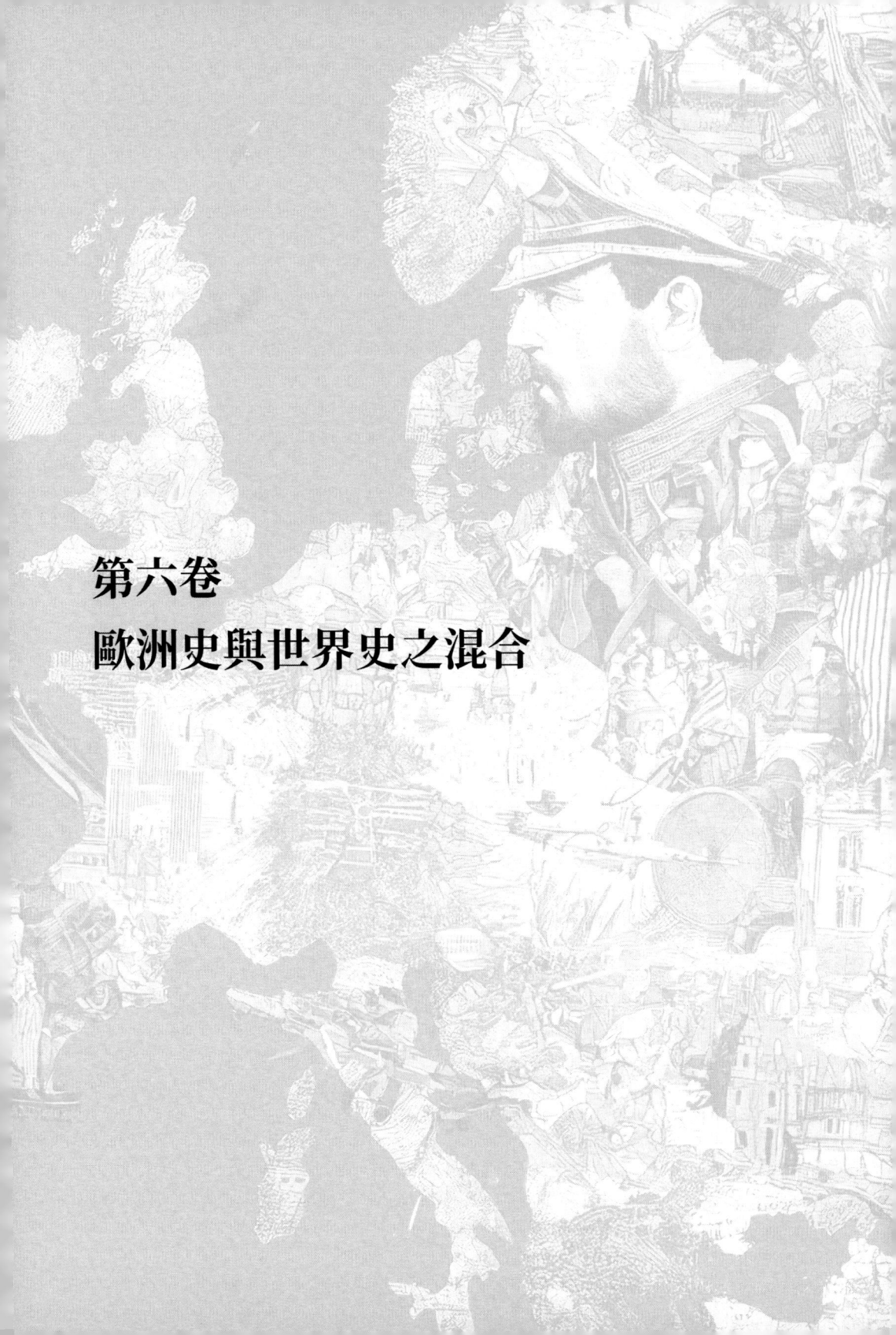

第六卷　歐洲史與世界史之混合

第二十三章
歐洲勢力之擴充及西方文明之傳布

▌第一節　交通機關之改良

　　歐洲之海外商業　歐洲自實業革命以來，工商諸業蒸蒸日上，製造之品足以供給歐洲自用而有餘。故歐洲人常覓新市場於世界之各部。因欲與遠東通商，遂引起美洲之發見。至十九世紀時英國、法國、德國三國之製造品已通銷於中國、印度及太平洋上諸島中。此種世界通商實為歷史上大事之一；因歐洲人之殖民於海外與亞非二洲市場之壟斷莫不因世界商業而發生。歐洲各國間因之遂不免有互相競爭之跡，一九一四年之大戰此亦為其一因。

　　輪船之發明及其應用　自蒸汽機發明以來運輸物品費省而便利，商業上之發展益為促進。輪船鐵道合而造成世界為一大市場。應用蒸汽機以航海久已有人研究及之，然第一次之成功則為美國人富爾敦（Fulton）之力。彼於西元一八〇七年春間將其新造之輪船名克萊蒙特者下水。是年秋間「新水怪」駛至奧爾巴尼。至於輪船之橫渡大洋則始於西元一八一九年之輪船名塞芬那者。此船由塞芬那向英國之利物浦而行，前後凡二十五天而達於英國，同時並張帆以助之。西元一八三八年有輪船名「大西」者自英國之布里斯托至美國之紐約，凡需時十五天十小時，此船載重一千三百七十八噸，長二百十二尺，每日須煤三十六噸，其時各國人士無

不驚其神速。至今披覽世界商業地圖，則各地無不有一定之航線，載人或運貨之定期輪船不可勝數，大部分皆較「大西」為巨。

蘇伊士運河之鑿成 昔日歐亞兩洲之交通需時甚久，自蘇伊士海股開通之後，地中海與印度洋遂互相聯接。蘇伊士運河之開鑿法國之名工程師雷賽布（Lesseps）實總其成。凡需時十年而工竣，時西元一八六九年十一月也。至今每年經過此河之船隻數在五千艘以上，不必再如昔日之遠繞好望角矣。

巴拿馬運河 巴拿馬運河之開鑿始於西元一八八一年雷賽布所組織之法國公司。然發起此事之人有行賄法國國會之舉，而工程之進行亦復不得其方。此事於西元一八九二年暴露，公司遂被解散。一九〇二年美國國會議決由總統以美幣四千萬元購法國公司之財產。美國乃與哥倫比亞共和國協商開鑿運河之事，不得要領。一九〇三年巴拿馬地方脫離哥倫比亞而獨立，美國總統羅斯福（Roosevelt）急承認之，遂與新共和國締結運河區域之約。不久美國政府即繼續法國人之工程，至一九一五年而告成。

機車之發明 海上運輸既以輪船代替昔日之帆船，昔日陸地貨物之以牛馬拖運或以輪船運輸者不久亦以機車代之。機車之發明正與紡機與蒸汽機同，經過多次之試驗方告成功。發明之人厥唯史蒂文生其人（西元一七八一年至一八四八年）。

史蒂文生與英國鐵道 西元一八一四年史蒂文生始造小機車名巴芬比來備礦區之用。西元一八二五年彼得英國國會之允許，在英國北部斯托克頓與達靈頓間造鐵道一條以載人而運貨。其時利物浦與曼徹斯特間亦有修築鐵道之舉，機車之參預競爭者凡五，而史蒂文生所造之洛克脫得選，此路於西元一八三〇年正式開通。此有名之機車重約七噸，每小時平均行

第二十三章　歐洲勢力之擴充及西方文明之傳布

十三英里，與今日重百噸每小時行五十英里之機車相較，相去遠矣。此後十五年間，利物浦、曼徹斯特、伯明罕與倫敦之間均通鐵道。至十九世紀末年大不列顛島中已有鐵道二萬二千英里，每年平均載客一千萬人以上。

德法之鐵道　法國之有鐵道始於西元一八二八年；德國則始於西元一八三五年，然因其時國內四分五裂之故不甚發達。至於今日則歐洲一處已共有鐵道二十餘萬英里。

鐵道政策　非亞二洲鐵道之建築進行亦甚迅速，為輸入西方製造品及礦產之機關。橫斷歐亞二洲大陸之西伯利亞鐵道吾人已述及之。俄羅斯亦並向南建築鐵道以達波斯與阿富汗；英屬印度約有鐵道三萬五千英里。即非洲內陸之森林與平原之中在十九世紀中歐洲人足跡所未到者，至今亦復鐵道縱橫以千里計。此種鐵道極為重要，蓋主有鐵道者每有監督鐵道所經地方之經濟與政治生活之權也。故歐洲各國對於鐵道尚未發達之國莫不爭先恐後以投資興築。如中國與土耳其之鐵道極為重要，歐洲各國互相競爭，為歐洲大戰原因之一。

便士郵費　與世界商業有密切關係者除鐵道、輪船外，尚有郵政、電話、電報與海底電線等。英國之便士郵費至今視為平常，若在腓特烈大王時代之人眼中觀之寧非怪事。英國當西元一八三九年以前短距離間之郵費每函需一仙令，路途較遠者則郵費亦較多。至西元一八三九年喜爾（Hill）有改良郵費之主張，大不列顛島上信札郵費遂一律改為一便士，國人無不驚異。互相通訊之機會乃大為增加。郵費既減，昔日閉關自守之習遂破，人民生活日益開明。其他歐洲各國群仿英國之模範減少郵費。至今全世界已有每函一律減收郵費美金二分之趨向。至今中國與美國間通訊所需之時間較初行「便士郵費」時代已減少甚多矣。

第六卷　歐洲史與世界史之混合

電報與電話　電報與電話之發達亦殊為可驚。前者發明於西元一八三七年，後者發明於西元一八七六年。非亞諸洲之內地遂得與歐洲接近。中國國內巨城均通電報，同時並可與巴黎直接通電。一九〇七年十月馬可尼（Marconi）建設無線電報以通歐美兩洲之消息。至今則無線電話已可自美京華盛頓以達於法國之巴黎，將來或能倍遠亦未可知。

第二節　商業上之競爭帝國主義傳道教士

外國市場之競爭　自實業革命以來歐洲之生產力日大；自運輸便利以後貨物之分配日便。凡此諸端合而產出國外市場之激烈競爭。亞非二洲人民之無力自衛者其領土幾皆為歐洲各國所占領。而歐洲之商業觀念亦遂流入中國與日本，輪船往來，鐵道建築正與歐洲無異。同時歐美兩洲之資本家每投資於退化之國家，以興築其鐵道與發展其礦產，殖民與傳播文化之事業益為促進。僅英國一國投資於外國者已約有二十萬萬元之巨；俄羅斯實業上之資本屬外國者得五分之一；中國之鐵道亦多用外國之資本造成。至於南美洲巴西，布宜諾斯艾利斯與瓦爾帕萊索之銀行多有德國之資本，足以激起實業之振興與鐵道之建築。

帝國主義　歐洲諸強國之外交及商業政策類皆以二種大力為根據，即工廠之要求，市場與資本之要求投資機會是也。歐洲各國之盛行「帝國主義」，其原因亦在於此。所謂帝國主義為一種增加領地之政策，其目的在於監督其地之出產，壟斷其商業，並投資其地以發展其天產。有時此種主義取一種武力合併之形式，如美國之強占夏威夷群島與德國之強占多哥蘭即其著例。有時亦取一種劃分「勢力範圍」之形式，為將來實行占領之預

第二十三章 歐洲勢力之擴充及西方文明之傳布

備。有時所謂帝國主義者在於獲得弱國之租借地，如歐洲人之在中國，與美國人之在墨西哥是也。

傳教事業為帝國主義之實行者 帝國主義之實行，基督教之傳道教士每為其先驅。基督教徒中頗有服從《聖經》中之言者：「爾其入於世界，布《福音》於萬物。」歐洲人一旦知有新地，傳道教士每與商民及軍士連袂以趨之。當美洲及東航之道發見以後方濟各與道明兩派之托缽僧冒險以赴之，以傳道為事。至西元一五四〇年間並有耶穌會中人傳道甚力。

舊教徒之傳道事業 西元一六二二年羅馬舊教教會有組織規模宏大之傳道機關之舉，其機關至今尚存，名曰信仰宣傳部。其總部設在羅馬城中，內有紅衣主教二十九人。設有專門學校以訓練傳道教士及學習各種應需之語言文字。土耳其、波斯、阿拉伯、印度、暹羅、安南、馬來半島、中國、高麗、日本、非洲及太平洋中之玻里尼西亞諸地，舊教信徒以百萬計也。

新教徒之傳道事業 宗教改革以後新教徒對於傳道事業並不熱心。荷蘭人於西元一六〇二年始實行傳道於南洋群島；英國人亦曾注意及此。新教徒所組織之傳道機關以西元一六九五年英國教會所創設之「提倡基督教知識社」為最早。至十八世紀監理會與浸禮會二派之教徒有合力傳道之舉。美國傳道國外之事業始於西元一八一〇年。是年有「美洲外國傳道部」之組織。不久美國各派教徒各有傳道部之組織，其傳道事業之盛及其力量之厚竟能與歐洲相埒。聖經會亦專心於翻譯基督教之《聖經》為各國文，傳布甚廣。

傳道事業與文化 傳道教士不但將基督教宣傳於世，亦能並將科學觀念與近世發明遠播他國。向無文字之民族教士每發明字母以啟發之。破除迷信，消滅食人之習，並有功於女子地位之提高。同時亦有建設醫院及學

校者。教士之探險及調查大足以增加吾人對於世界及其居民之知識。所製地圖及科學報告亦頗有精美者。

傳道事業與歐洲勢力之擴充 然傳道教士中亦每有絕不明瞭各國之文明者，對於中國、日本、印度每痛罵其習慣之不良與成見之非是。攻擊太過，反激起不信基督教者之仇恨。教士之被虐及被殺者時有所聞，非無因也。

仇殺結果每引起各國政府之武力干涉，而各國政府亦每假保護教士之名以實行其侵略土地之實，中國之租借地與勢力範圍即其最著之例。

第二十四章
十九世紀中之英國殖民地

第一節　英屬印度領土之擴充

英國領土之擴充　關於英國與他國之爭奪殖民地——與荷蘭之爭香料群島，與西班牙之爭南美洲商業及與法國之爭印度及北美洲——吾人已述至西元一八一五年之維也納會議止。自此以後英國遂為世界商業之首領。十九世紀中英國人盡力於發展印度、非洲、加拿大及澳洲之富源。

十九世紀初年之英屬印度　十九世紀初年之英屬印度領土有孟加拉一帶地及沿恆河流域以達於德里。印度東部沿岸一帶地，印度半島之南端及錫蘭島，西部之孟買及蘇拉特以北一帶地亦無不在英國人掌握之中。此外並有受英國保護者，如海德拉巴等地是。蒙古人所建之帝國自此四分五裂無復一統之望，居於德里之皇帝徒擁虛名而已。法國與葡萄牙之殖民地無不日就衰微。印度半島中之能與英國為敵者至是僅有一種政治組織而已。

馬拉塔戰爭　此種政治組織維何？即印度內地土酋所組織之馬拉塔同盟是也。同盟之領土凡由孟買海岸向內地一帶之區，其西並以山為界。然諸土酋雖組織同盟，而此界彼疆互相猜忌，外患稍息內亂隨來。假使若輩無鬩牆之爭，則英國人之勢力定有被挫之一日矣。然諸酋之相爭延綿不已，英國領土與之接觸者每苦其騷擾。英國人卒於西元一八一六年至一八一八年間遣兵與之戰而奪其地。諸土酋多為英國之附庸，以迄於今。

第六卷　歐洲史與世界史之混合

英國擴充勢力於中國之邊境　當英國人平定印度內亂之秋，同時並伸其勢力於印度北東西之三部。印度北方邊境沿長六百英里，介於喜馬拉雅山及恆河間者有人種曰廓爾喀者居之，時起騷擾。往往下山劫掠，村落為墟。盜首數人組織同盟，附屬於一總督，占據尼泊爾自號王國。屢思南下以占恆河流域一帶地。卒於西元一八一四年至一八一六年間為英國人所敗。英領印度之國境遂與中國之西藏接觸。

緬甸之合併　當英國人與馬拉塔及尼泊爾戰爭之日，正緬甸人西犯孟加拉地方之時。緬甸人初不知歐洲人軍隊之強盛，以為不難一戰而敗之。不期於西元一八二四年至一八二六年間為英國人所敗，並割孟加拉灣東岸一帶地於英國。英國人之勢力從此遂及於印度之外。至西元一八五二年英緬甸之間再起戰爭。英國人遂奄有伊洛瓦底河流域及仰光以南沿岸一帶地。

信德及旁遮普諸地之征服　英國人既征服緬甸之地，乃轉而注意印度之西北境。沿印度河兩岸之地名信德者肥沃異常。有土酋統治之，頗不馴，為英國人患。英國人藉口其政治腐敗政府無能，於西元一八四三年遣兵入侵其地，遂滅之，據其地為己有。不久英國人又與信德西北之錫克種人戰，又得印度河上流旁遮普之地。英國領土之境遂與阿富汗相接。英國人於武力侵略政策以外並用「和平同化」之策。當總督達爾豪斯（Dalhousie）在任時代（西元一八四八年至一八五六年），凡遇土酋絕嗣時莫不改其保護國為行省焉。

印度不滿英人之原因　英國人武力侵略之跡既著，印度人大恨。英國領土中之王族及官吏因失勢而抱怨；至於附屬國中之土酋亦頗厭英國人之壓制。回教徒既恨基督教之入侵，又痛一己勢力之被奪。而馬拉塔人亦以英國人作梗不能實現其馬拉塔帝國之計畫，故對於英國人無不側目。

第二十四章　十九世紀中之英國殖民地

脂肪彈筒之激變　印度亂機之四伏既如上述，至西元一八五七年英國人有整頓軍隊之舉，亂機遂發。蓋當西元一八五六年英國人鑒於法國人所發明之新槍便捷可用，遂購而給諸印度兵。新槍實以紙造之彈筒，內裝火藥及子彈。為裝彈便捷起見，筒外塗以脂肪。唯兵士須以齒齧去筒之一端以便著火。

兵變　英國政府之引用新槍也，初不想及印度士兵之宗教習慣。印度人手觸牛脂視為較死尤惡，回教徒之視豕脂也亦然。英國政府聞之，允廢新槍而不用。軍心為之稍定。西元一八五七年五月密拉特之兵士不願使用新彈，英國人處以監禁十年之罪。印度兵群起不平，遂叛。五月十一日德里城中兵變，盡殺城中之英國人，並圍困英國之駐防兵。不數日間印度之西北部無不叛亂。勒克瑙城人口凡七十萬，亦起而與英國人抗，困英國兵士於壘中。城南四十英里之地有坎普爾城，其地英國人之被殺者凡千人。至七月中旬凡奧德及西北一帶地均叛英國而獨立。

叛亂之平定　密拉特之兵既叛，東印度公司總理急電孟買、瑪德拉斯、錫蘭諸地求援。其時叛亂之地雖無鐵道，幸有電線故消息靈通。名將柯林‧壩貝爾為拿破崙戰爭及克里米亞戰爭中之老將，率兵來援勒克瑙。至十一月竟解其圍，而英國兵士之困守者至是蓋已六閱月。其時印度兵亦有忠於英國人者，英國人又得沿海諸省之援助，各城之叛相繼平定。至十一月下旬亂事已平，然英國人所費亦不貲矣。英國人之懲辦叛黨其殘酷亦正不亞印度人也。

女王維多利亞之獲得東印度公司政權　兵變既定，英國國會遂實行改革印度政府之舉。東印度公司之統治印度者前後凡二百五十餘年，至是乃奪其政權歸諸英國之中央政府。西元一八五八年十一月女王下令凡東印度公司所訂之條約一概繼續有效；印度諸王之權利照舊維持；印度之宗教自

第六卷　歐洲史與世界史之混合

由一概仍舊。另派總督一人以代昔日之公司總理。公司董事之權讓諸新設之管理印度大臣。廢德里之蒙古皇帝。西元一八七七年一月一日維多利亞進稱為印度皇后。至今印度之人口得三百兆人，面積得一百七十七萬三千方英里，均屬英王治下。

兵變後之進步　英國政府之在印度者自兵變後注其全力於國內之改革及西北境之保護。士兵之數日減，白人之數日增，凡砲兵純以英國人充之。於西元一八六〇年及一八六一年適用英國之法典及刑律。建築鐵道不遺餘力，軍事上得朝發夕至之功，商業上有運輸便利之益。紗廠林立，城市勃興，印度之海外商業七十年來增至二十倍。報紙凡八百種，以二十二種方言印刷之。振興教育，學校蔚起，全國學生得五百萬人。

印度自治之發端　總之今日之印度工業及教育之革命正在進行；而參政運動亦正在開始。英國政府深知此種民族精神之不可遏，於一九一五年，一九一六年及一九一七年通過三案以謀印度自治之進行。建設立法機關一，包二院。二院議員以民選者居其多數。各省亦許其建設立法機關，並多予土人以充任官吏之機會。然至今印度人尚以為未足，頗有主張脫離英國而完全自治者。故各地人民時有革命或暴動之舉，英國政府幾有窮於應付之勢也。

第二節　加拿大領地

《魁北克議案》　當西元一七六〇年英國人建設政府於加拿大時，英國人之在加拿大者僅得二十六萬五千人，其餘均法國人也。英國、法國兩國人因人種、語言、法律及宗教之不同，故此疆彼界畛域極明。英國人人

第二十四章　十九世紀中之英國殖民地

地生疏，故其政治設施多不適當。至西元一七七四年美國將獨立之際，英國人深恐加拿大人之攜貳，故英國國會通過著名之《魁北克議案》——為英國史上最重要議案之一。其時各國尚無信教自由之規定，而該案竟承認基督教，許教士得徵收教稅，維持法國之民法，並聽法國習慣之存在。

保王黨之在加拿大者　當美國獨立時加拿大人多忠於英國。法國人雖援助美國，而保王黨之自美國入加拿大者紛至沓來，安居樂業。若輩多居於濱海諸省及上加拿大，自稱為統一帝國保王黨。至西元一八〇六年保王黨之自美國移入加拿大者計有八萬人之多——英國政府亦每予以新地及補助費以提倡之。

加拿大之行省　自後英國人入居加拿大者其數日增，加拿大之政府遂有不得不改組之勢。西元一七九一年英國國會議決建設代議政府於加拿大。分其地為二省：沿大湖一帶者為安大略省，在下加拿大者曰魁北克。

法國人之忠於英國　加拿大既設新政府，英國人與法國人均能忠於英國。西元一八一二年美國擬侵入加拿大時該地英國、法國兩國人莫不一致禦侮，即其明證。蓋居於安別厄阿之保王黨尚懷舊日被逐之恨，而法國人亦群起而援助之。美國人入侵之計既敗，加拿大人對美國之感情益惡，並疑美國有兼併之野心。

加拿大之叛　加拿大兩省人民雖對美國有一致之象，而在國內則時起紛爭。其時上加拿大（即今日之安大略）之政權操諸保王黨人之手。若輩大都屬於昔日之保守黨，其握政權之團體世人稱之曰「家屬團體」，因多係親戚故舊也。其時進步黨人頗恨政府之不負責任，遂於西元一八三七年有叛亂之舉。至於下加拿大（即今日之魁北克）之法國人亦舉兵叛亂。兩處叛亂不久平靜。英國政府於西元一八四〇年派得漢（Durham）赴加拿大調查該地之實況。其報告力言應予殖民地以自治之權利。自此以後英國對

第六卷　歐洲史與世界史之混合

待殖民地之政策為之一變。凡殖民地之有自治能力者無不允其自治。此實政治史上一大革命也。至今英國之殖民地甚至有與他國締約之權，與獨立國家幾無區別。得漢報告之結果加拿大二省遂統於一責任政府之治下。

加拿大之聯邦　統一議案為他日加拿大聯邦之先聲，西元一八六七年英國會通過英屬北美洲議案，安大略、魁北克、新不倫瑞克及新斯科細亞諸省為加拿大領地，並規定其他諸地亦得隨時加入。聯邦憲法上規定設總督一人為英王之代表；上議院一，其議員由總督任命之，任期終身；下議院一，由民選議員組織之。聯邦計畫自一八六七年七月一日實行──是日至今為加拿大之國慶日。

加入聯邦之新省　加拿大自聯邦政體成立之後，物質發達甚為迅速；民族精神亦漸顯著。加拿大西部一帶地先為領地，再為行省，正與美國發展其西部領土之步驟同。西元一八六九年哈德遜灣公司二百年來所有之領土售諸聯邦政府。次年設曼尼托巴省。西元一八七一年不列顛屬哥倫比亞加入聯邦。二年以後王子愛德華島亦如之。一九〇五年阿爾伯塔及薩斯喀徹溫兩省亦來加入。至今僅紐芬蘭島尚在聯邦之外。外人之移入加拿大者日漸增多。當西元一八二〇年時加拿大之人口不過五十萬餘，至十九世紀末年已達五百餘萬，至今幾達八百萬。

民族精神之發達　加拿大雖為英國領土之一，而民族精神竟甚發達。又因有保護關稅及政府之補助，故實業發達亦有一日千里之勢。在昔加拿大與美國間因有互惠條約，故商業關係極為密切。自美國南北戰爭以後關稅之率增高，與加拿大之商業關係頓生障礙。其結果則加拿大轉視英國為其實業之同盟。自西元一八七〇年以後保守黨領袖約翰·A·麥克唐納（John A. Macdonald）力主「國家政策」以保護加拿大利益為目的。此後保守黨及進步黨均盡力使加拿大成為實業獨立之國家。此種「殖民地之民族

第二十四章　十九世紀中之英國殖民地

主義」，前總理洛里埃（Laurier）提倡尤力。觀於一九一一年加拿大之反對美國商業互惠計畫，足見美國合併加拿大之野心絕無實現之希望。是年選舉之結果保守黨捲土重來，其領袖博登（Borden）極主與母國連繫，並增加關稅以抗美國。

第三節　澳洲殖民地

澳洲為無人之境　當十九世紀英國人占據澳洲殖民地時——包括澳洲、塔斯馬尼亞、紐西蘭及其他小島——如入無人之境。蓋澳洲及塔斯馬尼亞之土人為數本不甚多，性情亦非好勇狠鬥者。故英國人之往殖民者頗能自由發展其民主之政府。既不若加拿大之有歐洲人，又不若印度之有異族。

澳洲之富源　澳洲及塔斯馬尼亞之面積合計約有三百餘萬方英里，紐西蘭一島亦大於大不列顛。澳洲大部分雖位於溫帶之中，然北部接近赤道之地夏季乾燥異常。洲之中部水量尤缺，不宜居人。故殖民地之繁盛者偏於東南兩部。極南之墨爾本城之在南半球，其緯度與北半球中國之天津相似。澳洲產金、銀、煤、錫、銅及鐵。塔斯馬尼亞與紐西蘭則風景美麗，氣候宜人，土壤亦遠較澳洲為沃。

昔日澳洲之探險　英國人之占有澳洲始於十九世紀。在昔初入其地者似以葡萄牙人為最早。然其地不著。試觀伊莉莎白時代地圖上所繪澳洲之簡陋，即可見當日歐洲人對於澳洲之知識如何。西元一六四二年荷蘭航海家塔斯曼（Tasman）發見一島，即以其名名之曰塔斯馬尼亞。同年彼並發見澳洲東方諸島，以荷蘭之地名名之曰紐西蘭。然荷蘭人並不占據其地。

第六卷　歐洲史與世界史之混合

日後英國人庫克（Cook）有著名之航行，澳洲諸地遂引起英國人之注意。彼於西元一七六九年至一七七〇年間環繞紐西蘭島一周，乃西向而達澳洲之東岸，見其植物繁茂故名其地為植物灣。遂以英王名義占其地。因沿岸一帶之風景極似英之威爾斯，故名其地曰新南威爾斯。

澳洲殖民地之建設　西元一七八七年英國政府流國內罪人於澳洲之植物灣，是為英國殖民於澳洲之始。灣南有良港，發達而成今日之雪梨城，為新南威爾斯州之都會，此州為澳洲聯邦六州中之建設最早者。塔斯馬尼亞於西元一八〇四年建設殖民地，其首都曰荷巴特。西澳一州之初亦為罪人遠戍之所。墨爾本附近一帶之殖民地於西元一八五一年聯合而成維克多利亞殖民地。不久雪梨以北地方亦組織而成昆士蘭殖民地。至於南澳一州其都會為阿得雷德，自始即為自由民殖民之地，而非罪人流寓之區。西元一八五一年澳洲金礦發見後，英國人之赴澳洲者日眾。殖民地既富且庶，遂反對英國流入罪人之舉。英國政府不久乃中止之，廢昔日之軍政而代以民政。各州亦漸得自治之權。

澳洲共和之成立　各殖民地之言語制度既屬相同，則聯合之舉勢所必至。聯邦之事早已有人主張。迨西元一八九一年各殖民地代表有組織憲法會議之舉，編訂聯邦憲法，由人民批准之。一九〇〇年英國國會通過議案，根據澳洲新憲以建設澳洲共和。聯邦中計六州——新南威爾斯、塔斯馬尼亞、維多利亞、昆士蘭、南澳州及北澳州——其組織與北美洲合眾國無異。聯邦中有總督一，為英王代表。國會分二院。上議院由各州各選議員六人組織之，下議院則以民選之代表組織之。政權之大以下議院為最。凡商業、鐵道、幣制、銀行、郵電諸政、婚姻及工業、公斷等均由下議院規定之。

紐西蘭之殖民　離澳洲東南千二百英里之海中為紐西蘭島所在地。英

國人之赴其地者始於十九世紀之初半期。西元一八四〇年英國人與其地土人曰毛利者約,令若輩承認英國女王維多利亞為其君主,而英國人則予以一定之居地。英國人於北島上建奧克蘭城。二十五年後紐西蘭自立為殖民地,以威靈頓為都會。其時英國人所建之紐西蘭公司盡力於殖民事業之發展,不久漸侵入土人所居之地。西元一八六〇年及一八七一年土人起叛者凡二次,均不久而平。

紐西蘭之社會改革 紐西蘭近年來有種種社會之設施激起世界各國人士之注意。十九世紀末年其地之工人頗占勢力,竟能實行種種改革以利工人。言其著者如特設法院以審理工人與資本家之爭執。並規定貧民養老金。同時並設法限制私人之廣擁土地,凡地廣者加以重稅,地狹者則否。女子與男子同享有選舉之權。

維多利亞之改革 維多利亞之種種社會設施亦正不亞於紐西蘭。其政府設法禁止工業上之苦役。設立工人與資本家合組之公會以規定薪資多寡及工作之標準。祕密投票制亦始創於澳洲,故世稱為「澳洲投票制」。此制已風行於英國、美國矣。

第四節　非洲殖民地

南非方面英荷之戰 英國人侵略非洲之中心有二:一在極南之好望角,一在極北之埃及。英國人在埃及方面之發展後當再詳。至於海角殖民地則當拿破崙戰爭時代英國人已自荷蘭人手中奪來。至西元一八一四年維也納會議承認該地永屬於英國。是時海角殖民地中有歐洲人二萬五千,大部皆荷蘭人。十九世紀以來雖有英國人移入其地,然大部至今仍屬荷蘭人

311

之苗裔。此地之荷蘭人強壯而頑固。性格雖和平，然極不願受他人之干涉。英國人既得其地，遂著手於改良地方政府及司法機關，強迫人民適用英語。至西元一八三三年並廢奴制。

荷蘭農民之北徙 荷蘭在南非洲之農民世稱為波耳者因不堪英國人之虐待，於西元一八三六年至一八三八年間移往北部內地者凡萬人，渡奧倫治河向東北以建設殖民地。自後荷蘭農民再向東北兩方而進占納塔爾及川斯瓦諸地。是時該地草萊未闢，無人注意，故荷蘭農民頗有自由發展之樂。

英人侵占納塔爾及奧倫治河殖民地 然納塔爾為濱海之區，英國人極不欲有敵國之在其側。故英國人遣兵入占德爾班。西元一八四二年英國兵與荷蘭人戰而敗之，荷蘭人恨英國人益甚。英國人殊不顧。六年之後英國人奪荷蘭農民所建之奧倫治河殖民地。

英人承認川斯瓦殖民地之獨立 荷蘭農民至是又再向北走。渡瓦爾河而建川斯瓦殖民地。英國人以為該地多係荒蕪之區，僅足供畜牧之用，故絕無兼併之意。乃於西元一八五二年與該殖民地訂約承認川斯瓦地方之獨立，維持其「自治之權利，英國政府斷不加以干涉」。二年以後英國人並承認奧蘭治自由邦（即昔日之奧倫治河殖民地）之獨立。

英人兼併川斯瓦共和國 荷蘭人之在川斯瓦地方生活樸野，既無政府亦無慾望。與其地之土人常起爭執。英國人遂藉口荷蘭農民之舉動未免擾亂英國屬地之和平，於西元一八七七年入占川斯瓦共和國。英國人此種舉動荷蘭農民實不能堪，乃於西元一八八〇年叛。次年在馬朱巴山地方殲滅英國軍隊之一部分。

格萊斯頓再允荷蘭農民之獨立 是時英國國內格萊斯頓秉政。不顧主

第二十四章　十九世紀中之英國殖民地

張帝國主義者之要求報復竟允荷蘭農民之獨立。彼與川斯瓦之臨時政府締結條約許其自治，唯須承認英國女王為元首；外交上亦須受英國人之監督。荷蘭農民以為此約並非出於英國人之大量，實為武力所迫而來，故決意非得完全獨立不可。西元一八八四年果得再與英國訂約，除外交仍受英國人監督外，英國承認川斯瓦為自由獨立之國家。

川斯瓦金礦之發見　不意次年（西元一八八五年）川斯瓦南部忽有金礦之發見。昔日人所唾棄之地至是一變而為極有價值之區。於是開礦者投機者趨之若鶩，不久而人口竟增至三倍。外人之數日增，荷蘭農民之數相形見絀。荷蘭農民遂設法以阻止外人之入籍或獲得公權。

英人在川斯瓦者之反抗　英國人在川斯瓦者乃提出抗議。略言地瘠人稀之區能一變而為富庶之地者英國人之力也；幾瀕破產之政府經濟忽然充裕者英國人之力也；該地之盛衰既與英國人有切膚之關係，則英國人當然應享參政之權利。英國人曾欲設法修改川斯瓦之憲法，終歸失敗，乃於西元一八九五年謀叛。

詹森侵掠　此次川斯瓦地方英國人之謀叛，羅茲（Rhodes）實提倡之。彼蓋海角殖民地之總理而且兼不列顛南非公司之總裁。相傳彼並受英國政府中人之指使。西元一八九五年公司經理詹森博士（Dr. Jameson）頗欲實行羅茲之計畫，乃率公司中之軍隊向川斯瓦而進，以冀在約翰尼斯堡地方之英國人之響應。不意事機不密，所有叛徒均為荷蘭農民所擄。

總統保羅・克魯格不願與英人言和　此次「詹森之侵掠」適足以增加英國人與荷蘭農民間之惡感。而荷蘭農民亦得藉口自衛大購軍械。川斯瓦共和國之總統保羅・克魯格極不願與英國人言和。其時彼之勢力極大，絕不顧外人之要求，而且與南方奧蘭治自由邦訂攻守同盟之約。

荷蘭農民之戰　英國人至是宣言荷蘭農民之居心在於侵占南非洲之英國人殖民地，而荷蘭農民則謂英國人之言無非欲藉此為兼併荷蘭農民所建設之兩共和國之口實。西元一八九九年川斯瓦與奧蘭治自由邦竟與英國宣戰。荷蘭農民戰爭殊力，而英國人之策略殊不得法。英國人中頗有以與荷蘭農民戰爭為恥者，而其他諸國人──德國人尤甚──亦多表同情於荷蘭農民。然他國迄無起而干涉者。英國人始敗終勝，卒兼併二共和國為己有。

南非聯邦之成立　英國人既得有南部非洲之地，統治有方，與其他諸殖民地同亦予以自治之權利。一九一〇年英國國會議決建設南非洲聯邦，一仿加拿大與澳洲之例。聯邦中包有海角殖民地、納塔爾及二共和國──奧蘭治自由邦及川斯瓦。聯邦之元首以英王所遣之代表充之，並有國會一。當一九一四年歐洲大戰開始時，德國頗望南非洲荷蘭農民之起叛。不意聯邦總理波塔（Botha）將軍十五年前本為荷蘭農民之軍官，不但平定一部分荷蘭人之叛亂，而且征服德國所屬之西南部非洲領土。同時英國所屬之南非洲軍隊又侵入德國所領之東非洲，並遣兵入歐洲大陸以助戰。此蓋英國人給予殖民地以自由及自治之效果云。

其他英屬非洲領土　此外英國人在非洲並有黑人所屬廣大領土三處。在海角殖民地之北者有貝專納保護國，其土人性情和平。在貝專納及川斯瓦之外者又有羅德西亞一區，於西元一八八八年及一八九八年為不列顛南非公司所兼併，卒成英國之保護國。在非洲東岸者向內地至尼羅河源諸大湖止有英國所屬之東非洲領土。此地為自南北上蘇丹及埃及之要區，故形勢上極為重要。

此外英國人又於一八八四年在曼德海峽上得索馬利蘭之地。在非洲西岸者英國人之勢力中心有五：即甘比亞、獅子山、黃金海岸、拉哥斯及奈

及利亞是也。昔日凡此諸地皆係英國人販賣黑奴之要埠，至今則英國人頗能盡力於開化土人，修明政治以自贖前愆焉。

南非洲之鐵道不一而足。其一自海角城北上而至洛諦西亞之邊境。英國人曾有建築自海角至開羅鐵道之計畫。然西北有比利時之剛果自由國，東北有德國所屬之東非洲，英國人之計畫因之被阻。然自一九一四年以來南非洲荷蘭農民有戰勝南非洲德國人之舉。故英國人建築直貫非洲鐵道之計畫頗有實現之希望。大戰告終，德國所領之東部非洲委任英國管理之，德國所領之西南部非洲則交諸南非洲聯邦管理之。

第六卷　歐洲史與世界史之混合

第二十五章
十九世紀之俄羅斯帝國

第一節　亞歷山大一世與尼古拉一世在位時代

俄羅斯與西歐之關係　五十年來俄羅斯與西部歐洲之關係漸形密切。其文化程度雖不甚高，然五十年來頗能盡力於改革以成近世之國家。至二十世紀初年頗有革命建設民主政府之傾向。國內名人之著作多流傳於國外。托爾斯泰（Leo Tolstoy）之名著尤受世人之傳誦。魯賓斯坦（Rubinstein）及柴可夫斯基（Tchaikovsky）之音樂其風行於倫敦、紐約諸城，正與在聖彼得堡與莫斯科同。即就科學方面而言，門得列夫（Mendeleev）之化學與梅契尼可夫（Mechnikov）之生理學在德國、法國、英國、美國，亦復負有盛名。俄羅斯人口甚眾，將來在世界文化上必能有所貢獻。故西部歐洲文化如何輸入東部歐洲之情形不能不詳述之。

亞歷山大一世之參預西歐政治　當西元一八一五年亞歷山大一世（Alexander I of Russia）自維也納會議返國時聲威殊盛。彼本有功於拿破崙之敗亡者，又能聯合西部歐洲各國之君主以組織神聖同盟，其得意可想。然彼之利害當然以本國為主。彼之領土占歐洲之大半，至於亞洲北部一帶之廣袤更無論矣。

俄羅斯帝國內部之複雜　亞歷山大一世之領土中人種甚雜，各民族之習慣、語言及宗教無不相異。有芬蘭人、波蘭人、德國人、猶太人、亞美

第六卷　歐洲史與世界史之混合

尼亞人、喬治亞人及蒙古人。俄羅斯人雖繁殖於歐洲俄羅斯之南部及西伯利亞，在國內為數甚多；俄羅斯之語言文字亦通行於學校及政府中。然芬蘭大公國中之人用其本國語及瑞典語有同獨立之國。至於波蘭人則無日不回想昔日王國之光榮以冀其恢復。

當亞歷山大一世在位時代俄羅斯人多鄉居，蓋其時城市甚小遠不若西部歐洲諸城之宏麗。鄉居者大半皆佃奴，其狀況與十二世紀時英國、法國之佃奴無異。

皇帝之專制　俄羅斯皇帝自稱為「所有俄羅斯之專制皇帝」，故權力之大與法王路易十六同。宣戰媾和唯意所欲；任免官吏極其自由；對於人民則逮捕之，監禁之，放流之，殺死之，不受他人之限制。即俄羅斯之教會亦在其監督之下。為官吏者絕不作對人民負責之想，腐敗專制無所不為。

亞歷山大何以反對革命及維新　亞歷山大一世即位初年本懷維新之思想。然自維也納會議後態度忽變。漸畏人民之革命，與舊俄羅斯黨聯合以反對維新為事。不久俄羅斯皇帝並痛罵維新主義為幻想，有妨社會秩序之全部。命官吏盡力於新黨之抑制。檢查出版極嚴，新派之雜誌莫不被禁；大學中之教授科學者均被免職。然國人之留心西部歐洲革命運動者實繁有徒；誦西部歐洲之新書者亦正不一而足。

十二月之叛　西元一八二五年十二月一日亞歷山大一世忽去世。國內革命黨乘機而叛，即世稱「十二月之陰謀」是也。組織未當，不久即敗，其領袖頗有被殺者。

波蘭人之叛　尼古拉一世（Nicholas I of Russia）既即位，極恨十二月之叛，故專制特甚。因專制太過，乃激起波蘭人之叛。昔日亞歷山大一世

第二十五章　十九世紀之俄羅斯帝國

所頒之憲法至是竟違背之。俄羅斯兵之入駐其地者甚多。並強以俄羅斯人為波蘭之官吏。波蘭國會有所要求，俄羅斯政府亦每置之不理。波蘭人遂多組織祕密團體以謀恢復昔日之共和國。西元一八三〇年華沙之波蘭人叛，占其城，逐俄羅斯之官吏而出之，設臨時政府，求援於歐洲各國。西元一八三一年一月二十五日，宣布獨立。

叛亂之平定　然歐洲各國絕無應之者。俄羅斯軍隊既入波蘭，亂事遂平。俄羅斯皇帝尼古拉一世之對待亂黨殊為殘酷。撤其憲法，停其國會，廢其國旗，移波蘭人四萬五千戶於頓河流域及高加索山中，波蘭至是遂夷為郡縣。

尼古拉一世之深信專制　尼古拉一世以為欲救宗教及政府之「凋零」，非維持專制政體不可，蓋人民之誤視破壞思想為文化者唯專制政體足以阻止之。俄羅斯之希臘教會及其教義非始終保存不可。國民應獨樹一幟以維持其過去之信仰及制度。其時朝廷官吏多以現代制度為滿足，不欲多所更張。

尼古拉之抑制維新　尼古拉一世藉口於維持民族精神，盡力阻止維新主義之發達。國內官吏亦復抑制自由不遺餘力。凡關於宗教及科學之書籍均須經警察及教士之檢查；凡外國政治著作之輸入者則沒收之；其稍涉維新之處則由檢查者刪去之。官吏並公然拆閱人民之私札。此種專制情形至二十世紀初年革命時方為之一變。

第二節　佃奴之解放及革命精神之發達

亞歷山大二世之即位　西元一八五四年俄羅斯因欲伸張其勢力於土耳其，乃有與英國、法國戰爭之事。俄羅斯軍隊大敗，其在克里米亞半島上之根據地塞瓦斯托波爾為聯軍所占。戰事未終而尼古拉一世死，其子亞歷山大二世（Alexander II of Russia）即位。凡與敵言和澄清吏治以及增進人民幸福諸責任皆將由彼一人負之。

佃奴之狀況　俄羅斯之人民半係佃奴。其生活之困苦與其身體之不自由實為進步及隆盛之障礙。為地主者每自占其領土之一部分，分其餘以予佃奴。佃奴一年所得幾不足以自給。為佃奴者每星期為地主工作者凡三日。凡有爭執訴諸地主，地主得自由鞭笞之。其地位之卑下而困苦與牛馬殆無以異。

農民之叛　佃奴因不堪其苦故常有叛亂之舉。當葉卡捷琳娜二世在位時代農民起而作亂，全國響應，平定之日死者極眾。當尼古拉一世在位時代農民作亂前後不下五百餘次。日後政府雖防止極嚴，然叛亂之舉可斷其有增無減也。

佃奴之解放　亞歷山大二世深恐農民之再叛，決意解放國內四千萬之佃奴。幾經討論乃於西元一八六一年三月三日下令解放國內之佃奴。然彼又慮地主之損失過大，故對於解放佃奴之舉並不徹底。政府雖剝奪地主鞭笞佃奴及主持婚姻之特權，並禁地主不得強佃奴工作或納稅。然為佃奴者仍終身附屬於田地，蓋佃奴無政府護照者不得擅離其村落也。地主雖交出其領土之一部分，然佃奴個人仍一無所得，蓋所有田地仍屬諸村落之全體也。各村之地每於定期中重新分配於各戶，俾無永久占有一地之機會。

第二十五章　十九世紀之俄羅斯帝國

　　至於政府之對待地主異常寬大。不但規定農民有繳交地價之責，而且政府所定之地價亦遠較其真值為高。其價由政府代付，由農民分期償還。因此農民之自由與罰作苦工之罪人初無少異。故佃奴每有鑒於政府之虐待不願解放者。是時農民之叛亂者凡數百次，政府每用力以剷平之。迫農民收受「自由」，並納地稅。

　　凡村中人口增加者則各人所分得之田地當然減少，生活之機會亦因之日減。今日俄羅斯之農民被解放者雖已六十年，而農民所有之地尚不及原來分配所得之半。農民常有餓死之虞，國課之徵亦每不能應命，故一九〇五年皇帝下令免其積欠，蓋明知農民永無補繳之能力也。不久又下令允農民得自由離其村落求工作於他處。同時並許其私有田地。古代村落制至是遂廢。

　　虛無主義之本意　亞歷山大二世在位時代政府專制。國內知識階級漸發生一種反抗之精神，即世上所稱之「虛無主義」是也。其初並非一種恐怖主義，不過一種對於國家教會及種種惡劣舊習之知識上與道德上之革命耳。其主張以理性為人類之明星，正與伏爾泰、狄德羅及百科全書家之主張無異。

　　恐怖主義之起源　其時朝廷官吏頗疑改革黨常逮捕之。國中監獄每有人滿之患，則流之於西伯利亞。皇帝與警察似皆為進步之仇敵。凡主張革新者視同巨犯。夫警察既禁止人民之集會，則代議政治寧復有和平進行之望？故當時之熱誠改革者群以為除與專制腐敗政府宣戰外別無他法，以為政府之專制無非欲吸收人民之脂膏以自肥耳。故官吏之惡行不得不暴露之；政府之專制不得不恫嚇之；國情之不堪不得不用激烈舉動以激起世界之注目。故改革者之一變而為恐怖者並非性喜流血也，實以非此不足以推倒專制之政府而拯救可愛之國家也。

恐怖主義之實現 自西元一八七八至一八八一年間恐怖主義乃竟實現。而政府亦以恐怖主義抵抗之。當西元一八七九年革命黨之被絞殺者十六人，被禁於聖彼得堡獄中或被放於西伯利亞者亦以數十計。恐怖黨人亦遂行報復之舉，盡力加害於皇帝及其官吏。曾有學生某思刺皇帝而不中。又有擲炸彈於皇帝所乘之專車者。又有假裝木匠潛入聖彼得堡之冬宮中以謀刺者。

亞歷山大二世之讓步 政府中人既知強抑革命之無用，乃勸皇帝讓步以平革命黨之心。請其頒布一種憲法，允召集民選之國會，為諮詢立法之機關。然為時至是已晚。當彼允許立憲之日之下午乘馬回宮，中途被刺而死，時西元一八八一年三月中也。

巴爾幹戰爭 亞歷山大二世在位時代之外交亦有足錄者。西元一八七七年俄羅斯以援助「南斯拉夫種人」——塞爾維亞人、蒙特內哥羅人及保加利亞人——之獨立為名，又與土耳其宣戰。俄羅斯雖戰勝土耳其，然有西元一八七八年柏林會議之開會，俄羅斯所得諸地仍復喪失。其詳情當於下章述之。

恐怖主義之衰微 亞歷山大二世既被刺而死，革命黨之執行委員會致書於其子亞歷山大三世（Alexander III of Russia）略謂：彼若不允代議政治言論自由，出版自由，集會自由諸要求，則彼將有性命不保之憂。不意新帝之意並不為之稍動，而警察之偵視較前尤密，撤回改革之計畫一返昔日專制之舊。恐怖黨知徒勞之無益乃稍稍斂跡，蓋其時人民尚無革命之心也。

保守黨之主張 亞歷山大三世（西元一八八一年至一八九四年）在位之日國內相安無事，然毫無進步之可言。人民雖受政府之壓制毫無抵抗之

意。稍有反對，則鞭笞監禁放逐之刑即隨其後。蓋亞歷山大三世之深信專制正與尼古拉一世同，以為自由與維新均足以亡國者也。

第三節　俄羅斯之實業革命

實業革命　然欲使俄羅斯「凍」而不化日難一日。蓋當十九世紀末年蒸汽機工廠制度及鐵道等引入國中，極足以促進民主思想之傳播，搖動數百年來俄羅斯之農民生活。俄羅斯天產雖富，對於機器之應用較西部歐洲諸國獨後。蓋資本稀少，交通不便，而政府中人又無提倡之者。

實業之驟興　佃奴之釋放雖有缺點，而獨有利於工廠之發達。蓋農民每得離其村落赴城市為工人也。當西元一八八七年至一八九七年間工業上出產品之價值增至一倍；工人之數自一百三十一萬八千零四十八人增至二百零九萬八千二百六十二人。莫斯科一城至是已成為紡織業之中心，機聲隆隆，宣布實業新世界之建設。今日俄羅斯之城市有人口十萬以上者得二十五處，就中聖彼得堡及莫斯科兩城之人口各在一百萬以上。實業最發達之區尤推人煙稠密之中西部俄羅斯。

鐵道　與實業發達同時並進者尚有鐵道之建築，大都由政府貸款於西部歐洲諸國而進行之。建築鐵道之目的大都以政治及軍事為主，然亦有以連繫實業中心為目的者。自克里米亞戰爭以後俄羅斯對於建築鐵道方始盡力實行，蓋當戰爭時因軍需運輸不便兵士大受苦痛故也。至西元一八七八年自首都至歐洲俄羅斯邊境之鐵道已達八千英里以上。至西元一八八五年向印度建築鐵道之事業開始進行，不久達阿富汗及中國之邊境。黑海裏海之間亦有重要鐵道之建築。

西伯利亞鐵道 俄羅斯建築鐵道工程之最大者首推西伯利亞線，蓋欲有事於遠東則軍隊與軍需之運輸非鐵道不可也。自聖彼得堡至太平洋岸之幹線於一九〇〇年造成。不久並築自哈爾濱至旅順口之支線。故歐洲人之旅行者自利哈佛經過巴黎、科隆、柏林、莫斯科、伊爾庫次克、哈爾濱以達海參崴，路程雖有七千三百英里，而沿途安適換車甚少。除幹路外並有支線，支線中除造成者外並有在計畫中者。將來中央亞細亞一帶必能漸成為人煙稠密之區。俄羅斯人之移民多東向者。

第四節　尼古拉二世在位時代之自由運動

尼古拉二世之專制 西元一八九四年尼古拉二世（Nicholas II）繼其父亞歷山大三世之帝位，年僅二十六歲。時人頗望其能以進步精神應付當日之困難。彼嘗遊歷西部歐洲諸國，即位之初即因聖彼得堡之警察官有妨害外國新聞訪員之舉動而監禁之。然尼古拉二世不久即使人民之主張革新者大失所望。彼宣言曰：「大眾須知吾將盡吾之力為國民謀幸福，然吾將如吾之父盡吾之力以維持專制君主之原理。」

檢查出版品 檢查出版較前尤嚴，僅一命令而禁書之數增加二百種之多。有名歷史家米留科夫（Milyukov）教授因其有「邪惡趨向」免其莫斯科大學教授之職，其餘教員亦警告其少談政事云。

同化芬蘭 尼古拉二世之專制表示於應付於芬蘭方面者尤著。當亞歷山大一世於西元一八〇九年兼併其地時雖強其承認俄羅斯皇帝為其大公，然仍允芬蘭得保存其舊有國會及立法之權利。芬蘭人極望有獨立之一日，在近日並為歐洲最進步民族之一。然至西元一八九九年尼古拉二世始有俄

第二十五章　十九世紀之俄羅斯帝國

羅斯化芬蘭之舉。遣殘忍性成之官吏如普勒韋（Vyacheslav von Plehve）等前往其地，以壓制其地之反對變更者。將芬蘭軍隊直隸於俄羅斯之陸軍大臣，除純粹地方事務外並奪其立法之權，而同時並以俄羅斯語代芬蘭語。一九〇四年六月十七日芬蘭上議院議員之子某刺死其地之俄羅斯總督隨即自殺。遺書略謂彼之出此純欲使俄羅斯皇帝注意其官吏之殘虐。新總督既接任，允其地之報紙恢復營業，並禁止俄羅斯人之干預選舉。一年以後俄羅斯皇帝因內憂外患之交乘遂允恢復芬蘭舊日之權利。

維亞切斯拉夫·普勒韋之殘暴政策　茲再述俄羅斯國內人民與政府之激烈奮鬥。當一九〇二年俄羅斯內務大臣因不為人民所喜而被刺，皇帝乃任命眾人所惡性情殘暴之普勒韋繼其任。此人本以摧殘革命黨及虐待芬蘭人著名者也。

猶太人之虐殺　普勒韋既就任，先從事於虐殺不奉國教之異教徒。猶太人所受之苦痛尤大。當一九〇三年基希訥烏及其他諸地有虐殺猶太人之舉，西部歐洲諸國無不驚震，猶太人之逃亡者以萬計，多赴美國。世人多謂此次虐殺普勒韋實主持之不為無因也。

立憲民主黨　普勒韋以為國內亂源出諸少數之異端，實為大誤。蓋國內之反對政府者有專門家、大學教授、開明之工商界中人及公心為國之貴族。此輩並無政黨之組織，然不久即得立憲民主黨之名。此黨黨人希望建設民選之國會，與皇帝及廷臣和衷共濟以立法而徵稅。並要求言論及出版之自由；集會討論國事之權利；廢止密探，任意逮捕人民及虐殺異教徒諸事；及改良農民工人之狀況。

社會民主黨　城市之中則有社會黨人，主張馬克思之學說。此黨除希望政府實行立憲民主黨之黨綱外，並希望將來工人之日多而且得勢，能據

政府中之要津以管理國內之土地礦產及工業，謀全國工人之利益，免少數富人之把持。然若輩並不信恐怖主義或暗殺舉動。

社會革命黨 與上述兩黨之主張和平相反者有社會革命黨，其組織較為完備。二十世紀革命時所有暴烈舉動類皆出諸若輩之手。此黨黨人主張政府若有抑制人民或吸收人民膏脂以自肥者，則人民有反抗之權利。黨中人每擇官吏中之最殘暴者加以暗殺，暗殺之後乃宣布其劣跡於國民。此外並由黨中執行部精密研究，將應殺官吏之名單先事預備。蓋若輩之殺人極具抉擇之能力，並非不分皂白者也。

日俄戰爭之影響 普勒韋之抑制愈厲，人民之反抗亦愈力，至一九〇四年而公開之革命開始。是年二月五日日本與俄羅斯之戰釁既起，國內維新黨人多以此種戰爭源於官吏處置之失當，有反於人道之主義及人民之利害。

俄羅斯之失敗 日本戰敗俄羅斯之陸軍，殲其海軍，圍困旅順口。俄羅斯之新黨中人頗引以為快。以為戰爭之失敗足以證明官吏之無能及其腐敗，並足以說明專制政體之不能應付危機。

普勒韋之被刺 國人之反對雖力，然普勒韋仍命警察禁止科學及文學之集會，放逐文人學士於西伯利亞。一九〇四年七月二十八日莫斯科大學畢業生某以炸彈擲殺普勒韋於馬車中。

國內之騷擾 是時國內之秩序大亂。而俄羅斯之軍隊在奉天以南屢為日本軍隊所逐而北退。沙河之役俄羅斯兵士之死亡者竟達六千人。其海軍之在遠東者全部覆沒，至一九〇五年一月旅順口失守。是時國內之收穫不豐，農民大飢，乃焚毀貴族之居室，以為貴族或因此而無家可歸，警察亦將無屯駐之所。

第二十五章　十九世紀之俄羅斯帝國

　　戰爭之中工商業俱為之停頓。工人同盟罷工之舉時有所聞。國民並知朝廷官吏有中飽軍費之事；購軍械之價雖付，而不得軍械之用；購軍需之價雖付，而不見軍需之來。尤其不堪者則雖紅十字會之經費亦復多所中飽，傷兵竟不得其實惠。

　　「**紅禮拜日**」　一九〇五年一月二十二日乃遇一可怖之事。聖彼得堡之工人上呈皇帝謂定於禮拜日將結隊赴皇宮親陳民瘼。蓋若輩已不信任其廷臣也。至禮拜日早晨，城中之男女及幼孩群集於冬宮之前，冀「小父親」之垂聽其疾苦。不意哥薩克騎兵以鞭笞驅散之，而禁衛軍竟開槍擊死人民數百人，傷者無算。此即世上所傳之「紅禮拜日」也。

　　文人之抗議　次日城中之主要律師及文人連名發表下述之宣言：「大眾應知政府已與全國國民宣戰矣。關於此點已無疑義，政府除求助於指揮刀及槍以外而不能與人民交通者是自定其罪也。吾人今集俄羅斯社會中之生力軍來援為人民而與政府宣戰之工人。」

　　俄羅斯皇帝召集國會　俄羅斯皇帝不得已於八月十九日下令召集國會，限一九〇六年一月以前開會。此會名雖代表全國國民，然僅一立法之諮詢機關而已。

　　同盟罷工　此令既下，維新黨之較和平者大失所望。蓋據其規定凡工人與從事於專門職業者皆無選舉之權也。於是十月下旬國內有同盟罷工之舉以強迫政府之俯從民意。國內鐵道停止行駛；巨城商鋪除售賣民食者外一律罷市；煤氣、電氣來源斷絕；司法機關停止職務；甚至藥鋪亦閉門不售，非俟政府允許改革不可。

　　皇帝之允許　此種狀況當然不能持久。是年十月二十九日俄羅斯皇帝宣言彼已命「政府」予國民以良心言論及集會之自由，並允凡第一次命令

中無選舉權者均得享選舉議員之權。最後並謂:「以後凡法律非經國會之同意者不能成立,永著為令。」

國會之開會　一九〇六年三月、四月間實行國會選舉之事。警察雖盡力干涉,而結果仍以立憲民主黨占大多數。其時議員之希望甚奢。若輩與西元一七八九年之法國全級會議議員同,以為有全國國民為其後盾。其對於皇帝之態度與當日法國議員對於法王路易十六及其廷臣亦不甚異。

國會之批評政府　然當時廷臣關於重要改革政策每不願與國會和衷共濟。至七月二十一日尼古拉二世宣言彼實「異常失望」,一因國會議員不以其應盡之職務為限,而批評皇帝應行之事務也。乃下令解散之,定一九〇七年三月五日為新國會開會之日。

騷擾之繼續　是年八月革命黨又行謀刺國務總理於其別墅之舉,不意未中,同時暗殺官吏之事仍復時有所聞。而所謂「黑百」黨者則實行虐殺猶太人及維新黨人。政府亦特設軍法院為專審革命黨人之用。一九〇六年九十月間被軍法院判決死刑者凡三百人。一年之中人民因政治原因被殺或受傷者竟達九千人。

災荒　是年冬日全國大飢。廷臣中竟有中飽賑款以自肥者。據當時某旅行家之報告謂彼遍遊八百英里之地,無一村落足以自給者。有幾處之農民竟以樹皮與屋頂之稻草為果腹之物。

村落之解放　一九〇六年十月皇帝下令許農民得離其村落而他往。十一月二十五日令農民得主有其所分得之地,並免其繳價。此舉實為村落公產制度廢止之先聲,至一九一〇年六月二十七日而告成功。俄羅斯之專制政體至是已難以繼續維持矣。

國會反對政府　嗣後俄羅斯之國會雖依期召集,然選舉法之規定極為

第二十五章　十九世紀之俄羅斯帝國

嚴密，故議員中類多守舊之徒，而政府中人亦盡力以阻止新黨之得選。然一九一二年所召集之第四次國會仍有獨立反對政府之精神，不得謂非一大進步。而俄羅斯皇帝始終以「所有俄羅斯之專制君主」自稱，朝廷官吏亦始終以摧殘自由原理及虐殺革命黨人為事。宜乎有一九一七年三月之大變，國事遂成不可收拾之勢也。

第六卷　歐洲史與世界史之混合

第二十六章
土耳其與東方問題

第一節　希臘獨立戰爭

土耳其為歐洲之亂源　吾人在前數章中曾屢提及土耳其之王與土耳其與其鄰國之紛爭，鄰國中尤以俄羅斯及奧地利之為患最烈。所謂「東方問題」者包括土耳其人之漸形被逐於歐洲以外，土耳其政府與財政之紛糾，及塞爾維亞、羅馬尼亞、希臘及保加利亞諸國之建設諸大端。吾人欲明瞭其內容，不能不先明白歐洲土耳其帝國之原始。

土耳其勢力之興衰　自穆罕默德創設回教以來回教徒與基督教徒紛爭不息。然至十四世紀時歐洲東南部方有回教徒入侵之險。其時有奧斯曼（Osman）者（西元一三二六年卒）率土耳其人征服小亞細亞一帶地，與歐洲之君士坦丁堡遙遙相對。此種土耳其人以其酋長之名名其族，故有鄂圖曼土耳其人之稱，以別於昔日十字軍時代之塞爾柱土耳其人。嗣後其勢力漸伸入小亞細亞、敘利亞、阿拉伯及埃及；同時並征服巴爾幹半島與希臘。至西元一四五三年東部羅馬帝國之首都君士坦丁堡陷入土耳其人之手，此後二百五十年間歐洲各國莫不慄慄危懼。不久土耳其人並伸其勢力於多瑙河流域幾達德國邊疆之上。威尼斯共和國與哈布斯堡王朝與土耳其人相持不下者凡二百年，至西元一六八三年土耳其人圍攻奧地利之維也納，然卒為波蘭王索別斯基（Sobieski）之援軍所敗。次年德國皇帝，波蘭

第六卷　歐洲史與世界史之混合

與威尼斯組織神聖同盟以與土耳其人戰爭者凡十五年，不久俄羅斯亦加入，至西元一六九九年土耳其人乃退出匈牙利。

葉卡捷琳娜二世得黑海濱之地　自後土耳其雖不能攻人，然其力尚足以自守。數十年間俄羅斯與奧地利雖欲乘機思逞終無進步。至一七七四年俄羅斯女帝葉卡捷琳娜二世竟得克里米亞及阿速夫海濱一帶地，俄羅斯在黑海上之根據實肇基於此。同時土耳其政府並予俄羅斯以保護土耳其境中基督教徒之權，至於所謂基督教係希臘派之東正教，非羅馬之天主教也。

俄羅斯在土耳其之勢力　此種讓步及其他種種條約關係似予俄羅斯以干涉土耳其內政之口實，與播弄土耳其基督教徒之機會。西元一八一二年當拿破崙東征俄羅斯以前，俄羅斯皇帝亞歷山大一世強迫土耳其割讓黑海濱之比薩拉比亞於俄羅斯。

塞爾維亞之建國　塞爾維亞人之作亂以叛土耳其已非一日。維也納會議後不久若輩竟能建設獨立之國家（西元一八一七年），都於貝爾格勒，唯入貢於土耳其而已。此實十九世紀中歐洲土耳其帝國瓦解之始。

希臘民族精神之興起　第二國之叛土耳其而獨立者為希臘。希臘人之反抗土耳其亦已非一日，頗激起全部歐洲人之同情。近世之希臘人雖非盡古代希臘人之苗裔，其所用之語言文字亦與古代不同。然至十九世紀初年希臘人之民族精神忽然勃發，國內學者力能使近世之希臘文字成為文學上之文字，並利用之以激起國人愛國之熱忱。

希臘之獨立　西元一八二一年摩利亞叛。希臘教之教士起而援助之，聲言必撲滅異教徒而後已。亂事既起，半島響應；雙方殺戮之慘正復不相上下。西元一八二二年一月二十七日希臘之國民議會發表獨立之宣言。

西歐表同情於希臘　在梅特涅心目之中以為此次希臘之叛亂更足以證

明革命之危險。然西部歐洲人士因希臘之叛亂以民族自由為標幟故極表同情。英國、法國、德國、美國諸國之知識界中人群起集會以表示其贊助之忱。至於歐洲之基督教徒則群以希臘人之叛亂為一種反對異教虐待之正當戰爭，源源以軍隊與軍餉接濟之。假使西部歐洲諸國不起而干涉者，則希臘之獨立或竟無成功之日亦未可知。

諸國之干涉 歐洲諸國間關於希臘叛亂之協商茲不多贅。西元一八二七年英國、法國、俄羅斯三國締結《倫敦條約》，其理由以為流血戰爭使希臘及附近諸島為「紛糾之犧牲，而且天天產生歐洲商業上之新障礙」，非設法阻止之不可，故三國間有協力以解決困難之規定。土耳其政府不允諸同盟之調停，其海軍遂於西元一八二七年十月在納瓦里諾地方為聯軍所殲滅。土耳其政府乃宣布神聖戰爭以撲滅不信回教者，尤切齒於俄羅斯人。然俄羅斯力能抵抗土耳其人，不但竭力援助希臘之獨立，而且強迫土耳其政府允瓦拉幾亞及摩爾達維亞之獨立，為他日羅馬尼亞王國建國之首基。土耳其至是已無能再抗西部歐洲之聯軍。西元一八三二年希臘王國乃完全獨立，迎立巴伐利亞親王鄂圖為王。

第二節　克里米亞戰爭
（西元一八五四年至一八五六年）

土耳其國內基督教徒之保護問題 西元一八五三年俄羅斯皇帝忽又得一干涉土耳其內政之口實。其時土耳其之基督教徒向俄羅斯皇帝訴稱凡基督教徒之朝謁聖墓者每被土耳其人所阻，不能自由瞻仰各聖地。俄羅斯本以基督教徒之保護者自居，至是俄羅斯駐土耳其之大使要求土耳其政府予

俄羅斯皇帝以保護所有土耳其國中基督教徒之權。

英法對俄之宣戰 此種消息達到巴黎之後，法國新帝拿破崙三世本急於參預歐洲政局者宣言根據法國與土耳其所訂之條約，凡保護舊教教徒之權利應由法國享有之。同時英國深恐俄羅斯占有君士坦丁堡足以斷其通印度之路，亦勸土耳其政府毋允俄羅斯之要求。當俄羅斯軍隊入侵土耳其時，英國、法國竟合力以助土耳其，於西元一八五四年對俄羅斯宣戰。

克里米亞戰爭 此次戰爭所以稱為克里米亞戰爭者，蓋因戰爭中最烈之舉為英國、法國兩國軍隊合攻克里米亞南部之塞瓦斯托波爾城，費時甚久，流血甚多之故。聯軍每勝一次，其損失每甚大。英國軍隊因國內餉糈不能源源接濟故受苦甚烈。巴拉克拉瓦與因克爾曼之二役英國、法國聯軍之損失與苦痛均甚龐大。然俄羅斯亦因軍隊損失甚多，軍官之無能而腐敗，及塞瓦斯托波爾之失陷，無心久戰。而且奧地利又將有援助聯軍之舉，俄羅斯益懼。故西元一八五六年俄羅斯新皇帝亞歷山大二世允媾和於巴黎。

《巴黎和約》 《巴黎和約》承認土耳其帝國之獨立，並擔保其領土之完全。自此土耳其得列於歐洲諸國之林，不再以野蠻政府為人輕視。諸國間並協定不再干涉土耳其之內政。宣布黑海為中立之領土，各國商船均得自由航行，唯戰艦不許通過博斯普魯斯或達達尼爾二峽。總之，土耳其因各國干涉之故得以繼續立國於東部歐洲，而為抵禦俄羅斯勢力南伸之砥柱；然土耳其王雖有維新之言，而內治之不修與國內基督教徒狀況之困苦與昔無異。

第二十六章　土耳其與東方問題

▌第三節　巴爾幹半島之叛亂

　　波士尼亞與赫塞哥維納狀況之不堪　吾人欲知土耳其治下人民之狀況如何，觀於西元一八七五年英國旅行家埃文斯（Evans）之報告即可見一斑。據彼在波士尼亞與赫塞哥維納二省中所見，則除駐有西部歐洲各國領事之大城外，其他諸地基督教徒之榮譽財產與生命絕無安全之擔保；蓋土耳其之官吏對於回教徒之暴行每漠然置之不顧也。至於政府所徵收之稅，農民須納其所產者十分之一，故擔負獨重。而且徵稅官吏每在秋收之前即著手徵收現幣，如農民無力輸納者則不許其收穫，任其腐爛，或敢反抗則處以極酷之刑。

　　保加利亞之殘忍事件　西元一八七四年秋收甚歉，人民狀況益不能堪，波士尼亞與赫塞哥維納乃起而作亂，蔓延於巴爾幹半島。西元一八七六年菲利普波利附近之保加利亞人鑒於西部之亂頗抱乘機獨立之意。乃刺殺土耳其之官吏數人。土耳其政府遂有所藉口大肆虐殺，其殘酷為土耳其史上所罕見。

　　格萊斯頓鼓吹援助基督教徒　當歐洲諸國正在交換意見協商解決方法之際，塞爾維亞與蒙特內哥羅忽有與土耳其政府宣戰之舉，巴爾幹半島中之基督教徒群起向西部歐洲諸國求援。英國本為維持土耳其之最力者，故各國多視英國之態度為轉移。其時自由黨領袖為格萊斯頓竭力主張打破英國與「不可以言語形容之土耳其人」之同盟。然是時自由黨並不秉政，而保守黨領袖迪斯雷利又慮一旦斯拉夫種叛土耳其政府而獨立必將與俄羅斯同盟以不利於英國。英國人始終主張為商業利害起見，凡有侵害土耳其之行動英國必須繼續抵抗之；蓋深知土耳其必不能為英國東方商業之害也。

第六卷　歐洲史與世界史之混合

俄羅斯大敗土耳其　諸國間之協商既無結果，俄羅斯遂於西元一八七七年決意孤行。自對土耳其宣戰之後俄羅斯之軍隊所向披靡，至西元一八七八年進占亞得里亞堡——此舉無異歐洲土耳其滅亡之先聲。英國政府乃提出抗議，然土耳其政府卒與俄羅斯訂《聖斯特法諾和約》。承認塞爾維亞、蒙特內哥羅與羅馬尼亞之完全獨立；至於保加利亞亦允其獨立而入貢於土耳其。

柏林會議　英國與奧地利二國因《聖斯泰法諾條約》之結果足以增加俄羅斯在巴爾幹半島之勢力大為不滿，乃強迫俄羅斯皇帝亞歷山大二世將全部事件提出於柏林會議研究之。經過長期激烈之討論，諸國卒承認塞爾維亞、羅馬尼亞及蒙特內哥羅諸國之完全獨立，保加利亞亦許其獨立，唯須入貢於土耳其。俄羅斯皇帝得黑海東岸之地，包有巴統與卡爾斯諸鎮。波士尼亞與赫塞哥維納則由奧地利占據而管理之。

保加利亞不滿意《柏林條約》　柏林會議與五十年前之維也納會議同，絕不顧及各國民族之希望。保加利亞人對於《柏林條約》尤為不滿，蓋若輩本冀與所有同種人合建一國，不意柏林會議之結果僅承認多瑙河與巴爾幹山間之地為保加利亞之領土。至於在山以南者強由基督教總督管理之，然仍在於土耳其與魯米利亞省之治下。其他在馬其頓與亞得里亞堡附近之保加利亞人則仍受土耳其官吏之管轄。

保加利亞與東魯米利亞之合併　根據《柏林條約》之規定保加利亞人遂著手於憲法之編訂，並選巴騰堡之亞歷山大（Alexander I of Bulgaria）為親王。國人以「保加利亞人自治保加利亞」為言，於西元一八八五年有革命之舉，東魯米利亞與保加利亞遂合而為一。至一九〇八年不再入貢於土耳其，保加利亞至是乃為世界獨立之邦。

歐洲土耳其領土之日促　土耳其之領土至是僅留一帶狹長之地，東濱黑海，西達亞得里亞海，其大部分之地名為馬其頓。此地山脈錯縱，人種複雜，故世人多稱其地為「完備之人種博物館」。沿愛琴海一帶地及與希臘接壤之地類皆希臘人居之。在其東北兩部為馬其頓之保加利亞人。在其北者則有塞爾維亞人，務農為業。此種人之勤儉與東北部之保加利亞人相似，正如愛爾蘭人之與蘇格蘭人相似。兩種人之語言雖頗相仿，然均欲得馬其頓地方而甘心焉。西部亞得里亞海濱之地則有阿爾巴尼亞人，文明程度甚低，不甚守法。信回教者約三分之二，土耳其人每利用之以壓制馬其頓之基督教徒。至於土耳其人則巴爾幹半島中到處皆有其足跡也。

馬其頓地方之紛擾　土耳其國中之人種既甚複雜，各人種之文明程度又復高下不齊，雖有良善之政府，統治已屬不易。而土耳其之政府則又以腐敗無能著稱。基督教徒中之為盜者每有擄人勒贖之事；各處時有作亂以殺死回教徒之為官吏者；回教與基督教時相衝突，故政府措施甚為棘手。或招怨尤，或激變亂。加以基督教徒每有從中煽惑之事，益足使土耳其之政府手足無所措也。

第四節　巴爾幹半島中之獨立國

巴爾幹半島中之獨立國　馬其頓地方之人民直隸於土耳其，狀況固甚困苦。然就巴爾幹半島中獨立諸國——希臘、塞爾維亞、羅馬尼亞與蒙特內哥羅——之成績而論難稱優美，實足令主張半島中小國獨立之人為之喪氣也。

希臘獨立後之發達　希臘新王鄂圖（Otto of Greece）即位後傾向專

第六卷　歐洲史與世界史之混合

制，極為國民所不喜，卒於西元一八六二年為國人所逐，改選丹麥前王之子喬治一世 (George I of Greece) 為國王。希臘之進步甚慢。山中盜賊橫行，巡警束手，大為行旅之患。平原沃野耕種無方，農民之知識甚低，國家之課稅過重。政府提倡教育始終不懈，而國民之不識字者至今尚占三分之一也。

希臘人之統一至今未成　希臘國內之狀況雖不甚佳，然希臘人極有意於建設宏大開明之國家。卒因開鑿運河，建築鐵道，開闢道路及維持軍隊等事所費不貲，國家遂瀕於破產。希臘人自以為道德上有解放其同胞之仍在土耳其治下者——如馬其頓、小亞細亞、克里特及其他地中海中諸島之希臘人——之義務，於西元一八九七年與土耳其宣戰，以冀實現其計畫。戰爭之結果雖不得手，而希臘人始終播弄克里特之同種人起而作亂。亂事太頻，卒引起英國、法國、俄羅斯、義大利四國之干涉，起代土耳其負保護此島之責。至一九〇六年乃予希臘王以選派此島總督之權。克里特尤以為未足，遂於一九〇八年宣言與希臘合併，至一九一三年乃得土耳其之正式承認。

塞爾維亞之革命　民族自治試驗之失敗在巴爾幹半島中當以塞爾維亞王國為最。塞爾維亞脫離土耳其之羈絆者雖已垂六十年，然至西元一八七八年方宣布獨立。至西元一八八二年其國君改用王號，自稱米蘭一世 (Milan I)，專制而昏庸。國民中之激烈者強國王召集國會，於西元一八八九年編訂憲法。米蘭一世大怒，宣言不願為傀儡，乃退位。其子亞歷山大 (Alexander I of Serbia) 繼立，停止憲法，並請其父歸自國外，尤失民心。一九〇三年亞歷山大被某軍官刺死，另選十九世紀初年運動獨立之領袖卡拉喬爾傑 (Karađorđe) 之孫彼得一世 (Peter I of Serbia) 為王。

羅馬尼亞之困難　羅馬尼亞王國雖不如塞爾維亞之宮廷多故，然其政

治上之紛擾與農業上之困難亦正不小。據其憲法之規定，國內政權幾皆為有財產者所占有；新黨中人常有不平之表示。然尤有甚於此者即國內農民之不靖是也。羅馬尼亞之人民務農者占其多數，嘗宣言自西元一八六四年佃奴解放之後，若輩實為重利貸款者與專制地主之犧牲。唯當巴爾幹半島戰爭中，羅馬尼亞受禍獨少云。

保加利亞之隆盛　保加利亞於一九〇八年獨立，為巴爾幹半島中最進步之國家。國中人口四百餘萬，憲法精良，昇平無事。沿黑海濱之商埠商業日盛，故國家財力增加頗速。

蒙特內哥羅之立憲　蒙特內哥羅王國壤地褊小，人口僅約二十三萬眾，然竟為歐洲亂源之一。自西元一八七八年獨立以來至一九〇五年間國君專制。至一九〇五年方被迫而宣布立憲，召集國會。至一九一〇年國君改稱王。

第五節　歐洲土耳其之衰落

馬其頓地方之虐殺　馬其頓為土耳其最後之殘餘領土，故土耳其人極欲維持永久，然其政府絕不顧及其地人民之互相殘殺。歐洲諸國雖明知其地常有虐殺、暗刺及盜劫諸事，然不敢奪其地以分予巴爾幹半島中之獨立國——希臘、塞爾維亞與保加利亞——蓋恐反足以引起諸國間之紛爭也。

土耳其之革命　近年以來土耳其國內有少數改革黨曰「少年土耳其人」者漸形得勢，其黨人在軍隊中尤多，蓋為軍官者類皆稍明西部歐洲

諸國之方法者也。一九〇八年在薩洛尼卡地方有「統一進步委員會」之組織。七月中委員會宣言土耳其非有憲法不可，並謂政府不允若輩必群向京都而進。其時土耳其王阿卜杜勒・哈米德（Abdülhamid）年已老耄無力抵拒，不得已允其要求下令選舉議員。一九〇八年十二月國會乃正式開會，國王親臨典禮甚盛。此次「無血之革命」既告成功，歐洲各國無不矚目，皆以為少年土耳其人為數既寡，又無憲政上之經驗，今欲改革多年腐敗之政府似不甚易。

奧地利合併波士尼亞與赫塞哥維納 保加利亞遂乘機宣布完全脫離土耳其而獨立。奧地利亦宣布合併土耳其所屬之波士尼亞與赫塞哥維納二省。同時並盡力實行同化之舉。排除所有與塞爾維亞連繫之趨向。吾人試披覽地圖，即知此二地與奧地利之關係何如，蓋二省之地實介於奧地利與其領土達爾馬提亞及亞得里亞海濱各埠之間。一九一四年引起歐洲大戰之事件即發生於波士尼亞之都中者也。

少年土耳其人之困難 少年土耳其人所遇之困難日甚一日。若輩以為不許阿爾巴尼亞與馬其頓諸地人民攜帶武器或係良策，因之遂引起種種之困難。蓋諸地之人民本久有攜帶軍器之舊習，而且隨時有殺人或自衛之必要。阿爾巴尼亞人雖願為土耳其人戰，然志在利己；而且若輩並不願盡納稅當兵之義務。故阿爾巴尼亞與馬其頓諸地時有叛亂之事。立憲時代之紛擾反較昔日專制時代為烈。同時守舊之官吏及政客又有在都城中叛亂之舉，不久平定。阿卜杜勒・哈米德被廢且被禁，其弟即位稱穆罕默德五世（Mehmed V）。少年土耳其人號稱得勢，然因反對之人甚多故其地位極為不穩。

義大利土耳其之戰爭 一九一一年九月義大利藉口在的黎波里之義大利人有受土耳其人虐待之跡乃與土耳其宣戰。歐洲各國均以義大利之舉動

第二十六章 土耳其與東方問題

為不當提出抗議。義大利覆稱彼不過援其他各國之例而行——合併常常紛擾之地以保護其國民之生命與財產而已。土耳其之兵力當然不如義大利之強。兩方戰事並不甚烈。義大利卒強占的黎波里與羅德斯島。少年土耳其黨人以為如果讓步必失民心；然因戰爭經年，且巴爾幹半島中又復有干戈再動之勢，不得已於一九一二年十月割的黎波里以予義大利。而義大利並占在羅德斯島。

巴爾幹同盟反對土耳其 其時希臘名相韋尼澤洛斯（Venizelos）與保加利亞、塞爾維亞及蒙特內哥羅同盟以攻土耳其，一九一二年十月戰端乃啟。不意土耳其軍隊到處敗績，不數日保加利亞軍隊進占亞得里亞堡，追逐土耳其軍隊以抵君士坦丁堡附近之地，希臘人則向馬其頓與色雷斯而進。蒙特內哥羅與塞爾維亞之軍隊亦戰敗土耳其軍隊而進攻阿爾巴尼亞。

奧地利阻止塞爾維亞之發展 奧地利至是頗懼塞爾維亞或有伸其勢力於亞得里亞海濱之勢。假使俄羅斯於此時援助塞爾維亞，則歐洲大戰或不必再待二年而後起也。塞爾維亞因之志不得逞。巴爾幹諸國與土耳其乃締停戰之約，遣代表開和議於倫敦。歐洲諸國勸土耳其除其京都與京西附近之地外一概割讓於諸國。土耳其不允，次年一月戰端重啟。土耳其仍復處處失敗，五月間復媾和於倫敦，乃割馬其頓與克里特諸地以予同盟諸國。

第二次巴爾幹戰爭 然塞爾維亞、保加利亞與希臘互相猜忌，分配領土極為困難。保加利亞遂有向希臘與塞爾維亞宣戰之舉。一九一三年七月間兩方戰爭甚烈，不意保加利亞四面受敵——土耳其人恢復亞得里亞堡，而羅馬尼亞人則侵其東部——力不能支，乃媾和於羅馬尼亞都城布加勒斯特地方。

《布加勒斯特和約》 巴爾幹諸王國間在布加勒斯特所締結之和約將

第六卷　歐洲史與世界史之混合

歐洲土耳其之領土瓜分殆盡。土耳其王僅留其都城及其西方一帶地，包有亞得里亞堡之重鎮。歐洲諸國力主建設阿爾巴尼亞為獨立之國家，以阻止塞爾維亞之獲得海港於亞得里亞海上。此種主張奧地利持之尤力。其他土耳其之領土則由希臘、塞爾維亞、保加利亞與蒙特內哥羅瓜分之。希臘得要港薩羅尼加、克里特島及馬其頓之大部。保加利亞則向南以達愛琴海之濱。塞爾維亞與蒙特內哥羅之領土則均倍於昔。

第二十七章
歐洲與遠東之關係

第一節　歐洲與中國之關係

　　古代歐洲與中國　歐洲與中國之關係由來甚古。羅馬皇帝中——包括安敦即馬可・奧理略頗有與中國君主互相往還者。當中古八世紀時波斯之基督教徒所謂景教一派者曾有竭力傳布基督教於中國之舉。至十三世紀時方濟各及道明兩派之托缽僧起繼傳道於中國之事業。威尼斯人馬可・波羅曾入中國，仕於元代。元亡明興，歐洲與中國之交通中斷。自好望角之航路開通以來歐洲與中國之商業關係方形重要。十六世紀初年葡萄牙商人運貨物赴中國以易中國之絲茶。西元一五三七年葡萄牙人向中國租借廣州南之澳門。

　　中國之閉關主義　然其時中國人極不喜外國人之入境。中國官吏多視外人為蠻夷。當西元一六五五年荷蘭派使臣二人覲見中國皇帝，中國政府強令其行跪拜之禮以示尊卑之別。且其時中國之通商口岸僅限於廣州一地。然英國、荷蘭之商人仍接踵而赴之。

　　鴉片戰爭　歐洲各國人屢欲與北京政府直接往還，就中英國人之運動尤力，然始終不得要領。至西元一八四〇年鴉片戰爭後歐洲與中國政府之關係方確定建設。其時中國政府曾有禁止鴉片輸入之舉，然英國商人因獲利甚厚故不願應命。西元一八三九年中國政府獲英國商人之鴉片多箱，令

343

英國人停止輸入,英國人怒,遂與中國開釁。

通商口岸 英國人武器精良,不久即戰勝中國,乃於西元一八四二年與中國訂《南京條約》。中國允予英國以龐大之賠款,割香港以予之,並更開廈門、福州、寧波、上海四處為通商口岸,與廣州同。美國亦乘機於西元一八四四年與中國訂通商之約。

其他諸國人之在中國者 自鴉片戰爭以至今日,中國之外患無時或已。法國皇帝拿破崙三世得英國人之援助,於西元一八五八年與中國宣戰,卒迫中國多開通商口岸,北京附近之天津即開放於此時。近來中國與外國之通商口岸常有增加,自歐洲諸國有要求中國租借地之舉,中國幾罹瓜分之大禍。

第二節　日本之強盛

日本進步之可驚 在中國之東北者有狹長之群島,中包大島四小島約四千,此即日本帝國之中樞也。五、六十年以前之日本閉關自守,與外間不相往來;至於今日則儼然為世界強國之一。其外交政策之變更與德國、法國諸國同為世界諸國所矚目;其武人與政治家亦每能受英國、美國各國人之重視。日本之人民本亦屬蒙古種,貌似中國人,其文化與美術亦淵源於中國,蓋自六世紀時中國佛教自高麗傳入日本後,日本方脫去其野蠻之習,而成為完全華化之國家也。

封建時代 日本古代之天皇名不甚著,自十二世紀後政府大權操諸幕府中將軍之手,天皇則隱居於西京。其時日本之政治狀況殆與同時之西部

第二十七章　歐洲與遠東之關係

歐洲同。國內藩王曰大名者負固於各方，四鄉堡壘林立，其權力之大正與西部歐洲中古時代之封建諸侯同。此種狀況至十九世紀方變。

日本與歐洲之交通　歐洲人之知有日本始於十三世紀末年馬克·波羅之遊記。西部歐洲人之赴日本者當推西元一五四二年葡萄牙之航海家平托（Pinto）為最早。不久耶穌會中之著名傳道教士名沙勿略（Xaverius）者曾於印度果阿地方傳道於日本人，日本信徒乃伴之以赴日本。西班牙之傳道士亦自小呂宋之馬尼拉渡海赴日本。相傳三十年間日本竟有基督教堂二百處，信徒五萬人。

基督教徒之虐殺及外人之被逐　然因基督教之主教舉止傲慢之故，日本政府遂於西元一五八六年下令禁止國人不得信奉基督教。十年之後相傳教徒被殺者有二萬人。其時幕府中人每允少數荷蘭與英國之商人設商行於江戶（即今之東京）等地。然英國、荷蘭兩國人互相紛爭，而日本銀錢又復源源流出於國外，日本政府遂多方限制之。至十七世紀末年外人之在日本者僅有居於出島之少數荷蘭人而已。此後二百年間日本仍一返昔日閉關自守之舊。

海軍提督培里與幕府之交涉　一八五三年美國之海軍提督培里（Perry）攜美國政府國書遞諸「日本之君主」，請其協商保護美國人在海上遇險者之財產及生命，並請其予美國人以通商之特權。彼誤以幕府中之將軍為日本之君主，故提出其要求於幕府。幕府集會以討論之，卒開通商口岸二處以與英國、美國兩國人通商。

外人之被逐　以後歐洲各國頗有與日本訂通商之約者，日本乃陸續開函館、橫濱、長崎、神戶四港為通商口岸。然其時天皇不以幕府之通商主張為然，故時有攻擊外人之舉。西元一八六二年有英國人名理查遜

第六卷　歐洲史與世界史之混合

（Richardson）者在江戶西京途中為薩摩藩王之扈從所殺，英國軍艦遂攻薩摩國之根據地鹿兒島地方。此舉影響於日本人心者極大，因日本人至是恍然於外國人實較己為強，而且深知非研究歐洲人之科學與發明則將與中國之命運相同。次年英國人又因日本人不許其商船駛入內海有炮擊下關之舉。日本人益覺有開放門戶之必要。

天皇下令國民不得虐待外人　西元一八六七年明治天皇（一九一二年卒）即位，年僅十五歲。次年三月天皇請英國代表帕克斯（Parkes）及法國與荷蘭二國之代表前赴西京。彼對於帕克斯隨從之被日本人所侮辱極表歉意，並宣布凡國人有再無禮於外國人者即以違皇命論。至是日本人排外之時期可謂告終矣。

日本之政治革命　同時日本又有一種政治上之革命；幕府之權驟然衰落，至西元一八六七年十月將軍竟不能不辭職，政治實權遂歸諸天皇之手。天皇乃自西京遷都於江戶，改名為東京。國內本多援助天皇以反對幕府者，至是亦願放棄其稱號及特權，西元一八七一年七月日本之封建制度正式被廢。佃奴制亦一律廢止，並取法歐洲以改組其海陸軍。

實業革命　日本自維新以來進步之速世所罕見。至今日本人雖仍不改其舊式之工業，席地以坐，器械簡陋，然同時西部歐洲之實業亦引入國中與舊實業並行不悖。學生之被遣赴歐洲美洲各國留學者數以千計；設大學於東京，改革教育制度。當培里赴日本時日本本無蒸汽機，至今則大紗廠以千百計，紡錘以百萬計。其鐵道之建築以東京與橫濱間之鐵道為最早，至今全國鐵道已達數千英里，交通極便。繁盛之城市漸形發達。東京有人口二百餘萬，大阪有一百餘萬。全島人口約有五千四百餘萬。

日本之立憲　日本之工商業既有進步，人民遂有參政之要求。西元

一八七七年人民有請願立憲之舉。四年後天皇宣布西元一八九〇年召集國會，並派人赴歐洲各國考察憲政。西元一八八九年憲法編成，付政權於天皇與二院制之國會。

第三節　中日之戰及其結果

日本思推廣其物產之市場　日本因有種種之改革，工商諸業均甚發達，遂不能不擴充市場於國外。其商民與商船在亞洲東部每能與歐洲諸國之商人相垺，而其商業之發達則遠較西部歐洲各國為速。

中日戰爭　與日本隔一日本海而遙遙相對者為高麗，其地因中日與日俄二戰而著名於世。中國與日本之爭高麗已非一日。自日本商業發達後高麗之地驟形重要，卒引起西元一八九四年之中日戰爭。中國軍隊之舊式武器與組織當然不能敵維新之日本，故開戰不久高麗半島中即無中國軍隊之蹤跡，移其戰場於中國東北。日本不久即占據旅順口。中國政府曾求援於西部歐洲各國，迄無應者。迨日本強迫中國代表李鴻章承認高麗之獨立並割讓旅順口及臺灣於日本時，歐洲各國方起而干涉。

俄法德三國之干涉　俄羅斯、法國及德國對於中日戰爭本甚注意，至是乃有干涉之舉，不許日本插足於亞洲之大陸。此次干涉之舉，俄羅斯實為主動，蓋彼固欲得遼東半島而甘心者也。日本至是亦因戰力已竭，且無強盛之海軍，故不得不撤退中國東北之軍隊。

俄羅斯獲得在中國之權利　各國干涉之結果使中國傾心依賴俄羅斯，而俄羅斯亦遂利用機會以獲得在中國之權利。中國因取回遼東半島之故出

鉅款以償日本。中國乃擬貸款於英國，俄羅斯不許，獨假鉅款約一萬六千萬元於中國，不需抵押之品。中國自是遂仰俄羅斯之鼻息，允俄羅斯之西伯利亞鐵道得自伊爾庫次克通過中國之領土以直達海參崴。而且俄羅斯為保護鐵道起見其軍隊得以入駐中國東北而無阻。俄羅斯一面假款於中國政府，一面駐兵於中國東北地方，其勢力之在遠東遂為諸國之冠。

德國租借膠州灣 同時德國亦得藉口之資以獲地於中國。其時山東省中之德國傳教士有被中國人所殺者，德國之艦隊於西元一八九七年十一月駛入膠州灣，樹德國旗以占領之。要求中國租借其地於德國，並予以敷設鐵道開採礦山之權利為賠償殺死教士之資。德國既占有其地，乃從事於海港炮壘之建築。青島一地遂一變而為德國之城，為德國他日擴充勢力於遠東之根據地。

俄羅斯租借旅順口 俄羅斯皇帝本欲反對德國之舉動，然卒決意援例向中國要求租借地。中國乃允租借旅順口與其附近之領海於俄羅斯，訂期二十五年，唯得續訂，時西元一八九八年三月也。旅順口一區唯中國與俄羅斯之船隻得以出入，而俄羅斯即著手於炮臺之建築。至是俄羅斯遂得其多年希望終年不凍之海港。

英國租借威海衛及日英同盟 英國既悉德國與俄羅斯均有獲得租借地之舉，亦自香港遣軍艦北上駛至直隸灣，要求中國租借威海衛，此地適介於德國、俄羅斯兩國租借地之間。英國又以為非與日本交歡不可，故於一九〇二年與日本締結攻守同盟之約，規定凡兩國中有一國與他國戰爭時若有第三國參加者則其他一國有援助之義。例如日本與中國戰爭時若法國或德國有干涉之舉，則英國必出兵以助日本。

第四節　中國之改革及拳匪之亂

　　中國之鐵道　中國之開闢富源及修築鐵道諸事大都源於外力之壓迫。中國最早之鐵道為西元一八七六年英國人所築之上海與吳淞間之鐵道，凡長十五英里。然中國人因其毀壞墳墓大起反對。北京政府乃購其鐵道，投其機車於河中。五年之後中國人仍用英國資本建築鐵道；西元一八九五年後外國投資者紛起，至今中國鐵道已有數千英里矣。法國與德國均從事於開闢其勢力範圍以內之地；英國亦有自緬甸北上伸其勢力於中國內地之舉。中國鐵道中當以北京漢口以達廣東之幹線為最重要。他日如果造成，其影響於中國之統一及發達定必甚大。

　　航政及郵電　西元一八九八年中國允外國商船得以往來行駛於中國之內河。至今中國沿海與沿江一帶已有輪船公司多處，國內電線四通八達可與歐洲直接相通。無線電臺亦已不只一處。郵政局始創於西元一八九七年，亦復布滿國中矣。

　　內政之改革　中國自與歐洲各國交通以來，政府之政策與理想不免大受影響。西元一八八九年皇帝下令此後各國駐京公使每年得入觀皇帝一次。不數年後凡外人入觀不必再行跪拜之禮。西元一八九八年普魯士親王亨利（Albert Wilhelm Heinrich）遊北京時中國皇帝竟與之行握手禮。

　　同年政府並下令仿照西法改良軍隊；建設學校以謀進步；派留學生赴歐洲遊學；定註冊及版權諸法；設農業學校；並設郵傳部以收回管理之權。新聞記者亦多有以討論時政為事者。

　　守舊黨之反對　此種改革之舉實行太驟，頗為舊黨所不喜。舊黨領袖為慈禧太后曾攝國政者。至是恢復其權力，推翻一切新政。而歐洲教士及

商人之在中國者仍繼續其侵略之運動，遂引起中國政府中人之反對而有拳匪之禍。

拳匪之亂　其時中國人反對外人最力者當推祕密結社之「義和團」拳匪。若輩與慈禧太后勾結以反抗外人。宣言外人為豺狼，全國人應急起以謀保國之策。

北京之暴動　拳匪之人數日眾遂思以武力驅逐外人。拳匪本已得中國官吏及軍隊之同情不虞干涉。各省之外國教士及商民時有被殺者。中國政府雖力言盡力禁止人民之妄動，然各國駐京公使漸形恐慌。一九〇〇年六月二十日北京拳匪竟有殺死德國公使克林德男爵（Clemens von Ketteler）於途中之舉。乃圍攻各國使館及天主教教堂，然終不得志。

諸國之干涉　歐洲諸國聞之決意出兵干涉。是年八月日本、俄羅斯、美國、英國、法國與德國之聯軍，自天津直入北京，以解使館之圍。中國皇帝及太后西遁至西安府，聯軍乃大掠宮中之寶藏以去。中國政府乃派李鴻章與各國媾和，中國許償賠款四百五十兆兩於諸國，並允解散國中反對外人之結社。

改革之重提　拳匪之亂既定，慈禧太后雖尚得勢，而改革之舉仍復進行。練新軍，遣學生遊學於國外。一九〇五年下令廢科舉之制。次年並有籌備立憲之詔。

第五節　日俄戰爭及中國之革命

日俄爭高麗及中國東北　拳匪之亂方終，戰雲又復瀰漫於東亞。日本之不能不擴充市場於國外前已提及之。自俄羅斯占據中國東北及旅順口以

第二十七章　歐洲與遠東之關係

來，日本已極不滿意。不久俄羅斯又自高麗獲得鴨綠江流域中之林業權，並遣哥薩克種人築炮臺於其地，日本乃提出抗議，蓋日本固視高麗為其勢力範圍也。俄羅斯雖屢次允許撤中國東北之軍隊，然屢次食言。而且俄羅斯本擔保高麗之領土完全者，至是反有侵略其地之舉。日本因與俄羅斯交涉終不得要領，乃於一九〇四年二月五日與俄羅斯斷絕國交，開始戰鬥。

日本戰備之優勝　日本戰備本勝於俄羅斯，而且離戰場較近，呼應較便。至於俄羅斯之政府極其腐敗，而國內又有革命之舉。旅順口與鴨綠江距歐洲俄羅斯之東境有三千英里之遠，而交通之機關僅恃一線單軌之西伯利亞鐵道而已。

俄羅斯在海上之失敗　開戰後之三天日本之海軍即大敗俄羅斯之海軍於旅順口外，擊沉戰船四艘，其餘軍艦遁入港中，日本海軍遂圍困之使不得出。五月間日本海軍又大敗海參崴方面之俄羅斯艦隊，日本海軍遂霸東亞。同時鴨綠江上之俄羅斯軍隊亦為日本軍隊所敗而退走。而日本大將奧保鞏所率之軍隊亦在遼東半島登陸，以絕旅順口之俄羅斯軍與俄羅斯交通之路；不久並攻陷大連，以其地為日本之海軍根據地。大將奧保鞏並北向奉天以逼俄羅斯之軍隊。而大將乃木希典則圍攻旅順口。旅順口壁壘堅固攻擊不易。同時兩軍又相持於旅順口以北奉天以南一帶地。十月間日本軍隊大敗俄羅斯軍於奉天之南，俄羅斯大將庫羅帕特金援救旅順口之計畫遂不能實現。入冬之後日本軍隊攻擊旅順口益力。一九〇五年一月一日旅順口之俄羅斯軍隊力不能支而降。此次日本軍隊圍攻其地者凡七閱月，兩方軍士之死傷者不可勝計，其慘酷為歷史上所罕見。

日軍攻陷奉天　日本軍隊組織之完備與精密實可驚人，各處軍隊均能用電話與東京陸軍省直接交通。軍隊中紀律極嚴，故病院中不致有傳染之虞。俄羅斯軍隊之注意衛生亦遠勝昔日。二月下旬戰爭復始，兩方相持不

下者凡三週之久；然至三月九日俄羅斯軍隊忽棄奉天而北遁，蓋至是俄羅斯軍隊中死者已達四萬人，傷者達十萬人以上矣。

俄羅斯海軍之覆滅　俄羅斯政府既悉其太平洋上之艦隊已為日本所敗，乃遣波羅的海中之艦隊遠赴東方，五月中抵高麗海峽。數小時之間其軍艦為日本海軍上將東鄉平八郎擊沉者凡二十二艘，被奪者六艘。至是俄羅斯之海軍可謂全部覆滅矣。

《樸茨茅斯條約》　美國總統羅斯福深恐戰爭之無限延長，乃根據《海牙公約》之規定設法調和。既得日本與俄羅斯兩國駐在美國使臣之同意，一方面並探悉中立諸國之態度，乃致書於俄羅斯皇帝及日本天皇勸其媾和。兩國君主均贊成其議，乃於八月九日開和平會議於美國新罕布夏州之樸茨茅斯。九月五日和約告成。俄羅斯承認日本在高麗之勢力為無上，唯仍維持高麗之獨立。日本與俄羅斯均退出中國東北；唯俄羅斯在遼東半島及旅順口之權利則讓諸日本。最後俄羅斯並割庫頁島南部之地於日本。

中國之建設共和　日俄戰爭雖終，而外人則仍未能忘情於中國。然中國近年來進步之速不讓日本。國內新黨中人頗恨清政府之統治無方，必欲推翻之以為快。一九一一年冬間長江以南一帶群起革命。一九一二年二月十二日清帝退位，改建共和政體，為東亞最大之共和國。

第二十八章
非洲之探險及其分割

第一節　非洲之探險

古人不知非洲　非洲之東北端雖為最古文明發祥之地，而非洲大陸則實為最後探險之區。尼羅河下流及北部沿地中海一帶地上古時代之歐洲人已熟知之，而且為羅馬帝國之一部分。然尼羅河上流及撒哈拉沙漠以南之地則為上古人所不知，蓋其時以為非洲之地最多不過自迦太基南伸五十英里而已。

回教徒征服北部非洲　回教始祖穆罕默德於西元六三二年死後未幾，其教徒即有征服埃及及北部非洲之舉。不百年間，昔日羅馬帝國之非洲領土全入於回教徒之手。東自瓜達富伊角西至維德角約長五千英里之地無不受回教與阿拉伯文明之影響。故至今吾人試遊突尼西亞及摩洛哥諸地之城市，恍若置身於阿拉伯諸城之中。回教徒頗能發達非洲內地之商業，越大沙漠而開闢駝商大道；其商業範圍向東岸而南以達於與馬達加斯加島相對之地；制有非洲東岸一帶之地圖，氣候地勢記之極詳。此種知識當然傳入回教領下之西班牙；而十五世紀時葡萄牙人之探險於非洲西岸，其知識殆亦自西班牙之回教徒方面得來者也。

歐人在非洲之發展甚遲　然歐洲人之利用自回教徒方面得來之非洲知識為時甚遲。葡萄牙人雖於西元一四八六年有環航好望角之事，然因與東

印度通商獲利較厚之故，故無暇探險或殖民於磽瘠之非洲。非洲之最重要商業莫過於販賣黑奴，而英國人之從事於此者尤多，因此致富者頗不乏人。其時歐洲人方從事於新世界之經營，不甚注意於非洲之殖民事業。荷蘭於西元一六五二年在好望角所建之商埠並不興盛，至十九世紀初年僅有人口一萬人。法國於十七世紀時在塞內加爾河口建一商埠曰聖路易，亦復規模甚小；唯此地至十九世紀忽變為法國勢力伸張於非洲西北部之根據地。

西元一八一五年之狀況 西元一八一五年以前歐洲諸國對於非洲之殖民事業並無宏大切實之舉動。實則販賣黑奴之事禁止以後歐洲人在非洲之活動反因之停頓，蓋販奴獲利之厚遠在黃金、象牙、樹膠或其他非洲產品之貿易之上也。

當西元一八一五年時非洲之狀況大概如下：在北部非洲者則埃及與巴巴利諸國、的黎波里、突尼西亞與阿爾及利亞——均為土耳其之屬國，摩洛哥則為獨立之國家。法國之根據地仍限於塞內加爾河口一帶。至於葡萄牙之領土其最重要者在幾內亞及東南岸與馬達加斯加島相對之地。英國人在非洲西岸一帶略有幾處不甚重要之地，當拿破崙戰爭中並奪海角殖民地於荷蘭人之手。非洲內地無人知其究竟；撒哈拉沙漠一帶一片荒涼無人過問。至於尼羅河上流則有半開化之回教酋長統治之。

十九世紀後半期英法之經營非洲 維也納會議後五十年間歐洲人之經營非洲進行極慢。唯英國、法國兩國已漸擴充其非洲之勢力範圍，探非洲內地山河之險者亦正不一其人。法國之征服阿爾及利亞即在此期之中，至西元一八四八年乃正式合併之。荷蘭農民因不滿南部非洲英國人之統治向北遷徙，而建川斯瓦與橘河殖民地之基。

第二十八章　非洲之探險及其分割

李文斯頓輩之探險　十九世紀後半期為非洲探險時代。其時歐洲之歷盡艱辛從事於非洲之探險者不一而足，雖欲列舉其姓氏亦幾有不可能之勢。因英國皇家地理學會之提倡，曾有人探索尼羅河源，西元一八五八年在赤道南發見一湖名之為維多利亞湖。西元一八六四年英國人貝克（Baker）又於維多利亞湖之西北發現艾伯特湖，並探其與尼羅河之關係。李文斯頓（Livingstone）曾於二十年前遊歷伯楚阿那蘭（亦譯為貝專納），並溯贊比西河而上幾抵其源。至西元一八六六年彼又探諸湖附近一帶地以達剛果河之上流。此次探險頗激起世界上文明各國之注意。彼忽失蹤，時人以為必被蠻人所拘禁，美國《紐約先驅報》乃派探險家史坦利（Stanley）赴非洲以求其蹤跡，竟遇之於坦干依喀湖上。李文斯頓本以傳教士而兼探險家，故終其身從事於探險事業，至西元一八七三年去世時為止。

史坦利之發現　二年之後史坦利再有探險之舉，此次實為非洲探險史上最重要之事實也。彼既遍歷維多利亞湖及坦干依喀湖附近之地，乃橫行以達於剛果河之源，沿河而下以抵大西洋。同時法國、德國兩國之探險家亦與英國人同盡力於探險之事業，增加世人對於非洲之知識不少。

第二節　非洲之瓜分

瓜分非洲之速　史坦利之探險非洲中心頗激起歐洲各國之注意。西元一八七八年史坦利返馬賽。十年之間非洲全部瓜分殆盡，其餘亦劃分為各國之勢力範圍。三十年前之非洲地圖除沿岸一帶外大都皆未定而無稽。至今則非洲之地勢大部分皆已確定，而各殖民地間之界線亦復明白規定與歐洲無以異。英國、法國、德國三國人占據非洲之方法前數章中曾略述及

第六卷　歐洲史與世界史之混合

之，茲不再贅。

法國屬地　非洲西北部自剛果河口起至突尼西亞大部分皆屬法國。唯吾人須知法國之非洲領土沙漠之地居多絕不生產。在非洲東岸者有法屬索馬利蘭，其商埠吉布提與英屬之亞丁遙遙相對，均屬紅海之門戶。馬達加斯加島亦屬法國。法國人之欲侵入摩洛哥為一九一四年歐洲大戰遠因之一，上已述及。

德國屬地　自西元一八八四年至一八九〇年間德國在非洲所得領地凡四大區，其面積幾達一百萬方英里之巨。所謂四大區即多哥蘭、喀麥隆、德屬西南非洲及德屬東非洲是也。德國人之經營諸地不遺餘力，設學校，築鐵道，種種事業所費甚巨。然因屢與土人戰爭及商業不甚發達之故，所得實不能償其所失。歐洲大戰以後諸地均為英國法國兩國所得矣。

比利時屬剛果　介於德屬東非洲與法屬剛果之間者為比利時屬之剛果。其歷史實自西元一八七六年比利時王召集國際公會於布魯塞爾始。歐洲各國多遣代表與會，其目的為研究開墾剛果及禁止內地回教徒販賣黑奴之方法。會議結果有國際非洲協會之組織，設總機關於比利時之京城。然此舉實比利時王利奧波德一人之事業，所有史坦利之探險，商埠之建設及與土酋之締結條約等事其經費均由比利時王以私財供給之。

柏林公會　非洲社之經營頗引起歐洲各國之猜忌，英國與葡萄牙尤甚，乃有柏林公會之召集。此會於西元一八八四年十一月開會，歐洲各國除瑞士外均遣代表赴會，美國亦參預其間。公會決議承認非洲協會在剛果河流域一帶地方之權利，並宣布其地為剛果自由國，世界各國均得與之自由通商。次年比利時王利奧波德宣言彼已握有剛果自由國之統治權，並提議將其地與比利時合併而成為屬身之聯合。彼於是遣派比利時人前往充任

356

其地之官吏，並建設稅線以增收入。

比利時人虐待剛果自由國之土人　二十世紀初年世人盛傳比利時人有虐待剛果自由國中土人之事。其時新聞紙上之傳述或不免有言過其實之處；然非洲土人之受歐洲人虐待者亦正時有所聞。自比利時王收管荒地之後土人因來往不能自由極為不滿。比利時人引入一種所謂「學徒」制者，遂使黑人狀況與奴隸無異。土人之生活本極自由，對於鐵道墾荒諸工作極為不慣，故工人之僱傭甚難。政府方面乃令各處土酋供給工人若干，如不遵命則每以火焚其村落。政府並令土人每年供給樹膠若干，不應命者則重懲之。此種情形宣傳於世之後英國、美國兩國人紛起抗議，比利時政府不得已於一九〇八年收其地為完全國有，並改稱為比利時屬剛果。

葡義西之非洲領土　葡萄牙在非洲方面仍領有昔日幾內亞、安哥拉及東部非洲諸地。義大利領有紅海沿岸之以厄立特里亞殖民地，瓜達富伊角南之索馬利蘭，又於一九一二年自土耳其奪得的黎波里。西班牙領有屬地二處：一在直布羅陀海峽，一在幾內亞灣，僅足以使人生出西班牙昔日殖民帝國盛衰之感慨而已。

第三節　摩洛哥與埃及問題

摩洛哥　摩洛哥名義上雖稱獨立之邦，而事實上則為歐洲列強欲得而甘心之地，其地之人種包有柏柏人、阿拉伯人及黑人，在過去千年中其文化實無甚進步。土人每反抗其居於費茲之土酋。有盜首名賴蘇尼者於一九〇七年夏間逮英國使臣麥克林（Maclean）拘之數閱月。摩洛哥土酋之不能約束人民與保護外人此不過一例而已。

第六卷　歐洲史與世界史之混合

阿爾赫西拉斯公會　摩洛哥之東境與法國屬地毗連，兩方雖有種種困難，而法國人漸與摩洛哥發生關係。法國人多從事於杏仁、樹膠及世界著名之摩洛哥羊皮之貿易，並假款於土酋。先是自法紹達事件解決後英國人允法國人得以自由行動於摩洛哥之地。不久法國人竟有干涉摩洛哥內政之舉，實行解決摩洛哥問題。德國乃以與摩洛哥亦有利害關係為言提出抗議。其結果乃有一九〇六年開國際公會於西班牙阿爾赫西拉斯之舉，歐洲諸強國及美國均遣代表與會。議決組織警察隊以法國人及西班牙人為軍官，並由各國合力建設國家銀行。日後法國仍有繼續干涉摩洛哥之舉，引起德國之第二次抗議，兩國間之感情益形惡劣，為歐洲大戰原因之一。

在非洲之英國人　英國人在南部非洲建有南非洲之聯邦，吾人曾述及之，其重要為歐洲各國在非洲所有殖民地之冠。英國人在非洲東岸亦有屬地向內地以達於大湖。然最有興趣之事實莫過於英國人之伸其勢力於埃及。

阿利自立為埃及總督　埃及為非洲最古之文明國，當七世紀時為阿拉伯人所征服。當中古時代後半期埃及一地為一種軍人名曼麥琉克者所統治，至西元一五一七年為土耳其所滅。土耳其之勢力既衰，其地遂再入於曼麥琉克軍官之手；西元一七九八年拿破崙率軍入埃及時即與此輩戰爭者也。自英國大將納爾遜戰敗法國軍隊及拿破崙返國之後，即有阿爾巴尼亞之軍官名美赫麥特‧阿利者入埃及，以逼土耳其王承認其為埃及之總督，時西元一八〇五年也。不數年後彼有殺戮曼麥琉克兵之舉，並著手於內政之改革，組織海陸軍隊，其勢力不僅普及埃及而已，並遠伸於尼羅河上流蘇丹之地。彼於西元一八四九年去世，未卒以前曾要求土耳其王承認其子孫世世為埃及之總督。

伊斯邁爾一世負債之巨　自西元一八五九年蘇伊士運河開鑿以來，埃

第二十八章　非洲之探險及其分割

及之地驟形重要,因地中海方面之塞特埠及紅海方面之蘇伊士埠均埃及故也。其時埃及之總督為伊斯梅爾帕夏(Isma'il Pasha of Egypt)(西元一八六三年至一八七九年),昏庸而浪費,國庫空虛,國債甚巨,乃以賤價售其蘇伊士運河股票於英國之政府。英國人在埃及之勢力肇基於此。然埃及人之公債為數仍巨,伊斯梅爾帕夏卒被英國、法國二國所迫允許二國人得監督其財政。此種外國干涉極為埃及人所不喜,西元一八八二年乃有叛亂之舉。法國人不願與英國人合力平亂,英國人遂獨力以平定之。亂事既平英國人乃「暫時」占據其地,並監督其軍隊及財政。嗣後埃及一地遂永遠為英國人「暫時」所占據。迨一九一四年歐洲大戰開始時英國政府方宣言埃及脫離土耳其而獨立為英國之永遠保護國。廢其舊督之不肯服從英國人者,另選人以充之,並改稱為王。

馬第及戈登之死　自英國人占據埃及以後蘇丹地方叛,穆罕默德·艾哈邁德(Mohamed Ahmed)實為首領,彼以先知者自命,黨人甚多,群呼之為厄爾馬第,蓋即領袖之意。英國大將戈登(Gordon)適統率英國之駐防兵於喀土木地方。西元一八八五年叛黨圍而攻之,英國軍隊力不能支,其地遂不守,死者極眾。十二年後蘇丹地方於西元一八九七年至一八九八年年間仍為英國人所征服,喀土木城亦為英國大將基秦拿(Kitchener)所攻陷。

英人占據埃及之結果　埃及自被英國人占據以來頗有進步。工商諸業均漸發達;公共建築常常進行;國家財政亦漸復常態。又於尼羅河上阿斯旺地方造一大閘以防河水之氾濫,而且增加沿河兩岸土壤之肥沃。政府中弊竇盡除。然埃及人仍不免有種族與宗教之成見,至今尚為英國之患。

第四節　西班牙殖民帝國之衰亡及葡萄牙之革命

西班牙殖民地之日促　歐洲諸國中之從事於殖民事業者以西班牙及葡萄牙二國為最早，而其殖民地之衰落在今日亦為歐洲諸國之冠。西班牙昔日殖民地甚廣，然自費利佩二世在位時代以來其國勢已日就衰替。當十九世紀初年西班牙之美洲殖民地有相繼叛而獨立之舉；至十九世紀末年又有與美國之戰爭，西班牙之殖民地至是喪失殆盡。

美西戰爭　美國與西班牙之戰爭實源於西班牙屬之古巴島常有紛擾之事，因之引起美國人驅逐西班牙人於新世界以外之心。古巴島人之叛西班牙不只一次，至西元一八九五年又有亂事，美國人頗表同情於叛黨。次年美國兩大政黨均以援助古巴島為其黨綱之一，麥金利（McKinley）被選為總統後即實行干涉之政策。美國政府要求西班牙召回其駐在古巴島之總督，並要求改良對待俘虜之方法。西元一八九八年二月美國戰艦曼恩忽在哈瓦那港中被人擊沉。此事何人主謀雖不可知，而美國政府乃更有所藉口，以為古巴島之紛擾實難再容，遂於四月間向西班牙宣戰。

西班牙之喪失殖民地　戰釁既開，美國軍隊到處勝利，古巴與波多黎各均為美國人所占。五月間美國海軍攻陷馬尼拉城，菲律賓群島亦入於美國人之手。八月間兩國媾和於巴黎。承認古巴之獨立；波多黎各與其附近之別克斯及庫萊布拉群島，菲律賓群島，萊德隆群島中之關島均割讓於美國。次年西班牙又割讓卡洛琳及拍盧兩群島於德國。西班牙之領土除本國外僅留巴利亞利及加那利兩群島與非洲領土數小區而已。

葡萄牙之領土　當西班牙失去南美洲殖民地之日，葡萄牙亦失去其最大之殖民地巴西。至今葡萄牙在非洲之領土雖尚廣大，然其在亞洲之領

第二十八章　非洲之探險及其分割

土則僅有中國之澳門及印度之果阿與二小島而已。外交方面與英國頗為一致。

卡洛斯之被刺　現代葡萄牙歷史上之最重要事實大部分均屬於內政方面。葡萄牙王卡洛斯一世 (Carlos I) 頗專制浪費，國人遂抱傾覆王室之意。一九〇八年卡洛斯一世及其王太子均於里斯本城中道上被黨人所刺而死。王之幼子年十八歲入即王位，稱曼紐二世 (Manuel II)，國內多故統治不易。蓋國中黨爭甚烈，財政困難，工人有蠢動之象，新黨又有反對教士及修道士之舉；新王雖有改革之宣言，而共和黨人之勢力則日增一日矣。

葡萄牙建設共和　一九一〇年十月葡萄牙京都中忽有叛亂之舉。攻擊王宮，王遁走英國，唯不承認退位。共和黨人乃建設臨時政府，驅逐國內之僧尼，並沒收其財產。一九一一年五月舉行憲法會議之選舉。六月開會，乃編訂憲法，採兩院制之立法機關，一由成年男子選舉之，其一則由各市間接選舉之。設總統，由國會選舉之，任期四年；並規定責任內閣之制。

共和政府之困難　葡萄牙自革命以後黨派紛歧。共和政府雖從事調和，然頗為困難。政府予舊教牧師及主教以年金，而若輩則堅不肯受。羅馬教宗亦頒發通諭痛論共和政府主張信教自由與反對教士政策之非是；共和政府遂沒收教士所有之政府擔保品，數達三千萬元之巨。國家財政狀況仍甚紊亂，而工人亦嘗現蠢動之象。唯共和政府日臻鞏固，雖有王黨之思逞，似不足為葡萄牙之患也。

若 第六卷　歐洲史與世界史之混合

第七卷
二十世紀與世界戰爭

第七卷　二十世紀與世界戰爭

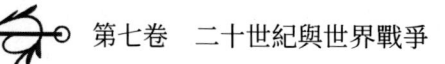

第二十九章
二十世紀初年之歐洲

第一節　十九世紀以前歐洲史之回顧

近世歐洲史之回顧（一）政治狀況　在前二十八章中吾人已將法國王路易十四時代與現代之歐洲史略述其梗概矣。吾人曾述及十八世紀之君主如何為領土或為王位而起戰爭。此種戰爭每因德國及義大利分裂之故而益甚，二國之地遂為當日諸國君主戰爭與外交之中心。然當十八世紀時歐洲史之範圍實已推廣。東部歐洲一帶自經彼得大帝與葉卡捷琳娜二世經營之後與西部歐洲諸國之關係漸形密切。商界中人亦復以殖民問題激起諸國政府之注意。英國逐法國人於美洲與印度之外，向所未有之大帝國遂肇基焉。葡萄牙與荷蘭固曾雄霸海上者，至是已日就衰替；西班牙對於美洲之殖民地亦復漸形弛懈。

（二）改革精神　其次，吾人又略述十八世紀時之人民狀況——佃奴也，市民及各業公所也，貴族也，教士也及宗教派別也。吾人曾述當日君主權力之宏大與舊教教士特權之異常。英國國教與其他各派新教之由來亦已略加說明。吾人並略述自然科學之興味發達以後崇古之習如何打破，演化觀念如何發生。法國之哲學家伏爾泰、狄德羅、盧梭及其他諸人如何攻擊當日之制度；當日之所謂開明專制君主如何為擴張一己權力而有改革之舉。至西元一七八九年當法國王召集國民代表商議救濟國家財政困難時，

法國人民如何利用機會以限制君主之權力，廢止腐敗之舊制，與宣布改革之計畫。此種改革他日歐洲諸國無不仿而行之。

（三）**拿破崙**　自西元一七九二年後歐洲有戰爭之事，乃引起法國之建設共和。然不久有一蓋世之英雄不但統治法國，而且為西部歐洲大部分地方之霸主。彼並引入法國革命之改革事業於其治下之國中，而且因合併德國之小邦及覆滅神聖羅馬帝國之故建他日歐洲一大強國之根基。

（四）**十九世紀之變化**　自維也納會議以後歐洲形勢頗有重要之變化。德國與義大利均有統一之舉，成為世界上之強國。土耳其之領土漸漸減削，巴爾幹半島中遂發生多數十八世紀中所無之新國。諸國君主之專制權力莫不漸漸喪失，而忍受憲法之限制。甚至俄羅斯之皇帝雖自稱為「所有俄羅斯之專制君主」亦復予立法權與國家預算案於國會，不過皇帝與其警察仍監視國會甚嚴耳。

（五）**實業革命**　與上述各種重要變化同時並進者有實業上之革命，其影響之及於人民生活上者遠較軍隊或國會為巨。實業革命不但產出多種新問題，而且產出一種帝國主義，將歐洲文化傳之於世界。當十九世紀後半期，歐洲強國中如英國、法國、德國、俄羅斯等群起而開放中國及其他亞洲諸國之門戶，亞洲之地遂因之加入歐洲史漩渦之內。非洲一地在西元一八五〇年以前世人所知者僅沿邊一帶，而五十年來歐洲各國竟探險而瓜分之。唯欲永久統治之則尚須加以多年之經營也。上所述者殆最近二百年來歐洲史上之最著特點矣。

吾人尚須研究及之者則二十世紀初年之歐洲如何收受過去之遺產與對於文化尚有何種貢獻是也。

第二十九章　二十世紀初年之歐洲

第二節　英國之社會革命（一九〇六至一九一四年）

英國之守舊　十九世紀末年英國之守舊與西部歐洲諸國初無少異。百年來國內擴充選舉權與改革舊制之熱忱似已消滅。維持現狀與實現帝國主義於南部非洲及其他世界之各部實為當時英國政治之特點。自西元一八八六年至一九〇六年凡二十年間，除西元一八九二年至一八九五年短期外，下議院及政府均為保守黨人所把持。維新主義抑若已亡，社會黨人之運動亦不能激起工人之附和。

然至一九〇六年國會選舉之後英國政局為之一變。舊黨失勢，新黨繼秉國鈞。而工黨中人之被選為國會議員者不下五十人。五十人中頗有深信社會主義者。此後十年之間自由黨人與工黨結合實行根本之改革，其內容幾與英國社會上及政治上之真革命無異。

社會改革為政爭之要點　英國人態度上之變化以自由黨人邱吉爾（Winston Churchill）於一九〇九年一月三十日在諾丁漢地方所講演者為最真確。其言曰：「現時英國人之重要希望殆皆偏於社會方面而非政治方面。若輩處處而且幾乎每日皆目睹紊亂與困苦之情狀，與人道及公平之觀念相反。若輩深知在近世國家之中人民每罹種種無妄之災。同時若輩並深知科學之力量，加以財力與權力之援助，足以引入秩序，預備安寧，預防危險，或者至少可以減除危險之結果。若輩本知此國為世界上之最富者；據吾所見，則英國國民實不願援助無力或無意建設較大、較完全、較複雜、較徹底之社會組織之政黨，蓋無此種組織則吾人之國家與國民定將由憂思而沉入患難，而吾人之名字與聲譽亦將減削於史書中。」

勞工法律　自由黨之秉政實抱有此種精神者，故自一九〇六年得勢

後即著手於規定法律以減少貧苦、勞役、失業及工業危險為目的。西元一八九七年《工人報酬議案》之條文推廣而施諸農工及家庭僕從。規定凡工人因工作而受傷者除此種損傷因工人有意惡行自取其咎外，雇主須給以賠償。同時（一九〇六年）國會議決工黨中之基金免其負有因同盟罷工或他種衝突而發生損害賠償之責任。二年以後國會又議決凡工人在地下礦中工作或因工作而往來之時間在任何二十四小時中不得過八小時。

布恩調查倫敦之貧苦狀況 裨益工黨中人、礦工、受傷工人等之議案雖然重要，然不足以解決工人之貧苦問題。蓋工人之貧苦類皆源於薪資之低廉，工作之無定，疾病及其他非源於個人之困苦。人民貧苦為實業革命結果之一本無疑義，而英國工人之貧苦亦實極為不堪。數年前英國富商查爾斯·布思（Charles Booth）因感於倫敦工人之狀況無正確之記載，乃出其私資糾合約志實行挨戶調查之舉，以便明定「貧窮困苦邪惡等與一定進款及比較安適之數目上關係」。其調查之結果印而行之，即十六卷之《倫敦人民的生活與勞動》（Life and Labour of the People in London）一書是也。據彼調查在倫敦城東部居民約一百萬，其家庭每週收入在銀幣十元以下者凡三分之一以上；每週收入在銀圓十一元至十五元之家庭約占百分之四十二；其每週收入在十五元以上者僅百分之十三而已。彼之研究結果並發現居民住室之非常擁擠，光線不足，飲水不良，衛生不講，疫癘時起。後竟斷言倫敦一城之中貧苦之人約占三分之一；所謂貧苦即薪資甚少，衣食尚有不足之虞，安適與奢侈更無論矣。

倫敦之貧苦並非例外 吾人驟然聞之，抑若倫敦之貧苦實為世界上所罕見者。然據朗特里（Rowntree）之調查則謂約克一城人口尚不及八萬，貧苦者亦約占三分之一。彼並謂兒童身體之發育，疾病之流行與死亡之多寡，均與薪資之多寡有關；總之身體、快樂與安寧三者均與薪資同時而增

加。至今世界各國雖無此種狀況之科學調查，然此種狀況之普及恐不僅英國如此，即世界之上亦莫不如此也。

廢止貧苦之可能 昔日因各地之財富有限，不能使人人皆有安適之機，故遂以為貧苦狀況斷難倖免，不甚注意救濟之方法。然自科學昌明與發明進步以來世人頗有希望貧苦之絕滅者，以為如能改組實業以免除虛費而增進效率，如能使社會之閒人皆從事於工作，並使財富不入於少數人之手，則將來人人皆無失業之虞而有安居之樂，邪惡疾病必將大為減除。羅馬教宗良十三世曾言曰：「救濟現在壓迫大多數人民之困苦與患難，必需求救濟之方法，而且須速求之，此則無庸疑貳者也。」

英國政府向貧苦宣戰 英國政府竟放膽乘機以「與貧苦宣戰」為其計畫之一部。一九〇八年國會中通過養老金法律，其重要條文如下：凡領政府養老金者必須年在七十歲以上之英國人不受他人賙濟者，其私人進款不超過約中國國幣三百元以上者。刑事犯及不願工作以自存者不予以養老金。凡每年收入不過二百圓以上者其最高養老金每週約二元五角。

國立傭工介紹所 國會為救濟工人失業起見，於一九〇九年議決設立「傭工介紹所」於全國，以徵集雇主需要工人及工人需要工作之資訊。並規定凡工人遠赴他處工作者政府得酌量貸以旅費。

苦工薪資之規定 國會對於工業中之薪資過低者設法增高之。一九〇九年議決設立數種「苦工」，如成衣、織花邊、造箱等職業之董事部。部中包有工人之代表，雇主及政府所派之代表，對於定期工作及臨時工作有規定最低薪資之權。雇主與工人間不得有授受較董事部所規定為低之薪資之舉動，若雇主以較低薪資給予工人者則罰以重金。

上議院反對改革 同時守舊黨人之反對改變亦益形激烈。唯守舊黨人

在下議院中者為數甚少，故唯有以國家將亡中流社會失勢等語為言，提出抗議而已。然守舊黨人之在貴族院中者根深蒂固人數較多，故視自由黨之改革為革命，必欲破壞之以為快。一九〇六年十二月貴族院對於下院之《義務世俗教育案》因其有害英國國教之利益割裂而修改之。不久又反對下院之《多數選舉權案》，蓋因英國昔日一人每因廣擁財產之故而得數處之選舉權，而此議案則欲廢止此種習慣故也。貴族院此種行動極為下議院中人所不滿，以為有反於代議政府之原理。

一九〇九年之《革命預算案》 貴族院與下議院衝突之最激烈者實為一九〇九年之預算案。是年四月阿斯奎斯（Asquith）內閣中之財政大臣勞合・喬治（Lloyd George）提出新稅制於國會，激起政局上絕大之紛爭。彼於《革命預算案》內提議徵收甚重之汽車稅，所得稅亦如之；而所得過五千鎊者並增重之——因工作而得之收入，其稅較不勞而獲者為輕——此外遺產稅亦另定新標準，視遺產多寡而定；凡遺產值一百萬鎊以上者抽百分之十五。彼並提議一種新地稅，將自己工作之地主與坐享礦利或城中屋基之地主分別為二。預算案並包括一種不勞而獲之地價稅計百分之二十，於售賣或轉移時徵收之。無論何人凡售產獲利者均須納其一部分之餘利於政府。同時彼並提議一種尚未發達與富於礦產之地稅。

與貧苦宣戰之預算案 此種預算案因有種種特別稅，故稅率甚重；然勞合・喬治以為彼之預算案實一種「對於貧苦之戰爭」。彼並謂彼甚望：「此三十年中必有大進步之一日，使貧苦之為物如昔日布滿森林中之豺狼然遠離英國之人民。」

守舊黨之反對 守舊黨以為此種預算案實具有社會主義與革命之性質大為反對。若輩以為「勞力而得」之收入與「不勞而獲」之收入之區別為一種對於財產權利之無理攻擊。「假使對於一人不勞而獲之所得者政府所徵

之稅較勞力而得者為重，以為彼對於二種收入無同一之絕對權利，則何不謂彼對於不勞而獲者絕無權利，政府正不妨漸漸收其所有不勞而獲之收入耶？」自由黨中人之較為保守者對於此問不敢回答，僅謂此係程度上問題，而非根本原理上問題。然亦有明言人類之財產權利全以其獲得財產之方法為根據者。

稅制上之新問題　關於此端察赤爾曾言曰：「昔日徵稅人所問者為：『爾所得者多寡耶？』……至於今日則有新問題發生焉，吾人並問：『爾如何得之耶？爾用己力得之耶，抑他人遺予爾者耶？其用有益於社會之方法得之耶，抑用無益而有害他人之方法得之耶？其用經營與建設商業之能力得之耶，抑僅吸盡主有與創設商業者之膏血得之耶？其因供給工業上必需之資本而得者耶，抑因除高價外不願出售工業上必需之土地而得者耶？其用生產方法而得之耶，抑或盤踞必要之土地以待經營與勞工，國家利害與城市利害，不能不出五十倍於農業上之價值以向爾購之而得者耶？其因開礦利人而得者耶，抑或他人勞苦而一己則坐收其利而得者耶？……爾用何法得者耶？』此即假定之新問題常常波動於全國者也。」

預算案之理由頗得下議院之信服，故得多數之同意而通過。然提出貴族院後則反對者得三百五十人，贊成者僅七十五人而已。

第三節　英國貴族院之失勢參政權及愛爾蘭問題

下議院之抗議　貴族院既反對預算案，自由黨人遂與之宣戰。一九〇九年十二月二日阿斯奎斯在下議院中提出正式決議如下：「貴族院否決平民院本年財政之規劃之舉動，實破壞憲法而且侵奪平民院之權

利。」此次決議贊成者三百四十九人，反對者僅一百三十四人，可見上下兩院政見調和之無望。一九一〇年一月並行國會改選之舉以覘民意之向背。

選舉運動 此次改選之運動激烈異常頗有動武者。社會黨人激烈黨人及愛爾蘭人要求立即廢止貴族院，而溫和之自由黨人則以為減削其權力已足。選舉結果自由黨議員之人數雖減少一百人，然在下議院中仍占多數。唯其多數甚小，故為進行便利起見，不能不與工黨中人及愛爾蘭人攜手。

貴族院通過預算案 國會既開會，貴族院深恐權力之減少，不得已而通過預算案。然自由黨人至是已決意使貴族院將來不再為平民院之患。

貴族院存在問題之選舉 當英國憲法上爭執最烈之日英國王愛德華七世（Edward VII）忽於一九一〇年五月六日去世，政黨間之紛爭因之暫息。自由黨與守舊黨間有屢次開會商議互讓之方法，然始終不得要領。十一月國會開會時雙方之相持不下也如故。自由黨人遂解散國會而改選之，十二月十九日而事竣。選舉之結果與一月無異，自由黨人雖盡力奔走而所得則仍甚微也。

貴族院之征服 一九一一年二月新國會開會，即以多數通過議決案一，以限制貴族院使用「否決」權為目的。當此案提出上院時阿斯奎斯宣言彼已得英國新王喬治五世（George V）之允許，如守舊黨人力能反對此案者英國王將加派貴族院之議員以擔保其通過。貴族院聞之懼，乃於是年八月十八日通過之，即所謂《國會議案》或稱曰《貴族否決議案》是也。其重要條文如下：

《貴族否決議案》 無論何種財政議案 —— 關於分配歲入及歲出之議案 —— 若既經下議院之通過，並於閉會至少一月前提交貴族院，而貴

第二十九章 二十世紀初年之歐洲

族院於一月中不加以修正而不通過者,則此案即可呈請國王批准公布成為法律,不再顧貴族院之贊成與否。無論何種公共議案(非財政議案,或變更國會會期為五年之議案)既經下議院繼續三次會期之通過,而貴族院繼續三次反對者,亦可呈請國王批准成為法律,不必再問貴族院之贊成與否——唯該案第一次議決時之二讀與第三次通過之時間,中間須相隔二年之久。此外並改國會會期七年為五年。其意即謂國會雖仍可由內閣隨時解散,至少每五年須改選一次。至一九一一年並規定下議院議員每年應得歲費四百鎊。昔日憲章黨之要求至是又實現其一。

各種工人保險案 貴族院之權力既大形減削,自由黨之政府乃進行其他之改革。其改革事業之最宏大者莫過於一九一一年之《國家保險議案》,此案於一九一二年七月實行。其中一部分規定凡工人(除從事手工者及每年收入在一百六十鎊以上者)均強迫其實行各種疾病之保險。凡工人雇主及政府均須供給其基金。凡經保險之工人可享下列之利益:疾病之醫治,肺癆之療養,病中之薪給,殘疾之津貼,凡為母者生子女一人則得領先令三十枚等。此案之第二部分規定凡某種職業中之雇主與工人每週均須繳納微款以成基金,以為保險失業者之用,同時並由政府協濟之。

英國竟成民主國 有上述種種改革案,英國政治上遂達到民主之域。英國人雖仍維持舊日之王政,對於貴族亦復尊重如昔,然政治上之權力已入於大多數國民之手,國民每不顧貴族之感情以行使其權力。即上流社會中人亦不能不承認此種政治上之變化,故僅盡其力於阻止更進一步之改革。然阿斯奎斯與勞合·喬治之改革計畫日進無已,至歐洲大戰開始時方為之停頓。

地方改革 除國會有改革全國之計畫外,同時又有城市改良之運動。英國城鄉之自治實始於西元一八三五年,至是以代議機關代替中古傳來之

官吏。近年以來城市之事業與公有之公益均有增加。曼徹斯特、伯明罕及倫敦諸城均有龐大之事業。電車、煤氣廠及電燈廠類皆公有；而模範附郭區域及工人居室之發達頗有進步，成效甚著。英國人民之貧苦者雖尚不乏其人，而浪費之習慣亦復未能盡免，然國民已大為覺悟矣。

英國之隆盛 英國之守舊黨雖有新稅實行財政必亂之言；然國家富庶之象則仍日進無已。其商業在歐洲大戰以前極其隆盛，一九一三年之輸入價值吾國銀幣七千兆元以上，其輸出值六千兆元。工業亦極為發達。即就紡織一業而論，百年之間其出產每年自二百兆元以達二千兆元，當一九一三年時足以維持五百萬人之眾。

勞合‧喬治為內閣總理 當一九一四年歐洲戰爭開始時英國總理阿斯奎斯應付失宜頗受國人之指責。勞合‧喬治日形得勢。一九一六年十二月內閣改組時彼遂繼任總理之職。組織一混合內閣以應付國內外之政潮。

女子參政權之擴充 一九一七年春內閣方面主張擴充國民之選舉權，乃提出所謂《人民代表議案》於國會。不但予年逾二十一歲之男子以選舉權，即女子之因之而得選舉權者人數亦以百萬計也。過去二十五年來最大變化之一莫過於擴充女子選舉權傾向之發達。西元一八九三年紐西蘭之女子有完全參政之權。次年南澳洲亦有同樣之舉動。一九〇一年澳洲自治政府成立以後亦予女子以選舉國會議員之權。芬蘭於一九〇六年，挪威於一九〇七年，瑞典於一九一二年，丹麥於一九一五年，均前後予女子以參政之權利。歐洲大戰以後德國俄羅斯及昔日奧地利匈牙利境中諸新國之女子莫不享選舉之權利。一九二〇年美國亦有修改憲法擴充女子參政權之舉。

英國女子之激烈運動 其在英國則自一九〇五年女子中如潘克斯特（Pankhurst）夫人輩實行激烈方法以要求女子參政權後，女子參政問題遂

第二十九章　二十世紀初年之歐洲

激起英國人及世人之注目。一九〇七年冬英國女子在國務大臣居室前舉行示威之運動，並騷擾下院議場。有被逮者不願罰金，紛紛入獄。此種暴動頗能引起國人之興趣。然英國國會始終不願予女子以選舉權也。此後女子之紛擾繼續不已。一九一四年歐洲戰端既開，潘克斯特夫人宣言運動女子參政者將暫行停止其暴動，專心服務於國家。戰爭中英國女子之從事工作者甚力。反對女子參政之人鑒於女子具有愛國之熱忱乃漸改其態度。故當一九一七年《人民代表議案》通過後不但各地人民居住六個月以上者享有選舉權，即年逾三十歲之女子之占有土地房屋者或係占有者之妻均予以選舉權。英國女子之因之獲得選舉權者計有六百萬人。唯女子須年較長而且景況較佳者方有選舉權，此則與男子不同者也。英國至是遂成為純粹之民主國矣。

一九一二年之《愛爾蘭自治議案》　愛爾蘭自治問題自西元一八九三年格萊斯頓之計畫失敗後，遷延不決者凡二十年。而反對愛爾蘭自治者亦以為英國國會種種援助愛爾蘭之計畫或足以平愛爾蘭人之怒。然英國國會中之愛爾蘭議員對於自治運動始終不懈。其領袖雷德蒙（Redmond）深知上院權力遠不如前，故運動自治益力。一九一二年英國內閣總理阿斯奎斯與自由黨中人提出《愛爾蘭自治案》於國會，規定設一愛爾蘭國會於都柏林。愛爾蘭總督仍由英王任命之，唯須對於愛爾蘭國會負責任。至於愛爾蘭議員之在英國下院中者其人數自一百零三人減至四十二人。

愛爾蘭新教徒之反對　然此種規定一面不能滿愛爾蘭國民黨之意，蓋若輩之主張在於愛爾蘭之完全獨立者也。同時又不能滿愛爾蘭新教徒之意，若輩以為愛爾蘭之自治無異「羅馬之統治」也。蓋愛爾蘭人信奉舊教者凡三分之二，舊教徒占大多數者四省中得其三。厄耳斯德省中之信新教者約占人口之半，或奉英國國教，或信長老會派。故反對愛爾蘭自治者以

厄耳斯德一省為中堅，而此省中人竟有公然召募軍隊預備反抗實行自治之舉。

愛爾蘭共和國之建設（一九一六年） 至一九一四年九月自治議案竟不待上院之同意而成為法律。嗣因大戰開端暫行擱置。雷德蒙宣言愛爾蘭南部之舊教徒將與厄耳斯德之新教徒合力以禦外侮。然自治案之擱置，愛爾蘭人極為不滿。一九一六年四月都柏林城中忽有暴動之舉，新芬黨人實主持之。新芬二字本「我們自己」之意。黨人目的在於建設共和，而以綠白金三色旗為其國徽。英國政府遣軍隊前往以武力平之。城中亂黨被殺者達三百人，英國兵士死者達五百餘人。愛爾蘭共和國之總統被殺。

英國政府不得已有與愛爾蘭協商之舉。勞合・喬治任總理時將編訂愛爾蘭憲法問題提交愛爾蘭國民會議討論之。經過數月之會議卒無結果而散。歐洲大戰終了以後，愛爾蘭人復起紛擾至今未已。

第四節　德國之現代史

德國之隆盛　當德國皇帝威廉二世時代財富與人口增加均甚迅速。德國隆盛之根據一部分源於政治上之統一。然德國實業之發達亦殊可驚，而有賴於西普魯士，萊茵河及撒克遜諸地之鋼鐵製造業。鋼鐵製造之方法在西元一八七八年為英國人湯瑪斯（Thomas）所發明。德國之鐵礦含有磷質甚多，沿摩澤爾河之鐵礦尤其如此，而當時煉鐵之方法為貝塞麥方法，每不能煉鐵礦而成純粹之鋼。英國之鐵礦磷質較少，故煉鋼之業遠勝德國。自湯瑪斯發明新法之後萊茵河諸城多仿而行之，德國之鋼鐵業遂遠駕英國之上。蓋英國之鐵礦不如德國之豐富也。當歐洲大戰開始時德國鋼鐵出產

第二十九章　二十世紀初年之歐洲

之多僅亞於美國云。

人口之增加　與財富俱增者尚有人口。當西元一八七〇年時德國之人口約四千萬；至一九一四年約六千八百萬。其增加之多為西部歐洲諸國之冠。因之新城林立，舊城亦復大加擴充，街道加廣，其美麗宏大與英美諸國中之巨城無異。

城市社會主義　德國之城市如柏林、慕尼黑、萊比錫及漢諾威等每購有大片之土地，以謀得地價增加之利益，並足以預防居室之擁擠。各城每有分區之計畫，各區中之建築均受法律之限制，以免擁擠之弊。城市中每主有電車、煤氣廠、電燈廠、屠宰場、戲館、押當鋪、工人居室等，並用種種方法以免工業城中之汙穢。

德國政府提倡商業　德國商業發達極速。德國輪船受政府之補助費甚巨，故不久德國商船航行於世界之各部。農人工人亦因海外市場開闢之故無不獲利甚巨。國內既有家給人足之象，故工人之移入南北兩美洲者為數日減。唯德國商人類皆受德國政府之援助，故其經營商業不僅為謀利起見，且亦為擴充國家勢力起見也。

德國之陸軍　德國既驟然富強，國民間遂不免抱有高志。軍人中每有一種睥睨一切之氣概；以為西元一八六六年與一八七〇年既屢著奇功，則「下次戰爭」不難征服四鄰而增加德國之權力。一九一三年帝國議會有增加軍費之議決。備戰著著進行無時或已。對於戰炮之改良，砲彈之發明，飛艇之製造，海底潛艇之計畫，莫不大加注意。國中常備軍之訓練有素而且裝置完全者得四百萬人，一旦有事則並有備份兵六百萬人，故德國實有天下莫強之勢。

德國之海軍　德國陸軍之精良既甲天下尤不自滿，乃有整頓海軍之

舉。自西元一八九八年以來戰艦之數日有增加，其規模之宏大與設定之完全，僅亞英國。德國之海岸線有二，中隔丹麥半島。乃有開鑿基爾與易北河口間運河之舉，其海岸線遂自荷蘭境直達俄羅斯境。船隻往來於北海與波羅的海之間極其便利。然當歐洲大戰開始時英國即封鎖北海沿岸之德國海港。大戰最初四年間德國之海軍一部分困守於本國海港中，絕無用武之地。

第五節　二十世紀之法國

　　法國人之保守　世人每以法國人為輕浮之輩，以巴黎為「革命之家」。然就法國全體而論則實具有保守之精神。法國農民極其節儉，性情保守不喜更張。城中商人亦同具此種心理。法國革命之頻仍與其成功之甚易，蓋皆由於大部分人民漠視政治變遷之故。法國政體雖屢經變更，而其政治上之組織自拿破崙以來實無甚出入，尤足徵法國人民之富於保守精神也。

　　責任內閣制　第三次共和初年法國之內閣每數月間必有改組之跡。政局上每現不穩之象。然政府之政策每能貫徹而不變。蓋英國內閣有統制國會之趨向，而法國國會則有監督內閣之權力也。

　　政黨之合群　法國內閣之為期甚短，變化頻仍，乃國內政黨合群制之結果。蓋國會中之政黨甚多，隨時可以合群而成大多數以與政府為難。至於英國美國諸國國會僅有大政黨二，而內閣中人又必得有多數黨之援助者，故內閣改組之事較法國為罕見也。

　　保險案　社會改革之舉德國、英國頗能盡力進行，而法國獨後，其原因

一部分在於法國之貧苦問題不如其他二國之重大。至一九一〇年法國方規定老年及殘疾年金之制度。規定凡受薪資及薪水之工人均須保險。工人與雇主均負納費之責任，政府並補助之。凡六十五歲以上之人男子每年可得年金約銀幣一百五十元，女人一百二十元。至於殘疾者亦有保險之規定。寡婦孤兒亦得有補助金。當一九一三年國民之註冊保險者有八百餘萬人。

第三次共和國之和平政策 當十九世紀時法國人因回憶拿破崙武功之盛每存好大喜功之心，而取辱國喪師之禍。即西元一八七〇年後法國人亦仍有抱武力主義者，就中尤以波拿巴黨人為最。若輩每以光復亞爾薩斯、洛林二地為言以動國人之心。在巴黎嘗在代表史特拉斯堡城之銅像前行示威之運動。然國會中及國人之注意者漸形減少。自社會黨發達之後反對戰爭甚力，故法國政府對於戰備極不經心。

摩洛哥事件之影響 然自一九一一年與德國因摩洛哥勢力問題有衝突之舉後法國政府之態度大變。國人除社會黨外均以為大戰將至非擴充軍備不可。當歐洲大戰將起之際社會黨領袖尚·饒勒斯（Jean Jaurès）仍堅持不戰政策。迨一九一四年戰爭開始之後國人頗責彼理想太高，非愛國者所應有，當德國軍隊將侵入法國境內時尚·饒勒斯被人暗殺而死。

第六節　二十世紀之社會黨

社會主義之發達 英國、德國、法國諸國之社會改革不但不能阻止社會主義之發展，反足以促進社會主義之發生。社會黨中人大致可分為三派：

校正派 第一為校正派，此派對於馬克思派曾起反對者也。此輩以為世上絕無所謂社會之「革命」，僅有繼續之改革事業，漸漸建設社會主義制度之特點。德國之校正派雖不能操縱社會黨之全部，然在社會黨中極有勢力者也。

直接行動派 一面又有所謂直接行動派，主張應用直接行動以代替和平政治運動。以為僅用和平方法結果太微。故此派中人力主同盟罷工或激烈方法以戰勝雇主而以獲得實業管理權為目的。一九一一年八月英國鐵道工人之同盟罷工即其一例。其結果則政府出而干涉，而工人之薪資為之增加。其在法國，直接行動頗有結果。每遇勞工紛爭時必隨以激烈之舉動。直接行動派之意在於連繫各級及各業之工人成一規模宏大團結鞏固之團體以操縱實業之全部。其在俄羅斯則社會黨人之最激烈者曰布爾什維克，竟於一九一七年之冬獲得國內政權。

中途派 此外又有所謂中途派，此派既反對和平改革派，亦反對直接行動派。以為和平改革派無異資本家之傀儡；而直接行動派亦有無政府之嫌疑。大抵歐洲各國之社會黨人多主張用和平方法從事運動，注意於選舉以獲得政權焉。

歐洲大戰後之國家社會主義 自一九一四年歐洲戰爭發生以來歐洲各國幾均有重要實業及運輸機關歸諸公有之傾向。為軍事上必要起見，鐵道礦產多由政府管理而運用之。製造業亦然。軍火及軍艦之製造尤其如此。某種重要物品之價格應由政府規定之，此理亦為各國政府所承認。總之，大戰以後歐洲各國政府莫不向國家社會主義方面而進行也。

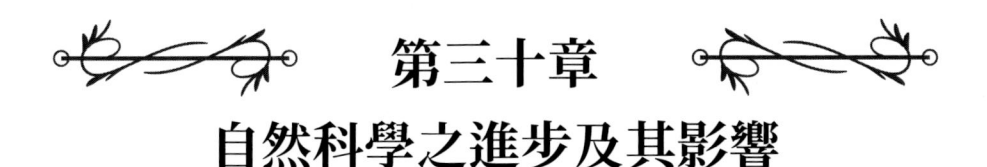

第三十章
自然科學之進步及其影響

第一節　地球甚古說之發見

科學研究之重要　近世史中較政治上變遷尤要之一方面，厥唯近世科學之興起。十八世紀時代科學之進步前已略述之。近世因有精密之觀察與實驗及科學儀器——如顯微鏡及望遠鏡——之發明再加以精細之深思與計算科學家如牛頓、林奈（Linné）、布豐（Buffon）、拉瓦錫（Lavoisier）等遂建近世科學——天文、植物學、動物學、化學、物理——之基礎。自有科學研究以來吾人對於人類、動物、植物、礦物、氣體、地球及宇宙之知識無不大增。科學上之發現不但足以滿足吾人之高尚好奇心，而且大有影響於不諳科學者之生活。至今幾乎所有人類之興味皆不能避免科學之直接影響。蓋自然科學之為物不但產出一種改革之精神，而且供給改良人類狀況之方法也。

十九世紀之科學進步之一例　十八世紀之科學成功固然甚大；十九世紀之科學進步尤為驚人。吾人欲瞭然於此種進步之宏大，只須知當維也納會議開會各國代表不但不知有所謂電報、電話、電燈、電車；即輪船、鐵道、攝影術、麻醉藥、防腐藥等亦並未有所聞。即如火柴、煤油、煤氣及橡皮製造品等在當時亦復一無所有。至於縫紉機、打字機、削草機等均未發明。其他如原子、細胞、內力、進化、病菌諸學說，在今日則為學生者

類皆熟聞而習知之,而在當日則皆茫然一無所曉。

科學進步之無窮 二十世紀以來研究方法益形精密,解決多種科學上之奧妙,人類之能力因之益復增加。然即在今日,科學上發明一次,每生出一種出於意外之新問題。宇宙內容益形複雜,故科學研究幾無止境之可言。吾人研究近世歐洲史,應瞭然於科學之如何發達及吾人對於人類習慣及見解,原始及將來之如何變遷。下文所述者僅百年來歐洲美洲各國科學研究之大端而已。

舊日之創造觀念及地球之年齡 茲先就地球而論,五十年前歐洲人莫不以為地球之生存至今不過五、六千年,而且上帝於一週之內造成地球上之生物,並於空中造日月以照耀地球。自地質學家、動物學家、古生物學家、人類學家、物理學家及天文學家加以研究之後方知現在萬物均經過幾千萬或幾萬萬年之演化,舊日上帝創造萬物之觀念至是打破。

地球上生物之生存甚古 現在科學家均信地球最初實為一圓形之氣體,球面漸冷凝結為固體而成吾人所居之地殼。地質學家對於地球之年齡若干初無一致之主張,而且恐永無解決此種問題之希望。然據若輩之推測則地球上之水成岩,其造成之時期約需一百兆年至一千兆年之久。岩石中頗有各種化石之存在,可知地球上之有動植物為時甚久。故地球之有水與陸離今似至少已有一百兆年。

吾人即將此期減短一半,地球上之有植物及下等動物為期之久亦正不易領會。吾人假定藏有過去五十兆年之記載,假使每頁中所載者為五千年中之大事,則此書將有十卷之巨,每卷計有一千頁;而吾人之所謂歐洲史,自古代東方諸國以至今茲,將不過占此書之第十卷中最後之一頁。

至於吾人所見之天體,太陽與其行星不過占宇宙之一極小部分,在吾人見之抑若永遠存在而且其大無限。然自有分光器及隕石研究以來則知天

體之化學分子與吾人所知者無異——即水素、酸素、錫素、碳、鈉、鐵等是也。

立爾之地質學原理 當西元一七九五年時蘇格蘭之地質學者詹姆斯・赫頓（James Hutton）曾著書斷定地球之成為現在之形狀，其天然程序極為遲緩；此說一出，抗議者紛起，以為彼不能發現「起源之痕跡與終止之先見」。至西元一八三〇年英國人立爾（Lyell）著名滿世界之《地質學原理》（*Principles of Geology*）一書公之於世。書中詳言地球之如何漸形縮小，如何經過長期之雨霜作用成為高山與大川，而積成石灰石、黏石及沙石。總之，彼斷言地面之形勢實為吾人嘗見作用之結果，其進行至今尚可見也。現代地質學家之研究頗足以證實立爾見解之無誤云。

第二節　演化原理

布豐發明動植物之演化 地球因天然勢力之作用而逐漸變化，動植物之成為現形亦似經過逐漸之變遷。法國博物學家布豐（西元一七〇七年至一七八八年）當狄德羅編訂《百科全書》之時曾著《博物學》一書，謂所有哺乳動物驟視之雖似互異，而細察其身體之構造則頗為相同。彼謂假使以馬與人相較，「其足以激起吾人之驚異者不在其相異而在其相同」。彼曾細察各類生物之同點，乃斷定假使有充分之時間則造物似可將所有有機體皆由同一原形演化也。

十九世紀初年之演化觀念 布豐著作之中並道及演化之學說。迨十九世紀初年法國人拉馬克（Lamarck）著書行世，竟謂世界上之動物均由逐漸發達而來。彼所主張之發達理由在今日動物學家眼中觀之雖不充分，然

在當日彼之主張實較時人之見解過早五十年。唯其他科學家頗受同一之印象。西元一八五二年英國人史賓賽（Spencer）臚陳理由多種以證明宇宙間之萬物——地球、植物、動物、人類及其觀念與制度——均經一種自然程序而漸漸發達。

達爾文之天擇原理　七年之後（西元一八五九年）英國人達爾文所著之《物種起源》（*On the Origin of Species*）出世，演化之原理乃激起世界之注意。達爾文主張各種動植物並非各種不同動植物之苗裔，今日之動植物乃數百或數千萬年來屢經變化之結果。

「生存競爭」　達爾文以為無論何種動植物任其生殖則不久即將布滿世界。例如一對知更鳥或麻雀若不加限制任其繁殖，則十年之間必可增至二千萬翼以上。故現在世界上動植物之不增加，必因魚鳥之卵，植物之種子及哺乳動物之幼獸於發達之前即被破壞之故。熱，冷，雨，旱實負其大部分之責任。然生物間亦有無數互殺之方法，有時僅互相排擠而耗盡所有之食物已足。故生物之間無論其為同種或異種有一種永久之「生存競爭」，而存者每居少數——五之一，或十之一，或千之一，有時或百萬之一。

「適者生存」　「然試問生物中何以有存者有不存者？假使各種中之生物絕然相同，則吾人只得謂此乃偶然之事。然生物並不相同，有較強者，有行動較速者，有身體之構造較堅者，有較狡者。色彩較晦者易藏；目光較銳者易於獲食而逐敵。至於植物稍有不同，則其有用與否遂為之大異。其萌芽較早而較強者可免蛞蝓之害；其力較強者可以在秋初開花而結實；樹木之有芒刺者可免動物之吞食；花之最觸目者則先受昆蟲之注意。故吾人可以斷言凡生物之具有優良特點者則其忍苦之能力較大，而其生命亦必較長。偶然之事雖不能盡免，然就全體而論則適者必生存也。」

第三十章　自然科學之進步及其影響

總之，達爾文之學說以為一切生物斷無不變之理；唯因生物變化之故在生存競爭之中其最適者可免消滅而生存，而傳其優良特點於其苗裔。此種生物「發達」之觀念及人類亦屬於動物之觀念激起世人之驚異，而科學家神學家及一般學者遂漸有激烈之討論。

科學家大都承認演化之說　贊成達爾文學說之最熱心者當推史賓賽、阿爾弗雷德・華萊士（Alfred Russel Wallace）、赫胥黎（Huxley）及美國植物學家亞薩格雷（Asa Gray）等，若輩均能盡其力以辯護及解釋演化之學說。演化原理之足以破壞舊觀念雖較哥白尼之「太陽系學說」尤為有力，然其受科學家──動物學家、植物學家、地質學家、生物學家等──之承認極其迅速。至今演化原理之確定幾與相對論及物理相同。

演化之說實足以增高人類之地位　反對演化原理者其人數之減少甚慢。最初無論新教或舊教之教士莫不痛罵達爾文，以為彼之學說與上帝之言相反，而且使人類之地位為之降落。然日久之後宗教中人漸與演化新說調和。蓋再加思索之後即知演化之說實足表現上帝用意及方法之佳妙，而且人類雖同屬於動物界，而人類仍不失為自古以來所有造物工作之最後目的也。

第三節　物質之新觀念

原子說　當動物學家、植物學家及地質學家發揮演化學說之日，正化學家、物理學家及天文學家研究物與力問題──熱也，光也，電也，太陽及恆星之歷史也──之時。當十九世紀初年英國人道耳吞（Dalton）曾謂所有物質似皆由各質之「原子」化合而成為「分子」。例如一原子之碳素

與二原子之酸素合而成氣，謂之碳酸。而且碳素與酸素之化合重量每係十二與三十二之比例，故吾人可以推定每一原子之碳素其重量為十二單位，而二原子之酸素其重量各為十六單位。此即原子說之根據，屢經研究家之發揮遂成今日化學之基礎。

現代化學家之重要　今日化學家能解剖最複雜之物質，而發現動植物體中之成分為何。甚至能將原子化合而成人造之動植物原質。酒精、靛青、茜草及香料等皆其著例。化學家能造靛青及有用之藥物；並改良而且增進鋼鐵之出產。自有貝塞麥方法以來世界之財富每年增加銀幣四千兆元之巨。化學家既知植物成分之需求，故能解剖土壤供給必要之化學藥品以培養植物。同時水之純潔與否亦能辨別明白。至今製造家，礦業主人，農業家莫不依賴化學家矣。

光之性質　當十九世紀時熱與光之性質方完全解釋明白，光與熱係由能媒中之極細波動而外傳，所謂能媒者必到處存在。蓋無此種中介則太陽與恆星之光線斷無達到吾人之理也。

電力之重要　電之為物在十八世紀時知者極少，至今竟占物質上最重要之地位。電似係一種原子間之愛力，足以聯合分子中之原子。所謂光似不過一種遊行於能媒中之電波動。將來所謂物質者或竟僅係電力亦未可知。三十年來電力之應用極廣，為科學上成功之最著者。

鐳之發見　當十七世紀時代化學家斷定彼煉丹者欲變更金屬之性質實不可能，因物之原質各有特性，如不與他質混合則永遠不變。二十年來化學上忽有能發速度極高之光體之發現，就中尤以鐳素為最著。物質不變之原理為之大受影響。此種元素為巴黎居禮（Curie）教授夫妻二人所發現，由瀝青鈾礦中提取之，唯極為困難。雖以瀝青鈾礦一噸僅可得不純粹之鐳

第三十章 自然科學之進步及其影響

一厘之七分五。而全世界之鐳現已共有一百厘之多。然因其性質之特異，足以證明原子竟能變性而成為不同之質。故所有物質或皆與生物同均逐漸演化而成者也。

原子中之巨力 鐳素之熱力於一小時中能將同等重之水，自冰點以達於沸點；然鐳素本身之消耗極微而且極慢。故據吾人之計算，則鐳素之失其半重幾需一千五百年之久。此種力之發表必不源於分子之破裂，而源於原子中之一種作用。世之樂觀者以為將來吾人必有利用原子之力以代今日化學作用之一日。唯至今化學家對於促進，阻止或駕馭鐳素一類原子中作用之方法尚未有所發見也。

第四節 生物學及醫學之進步

細胞之原理 近年來關於動植物上之發現其奇異不亞於物與電。約西元一八三八年德國之博物學家二人施萊登（Schleiden）與許旺（Schwann）互較其觀察所得者，乃斷定所有生物皆由微體組織而成，此種微體謂之細胞。細胞為一種膠質之物。西元一八四六年植物學家莫爾（Moore）稱之「原生質」。所有生物皆原始於原生質，昔日簡單之有機體可由死物自然發生之說至是遂破。德國之名生理學家菲爾紹（Virchow）曾言曰：只有一細胞能產出一他細胞。故生物界之細胞頗似非生物界之分子。

近世生物學之重要 細胞原理為生物學研究之根據，極足以使吾人明瞭原卵發生及所有組織與機關發生之方法。細胞原理亦足以說明多種疾病及醫治之方法。奧斯勒（Osler）曾謂知識樹上之葉竟能醫治國民之疾病，對於吾人之快樂及功能實最重要。人類身體及其組織之細密構造──無

論有病與否——如各種機關之作用及其關係，消化、同化、循環及分泌之作用，血球之非常活動，神經腦筋——凡此種種無不經多人之研究。十九世紀以來實驗室與醫院之建設者日興月盛。故以吾人今日之知識觀之，則十八與十九兩世紀時醫生之端賴藥物治病者實較不醫尤惡也。

種痘 西元一七九六年英國人愛德華·詹納（Edward Jenner）有試行種痘之舉，當日可怖之危病遂得一防止之方法。此種發明如能處處實行，則世界之上將不致再有天花之蹤跡。然世人之疏忽者及反對者至今尚不乏人，故天花一症至今未能掃除使盡。

麻醉藥之發明 愛德華·詹納發明種痘方法之後五十年，美國人沃倫（Warren）於西元一八四六年至一八四七年間在波士頓醫院中始用麻醉藥使病人失去知覺以便割治，所用之藥曰乙醚。次年蘇格蘭愛丁堡地方始用氯仿。當麻醉藥未發見以前病人之不懼刀割者為數極少，即為醫生者鑒於病人之痛苦，亦每無充足之時間及機會以便從容施其手術。至於今日則割治之時間可以延長至一小時以上，而病人之痛楚則並不因之增加。

防腐藥 自麻醉藥發明以後病人之痛楚雖除，醫生之施術雖易，然病人之因割治而死者仍復不一其人，蓋割治之後每有血毒丹毒或死肉諸症隨之也。凡割頭或胸或腹者其結果每有性命之憂。最後英國人李斯特（Lister）發明救濟之方法。彼將所有施手術用之器械拂拭極潔，並用防腐藥，病人之因割治而死者數遂大減。唯當西元一八六〇年間彼之發明成功雖巨，然當時無人知其成功之理由。其時方有微菌學之發生，此種科學不但可以表示傷口傳染之原因，而且可以說明人類所受之惡病。假使無微菌學之發生，則治病與防病之方法必不完備，而所謂醫學亦將謬誤不全矣。

微菌之名 當西元一六七五年時曾有人用顯微鏡察出腐蝕牛乳獸肉及

第三十章　自然科學之進步及其影響

乾酪之微生物。百年之後維也納之普雷內士乃宣言彼信凡疾病與動物質之腐爛均源於此種微生物。然再過百年至西元一八六三年法國人巴斯德(Pasteur)方謂吾人之毒瘡曰癲者實源於棒形之微體，名之曰微菌，微菌之名實始於此。

巴斯德之研究　法國化學名家巴斯德以發明醫治恐水病之方法著名，然彼之發見亦正不一而足。彼證明空氣中之微菌極其普通，並謂昔人之誤以為自然發生者實源於微菌。法國政府遣彼赴法國南部研究蠶之疾病，蓋其時蠶疫極盛，人民損失甚大也。彼乃於蠶身及蠶子上發現微菌，並提出救治之方法。彼對於發酵作用亦頗加研究，酒家之損失因之大減。

病之芽胞原理　柏林之柯霍(Koch)始發見產生肺病之結核菌，其他學者亦先後發見肺炎、白喉、顎鎖、脥核炎等病之芽胞。

驅除微菌之運動　微菌既如此之微，如此之多，欲免除之似不可能；然就經驗上所得者觀之，則當醫生施割治之手術時，將一切器具加以消毒，即可防止微菌之侵入。腸熱症之源於不潔之水與牛乳，肺癆病之傳自患病者之乾燥涎唾，黃癉與瘧疾之芽胞之傳自蚊蟲，──凡此種種發見均足以示吾人以預防之方法而減少疾病之流傳。而且除預防方法以外，救治方法亦復常有發明。巴斯德發明凡動物曾受恐水病毒水之注射者即可免恐水病之發生。至今白喉及顎鎖二種惡病均有抗毒素之發見，唯肺癆及肺炎諸症則至今尚未有醫治之方法也。

白血球　俄羅斯人梅契尼可夫曾在巴黎研究科學發明白血球有戰殺微菌之功。今日科學家頗多專心研究增加白血球以防禦微菌之方法。故至今人類之敵皆一一發見而撲殺之，而防禦或衛生之方法亦時時有所發明焉。

注意自然科學之必要　吾人如欲驅除人類之疾病免除人類之苦痛有二

必要之前提。第一，國家與富人急宜慷慨捐資以維持無數科學家之研究。第二，凡各級學校均宜多加注意於自然科學及其應用。英國名科學家某曾主張不但吾人應多設研究自然科學之機關，而且應組織政黨以科學上之訓練為選舉上之先決問題焉。

史學之將來 一九〇六年法國某報紙曾徵求近代法國名人表，其名字以功績大小為先後。其結果則巴斯德居第一得數百萬票，而拿破崙反居第四。將來所謂英雄者或將為科學家而非君主與武士或政客。或者當二十世紀時方承認十八、十九二世紀史中科學進步及其應用之重要。故吾人之歷史將來恐非重編不可。狄德羅之《百科全書》在歷史上之地位將在腓特烈大王戰爭之上，而立爾、達爾文、李斯特、柯霍與居禮等之名將與梅特涅、加富爾與俾斯麥並傳。

蓋文明之進步有賴於科學家及發見家者為多，而有賴於政治家者為少；蓋政治家所能管理者國家之命運而已，而科學家及發見家則予吾人以天然及生命之監督權也。近世國家之富強多來自科學家之實驗室。故將來之政治家不能不注意此種科學家之新貢獻，正如昔日之政治家不能不注意新航路之發見及實業之革命也。

第五節　新史學

史材之應用 十九世紀以來各種學問之曾經變化者歷史一科即居其一。第一，史材之蒐集遠較昔日為有條理。所謂史材即吾人對於過去所得之真確資訊。如石刻、信札、法律、命令、公文書、重要人物之札記、日記、編年史、傳記、國會中之辯論、各種議決案等皆是。凡此種種皆係歷

第三十章 自然科學之進步及其影響

史之原料。吾人於利用此種材料以前，必先蒐集而說明之方可。今日歐洲各國均有整理就緒之史材，異常豐富，極便研究。

歷史範圍之擴充 當十九世紀以前所謂歷史僅研究人類史之一小部分，約共二千五百年之過去而已。五十年來吾人方知紀元前古代東方諸國及埃及之人類及其事業。至今吾人方知紀元前四千年埃及人已有文字。故歷史之範圍因之較昔倍增。

未有記載以前之人類 而且五十年來吾人對於未有記載以前之人類頗有發見。吾人可根據古人所用之石器，再根據其圖畫，再根據其在瑞士湖濱之居室，以追溯人類之發明及其進步。

世界上何時始有人類，人類何時始有語言與發明，吾人已無法可以斷定。或有以為歐洲之有人類已達五十萬年。唯人類之脫離游牧時代而從事於建築居室、紡織、陶業、耕種及豢養家畜等事，離今似不過一萬或一萬二千年而已。凡此種種均發見於人類能用金屬以前。故此期日「新石器時代」。

現代史之重要 吾人對於古代史既大有擴充；同時吾人對於現代史之重要亦大有覺悟。蓋唯有現代史能使吾人判斷今日之問題也。二十年前之編輯歷史課本者每詳於上古而略於近世。今則不然。歐洲大戰發生以來吾人方知欲明瞭戰爭及其結果及現代人類諸問題，非先明瞭歐洲之狀況不可。故吾人居今日而編輯歷史課本，則上古史與中古史應僅占全書之半，而上古史應僅占上半卷之小半。近世史應占全書之半，而五十年來之歷史應占後半卷之半。

唯有歷史能使吾人明瞭現在之世界 吾人欲明白現在，必先明白過去。故研究歷史應特重近世。就個人而論，吾人之能明瞭吾人現在之生活者蓋皆自明瞭吾人一己之過去記憶、經驗及所歷之境遇始。人類全體亦

然。吾人欲明瞭現代人類之習慣及希望，不能不先明瞭人類之由來，人類之制度及人類之知智與慾望為何。所謂近世歐洲史無異二百年來之歐洲改革史。說明歐洲人如何固守中古之遺制及舊日之觀念以迄於十八世紀。此種遺制及觀念之如何廢止及變更以成現代之歐洲。即就現代而論，亦復來日方長，需要改革之處不一而足。蓋吾人之知識常有增加。知識增加，則吾人之狀況不能不隨與俱變。變更過去人類之生活者，知識與發明也。變更將來人類之生活者亦知識與發明也。故改革家之事業日新月異，希望正復無窮。

舊史之缺點 舊日之歷史著作中每包有多數與現代生活無關之事實，故讀者之興味索然。吾人編輯課本篇幅有限，其不能遍述一切者勢也。著者之目的應僅述其最重要者，以明示人類之如何進步以迄於今。切不可因為過去有此一件事實，吾人遂不得不有此一段文字。

關於各時代及各偉人之記載本甚豐富。吾人編輯課本時斷不能包羅萬有者也。故抉擇史材一事極為重要。所謂歷史實僅一種人類過去事實及狀況之記憶，為吾人明瞭現代問題所必需之常識而已。未讀歷史之人每多膚淺謬誤之見；曾讀歷史之人則每能根據過去之知識評判現代之問題而無誤。

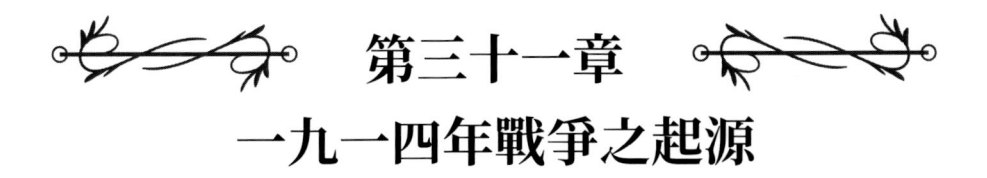

第三十一章
一九一四年戰爭之起源

第一節　歐洲諸國之陸軍及海軍

一九一四年之戰爭　一九一四年八月歐洲最烈之戰爭開始。軍隊人數之眾為亙古所未有；所用武器之堅利亦為亙古所未有；其影響於世界之巨亦為亙古所未有。世之有思想者類以此次戰爭為出諸意料之外。不信歐洲諸國之政府竟敢負此破壞世界和平之責任。然不意竟有戰爭。此次大戰實為歐洲史上最重要之事實，吾人不能不求其原因之所在，與各國爭持之問題為何。

歐洲武力主義之發達　自西元一八七〇年至一八七一年普魯士戰敗法國以來，五十年間西部歐洲諸強國間並無戰爭之跡。此為歐洲昇平無事之期。然各強國間始終專心致志於軍備之擴充與軍器之裝置。普魯士實為提倡武力主義之領袖。二百年前普魯士曾欲以武力而成為強國。然近世普魯士之軍隊實始於拿破崙戰敗普魯士於耶拿之後。蓋自後普魯士之政治家知舊式常備軍之不可恃，不能不賴「全國皆兵」之徵兵制也。然欲實行全國皆兵之制須避拿破崙之懷疑。普魯士政府乃令其國民皆受短期之軍事訓練，訓練之後乃令其退伍而為備份兵。因之常備軍之數並不增加，而一旦有事則可用之兵為數甚眾。而且普魯士之訓練軍官尤為精密。

此種已經改良之軍隊曾有功於推翻拿破崙。全國皆兵之制相沿不廢。

第七卷　二十世紀與世界戰爭

五十年後威廉一世與俾斯麥欲獨霸國中，與奧地利宣戰時遂增加每年徵兵之數，國民從軍之期由二年延長至三年，備份之期延長至四年。因之普魯士軍隊之數竟達四十萬人之眾，於西元一八六六年戰敗奧地利。他日法國之失敗與德意志帝國之統一蓋皆普魯士軍隊之力也。

其他諸國之軍備　自普魯士於西元一八七○年至一八七一年間戰敗法國以來，歐洲諸國除英國外莫不仿普魯士之徵兵制而蹠行之。凡國民之身壯無疾者均須入伍二、三年，再退而為備份兵以備隨時奉命從軍之用。政府每任用多數教師負教育兵士之責，加以軍器發明日形精銳，改良裝置所費尤為不貲。

國民負擔之重　歐洲各強國既爭先恐後以擴張其軍備，各國陸軍之人數為之大增，而國民之負擔亦為之加重。當大戰開始時德國、法國二國之陸軍各有四百萬人以上；俄羅斯有六、七百萬人；奧地利、匈牙利得二百五十萬人以上。英國之陸軍不及二十萬，駐在歐洲者又居其少數，蓋英國之募兵方法與美國同類以志願軍補充之，並無徵兵之制也。

英國之海軍　然英國之國防端賴海軍，而英國海軍力之雄厚實為世界之冠。蓋英國固以「二強海軍」為其海軍政策之標準者也。英國所以必有強盛海軍之理由一在英國人浮於地，國內所產之食糧不敷供給，故不能不自外國輸入以資維持。而且英國工業甚盛，與商業有密切之關係。故一旦英國失去其海上之霸權，則其衰亡可以立待。

德國之海軍　然其他諸國對於英國之獨霸海上多不甘心。若輩對於英國殖民地之廣大本懷猜忌之心，而其急於市場之獲得與商業之保護亦與英國等。二十世紀以來商業上足為英國之敵者厥唯德國。德國皇帝威廉二世自始即有意於海軍之整頓，二十年前曾謂德國之將來必在於海上。故西元

一八九七年德國國會通過振興海軍之議案。自後海軍之擴充極其迅速，幾有凌駕英國之勢，英國人乃大懼。英國政府遂亦增加其戰艦之數目及噸數。其他諸國亦紛起仿行。故歐洲各國除陸軍軍費外又加以海軍軍費負擔倍重於昔焉。

第二節　和平運動

海牙和平會議之召集　軍費既甚浩大，再加以恐懼戰爭之心，遂引起一部分人之弭兵運動。第一次減少軍備之運動始於俄羅斯皇帝尼古拉二世其人。彼於西元一八九八年提議召集世界各強國代表開會於荷蘭之海牙以討論之。此次會議與昔日之維也納會議及柏林會議不同，非戰後之和平會議及平時之弭兵會議也。

第一第二兩次之和平會議　第一次海牙和平會議於西元一八九九年開會，對於限制軍備絕無成績之可言；唯決定建設一永久之「公斷法院」，凡各國間之爭執「無關於國家榮譽及存亡」者均可提諸法院以求裁判。然因無法可以強迫各國之提起國際訴訟，而且足以激起戰爭之禍源又復除外，故所謂公斷法院有同虛設。第二次開會於一九〇七年，規定埋藏地雷，炮攻孤城及戰時中立國之權利等。然自大戰開始後此種規則亦復有同具文。

各國間之和平條約　自第一次海牙和平會議開會之後，各國間之互訂公斷條約者有一百三十餘種之多。規定凡無關國家存亡獨立榮譽及第三者利害之爭執，均以國際公斷方法解決之。近來諸國間甚有將「所有可用法律解決之問題」一律提出公斷者。

其他和平運動　除海牙和平會議及公斷條約外，尚有其他種種和平運動，故世之樂觀者多以為此後或不致再有大戰之發生。國際上各種公會及結社在大戰前常有增加，而且各國人民間亦多有共同之利害，故有互助之必要。

社會主義　國際和平運動之最有力者社會主義亦居其一；蓋社會主義本係一種各國工人之國際運動，其公共目的在於廢止「生產機關」之私有制。社會黨人常常開國際公會而且互以「同志」相稱。對於政府之實行帝國主義者每肆攻擊，以為投資遠地之利益獨為富人所享有，因投資而起之戰事與工人實無關係。而且社會黨人力言戰爭之禍以窮人所受者為最烈。故極端社會黨人多係反對武力主義者。所謂反對武力主義即不願當兵之謂，社會黨人之因此被拘者不一其人。然自一九一四年戰端既起之後，各國之社會黨人大都熱心於戰事，故若輩之反對帝國主義或反對擴充領土之戰爭，皆屬空言而已。

第三節　各國間之爭執

帝國主義與近東問題　歐洲大戰發生之最要條件，吾人在前二章中已述及之，一為帝國主義，一為近東問題。吾人曾述十九世紀後半期歐洲諸國之如何爭獲殖民地或商埠於非洲與亞洲，對於土耳其衰替之利益之如何虎視眈眈。茲吾人不能不再略述五十年來各強國間之如何競爭及一九一四年夏間戰爭之如何爆發。

法義二國在非洲之衝突　第一，吾人須知非洲之如何探險及其分割。非洲北岸沿地中海一帶之地大部分屬於法國，故法國對於義大利、英國及

第三十一章　一九一四年戰爭之起源

德國先後均有衝突之事。法國之領地阿爾及利亞於西元一八三〇年征服，於西元一八七〇至一八七四年完全占領，有鄰國二——即突尼西亞與摩洛哥是也。法國藉口於突尼西亞土人之騷擾阿爾及利亞邊疆，乃於西元一八八一年遣兵征服之。義大利本欲得其地為己有者，今法國竟捷足先得大為失望。義大利因之遂與俾斯麥攜手，加入德國與奧地利之同盟，即現代有名之「三國同盟」也。

法國與英國在埃及之衝突　英國與法國在埃及之衝突，吾人上已述及之。英國人既握有埃及之財政權，法國被屏，法國人乃大恨。西元一八九八年英國大將基秦拿征服蘇丹損失殊大，彼未抵法紹達以前忽有法國探險家馬尚（Marchand）自非洲西部越內地以達其地，高樹法國之三色旗。此種消息既達倫敦與巴黎、英國、法國二國人莫不驚震。假使法國不讓步者，則二國間之戰禍幾不可免。自有「法紹達事件」，英國與法國之感情益惡。二年之後英國與南非洲荷蘭農民戰爭時，法國公然表同情於英國人之敵，二國之意見益左。英國人之居於法國者每受法國人之凌辱，兩國人至是竟互以「世仇」相稱。

愛德華七世與協約　然此種情形於四年之內忽然大變。英國王愛德華七世於一九〇一年繼其母女王維多利亞之後而即位，頗喜法國，而法國人亦獨愛王。二國之政治家遂竭力利用機會以恢復二國之和好。至一九〇四年英國與法國乃有締結「協約」之舉，以解決所有兩國間未決之困難。此次協約他日竟成為世界史上最重要事實之一。法國承認英國在埃及之利益，而英國則承認法國在摩洛哥之利益。協約既訂二國人莫不大喜；法國海軍兵士遊行於倫敦通衢之上時英京人士歡聲雷動；法國人亦開始讚美盎格魯撒克遜人之性情優美矣。

英日同盟及英俄協約　英國與法國締結協約外，並與日本締結同盟，

第七卷　二十世紀與世界戰爭

英國孤立之局至是乃破。當日本與俄羅斯戰爭之後言歸於好，合力以和平方法侵略中國之滿洲，英國亦乘機與俄羅斯攜手。此種結合實出吾人意料之外，蓋英國人久以印度邊疆之亂係俄羅斯人所嗾使者。且英國人本恨俄羅斯政府之專制，倫敦一城實為俄羅斯革命黨逋逃之藪。然至是二國竟有協商之舉。一九〇七年英國與俄羅斯合訂協約，限二國之侵略亞洲於波斯一地，其他各地之劃界問題至是解決。

其他諸小國　英國除與法國及俄羅斯訂有協約與日本訂有同盟之外，並與丹麥及葡萄牙攜手，而英國之公主亦嫁於挪威與西班牙之王為后。

德國之懷疑　英國之友中有一強國焉獨不在內——即德國是也。德國皇帝威廉二世雖為英國王愛德華七世之甥，然二人自始即意見相左，而兩國之富強相等，亦復互相猜疑。德國人以為英國王所締結之同盟及協約其目的無非在於抵制德國、奧地利與義大利所訂之三國同盟，思破壞之以為快。

德法兩國在摩洛哥之衝突　故德國於一九〇五年得奧地利之後援，反對英國與法國協定摩洛哥事件。德國謂德國人在摩洛哥地方亦有利害關係，加以德國皇帝措詞激烈，歐洲方面產出一種「戰爭之恐慌」。法國乃允開公會於阿爾赫西拉斯地方，決定予法國以摩洛哥之警察權，唯擔保摩洛哥之獨立。然法國因握有警察權之故五年之間著著進步；摩洛哥之獨立名存而實亡。故德國於一九一一年遣巡洋艦駛往摩洛哥海邊之阿加迪爾地方為示威之舉。德國與法國幾啟戰端。法國乃割剛果河上之地於德國，德國方允法國得自由處置摩洛哥之地。

歐洲戰禍之日迫　阿加迪爾事件既發生，英國人大驚。其時歐洲人均以為戰禍已近在眉睫斷難倖免。德國之主戰者以此次事件實為德國之一大

失敗，蓋法國仍得占有摩洛哥也，乃要求政府以後辦理外交應取強項之態度。法國與英國之激烈者亦以德國顯欲凌辱二國於世人之前，而德國反得剛果河上之地實難容忍。其結果則各國再竭力從事於軍備之擴充。

第四節　近東問題

一九一一年德國與英國間之戰爭雖幸而免去，而奧地利與俄羅斯之關係又復日益緊張，戰機四伏。蓋自巴爾幹半島之戰禍重起後，奧地利與俄羅斯之舊恨復興，不久竟產出歐洲之大戰。吾人欲明瞭兩國之關係，不能不略述西元一八六六年後奧地利之歷史。

奧地利國內之民族　奧地利自西元一八六六年為普魯士所敗後即脫離北部德意志同盟而獨立。其領土自十三世紀以來嘗有增加，極為複雜。國內之最困難問題莫過於調和奧地利本部之德國人與匈牙利人及多種斯拉夫人──如波希米亞人、波蘭人、克羅埃西亞人──之感情。西元一八四八年奧地利之內亂即源於人種之複雜，吾人曾述及之。至西元一八六七年奧地利與匈牙利分疆而治，有如獨立之二邦。西部諸省合加利西亞與達爾馬提亞諸地而成奧地利帝國，都於維也納。東南則有匈牙利王國及其他行省，都於布達佩斯。奧地利皇帝雖兼任匈牙利之王，然國內有國會二，一在維也納，一在布達佩斯。故二國之合併無異二國之聯邦。凡二國公共之政務如財政，外交及陸軍三者由兩國國會之聯席會議曰「代表會議」者處置之。然此種計畫仍屬暫時救濟之方法。蓋匈牙利之貴族桀傲不馴，深知奧地利之有賴於匈牙利，故匈牙利不但有所要挾以獲得獨立，亦且設法以左右兩國政府之政策也。

斯拉夫人之不滿　奧地利、匈牙利國內之斯拉夫種人對於二國之組織頗不滿意，以為如此則德國種人與匈牙利人之地位在若輩之上也。加以斯拉夫種中又有捷克人、克羅埃西亞人與剌提尼亞人等之支派，語言文字各不相同，而奧地利、匈牙利之政府每播弄其間以便收漁人之利，此即所謂「分而治之」之政策也。其結果則各民族間之感情益形惡劣。

俄羅斯援助南斯拉夫人　奧地利國內之人種既甚複雜，加以所謂南斯拉夫者其人種分布於奧地利、匈牙利之境外巴爾幹半島一帶地方，益足為奧地利、匈牙利之患。自土耳其帝國衰替以來，俄羅斯即以巴爾幹半島人民之保護者自居，奧地利之政策當然難免與俄羅斯衝突。此種情形至西元一八七八年奧地利因有英國與德國之援助，竟開柏林會議以阻止俄羅斯之計畫時益著於世。

奧地利合併波士尼亞與赫塞哥維納　柏林會議允許奧地利得占據土耳其之二省波士尼亞與赫塞哥維納。此後三十年間奧地利之經營二省不遺餘力，殊得其地人之歡心。然當一九〇八年土耳其國內有革命之事，似有中興之望。奧地利深恐二省之復入於土耳其也，故遂正式合併之。其鄰國塞爾維亞乃大恨，蓋二省中之居民本屬南斯拉夫種而塞爾維亞又本抱有聯合二省及蒙特內哥羅以建一南斯拉夫大國之志者也。俄羅斯亦頗抱不滿之意，然因德國有以武力援助奧地利之宣言，而俄羅斯又自與日本戰爭及國內革命以來元氣未復，故不得不隱忍也。

塞爾維亞之計畫為奧地利所破　受此次合併之影響者當以塞爾維亞為最切。蓋至是塞爾維亞入海之希望顯然斷絕，而國內出產又不能不經過敵國以達於多瑙河也。塞爾維亞之地位遂一變而為仰他人鼻息之國家，而國勢亦因之大衰矣。

第三十一章　一九一四年戰爭之起源

塞爾維亞在巴爾幹戰爭中之所得　當一九一二年至一九一三年巴爾幹諸國戰爭時塞爾維亞之領土向南發展，幾可經阿爾巴尼亞以達亞得里亞海。奧地利又加以干涉，必欲建設阿爾巴尼亞王國以阻梗之。塞爾維亞人以為戰後應得之物又為奧地利人所剝奪，對於奧地利益形切齒。

一九一三年之危機　第二次巴爾幹戰爭終了之日已兆次年歐洲大戰之機。奧地利雖能破壞塞爾維亞入海之計畫，並能建設阿爾巴尼亞王國以牽制之；然塞爾維亞之領土倍於戰前，而世人亦多慮塞爾維亞或乘其戰勝之餘威實現其建設南斯拉夫國家之計劃。德國本表同情於奧地利者，而俄羅斯則群知其傾心於塞爾維亞及南斯拉夫種人者。

德國之地位　德國假示其畏東鄰俄羅斯之意。而且德國對於俄羅斯「聯斯拉夫主義」以獨霸巴爾幹之計畫尤所不容。蓋一旦俄羅斯占有君士坦丁堡，則德國之大計畫將無實現之希望也。所謂大計畫即自柏林起築鐵道一經巴爾幹半島以達於巴格達而抵波斯灣是也。其時德國之鐵道計畫已得土耳其政府之同意，不過英國與法國之反對尚未消除耳。然德國人仍著手於鐵道之建築。不意塞爾維亞有起而為梗之事，而土耳其之國運亦忽有朝不保夕之勢。因之「聯德意志主義」與「聯斯拉夫主義」兩種精神遂成對峙之局。

一九一三年之戰備　當一九一三年時各國莫不汲汲於戰備。德國國會於七月中議決增加非常軍費一千兆馬克。法國亦將國民從軍之期自二年延長至三年。俄羅斯亦大增軍費，並請法國總司令霞飛（Joffre）入國商酌改良軍隊之方法。奧地利、匈牙利亦復盡力於砲兵之改良；英國之海軍亦大加整頓；即比利時亦實行全國皆兵之制，其理由以為德國造鐵道於比利時邊疆一帶其意顯在侵犯其中立，故不得不未雨綢繆云。

第五節　戰爭之開始

奧地利皇儲之被刺　同時主張和平之人並不失望。英國之政治家盡力於解除各強國間之誤會。英國甚至允許德國得修築巴格達之鐵道以消除德國對於英國之惡感。德國之政治家亦頗盡力於和平運動。然一九一四年六月二十八日忽有一事發生，歐洲和平之局乃破。奧地利皇儲斐迪南大公與其妻出遊於波士尼亞，在塞拉耶佛中被刺死。先是塞爾維亞政府曾勸奧地利之大公毋遊其地，謂恐難免有陰謀暗殺之事發生。奧地利以為塞爾維亞之政府實有暗助此種陰謀之嫌疑，故須負此次暗殺之責任。然一月之後奧地利方有所舉動。七月二十三日奧地利致最後通牒於塞爾維亞，要求塞爾維亞禁止所有新聞紙上學校中及各種結社之反對奧地利運動；凡文武官吏之反對奧地利者一概免職；奧地利得派法官參預審判罪人之事；凡此諸端均限塞爾維亞於四十八小時內答覆。塞爾維亞不得已允許其要求，唯對於最後之條件不能同意。然亦願提諸海牙之法院中公斷之。奧地利不允，維也納人聞之莫不欣喜。

德國之態度　一九一四年七月下旬始為世界史中最有關係之時代。其時俄羅斯對於奧地利與塞爾維亞之衝突，顯然不能袖手而旁觀。至於德國則宣言若奧地利被俄羅斯所攻，則德國必盡力援助奧地利。俄羅斯、法國與英國之外交家多主張將奧地利與塞爾維亞之困難提諸海牙法院解決之，並謂此係二國間之衝突與其他諸國無干，德國人獨不謂然。蓋德國之意在於嚴懲塞爾維亞也。

德國之宣戰　七月二十八日奧地利對塞爾維亞宣戰，俄羅斯遂下動員之令。德國以為俄羅斯之目的在於攻擊德國，故於八月一日與俄羅斯宣

戰。德國同時並向法國詢其態度如何，限十八小時內答覆。法國政府之答覆甚為模稜，一面亦下動員之令。德國遂於八月三日對法國宣戰。然德國軍隊已先一日向法國而進。八月二日德國軍隊進占中立之盧森堡，德國並致最後通牒於比利時，限十二小時內答覆，詢其究竟允許德國軍隊之通過其國境否。如其允許則德國必尊重比利時之領土與人民，否則以敵人對待。比利時政府答稱其中立為各強國所議決與擔保，如有侵犯者誓竭力抵抗之。

英國之加入戰爭 英國雖無出兵援助法國與俄羅斯之義務，然於八月二日致書德國政府宣告英國對於德國海軍之攻擊法國海岸斷難應允，蓋離英國太近，且英國之心存猜忌為時亦已甚久也。二日之後英國政府聞德國軍隊有入侵比利時之事，外交大臣格雷（Grey）乃致最後通牒於德國要求德國尊重比利時之中立，並限於十二小時內答覆。德國總理覆稱為軍事上必要起見德國軍隊不能不經過比利時云云。英國遂正式向德國宣戰。

一九一四年之交戰國 不久日本亦對德國而宣戰。土耳其亦於十一月決定與德國及奧地利聯合。自戰爭開始以後三月之間一面有德國、奧地利與土耳其諸國，一面有塞爾維亞、俄羅斯、法國、比利時、英國、蒙特內哥羅與日本諸國，兩相對壘。義大利宣布嚴守中立，以為無援助奧地利與德國之義務。蓋義大利西元一八八二年加入三國同盟時原議德國與奧地利一旦被攻則義大利方有援助之責，今德國與奧地利既顯然為挑釁之人，故義大利自以為當然可以中立云。國際政情之變幻蓋如是之不可測焉。

德國加開戰之責於英國 英國內閣總理阿斯奎斯既宣布英國與德國已在戰爭狀態之中，德國人遂宣言此次戰禍之發生英國應負其責任。德國總理貝特曼-霍爾韋格（Bethmann-Hollweg）向下議院聲稱假使英國政府果能力勸俄羅斯毋預奧地利與塞爾維亞之事，則歐洲戰爭必可倖免。蓋德國人

以為奧地利之懲戒塞爾維亞頗有理由，其他諸國斷無橫加干涉之理。英國政府亦明知之，今竟故犯之，則大戰中生命財產之損失當然由英國負責。

英人之見解　關於德國人之意見，《倫敦時報》於一九一四年十二月五日有下述之論調：「假使英國政府果如德國人之言而向俄羅斯宣告，則英國政府無異宣言英國將援助德國與奧地利以反對俄羅斯。誠如德國人之言則所有交戰之強國均須負責，蓋若輩均不曾為與若輩現在所為者相異之事也。例如假使法國而不援助俄羅斯，則法國可以阻止戰爭之發生；假使俄羅斯不關心塞爾維亞之存亡，則俄羅斯可以阻止戰爭之發生；假使德國不願援助奧地利，則德國可以阻止戰爭之發生；假使奧地利不致最後通牒於塞爾維亞，則奧地利可以阻止戰爭之發生。」

第三十二章
世界戰爭之初期
（一九一四至一九一六年）

第一節　一九一四年與一九一五年之戰跡

德軍入占巴黎之被阻　德國人之入侵法國分三路而進，一經比利時，一經盧森堡以達香檳，一自梅斯以達南錫。比利時人竭力抵抗，德國軍隊之被阻者前後凡十日，此次延期實大有利於法國。然德國之槍炮極利，故於八月七日攻陷列日重鎮，至八月二十日即占領比利時都城布魯塞爾。法國軍隊因有英國之援助，第一次在那慕爾附近與德國軍隊對壘。那慕爾雖為法國有名之要塞，然亦為德國之巨炮所攻陷，時八月二十二日也。法國與英國之聯軍向南而退。德國西路之軍隊至九月一日已進逼巴黎，相距僅二十五英里。法國政府不得已移至波爾多城，一面巴黎亦著手於抵抗圍困之預備。

然自九月五日至十日間法國大將霞飛所統之軍隊大敗德國軍隊於馬恩河上，形勢為之一變，巴黎被陷之險至是倖免。德國軍隊向北退駐於蘇瓦松至漢斯間之邱上。英國與法國之聯軍尚未追躡而至，德國軍隊已掘壕為久居計矣。

比利時之征服　德國人襲擊巴黎之希望既絕，乃著手於征服比利時。

十月十日攻陷安特衛普。比利時全國除奧斯坦德西南一隅外，均為德國軍隊所占有。德國人本欲進攻加萊，以其地為進攻英國之根據。然在伊瑟河上被阻。

德國占據法國東北部 自戰爭發生之後三月之中德國人已占有比利時，盧森堡及法國之東北部。諸地本實業甚盛之區，城市林立，場圃相連，又富於煤、鐵諸礦產，德國人得之大足以增加其戰鬥之實力。唯德國頗盡力於破壞工廠中之機器，砍斷所有果子樹，毀壞礦場，大傷法國元氣，其方法殊太忍也。

在法國之永久戰線 自馬恩河及伊瑟河兩次戰役以後雖常有戰爭而且死者無算，然四年之間兩方戰線無甚變更。德國軍隊不能南下，而英國與法國之聯軍亦無力北上。兩方均掘壕作久戰計，繼續從事壕戰，助以機關槍、開花彈及過山炮等。飛機往來於空中以探敵軍之地位及其動作，常常拋擲炸彈以中傷之。自雙方應用毒氣與流火以來戰禍尤慘。

東面之戰事 至於東部歐洲方面，則俄羅斯行軍之敏捷頗出吾人意料之外。俄羅斯軍隊侵入東部普魯士頗為得手，德國不得已分其西部軍隊以禦之。馬恩河上戰役之失敗此為主因。然德國大將興登堡於一九一四年八月二十六日至九月一日間大敗俄羅斯軍隊於坦能堡地方，俄羅斯軍隊遂退出普魯士境。俄羅斯軍隊之入侵奧地利者較為得手。在加利西亞境內所向披靡。然因德國與奧地利聯軍在波蘭一帶活動之故，俄羅斯軍隊不得不退出奧地利境。一九一五年之冬俄羅斯人思越喀爾巴阡山以入侵匈牙利，卒因餉需缺乏，故死者甚眾，毫無結果。一九一五年八月俄羅斯不能再守華沙及其他波蘭諸城，而德國人則進占庫爾蘭、利伏尼亞與愛沙尼亞諸地，故德國不但得有波蘭，而且亦占有重要之俄羅斯國土也。

第三十二章　世界戰爭之初期（一九一四至一九一六年）

日本之加入戰爭　一九一四年八月二十三日遠東之日本亦對德國而宣戰。其理由有二：一在履行英日同盟之條約。英日同盟始訂於一九〇二年，重訂於一九〇五年及一九一一年。英國至是求援於日本以保護其遠東之商業，日本急允之。然日本人以為遠東之德國勢力不去，則其目的難達。故日本遂於八月十七日提出最後通牒於德國令其繳出中國之膠州以「維持遠東之和平」，限德國八月二十三日答覆。德國不允，日本遂於八月二十三日對德國宣戰，遣兵經過中國之中立國境以攻青島，於十一月中旬陷落之，乃背其繳還中國之言占為己有。膠州問題他日為巴黎和會中爭點之一。

土耳其之加入戰爭　一九一四年十一月土耳其加入戰爭以援助德國與奧地利。土耳其王下令回教徒群興「神聖之軍」以與回教之敵戰。英國人遂乘機於十二月宣布埃及完全脫離土耳其而獨立，另選新王以統治之，而受英國之保護。英國軍隊侵入美索不達米亞，於一九一七年三月攻陷名城巴格達。並逼巴勒斯坦之土耳其軍，一九一七年十二月陷耶路撒冷城。

當一九一五年英國與法國之聯軍入攻君士坦丁堡大為失敗。是年四月聯軍因有澳洲及紐西蘭之援軍思進逼達達尼爾海峽。土耳其軍隊因有德國之軍官及軍器故戰功甚盛，聯軍之死傷者數達萬人，終不能得一根據地於加里波利半島之上。數月以後英國政府自承此舉之失策，乃放棄其計畫。

義大利加入戰爭　一九一五年五月義大利決定不再取旁觀之態度。義大利人本無所愛於奧地利。加以恢復「未經收回之義大利」之機會似乎已至。所謂「未經收回之義大利」係指特利騰一帶伊斯特里亞一部分及的里雅斯特港與達爾馬提亞沿岸一帶地而言，蓋諸地皆奧地利之領土而其人民則皆屬義大利種者也。因之德國與奧地利之戰線又增加一處。

戰爭第二年之交戰國　戰爭第二年之交戰國一面為中部歐洲諸強，與俄羅斯、法國、義大利、英國、比利時、塞爾維亞、日本、蒙特內哥羅及聖馬利諾諸國對壘——交戰之國共得十二，而遍布於世界之全部。不久中立之國亦先後加入戰爭焉。

第二節　海上之戰爭

德國商業之破壞　歐洲大戰中最大之問題其影響及於世界全部者厥為海戰。當戰爭初起之日世人均以為英國與德國間必將有極其激烈之海戰，不意始終無此事之實現。德國之戰艦多蟄居於本國之海港中，絕無用武之地。其商船亦多藏於本國或中立國之境內。故不久德國之海上商業即完全消滅，而英國遂獨霸於海洋之上。假使德國無海底潛艇之發明，則德國欲抵抗英國之海上霸權幾乎無望。而海上戰爭實最有關於各國之成敗者也。

封港與海底潛艇　英國雖封鎖德國之海港漢堡、布萊梅諸地、基爾運河及波羅的海之出口，以斷絕德國對外之交通，然德國之海底潛艇仍時時潛出以擊沉英國之商船或戰艦。英國政府規定凡中立國船隻之赴荷蘭、挪威及瑞典諸國者均須在奧克尼群島上之柯克沃爾埠受英國政府之檢查，以便知其載有軍用品否，並確定其貨物是否運至德國。不久英國政府又宣言凡食糧之運往德國者均以軍用品論，其理由以為德國食糧充足則有繼續戰鬥之力，故食糧之為用實與軍火無異。

德國潛艇戰區之擴充　德國人以為英國此種舉動顯然「欲使德國人民飢餓而死」。德國政府乃亦宣布英國附近之海為戰區，凡敵人商船之經過其地者均擊沉之。同時並通告中立國船隻毋再冒險駛入區內。昔日凡戰艦

第三十二章　世界戰爭之初期（一九一四至一九一六年）

捕獲敵船時如所運之貨物果係軍用品則將船中旅客移至戰艦上，然後將商船擄歸或擊沉之，至於海底潛艇規模狹小不能容人，而德國人又每不能事先預告即施襲擊，故旅客每無逃生之機會。

英國商船盧西塔尼亞之沉沒　自一九一五年二月後德國之海底潛艇開始襲擊中立國之船隻，有時雖事先預告然不告之時居多。是年五月七日英國往來於大西洋上之巨船名盧西塔尼亞者於愛爾蘭附近為德國之海底潛艇所擊沉，男女旅客之沉沒於海中者達一千二百人之多。德國政府以為該船係武裝而且載有開花彈者故與戰艦無異，然嗣經美國法院之調查斷定該船並無軍器，此事頗激起英國與美國人民之憤怒。

英兵之突擊　西部歐洲戰線上之英國軍隊日有增加，至一九一五年九月下旬英國上將法蘭契所統率者已有軍隊一百萬人。是時英國頗盡力於軍火之製造，一面並購自美國。故決意於阿拉斯東北之地與德國軍隊為激烈之戰爭。其時戰線延長至十五英里至二十英里之間；而德國軍隊前線之被逼而退者僅二、三英里而已。此事足證聯軍驅逐德國軍隊於法國及比利時境外之不易。

塞爾維亞之失敗及保加利亞之加入戰爭　德國人在西方雖為英國軍隊所逼退，然在東方之德國軍隊竟能敗退加利西亞之俄羅斯軍隊，並進逼塞爾維亞。塞爾維亞之敵國保加利亞聞之，以為有機可乘，遂於一九一五年十月四日加入戰爭以與德國及奧地利聯合，入侵塞爾維亞。相持兩月之久，塞爾維亞力不支而敗，其殘軍遁走國外。一九一六年一月蒙特內哥羅亦為德國與奧地利之聯軍所敗。

當一九一五年十月間英國與法國之軍隊在希臘之塞薩洛尼基地方登陸，然已無能為力。其時希臘政府之態度甚不明瞭，希臘王康斯坦丁一

世（Constantine I of Greece）為德國皇帝之妹夫，故頗有援助德國之傾向，而其內閣總理韋尼澤洛斯則表同情於協約諸邦。希臘王乃宣布中立，卒於一九一七年被逐出國。

第三節　一九一六年之戰爭

凡爾登之役　德國軍隊之在西部歐洲者既被英國軍隊所逼退，德國人遂集合大軍由皇太子統之以攻著名之凡爾登要塞。協約諸國以為德國人或又有長驅直入巴黎之意，無不驚震。然一九一六年二月至七月間兩方經極激烈之爭鬥，法國大將霞飛竟能抵禦而敗退之。

當大戰初起之時英國之軍隊尚不及十萬人。蓋大戰以前德國、俄羅斯與法國均採用徵兵之制，故各有百萬以上之精兵也。大戰既始英國政府仍照舊制以募兵。至一九一六年五月始採行徵兵之制，規定凡國民年在十八歲以上四十一歲以下者均有當兵之義務。不久又將從軍年限規定自十八歲起至五十歲止。五十歲至五十五歲之男子亦有相當之義務。

索姆河上之大戰　不久英國、法國之聯軍與德國之軍隊又大戰於索姆河上。此次戰爭區域在亞眠之東北，自一九一六年七月起至十一月止前後劇戰凡經四閱月。此次戰爭之中，英國人始用其新發明之鐵甲汽車曰戰車者力能破鐵線之網，且能匍匐以過地穴或壕溝。德國人被逼而退者僅數英里，然兩方軍士之死傷者各達六、七十萬人之眾。

義大利方面之戰事　當凡爾登附近有激烈戰爭之日，義大利軍隊忽於一九一六年五月間為奧地利軍隊所敗退。至六月下旬義大利不但失去其所得者，並且失其本國領土之一部分。是時俄羅斯適有復侵匈牙利之舉，奧

地利遂不得不移其軍力以保護加利西亞之邊境。義大利因之轉敗為勝，再侵入奧地利境。

羅馬尼亞之失敗　其時俄羅斯之軍事頗為得手。羅馬尼亞以為協約諸國必獲勝利，故於一九一六年八月二十七日加入戰爭以援助協約諸國。一面並侵入奧地利之外西凡尼亞。其時德國雖有索姆河上之劇戰，仍能遣其名將二人向東以禦之。又加以保加利亞之援助，故羅馬尼亞之西南兩面受敵，一九一六年十二月其都城布加勒斯特為敵人所攻陷。其領土之為敵所占者約達三分之二，而其產穀之區及煤油之礦亦均入諸德國人之手。

空中戰爭　世界戰爭史上人類之能飛在空中以觀察敵軍或與敵軍激戰者實始於此次歐洲之大戰。空中飛機至今遂為戰爭利器之一，戰爭之慘亦為之益增。德國飛機屢擾亂英國之空際以恫嚇英國之人民。德國人始用往來自如之飛艇曰齊柏林者，繼用各式之飛機以代之。英國人民之被飛機炸死者約二、三千人，城鄉財產亦有被破壞者。英國與法國之飛機亦飛行於德國之弗萊堡、卡爾斯魯厄及曼海姆諸城之上，拋擲炸彈以報之。然於戰事上均無甚影響也。

第四節　美國與歐洲大戰

美國人之意見　一九一七年春間德國之海底潛艇政策及中立國船隻之被沉頗引起美國人之責難。先是美國政府對於歐洲戰爭本取旁觀態度。總統威爾遜（Wilson）當歐洲大戰開始時宣言美國政府應嚴守中立，並令全國人民對於歐洲戰爭不得為左右袒。然歐洲戰爭中之驚人消息日傳於美國，美國人民漸難袖手。德國人在美國所設之報紙力言此次戰爭之責任應

由英國負之。同時美國人對於比利時之征服，魯汶之焚毀及漢斯大禮堂之破壞極其驚震。其與英國人同種者當然表同情於協約諸國。

德國人在美國之運動　故歐洲戰爭開始之時美國人之感情遂為之激起。德國政府陰遣人入美國以宣傳德國之主張，力言英國與協約諸國之非是。甚至給鉅款於德國駐在美國大使馮‧伯恩斯托夫（von Bernstorff）令其行賄美國之國會議員。至於奧地利匈牙利之駐在美國大使則於戰爭開始之日即向其政府報告謂彼已有破壞美國鋼鐵廠之計畫，以便斷絕英國與法國軍火供給之來源。其事聞於美國之政府，美國政府乃致書奧地利政府請其召歸。

美國政府對於海底潛艇政策之抗議　美國政府對於德國海底潛艇之擊沉中立國船隻極不滿意，故總統威爾遜屢有提出抗議之事。蓋德國潛艇之攻擊船隻每不預告，故乘客無暇逃生。美國人民之態度漸形激昂，多議總統威爾遜為優柔寡斷，以為不應再與德國政府有所往來。德國政府乃於一九一六年九月允改變其潛艇政策。

德國之提議媾和　美國民氣雖甚激昂，然總統威爾遜極不願改變其最初之主張。彼雖向德國宣告美國將盡力抵抗德國之潛艇政策，然仍一意於研究和平解決之方法，而其時亦頗有休戰言和之希望。一九一六年十二月德國及其同盟既占有波蘭，塞爾維亞及羅馬尼亞諸國，而德國軍隊亦復有無往不利之勢，德國政府乃有媾和之提議。德國主張凡交戰諸國應遣代表開會於中立國境內以研究媾和之條件。然是時德國之勢甚盛，其戰功又甚著，協約諸國當然不願在此時媾和；德國政府因此遂以繼續戰爭之罪加諸協約諸國。以為此次大戰之罪魁不問為誰，而提議停戰之功臣厥唯德國。德國皇帝乃宣言協約諸國之假仁假義至是大著，而窮兵黷武之罪亦有攸歸云。

第三十二章　世界戰爭之初期（一九一四至一九一六年）

　　威爾遜之和平運動　當協約諸國對於德國之提議尚未答覆時，美國總統威爾遜於是年十二月十八日致書於交戰諸國，略謂交戰諸國似均贊成建設維持和平之聯盟；又謂世界小邦均應設法保護；然諸國始終未曾說明其戰爭之「具體目的」為何。故彼提議各國間應開一公會以討論和平之要件。其時德國政府甚願照行，而協約諸國則殊不願，僅於一九一七年一月十日答覆美國政府所言者不外「恢復」、「賠償」、「擔保」等語，同時並定下媾和條件，實為德國人所難堪者。

　　美國總統威爾遜並不因之而失望，彼於一九一七年一月二十二日曾將和平之必要條件宣布於世界。彼謂和平之為物必能擔保大小民族之權利平等，屬國人民之安全，大國民有入海之通道，海洋之自由及軍備之限制。又謂：「若不承認民主政治之原理，而承認君主有任意轉移人民和財產之權利者，則所謂和平斷難持久，亦不應持久。若此後龐大之軍備仍得建設而維持，則各國之間必無安寧與平等之望。世界上之政治家應有和平之計畫，世界各國之政策均須適合於此種計畫方可。」然此種和平運動卒無結果，戰爭之進行如昔，不久美國亦不能不加入戰爭之中矣。

第七卷　二十世紀與世界戰爭

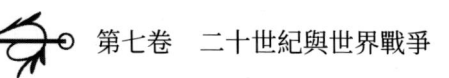

第三十三章
世界戰爭之末期及俄羅斯之革命

第一節 美國之參戰

海底潛艇戰爭之重啟 一九一七年一月英國政府因欲完全斷絕德國之交通有擴充海上封鎖區域之舉。德國乃宣言欲反抗「英國之專橫」及其餓死德國之計畫，不得不擴充英國西面海上之戰區，以阻止他國與英國之通商。以為英國生活之資端賴他國之供給，今若斷其來源，則英國食糧缺少戰事必可早日告終也。唯封鎖區域之中另開狹路一條許美國之商船得以每週自由往來一次。

美國與德國之絕交 一九一七年二月一日德國在英國西方海上從事於海底潛艇之戰爭，船隻之被擊沉者甚多。二月三日美國總統威爾遜宣布與德國絕交；德國大使馮・伯恩斯托夫亦離職回國。德國擊沉他國船隻之舉仍復繼續通行，美國人益憤。不久德國外交大臣致書於墨西哥政府，謂一旦德國與美國宣戰，則請墨西哥遣兵入攻美國之南部，並即以其地為報酬。此書為美國人所知，載諸報章，美國人更憤不可遏。

美國對德國宣戰 至是美國與德國之宣戰勢已難免。一九一七年四月二日總統威爾遜特召集國會開臨時緊急會議，並向國會宣言德國實抱有與美國宣戰之意。彼謂：「吾人之目的在於擁護世界生活上之和平與公平原理，以反抗自利與專制之勢力。」凡世界上自由與自治之民族均應合力「使

民主精神得以安然存在於世界之上」。蓋不然者則世界上必無永久和平之望也。彼謂美國應與德國之敵人攜手,並應假予鉅款以助之。美國上下二院遂以大多數通過對德國宣戰之議案。同時並規定發行公債之計畫,增加舊稅,另徵新稅。是年五月採用徵兵之制,凡國民年在二十一歲以上三十一歲以下者均有從軍之義務。同時並預備運兵赴歐洲以助戰,一面加工趕造船隻以補足昔日被德國人所擊沉者。美國人亦頗現一致對外之態度。

第二節　戰爭範圍之擴大

交戰國之增加　自一九一七年美國加入歐洲戰爭後德國敵人之數大有增加。古巴與巴拿馬踵起而對德國宣戰。希臘國內紛擾多時,至是亦因韋尼澤洛斯運動之力加入協約諸國之中。是年秋冬之間暹羅、賴比瑞亞、中國、巴西亦先後與德國宣戰。至是歐洲戰爭遂一變而為世界戰爭。世界人民之參與戰爭者約有一千五百兆人之眾。協約國方面之人民得一千三百四十兆,同盟諸國方面得一百六十兆。故名義上世界全部人口中之參戰者約占八之七,此中協約諸國占其十之九。不過印度與中國人口雖多,於此次戰爭之中參預者當然甚少。至俄羅斯則至一九一七年終因國內有革命之舉亦已非戰爭中之主力。吾人明乎此則再觀下表形勢即瞭然矣。

第三十三章　世界戰爭之末期及俄羅斯之革命

附一九一八年春間之交戰國表

同盟諸國（包括殖民地屬地）

國名	宣戰日期	人口	軍隊
奧地利、匈牙利	一九一四年七月二十八日	五〇、〇〇〇、〇〇〇	三、〇〇〇、〇〇〇
德國	同年八月一日	八〇、六〇〇、〇〇〇	七、〇〇〇、〇〇〇
土耳其	同年十一月三日	二一、〇〇〇、〇〇〇	三〇〇、〇〇〇
保加利亞	一九一五年十月四日	五、〇〇〇、〇〇〇	三〇〇、〇〇〇
		一五六、六〇〇、〇〇〇	一〇、六〇〇、〇〇〇

協約諸國及其殖民地與屬地

國名	宣戰日期	人口	軍隊
塞爾維亞	一九一四年七月二十八日	四、五五〇、〇〇〇	三〇〇、〇〇〇
俄羅斯	同年八月一日	一七五、〇〇〇、〇〇〇	九、〇〇〇、〇〇〇
法國	同年八月三日	八七、五〇〇、〇〇〇	六、〇〇〇、〇〇〇
比利時	同年八月四日	二二、五〇〇、〇〇〇	三〇〇、〇〇〇
英國	同年八月四日	四四〇、〇〇〇、〇〇〇	五、〇〇〇、〇〇〇
蒙特內哥羅	同年八月七日	五一六、〇〇〇	四〇、〇〇〇
日本	同年八月二十三日	七四、〇〇〇、〇〇〇	一、四〇〇、〇〇〇
義大利	一九一五年五月二十三日	三七、〇〇〇、〇〇〇	三、〇〇〇、〇〇〇

國名	宣戰日期	人口	軍隊
聖馬利諾	同年六月二十日	一二、〇〇〇	一、〇〇〇
葡萄牙	一九一六年三月十日	一五、〇〇〇、〇〇〇	二〇〇、〇〇〇
羅馬尼亞	同年八月二十七日	七、五〇〇、〇〇〇	三二〇、〇〇〇
美國	一九一七年四月六日	一一三、〇〇〇、〇〇〇	一、〇〇〇、〇〇〇
古巴	同年四月八日	二、五〇〇、〇〇〇	一一、〇〇〇
巴拿馬	同年四月九日	四七二、〇〇〇	三〇〇、〇〇〇
希臘	同年七月十六日	五、〇〇〇、〇〇〇	三〇〇、〇〇〇
暹羅	同年七月二十二日	八、一五〇、〇〇〇	三六、〇〇〇
賴比瑞亞	同年八月七日	一、八〇〇、〇〇〇	四〇〇
中國	同年八月十四日	三二〇、〇〇〇、〇〇〇	五四〇、〇〇〇
巴西	同年十月二十六日	二五、〇〇〇、〇〇〇	二五、〇〇〇
		一、三三九、四五五、〇〇〇	二七、四七三、四〇〇

中立諸國 至於中立諸國之人口約共得一百九十兆，荷蘭、瑞士、丹麥、挪威與瑞典均因與德國相距太近，且與德國同種，故不欲與德國宣戰。西班牙及中美洲與南美洲諸國亦有嚴守中立者。然世界各國無一能逃避此次大戰之影響及負擔者。故真正中立實不可能。各國賦稅莫不增加，

第三十三章　世界戰爭之末期及俄羅斯之革命

物價亦莫不騰貴，原料之來源中絕，商業之狀態驟失其常。

一九一七年之西歐戰線　當一九一七年時除德國之敵人增加頗堪注意以外，其重要事實如下：三月中德國決定縮短其西面之戰線，南自努瓦永，北至阿拉斯。德國軍隊退走時英國與法國之聯軍僅能恢復德國軍隊所占法國領土之八分一而已。其時英國、法國兩國之軍隊力攻德國人，然卒因德國戰線之防禦極固故犧牲雖巨，毫無所得，而德國人仍能維持其戰線至一年之久。英國人在比利時海濱亦能稍稍逼退德國之軍隊，希望奪回德國人之潛艇根據地澤布呂赫地方。至於攻奪聖昆廷、隆斯及康布雷諸城之計畫凡相持一年之久終不成功，而兩方兵士之死傷者則每週必以千萬計也。

第三節　俄羅斯之革命

俄羅斯之革命　俄羅斯本交戰國重要分子之一，至一九一七年三月中其內部忽起絕大之變化，戰事進行與和平問題因之受絕大之影響。茲故略述俄羅斯革命之情形與其退出戰爭之經過。當一九一四年戰事初起之時俄羅斯政府之腐敗無能即暴露於世，有時其官吏甚至有賣國之行為。其軍隊之侵入德國與奧地利者亦因軍需不足之故死者不可勝計。俄羅斯之國會漸現不穩之象。一九一六年十二月通過議決案宣言政府為「黑暗勢力」所把持，而國家利害亦為「黑暗勢力」所破壞。所謂「黑暗勢力」乃隱指皇后及其嬖臣某修道士名拉斯普丁（Rasputin）而言。蓋二人朋比為奸均竭力以反對改革為事醜聲四溢故也。不久拉斯普丁被刺死，俄羅斯皇帝乃免所有官吏之主張革新者，而以最橫暴之人代之。至是尼古拉二世似已顯然與新黨

419

宣戰，一返昔日尼古拉一世方法之舊。同時國內亦漸形瓦解。城市中食糧缺少，國民對於戰爭之繼續漸生厭惡之心。

俄羅斯皇帝之推翻　一九一七年三月俄羅斯都城彼得格勒地方人民因食糧缺少大起暴動，政府中之軍隊竟不願加以阻止，政府中人乃大窘。皇帝下令國會閉會，國會竟不應，並著手於組織臨時政府。皇帝急自前敵返京，中途為臨時政府代表所阻，強其退位傳其大統於其弟米哈伊爾大公（Grand Duke Michael Alexandrovich of Russia），時三月十五日也。然大公之意以為臨時政府之舉動並無憲法上之根據不允即位；此種態度實與退位無異，三百餘年來之羅曼諾夫皇祚至是遂絕。此後世界之上遂再無所謂「所有俄羅斯之專制君主」矣。皇帝之親戚多先後宣言放棄其權利，政府中之官吏多被拘禁，而國內與西伯利亞之政治犯亦一律被釋。此種急遽之政變世人聞之莫不大震。

社會黨人之得勢　其時革命黨人所組織之內閣大體均意見溫和者，唯司法總長克倫斯基（Kerensky）係社會黨人且為工人兵士農民會議之代表。新內閣宣言贊成多種之改革：如言論自由；出版自由；同盟罷工之權利；以民軍代昔日之警察；普遍選舉，包括女子在內等。然社會黨人猶以為未足，若輩因有蘇維埃之故漸占勢力。至一九一七年七月中臨時政府中之溫和者皆被排擠，而以社會黨人代之。俄羅斯軍隊是時尚欲竭力以與奧地利一戰，不意大敗。此後國民遂大聲要求「無合併無賠款」之和約。

「多數人」之革命　至一九一七年十一月國內醞釀多時之政潮乃爆發。先時當革命初起之時，工人兵士農民會議始建設於彼得格勒，漸與國會爭權。不久國內各地均設有工人兵士農民會議。至十一月領袖列寧（Lenin）與托洛斯基（Trotsky）二人得軍隊之援助，推翻克倫斯基政府，另建「無產階級專制政府」以代之。此黨黨人世稱為布爾什維克即「多數人」

第三十三章　世界戰爭之末期及俄羅斯之革命

之意，蓋此輩占國內社會黨中之多數故云。

《布列斯特——立陶夫斯克和約》　俄羅斯國內之「多數人」既得勢，遂廢止土地及資本之私有制，而建「共產制」。若輩痛罵戰爭為「為商業與領土之帝國主義戰爭」，乃請交戰諸國開一和平會議。交戰諸國無應者，「多數人」遂開俄羅斯政府中之檔案，將協約國與俄羅斯政府所訂反對德國之密約公布於世。是年十二月俄羅斯與德國及奧地利媾和於布列斯特-立陶夫斯克地方。

俄羅斯代表提出其「無合併無賠款」之條件，頗不滿於德國與奧地利兩國之苛求。然「多數人」對於德國之要求無法抵抗。芬蘭與烏克蘭兩地受德國之運動宣布獨立，自建政府。「多數人」不得已於一九一八年三月三日與德國及奧地利締結和約。俄羅斯允撤兵退出烏克蘭與芬蘭，並允放棄波蘭、立陶宛、庫爾蘭、利伏尼亞及高加索山中數處地方，許其自由建設政府。因此俄羅斯喪失人口三分之一，鐵道亦然，鐵礦四分之三，煤礦百分之九十，及其實業中心與最沃農地。不久俄羅斯政府自彼得格勒遷都於莫斯科。其結果則俄羅斯之國家完全瓦解。而西南一帶地則皆在德國勢力之下。

第四節　大戰之爭點

戰前之種種問題　歐洲當昇平之日，本已百孔千瘡難以救治，至大戰發生而益烈。法國始終不放棄其恢復亞爾薩斯洛林之心。波蘭始終希望其國家能再發現於地圖之上。波希米亞地方之北斯拉夫種人，克羅埃西亞、波士尼亞及斯拉沃尼亞諸地之南斯拉夫種人雖在奧地利、匈牙利之治下，

第七卷　二十世紀與世界戰爭

而始終不能心悅誠服。義大利之「未經收回黨」始終希望恢復奧地利治下之海濱一帶地。塞爾維亞與保加利亞因第二次巴爾幹戰爭後之處置不當，故惡感極深。羅馬尼亞久欲得外西凡尼亞及布科維納二地而甘心。此外對於歐洲土耳其之殘餘領土如何處置？敘利亞與美索不達米亞應屬何人？其在遠東則因日本在中國有種種利害關係不易解決。而德國對於印度及愛爾蘭亦復存幸災樂禍之心，思有以播弄之以增加英國之憂患。

戰後發生之問題　戰爭發生之後領土問題益復紛糾。至一九一七年之末同盟諸國已占有比利時、盧森堡、法國之東北部、波蘭、立陶宛、庫爾蘭、塞爾維亞、蒙特內哥羅及羅馬尼亞諸地。英國則據有巴格達與耶路撒冷。其在非洲，則所有德國之屬地均入於敵人之手；太平洋上之德國屬地則為日本與澳洲所占有。此種地方其將交還德國耶？比利時備受德國人之虐待又將如何？法國之東北部曾為德國人所蹂躪又將如何？豈可毋庸賠償耶？

對於戰爭之戰爭　上述種種問題固甚重要，然尤有重要者在。人類之戰禍其如何永遠消弭乎？今日之世界與百年前不同，萬國庭戶互相依賴，故各國合力之從事於戰爭之撲滅似乎時機已至。當西元一八一五年時橫渡大西洋需時一月以上；今則不六日而至；將來飛機行空其速度必在輪船之上尤在意中。昔日之大洋與中古時代歐洲之城牆同實為交通之阻梗，今則皆一變而為各國交通之孔道。大戰以前歐洲鐵道上之快車每小時行四十至五十英里，而汽車之速率亦與火車上之機車爭勝。當西元一八一五年時歐洲人之交通機關最速者不出馬匹之上。其他如電報電話之靈通，無線電報之便利，雖在海上消息可通，皆非百年前人所能夢見者也。

各國之互相依賴　世界各國之衣食及生活上之必需品至今無不有互相依賴之象。英國斷絕德國之交通以速戰爭之終了，德國亦擊沉往來英國之

第三十三章　世界戰爭之末期及俄羅斯之革命

船隻以斷其食物之來源。戰爭謠言一起，而全世界之證券交易為之推翻。各國民族互讀各國人所著之書，互受各國人科學及發明之益，互聆各國人所編之戲曲。德國人、義大利人、法國人及俄羅斯人對於音樂均有貢獻，而紐約、瓦爾帕萊索或雪梨諸城之人士莫不傾耳而聽之。吾人雖仍以「獨立」之民族自居，而當今之世唯極其野蠻之民族方能有真正之獨立。故至今各大洲間之關係日形密切，而各洲歷史亦將混合而成全世界之歷史矣。

大戰前之國際協商　大戰既啟，各國互相依賴之情益著。海牙和平條約也，海牙國際法院也，各國間之公斷條約也，其目的均在於弭兵。此外尚有關於幣制、郵政、商業及運輸之國際協商均足以增加各國之諒解與互助。其他如種種國際協會、公會及展覽會等，皆能聚各種民族於一堂以表示其共同之利害。

軍費之浩大　至於舊日之軍備問題及減除國民負擔問題自大戰發生以後益有不能不解決之勢。蓋歐洲各國而欲永久維持其巨大之常備軍與海軍，其結果必出於國家破產或民不聊生之二途。加以殺人之術日有進步，輔之以科學之發明與戰爭之苦痛，故戰前之充分軍備，在戰後視之幾同廢物，大炮也，飛機也，鐵甲汽車也，毒氣也，皆此次戰爭中新發明之殺人利器也。而海底潛艇發明以來海上戰術亦為之一變矣。

武力主義　在理想家眼中觀之，此次戰爭之最大爭點實為武力主義。此主義并包有密切問題二：第一，吾人仍允外交家得繼續其祕密交涉與締結密約以引起戰爭乎？第二，政府仍可不問國民之意向而任意宣戰乎？美國總統威爾遜屢次宣告美國所主張之原理，對於此種原理決以武力維持之。當一九一七年八月一日羅馬教宗本篤十五世（Benedictus PP. XV）曾有要求各國弭兵之宣言，望各國易干戈為玉帛以恢復「昔日之原狀」。美國總統於八月二十七日答稱：德國政府極其不負責任，如聽其存在則世界

和平實無希望。「此種力量並非德國之人民。此乃管理德國人民之凶暴主人……德國政府之言除非有德國人民意思為援助之證據，吾人斷不可恃為擔保。若無此種擔保，則所有與德國政府訂定之裁減軍備，規定公斷，領土協定，恢復小國等諸條約，無論何人，無論何國，均不能聽信。」

威爾遜之十四要點 一九一八年一月八日美國總統提出世界和平之計畫，其要點凡十四。言其著者則各國間不得有祕密條約或協商；海洋之上除國際協約不得通行之部分外無論戰時平時均當絕對自由通行無阻；經濟障礙之排除與軍備之裁減；殖民地權利之公平協商；比利時之恢復及德國軍隊之撤退；德國占據亞爾薩斯洛林時對於法國之無禮舉動應有相當之賠償；土耳其之亞洲領土應解放之；組織國際協會以擔保大小諸國之平等獨立。英國工人代表對於上述諸點極表同意，而美國加入戰爭之目的至此亦大著於世。

第五節　美國參戰後之戰跡

德國人之突擊 一九一八年三月二十一日德國軍隊在西面戰線上又有突擊之舉，思決一最後之勝負，以迫協約諸國之媾和。德國人至是深知海底潛艇之力已不足以征服英國；美國之軍隊又復接踵而來；而德國軍需取資於俄羅斯之計畫又復無甚效果；故德國人急於一戰。加以德國人民備受戰爭之苦痛，若不早日結束誠恐有迫不及待起而暴動之虞。

其時西面戰線之東南兩部為法國軍隊所防守，北部則為英國軍隊所防守。德國大將興登堡及其他諸人決定用全力以攻索姆河上英國軍隊之在最南端者，以為如果勝利則英國與法國之軍隊中分為二，不能呼應。大戰數

第三十三章　世界戰爭之末期及俄羅斯之革命

日，英國軍隊不能支，退至亞眠附近。法國急遣軍援之，德國軍隊不能再進，亞眠為鐵道交錯之一點，至是倖免陷落之險。自歐洲大戰發生以來當以此次戰事為最烈，兵士之死傷及被擄者計達四十萬人以上。然德國所得者不過恢復一年前舊有之地而已，進占新地之計畫乃大失敗。

福煦為聯軍總司令　協約諸國既知戰局之危險，乃思另舉總司令一人以指揮所有戰地上各國——法國、英國、義大利、美國——之軍隊藉收指臂之效。一九一八年三月二十八日各國均贊成派法國大將福煦（Foch）為總司令。戰事形勢果然為之一變。

德國人最後之突擊　世人均知德國軍隊不久必有第二次突擊之舉，唯因戰線延長至一百五十英里之遠，德國人究自何處進攻，協約諸國無從臆測。四月九日德國軍隊竟有突擊阿拉斯與伊普爾間英國防線之事，其意在於直抵加萊與英國海峽。聯軍方面人人危懼，英國軍隊力不能支，退出數英里之地，其司令乃下令兵士寧死毋退，德國軍隊至是又不得逞。五月下旬德國軍隊又有第三次之突擊，此次方向係指巴黎。攻陷耍松及蒂耶里堡諸城，離巴黎僅四十英里。六月中又再欲南下，以謀進步。至此為美國軍隊所阻，是為德國軍隊與美國軍隊接觸之第一次。而德國之戰功至是亦可謂告終矣。

美國軍隊之赴歐　第一批美國軍隊於一九一七年六月抵法國，統率者為潘興（Pershing）上將。至一九一八年七月一日美國軍隊之在法國者已達一百萬人，參與戰爭甚力。當一九一八年五月下旬美國軍隊建第一次奪城之功，並力助法國軍隊以抵抗德國軍隊在蒂耶里堡之突擊。並於該城之西北敗退德國之精兵。諸戰役中美國海軍兵士之出力尤巨。

德國之敗退　此後數週之中兩方常有小戰，德國兵士頗有死傷者。至一九一八年七月十五日德國軍隊又盡力攻擊漢斯城以冀直抵巴黎，然卒被

阻而退。以後數月法國與美國之軍隊合逐德國軍隊於馬恩河以外，德國人入搗巴黎之希望乃絕。同時英國軍隊亦在索姆河上及亞眠東南諸地進攻德國之軍隊。至九月下旬德國軍隊已退至昔日之興登堡戰線；而聯軍亦有攻入此線者。至是聯軍距洛林邊境已僅數英里而已。

大戰將終時之美國軍隊 當一九一八年十一月十一日停戰條約簽字以前美國軍隊之在法國者約有二百萬人以上，多散布於西面戰線之上，就中參與戰事者約一百四十萬人，戰功殊盛。至九月中旬奪回聖米歇爾城於德國人之手，與梅斯要塞相去益近。同時並與英國人合力奪回北部聖昆廷之運河墜道，美國兵士死傷者亦以千計。阿爾貢森林中之戰役及十一月七日之奪回色當，美國軍隊之力居多。自一九一八年六月至十一月間美國兵士之死傷或被俘者約三十萬人。

俄羅斯之狀況 其他各方面戰線之上，協約諸國均漸占優勝之勢。德國軍需雖能取資於俄羅斯，然軍事上已不能有所發展。烏克蘭之人民頗有傾向於協約諸國之勢。芬蘭境內則有「白衛軍」即國民黨與「紅衛軍」即「多數人黨」之激戰。同時英國與美國之軍隊亦在莫曼斯克沿海一帶地以與「多數人」戰。

至於西伯利亞之東部，則英國、日本、美國之軍隊均在海參崴登陸，擬西向深入內地以恢復俄羅斯之秩序。此外「多數人」之敵中尚有舊日奧地利治下捷克斯拉夫種人所組織之軍隊，至是為援助協約諸國起見入俄羅斯從事戰事。

保加利亞之屈服 當西部歐洲聯軍有合力進攻之舉，東部歐洲方面巴爾幹半島中之塞爾維亞、希臘與法國之軍隊亦開始活動於塞爾維亞境中，保加利亞軍力不支而退。德國與奧地利是時均無力來援，保加利亞不得已

於一九一八年九月二十九日停戰求和。協約諸國允之,唯令保加利亞須絕對納降。保加利亞至是戰力蓋已盡矣。土耳其與同盟諸國之交通既斷,勢亦難支,而協約諸國之入侵奧地利其機亦復甚迫。

土耳其之納降 第二國之停戰求和者即為土耳其。英國大將埃德蒙·艾倫比(Edmund Allenby)自一九一七年十二月陷落耶路撒冷城後,即窮追耶路撒冷之土耳其軍隊。英國與法國之聯軍不久即征服敘利亞一帶地,並攻陷大馬士革及貝魯特諸城。土耳其軍隊之在美索不達米亞地方者亦為英國人所擄。土耳其不得已於十月三十一日向協約國納降。

第六節　霍亨索倫、哈布斯堡與羅曼諾夫三系之絕祚及大戰之告終

德國之地位 西部歐洲戰線上之德國軍隊既不能支,而東部歐洲方面之德國同盟又復後先失敗。同時美國軍隊源源而來,協約諸國之軍威益壯。德國人民對於政府漸生不滿之心。海底潛艇之應用不但不能屈服英國,而且反足激起美國之惡感。德國雖與俄羅斯訂有接濟軍需之約,然終不足以救濟德國之困難。德國之商業完全破壞;國債之數日有增加,而取償無地。德國本無友邦,而東部同盟又復中道離叛。所恃者僅一奧地利、匈牙利而已。

奧地利之瓦解 然即就奧地利、匈牙利而論,亦復現力竭精疲之象。國內各黨之意見漸趨紛歧,國內各種人民蠢蠢欲動,加以國內之食糧缺少,西部歐洲敗績之消息紛傳,奧地利政府不得已於十月七日致書於美國總統提議休戰。是月下旬奧地利軍隊為義大利人所敗,不但北部義大利再

無奧地利人之蹤跡，即特利騰與的里雅斯特城亦為義大利人所占領。十一月三日奧地利、匈牙利納降。

然其時歐洲地圖上已無所謂奧地利、匈牙利矣。國內捷克斯拉夫種人已宣布共和，而南斯拉夫種人亦宣言與奧地利脫離關係。匈牙利有叛亂之舉，亦宣布建設共和。奧地利皇帝本兼匈牙利王者不得已於十一月十一日宣布退位。

德國之求和 同時德國亦現瓦解之象。一九一八年十月初旬德國政府中人深知協約諸國之軍勢甚盛難以抵抗，故其總理具書託瑞士公使轉達美國總統提議休戰與媾和。總統威爾遜答稱：如德國不降而且尚有再戰之力者則協約諸國斷不停戰。「因為世界上之民族不信而且不能信德國政府中要人之言也。」

德國皇族之傾覆 是時德國之軍事會議尚欲力維舊制，然其勢已不可能。政府下令免魯登道夫（Ludendorff）大將之職，並於十月二十七日通知協約諸國謂政府中已經過一種強大之變化，使國民得有監督軍政之大權。

德國皇帝之退位 不久，德國政府因急於停戰之故竟與福煦大將直接交涉，蓋是時德國內部革命之機甚迫故也。而且自北海以至瑞士協約諸國著著進步，而德國軍隊則敗退時死亡相繼。十一月九日德國皇帝威廉二世（Wilhelm II）竟宣布退位。不久遁入荷蘭，霍亨索倫系之帝祚乃絕。巴伐利亞王已於前一日退位，其他德國諸邦大抵皆由王政改為共和。十一月十日柏林有暴動之事，社會黨領袖艾伯特（Ebert）得舊總理及各部大臣之允許就任總理。普魯士亦宣布共和。德意志帝國至是遂亡。

停戰條件 同時雙方之停戰交涉仍繼續進行。十一月八日德國政府代

第三十三章　世界戰爭之末期及俄羅斯之革命

表越戰線以與法國大將福煦會晤,並探得條件而歸。就中規定德國於二週之內撤退占據比利時,法國東北部,盧森堡及亞爾薩斯洛林諸地之軍隊。德國軍隊須退出萊茵河右岸以外,其河西之德國領土應歸協約諸國之軍隊占領之。所有德國軍隊之在舊日奧地利、匈牙利、羅馬尼亞、土耳其及俄羅斯境內者均應立即撤退。德國應將所有戰艦,海底潛艇及軍用材料交諸協約諸國;其鐵道亦應交由協約國處置之。此種條件之目的在於使德國無再戰之能力。雖甚嚴刻德國亦已不能不承認矣。十一月十一日兩方乃簽停戰之約。歐洲大戰至是告終。

第七卷　二十世紀與世界戰爭

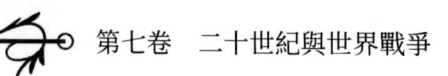

第三十四章
大戰後之歐洲

第一節　巴黎和會

與會之國家　一九一八年之冬，協約國既敗德國及其同盟，乃擇定巴黎及其附近之凡爾賽為各國代表議和之地。一九一九年正月開會。和會中主持討論及最後決議者，實僅五大國：即英國、法國、美國、義大利及日本是也。參預和會之國家有英國諸殖民地：加拿大、澳洲、紐西蘭、南非洲及印度。有南美洲之巴西及其他十一共和國。有歐洲之比利時、塞爾維亞、希臘、羅馬尼亞及新興之波蘭、捷克斯洛伐克。有亞洲之漢志、中國、暹羅。有非洲之賴比瑞亞。總共三十二國。德國、俄國及其他中立國均不與會。

和會三大頭　和會中重要條件始終由三大頭──法國之克里蒙梭（Clemenceau）、英國之勞合‧喬治、美國之威爾遜──祕密討論而決定之。諸小國代表多向之抗議，無益也。法英美三國代表之意以為此次戰事三國之功最多；且與會諸國之利害多所衝突，如公開大會討論斷難成事，故非出以祕密專斷不可云。

德國領土之損失　一九一九年五月五日和約草案成，由大會討論通過之。依和約規定：德國領土大縮。割亞爾薩斯洛林於法國，割波茲南及西普魯士兩省之大部於波蘭。其他較小之領土或併入波蘭，或併入丹麥，由

各該地居民自決之。但澤一城原極重要，自是亦獨立而為自由城。一切殖民地概行放棄。其在非洲者由國際聯盟委任英國、法國管理之。其在太平洋中者改隸澳洲或日本版圖。為永遠削弱德國起見，德國須交出大部分之海軍，全部分之飛機及潛艇。陸軍不得過十萬人，廢止徵兵制。限制軍器之製造及購買。協約國占領萊茵河西岸至和約執行完了為止。

賠款問題之困難　和約中最困難問題為戰爭中協約國要求德國賠償損害之數目問題。此事當時決定由協約國組織賠償委員會以決定德國應賠及能賠之數目，二年後報告。唯德國先須賠出約一千兆銀元之鉅款。並須為協約國製造船隻以補償戰爭中所擊沉者。又因破壞法國煤礦之故應賠償巨量煤礦於法國。當時英、義、美諸國之經濟專家已知和約條件過苛執行不易，且足阻止歐洲元氣之恢復矣。

德國人聞之大憤，群以和約為含有復仇精神，殆與滅國無異。乃向和會提出長篇之抗議，意謂此約違反威爾遜之十四要點；賠款不加決定，無異淪德國於奴隸之境；至於當日立須交付之賠款亦超出德國全部之財富。又謂德國即被迫簽字亦無力可以履行。並不認此次戰爭之責任全在德國。唯德國雖迭次呼籲終無結果。卒於六月二十八日勉強簽字於凡爾賽宮中。

第二節　國際聯盟

《國際聯盟公約》　對德和約中之第一部即係國際聯盟之公約，此誠人類史上最重要史料之一種。美國總統威爾遜深信國際聯盟之組織實為現代偃武修文之唯一方法，故堅持《聯盟公約》須為和約之主要部分。

第三十四章　大戰後之歐洲

聯盟之組織　凡完全自主之國家及殖民地如能證實其有意遵守公約者得為聯盟會員。唯當時德國及其同盟暫時除外。俄國及墨西哥須俟確定政府成立後方得加入。聯盟之永久機關設於瑞士之日內瓦。設有議事會參事會各一。議事會中會員各有一表決權。參事會會員除五大強國代表（英、美、法、義、日）外，並由議事會隨時選舉其他四國代表充任之。兩會會期均有一定。參事會每年至少開會一次。一切重要提案須全體一致方得通過。

弭兵政策　無論何種戰爭或影響世界和平之舉動均視為相關聯盟之事件。凡聯盟會員中有足以引起戰爭之爭論均須提出國際公斷，或請議事會或參事會加以調查。如既提出公斷則公斷後須絕對遵守，不得宣戰。如提請調查則參事會或議事會須加以精密之調查，並須於提請後六個月內報告實情並陳述其主張。如報告及主張除當事者外全體同意，則當事者不得再行宣戰。如主張未能全體同意時，當事者在報告後三個月內不得宣戰。如會員不遵規約任意宣戰即作為對於聯盟全體會員國之宣戰。諸國須與之斷絕商業及經濟關係，並禁止人民間之往來。聯盟會員並須互相尊重及維持各國領土之安全及政治之獨立。

世界法院　《聯盟公約》並規定設立一永久國際法院，即通常所謂世界法院，是以受理並判決國際爭端為職務。聯盟參事會並計劃裁減軍備及限制軍器製造。所有各國條約均須向聯盟註冊而公開之。

委託管理制度　昔日弱小民族所居之地之屬於中歐諸國者如土耳其帝國之一部分，中非及西南非，及南太平洋諸島等均由國際聯盟保管之。依據所謂委託管理制，凡弱小民族均委託所謂「先進國」者管理之以求諸地之安寧及發展。受有委託之政府須每年報告其成績於聯盟。

國際勞工局　條約中並規定設立「國際勞工局」，以謀世界工人狀況之改良，並謀男女及童工工作狀況之改進。此局由聯盟監督之。

第三節　歐洲地圖之變色

奧地利之瓦解　奧地利舊帝國之瓦解實為此次戰爭最驚人之結果之一。當戰爭將終之時北部斯拉夫人所謂捷克者組織捷克斯洛伐克共和國；南部斯拉夫人組織南斯拉夫王國；領土大縮之匈牙利亦宣布獨立。奧地利領土大減，亦一變而為共和國。其王卡爾一世（Karl I von Österreich）於一九二二年死於國外，六百年來哈布斯堡皇族之祚於是乎遂絕。

奧地利本為昔日帝國之中心，至是國家財源大半斷絕，因之經濟極形困難。甚至行政費用亦無著落，竟瀕破產。更無論改革善後矣。國內饑饉及叛亂相繼而起者前後凡三年。紙幣僅值昔日原值千分之一‧一五。國際聯盟乃設法使借外債二百七十兆銀元，由西歐諸國政府擔保之，聯盟並協助奧地利政府以謀善後。奧地利財政乃漸能恢復常態，出入相敷。

匈牙利之政變　匈牙利曾建一時之共和國，以伯爵卡羅伊（Károlyi）為總統。彼本一大地主，然頗抱與民共享地權之志，不久為共產黨人所傾覆。而共產黨又於一九二〇年三月為反對黨所打倒，海軍上將霍爾蒂（Horthy）得勢為「攝政」，各種改革事業多被阻止。匈牙利至今猶為無王之王國。

一九二三年匈牙利求援國際聯盟以恢復其財政狀況。參事會派委員會調查之後為謀借善後外債。國內財政由美國波士頓人史密斯（Smith）任委

第三十四章　大戰後之歐洲

員長與國際聯盟合力整理之。一九二六年史密斯卒使匈牙利之出入相抵。

捷克斯洛伐克　由奧地利、匈牙利故國分離而成之國家，當以捷克斯洛伐克共和國為最繁榮。係合波希米亞、摩拉維亞、西利西亞及斯羅瓦基亞諸舊壤而成。捷克人及斯洛伐克人約占人口百分之六十，其他有德國人三百五十萬，匈牙利人及其他共一百萬。德國人在國會中自成一黨，且堅持仍用德語。昔日德國人與斯拉夫人之宿仇在新政府下尚未能消除也。

南斯拉夫王國　南斯拉夫王國之國運不若捷克斯洛伐克之佳。南部斯拉夫人之聯合運動雖已由來甚古。然欲冶各種不同民族——塞爾維亞人、克羅埃西亞人、斯羅文人、達爾馬提亞人、波士尼亞人、黑塞哥維那人——於一爐實屬難事。此等民族雖屬同種，然因分地而居者已經數百年，故社會上政治上宗教上之觀念以及教育之制度莫不大不相同。而今竟由新王亞歷山大（Alexander I of Yugoslavia）一人統治之，其困難可想。不特此也，對外並常與義大利紛爭。義大利堅欲得里耶卡及其附近之地，蓋其地為義大利人所居，且為入海之門戶也。里耶卡之地卒併於義大利，而附近之巴羅斯埠則與南斯拉夫王國。

波蘭之中興　斯拉夫人之國家除俄國外要以戰後中興之波蘭為最大。不幸波蘭專以恢復其舊壤為事，故不久即與捷克斯洛伐克、俄國、烏克蘭及立陶宛諸鄰國戰。與俄國之戰尤為激烈（一九一九年至一九二〇年），卒敗俄國。俄國割白俄大部之地以予之，烏克蘭亦放棄其東部加利西亞之要求。波蘭因得法國之援助遂蔚成大國。然國中波蘭人僅過半數，其餘有德國人、立陶宛人、白俄人、烏克蘭人及猶太人，民族亦復甚雜也。

俄國之反共產運動　俄國之共產黨領袖托洛斯基組織強盛之紅軍以撲滅反「多數人」之運動，反革命軍雖有軍官如高爾察克（Kolchak）、鄧尼金

(Denikin)、弗蘭格爾（Wrangel）等得協約國之援助在西伯利亞與俄國屢興反共產之師。然「多數人」終得勝利，至今尚握國內政權也。

芬蘭諸地之獨立 俄國舊日之四省至是亦成為自由獨立之國家。芬蘭在昔本為獨立之公國，而以俄皇為其公。歷來反對俄國政府之剝削其政權。俄國革命事起，芬蘭遂乘機完全獨立。其他毗鄰之三省──愛沙尼亞、拉脫維亞、立陶宛──數百年來常受鄰國之陰謀及侵略者至是亦獨立而成共和國，與芬蘭同加入國際聯盟。

保加利亞 至於巴爾幹半島，吾人已知其西部併入南斯拉夫王國。協約諸國為懲保加利亞起見，將保塞兩國交壤之地割與南斯拉夫，並剝奪西部色雷斯之地以予希臘以斷保加利亞與愛琴海之交通。且又以多瑙河與黑海間多布羅加之農地界諸羅馬尼亞。唯保加利亞失地雖多，賠款雖巨，而恢復元氣殊為迅速。一因其農民之勤勞，一因其軍費之輕少，且能利用其軍隊為戰後善後之工作也。

羅馬尼亞 羅馬尼亞雖為德國人所敗，然戰後領土增大，加至一倍。經協約國之同意得有西元一八一二年來俄國所領之比薩拉比亞，奧地利之布科維納，匈牙利之外西凡尼亞。羅馬尼亞王國至是包有羅馬尼亞人、塞爾維亞人、匈牙利人、俄國人、保加利亞人及土耳其人。國會為謀聯合國內諸異族起見迭有改革之舉。就中如普遍選舉及土地之重新分配等其尤著者也。分裂大地以予小農民，其地價由小農民及政府分擔之。並以公民資格給予生長本地之猶太人。

土耳其 土耳其帝國領土之在歐洲者自巴爾幹戰爭以後（一九一二年至一九一三年）大形縮小，僅留有君士坦丁堡及迤西東部色雷斯一小部分之地而已。當戰爭中，非洲之埃及及亞洲之漢志、美索不達米亞、敘利亞

第三十四章　大戰後之歐洲

及巴勒斯坦均先後失去。當停戰之際協約國要求土耳其割讓要港士麥那及東部色雷斯於希臘人。此舉激起土耳其人之民族運動。其首領名凱末爾（Kemal）精明強幹，起建新都於小亞細亞之安哥拉。否認土耳其皇帝與協約國所訂之條約，逐希臘軍隊之在小亞細亞者。土耳其之國民黨實陰得義大利與法蘭西之援助；蓋兩國商人頗望獲得土耳其之油礦與商業權也。

《洛桑條約》　土耳其國民黨既戰敗希臘人，乃堅持恢復其應有之權利。一九二三年七月與協約國訂《洛桑條約》。協約國承認土耳其仍得有士麥那，君士坦丁堡及東部色雷斯。唯達達尼爾海峽公諸萬國。土耳其國民黨乃於一九二三年十月逐皇帝離君士坦丁堡，另建共和國，設新政府於安哥拉。數月後七百年來統治土耳其之皇帝被逐出國，與德奧俄諸皇室同歸於盡。廢舊日之哈里發制，昔日政教合一之制遂廢。

希臘之政變　希臘人之加入大戰雖較遲，然大戰後猶繼續與土耳其人戰，以冀獲得士麥那及東部色雷斯。協約國原暗助希臘人之侵略者，卒因土耳其人民族運動之強烈，竭力以結安哥拉新政府之歡心。希臘人民將戰敗之罪歸諸國王及大臣，乃逐國王，殺大臣。於一九二四年三月廢王制而改建共和。

百年來之世變　當西元一八一五年歐洲開維也納會議改造歐洲地圖時，當時外交家之唯一願望為舊制之恢復與正統君主之復辟。凡有運動立憲者、限制君權者，建設民族國家者，無不力加壓迫使之不成。然終十九世紀之世卒因改革家之努力建設立憲獨立之民族國家七國，加入於歐洲列國之林——塞爾維亞、希臘、比利時、德國、義大利、羅馬尼亞及保加利亞。

民權與民族兩主義之發達　百年後而有凡爾賽會議。至是法國反為盟

主以支配奧地利,主客之勢適與百年前相反,滄桑之變何其亟也。梅特涅、塔列朗、亞歷山大已去矣,而克里蒙梭、勞合・喬治輩乃繼起。且並有歐洲以外之各國代表。諸外交家已不復信賴帝與王,而獨信賴民主之政府,且歡迎共和國之建設。且亦深信所謂民族自決權。故一九一九年歐洲政治之改造實為兩種政治思潮之結果:即民權與民族是也。

中部歐洲之變化 歐洲政治變化之最足驚人者為中部東部之變化:霍亨索倫、哈布斯堡、羅曼諾夫三大舊皇室之傾覆,均變為社會主義或共產主義之共和。其次為土耳其帝國之消滅及新共和之興起。舊日俄國西南邊疆上新建七共和國:芬蘭、愛沙尼亞、立陶宛、拉脫維亞、白俄、烏克蘭及特蘭斯高加索。至於哈布斯堡王朝之領土大部分割與波蘭、義大利、羅馬尼亞、南斯拉夫及捷克斯洛伐克。

第四節　廢戰運動

德國賠款問題之困難 歐洲戰後之困難問題甚多,而德國賠款問題尤為其最。其數目於一九二一年二月間規定為一一二,〇〇〇,〇〇〇,〇〇〇銀元。德國政府宣言如此鉅款雖分為四十二年攤還,亦屬絕對不可能。英國頗有意於調解。然法國比利時之軍隊竟於一九二三年正月侵入萊茵河流域中德國實業最繁盛之地,駐兵於魯爾河流域中諸城,冀以武力徵收其賠款。德國人抵死以抗之,法比兩國之計不得售。是年秋德國政府願提賠款問題於國際法庭公斷之,請其規定數目及方法。

賠償委員會之計畫 一九二三年十一月賠償委員會決派專家組織二委員會以決定:(一)整理德國國內財政之方法;(二)調查德國在國外之財

富若干，並計劃收回之方法。前者由美國前任預算主任道威斯（Dawes）將軍等主持之；後者由英國前財政大臣麥克納（McKenna）主持之。一九二四年四月二委員會之報告成。法、英、德諸國政府均表示贊成之意，德國政府並宣言願意遵守。唯賠償總數仍未嘗規定也。

華盛頓會議 當和約告成之日美國政府因有種種原因──不願轉入歐洲政潮中，「門羅主義」之不穩，英國在聯盟中有五表決權（加拿大、澳洲、紐西蘭、南非各有一權）等──卒不批准，且未嘗加入國際聯盟。唯美國政府頗思盡力於國際弭兵之舉。故美國總統哈丁（Harding）於一九二一年十一月公請各國代表開一裁減軍備會議於華盛頓。中、英、法、義、日、比、荷、葡諸國均有代表出席。海軍強國英、美、法、義、日五國相約停造新戰船十年。至於英、美、日之海軍力維持五五三之比例。諸國並相約不干涉中國之內政或謀特殊之利益。中國之山東問題，亦於此會中解決。

國際聯盟之開會 依《凡爾賽和約》，國際聯盟於一九二〇年十一月組織成立，開第一次會議於日內瓦。與會者凡四十二國。自後陸續加入至今共得五十五國。自一九二六年來聯盟中包有德、俄兩國外之全部歐洲，美、墨、厄瓜多外之全部美洲，土耳其及阿富汗外之全亞洲，埃及外之全非洲（《羅加諾公約》允德國加入）。參事會及議事會照常開會。並常設各種委員會研究特種問題或計畫專門報告。

和平運動 聯盟頗能致力於國際和平之運動：（一）排解會員間之領土爭執。如義大利希臘間及希臘保加利亞間之得免戰爭皆聯盟干涉之效也。（二）主持賑濟戰區災民事業，特派委員會主持之。援助諸國整理國內之財政，如援助奧匈兩國之善後，即其著例。（三）組織研究國際重要問題之附屬機關。凡分二種：（甲）專門委員會，掌理財政及經濟，交通及衛

生。(乙)顧問委員會，專掌軍事問題，裁減軍備，委任管理，販賣女子兒童、鴉片及知識合作等。此外並有二相關而獨立之機關之建設：即國際勞工組織及國際永久法院是也。

永久法院之建設　國際聯盟最大之成績莫若國際永久法院之建設。一九二〇年二月參事會派世界著名法學家組織委員會規劃國際法院之組織。同年十二月《國際法院組織條例》成，通過於議事會。乃將條例訂入條約，分交各會員國簽字，以後加入者並得補行簽字。次年（一九二一年）十二月議事會開會時批准該約者已得二十八國，乃施諸實行。一九二二年一月三十日國際法院第一次開庭於海牙。至一九二四年終加入國際法院者已有四十八國。

永久法院之組織　條例中宣告國際法院應與西元一八九九年及一九〇七年《海牙公約》所規定之公斷法院並行不悖。法院中法官應以道德極高之法學家充任之，在國內須具有最高法官之資格，或在國際以專門研究國際法著名。法院中設法官十五人：正十一人，副四人。其名單先由公斷法院中各國代表推定之，再由聯盟參事會及議事會於此中選舉之。聯盟會員而無代表在公斷法院者，其候補者名單由該國政府遣派委員會決定之。法官任期九年，均得連舉連任。法院設於海牙。每年開庭一次，自六月十五日起至審案完了為止。

永久法院之管轄　法院之管轄權包有一切當事者所提出之案件及所有現行條約特別規定之事件。法院管轄權之承受與否一聽各國之便。唯會員如果簽字於附件上者則有於下列諸端之爭論得相約絕對服從法院之管轄：(一)條約之解釋，(二)國際法上問題，(三)足以破壞國際責任之事件，(四)破壞國際責任後賠償之性質及範圍。加入國際法院之四十八國中，有二十三國絕對承受法院之管轄。

第三十四章　大戰後之歐洲

永久法院與公斷法院之比較　建設國際法院之討論實始於海牙和平會議時。然當時各國均欲保留其完全之獨立，提案與否一聽自由，強迫公斷亦所不願。其結果為海牙公斷法院之建設。內中所有者為一紙法官之名單，由會議中各國選任之。遇審案時則由名單中隨時選人組織法院以處理之。法院亦在海牙，並由美富人卡內基（Andrew Carnegie）捐建和平宮一所以居之。公斷法院與國際法院雖同在海牙，而性質不同。言其著者約有二端：（一）公斷法院重在公斷，故以調停兩者之間為主。至於國際法院則重在法律，其判決及意見純以法律為根據。（二）公斷法院之法官常常更換，故其工作缺繼續性。至於國際法院法官則專心於法院事務繼續服務，頗有造成一種新國際法之希望。

裁減軍備問題　國際聯盟最困難之問題尚有裁減軍備問題。向來凡有提倡減少國防軍備者莫不引起各國之恐懼與懷疑，而遭強烈之反對。此不定因各國之倔強，實因有不安全之感想。國際聯盟第三次議事會承認裁減軍備與國際保全二問題為不能分開。如果國家處於受人攻擊之環境中而尚欲其減少軍備，除非訂有協力禦敵之公約必不可能。海牙和平會議對於裁減軍備既無功於前。華盛頓會議雖規定各海軍強國海軍力之一定比例，而對陸軍除痛斥化學戰爭為慘無人道外，亦終無妥善之辦法也。

《互助草約》　因有上述種種困難，故留意世界和平之人多欲致力於他種解決之方法，如強迫公斷及視戰爭為非法等。各種計畫之出於國際聯盟者甚多。一九二四年聯盟所派文人及武士所組織之臨時混合委員會，根據英國塞西爾（Cecil）及法國專家之計畫草成《互助草約》一種。聯盟會員中有贊成者亦有反對者。其重要之點為凡屬侵略之戰爭當視為犯罪。凡簽約諸國應援助受人侵略之國家，且應依該約所予之安全之程度減少各國之軍備。然何謂「侵略」？其意義仍未加以界說也。

第七卷　二十世紀與世界戰爭

美國計畫　其時又有所謂「美國計畫」者由一美國人所組織之非正式委員會商訂之，卒成為國際聯盟正式之公牘。此計畫中最大之貢獻為明定「侵略者」一詞之意義。其定義謂凡不服從國際正當法院之傳詢，或不承受聯盟議事會一致議決案而自行宣戰者謂之侵略者。計畫中並規定各國軍備須受國際之檢查，並應常開裁軍會議，非聯盟會員亦得出席。

《議事會草約》　以上兩種計畫為一九二四年日內瓦國際聯盟《議事會草約》之根據。且視侵略之戰為國際之罪犯，明白宣言凡不願承受免戰方法之國為侵略者。侵略之戰之正式視為非法在人類史上實以此為嚆矢。至於自衛行為雖視為合法，然不得任當事者自行斷定之。草約中並規定凡聯盟會員皆有援助被侵略者之義務。至援助方法如何各國得各審其地理上位置及特殊情形而決定之。一九二五年三月議事會開會時，英國政府宣言對於草約之目的雖表同情，然對於草約殊不願承受。意謂如美國不加入者則英國因領土廣大之故對於援助被侵略者之「一般責任」實繁重難負。主張另籌特殊方法以應付特殊之需求，此足以補充草約之未備。凡素有爭執伏有戰機之國家應使之互訂條約以維持其間之和平為唯一之目的。

羅加諾會議　一九二五年十月五日德國、法國、比利時、英國、義大利、波蘭及捷克斯洛伐克諸國代表大體依英國之主張開一國際會議於羅加諾，以討論大戰後擾亂西歐諸國之保全問題。是月十六日德國、比利時、法國、美國及義大利簽訂《互保條約》——通稱為《保全公約》——及其他六種條約。此為戰後德國平等參加國際和平事業之第一次。

《保全公約》之內容　據《保全公約》之規定，簽字諸國擔保維持《凡爾賽和約》所定德比間及德法間之邊界，並遵守和約所定德法間解除武裝之地帶之條文（和約第四十二條及第四十三條規定德法間自萊茵河右岸起五十公里之地為解除武裝之地，德國不得在其地築炮臺或駐軍隊）。德比

第三十四章　大戰後之歐洲

間與德法間均允不得互攻互侵或宣戰。唯違背《保全公約》時或違背和約第四十二條及第四十三條時各保留合法自衛之權利，並有遵行聯盟議決案之權利。德法間與德比間相約用和平方法解決所有之糾紛。兩國權利衝突時相約提交法律之判決並服從之。其他問題則提交和解委員會解決之。如委員會之提議不能承受時則提出聯盟參事會解決之。如有違反本公約及和約第四十二及第四十三條者當立即通知聯盟參事會。如參事會認為果然違反時，簽約諸國應立即援助被侮之國家。

如有顯然侵略者，如事實上之侵略，則簽約諸國允立即援助被侵略之國家。如果其他諸國一致以為如此，則雖雙方相約承受聯盟參事會之議決案亦屬無濟。此條實為此約之精髓。其對於侵略之定義應用「美國計畫」中之界說，即拒絕法院或調解機關之判決之謂。《日內瓦草約》之原理至是乃為西歐諸國所承受矣。

《公斷條約》　至於德法間，德比間，德波間，德捷間之公斷條約亦為羅加諾會議之成績。規定諸國間爭執之不能以尋常外交方法解決者得提交於公斷機關或國際法院判定之。此種爭執在提出公斷以前並可相約提出於一永久國際委員會，所謂「永久調解委員會」者調解之。此委員會應於條約生效後三個月內組織成立。委員五人中二人由當事國人充任之，其他三人由其他諸國協派之。委員會之重要職務為蒐集資訊疏解爭端及調和兩造。委員會之工作須於六個月內編成報告。此外尚有法波間及法捷間之兩約，相約如違反《保全公約》受德國之攻擊時諸國有互助之義務。

羅加諾諸約之重要　羅加諾諸約實為國際關係上開一新紀元。世人多以為舊日之國界或可以從此打破，為歐洲諸國聯邦之先聲。無論如何，羅加諾諸約在世界史上實能別開生面者也：（一）《保全公約》簡單明瞭，不再對於所謂「國家榮譽」者加以讓步。簽約諸國之目的不若昔日之在於建

設防守同盟,而在於維持和平之同力合作。故此約非若昔日維持「均勢」之密約,而為「尋求和平」之公開條約。(二)簽約諸國多與他國連繫以擔保此約之遵守。(三)其尤要者,簽約諸國均願提交將來之爭執於第三者——委員會、法院或議事會——而服從其判決。

條約之註冊 據《國際聯盟公約》之規定,凡入會諸國之條約均須在聯盟中註冊,否則無效。至今聯盟中所藏之各國條約已達千種以上,無論何人均得入內參觀。外交公開此為嚆矢。加以各國外交家常常集會於日內瓦,其討論已不復如昔日之祕藏於各國外交部之文件中,而登載於全世界每日新聞紙之上。公開之局益形顯著。前此世人所不能了解之問題至是無不資訊相通,舉世明瞭。凡此皆足以培養世界之輿論,提倡世界之和平,增進反對戰爭之情感。一九二七年六月英、美、日諸國又於日內瓦舉行裁減海軍會議,卒無結果而散云。

第五節　政治上之新試驗

共和主義之發展 此次大戰之結果為新國之建設與舊國之改制。而政體幾全向共和。德國成為一極民主之共和,溫和之社會黨人秉政,國內諸邦之君主制無不盡廢。諸國上議院之勢力大為衰減。工人勢力到處有增加之趨勢。而內閣亦皆以對人民負責為主。

國際農民運動之發端 吾人曾知自羅馬帝國以來至普魯士、俄羅斯廢止佃奴制為止之農民狀況至為困苦。歷受地主之剝削而無法自衛。大戰之後保加利亞之農民發表一種權利宣言所謂《綠色宣言》者,謂力田之人「到處而且常常被迫屈服於不平而且惡毒待遇之下」。主張組織一種國際農

第三十四章　大戰後之歐洲

民聯合會以期其「久不作聲之呻吟得為人所聞」云。

社會黨人之得勢　今日社會黨人在歐洲政治界中甚為得勢。吾人可大體別為溫和與激烈兩派。前者不主張武力而主張和平之適應。後者主張勞工應聯合以打倒中流階級之資本家，主張階級鬥爭。此派亦稱為共產黨。英國之工黨內閣屬於溫和派，德國改建共和後之政府亦然。戰後之俄羅斯則為共產黨所統治。

國際工黨之組織　社會黨人普通主張政治及實業之革命不當以國境為限，而為全世界工人一種「國際的」運動。故其口號為「世界工人聯合起來」！西元一八六四年馬克思發起組織第一國際以宣傳社會主義。嗣因西元一八七一年巴黎共產黨人行動之過於激烈遂乃失信，不久消滅。西元一八八五年後又有第二國際之組織，至今尚存。唯第二國際在極端社會黨人觀之尚嫌過於和平，於是一九一八年俄國之「多數人」在莫斯科有第三國際之組織。其同志之在世界各國者甚多。俄國現在當局皆此中人也。

俄國之共產制度　俄國自一九一七年廢止帝政以來極端之社會黨人得勢，共產制度至是乃有一非常之試驗。俄國「多數人」在列寧指導之下竟欲實現其社會與經濟之全部革命。不但國內政權界諸所謂無產階級，即此後之土地工廠及商業亦為工人農民利益而管理之。凡農民得攫取大地主及景況較優之農民之土地。工廠銀行及礦產均收歸國有以利勞工。以蘇維埃——即委員會——代替昔日之政府。由各工廠各職業中之工人及農民選舉代表組織之。各地各省皆設有蘇維埃，由此等機關選舉代表組織全俄會議於莫斯科。此種極端之變化當然引起激烈之反對。「多數人」為壓制此種反對起見，故竭力限制各種自由，且拘禁或殺戮其敵人。「多數人」之領袖宣言此種恐怖手段係臨時性質，然為完成革命撲滅國內外敵人起見亦係不得已之辦法云。

蘇俄聯邦之成立 一九一七年之末俄國曾有憲法會議之召集，嗣因「多數人」深知其主張之未能貫徹，乃解散之。一九一八年七月全俄蘇維埃會議宣布一俄羅斯社會主義蘇維埃共和國憲法。宣布俄國為自由民族之聯邦，各民族得隨時退出聯邦之外。至一九二四年俄國聯邦包有俄羅斯、白俄、特蘭斯高加索蘇維埃共和國及遠東共和國。

蘇俄憲法 憲法規定國家權力應全屬諸「勞苦民眾」之手，由各蘇維埃中之代表執行之。「俄羅斯社會主義聯邦蘇維埃共和國視勞動為共和國各公民之義務。並宣布其口號為『不作工者不應吃飯』。」唯工人有選舉權。故凡雇工以增加其所得者，不作工而持資本為生者，或為商人、經紀人、教士及修道士均無選舉權及任官權。

私有財產制之廢止 廢止土地私有制，概歸國有，再依據農民耕作能力而分配之，昔日地主不得有所取償。所有森林及地下富藏均宣布為國有公產。並計劃將所有工廠，礦業，鐵道等之主有權移轉於蘇維埃共和政府，銀行及其他財政機關亦然。

工人武裝 最後「為使工人握有全權起見，且為排除榨取者恢復權力之可能起見，下令所有無產階級中人均應武裝，並組織一社會主義之紅軍，至於有產階級應解除武裝」。

蘇俄之世界主義 俄羅斯蘇維埃共和國雖一面反對舊式擴充領土及殖民地之戰爭，而一面則又宣布一種對於一切資本主義的工商業之世界戰爭，主張為「世界社會主義之勝利」而奮鬥。共產黨代表曾欲引入共產制度於世界其他各國——尤其在匈牙利、義大利、德國及中國等。在匈牙利之布達佩斯及德國之慕尼黑，共產黨人均曾得勢一時。然皆不久即敗。其他中歐諸國工黨領袖常有仿俄國蘇維埃制度強占工廠並組織工人代表會之舉，然皆中途失敗也。

第三十四章　大戰後之歐洲

義大利之法西斯主義　義大利之工人因受共產黨之影響，在米蘭、杜林及其他實業中心曾有強占工廠之舉，因之引起義大利政府中之絕大變化。有一新黨曰棒喝者發現於國內，以反對共產暴動為主旨。然此黨雖自命為維持秩序，其自身亦不免常有用武力之舉。棒喝黨人漸發展一種理想曰「法西斯主義」者其模糊不明有如昔日之所謂「日耳曼主義」或「斯拉夫主義」。此黨領袖為墨索里尼（Mussolini），為人精明強悍，於一九二三年竟為義大利之獨裁者。彼既以全力控制義大利之國會，並得國王之信任。一九二四年之選舉，彼黨仍占多數。所選內閣人才頗稱幹練，且國家財政亦能整理就緒。唯墨索里尼漸形驕縱，且有傾向於拿破崙式獨裁之趨勢。非議者多以虐待敵人，剝奪出版自由，檢查新聞等苛政責之。唯義大利戰後恢復元氣之迅速其功亦正未可沒。且國人對於共產危險之恐怖得以大為減少，則其殘忍行為或不無相諒之餘地也。

德國之共和政府　至於德國則自皇帝出走後，柏林社會黨人之激烈派曰斯巴達克者與溫和派有極激烈之衝突。溫和派卒因多數而占優勢。吾人須知昔日俾斯麥曾用釜底抽薪之法以「國家社會主義」政策抵抗當日社會黨之要求。故歐戰後國內之保皇黨雖仍占重要地位，而政體之由君主制改為社會主義共和制實有駕輕就熟之妙。一九一九年初在威瑪地方所定共和憲法頗富民主精神。然其中所有社會改革之計畫則與俾斯麥之政策初無少異。德國驟欲脫離君主之傳統習慣雖不可能，然因各種國有政策實行甚久，而政府救貧扶病之善舉又實行甚慣，故新政府之政治措施頗能綽然有餘裕也。

德國之新憲法　新憲法規定凡國中男女年過二十歲者皆有選舉權。國會仍設兩院：以上院代表各邦，以下院代表國民。凡國內諸邦欲加入聯邦者均須先改為共和政體方可。各邦代表在上院者不得獨有五分之二以上之

表決權，昔日普魯士一邦獨霸之局乃破。一九二〇年十一月普魯士公布新憲法，規定「國家主權屬於全民」。共產黨人及王黨中人雖嘗有暗殺政界要人之行為，新政府迄能維持其地位不為稍動焉。

英國之政黨 英國自西元一八九五年至一九〇五年為保守黨（亦即統一黨）得勢時代。自一九〇五年至一九一五年則為自由黨得勢時代。勞合·喬治所主張之政策頗能見諸實行。上院勢力大減，女子參政之權亦於是時實現。大戰期中至停戰時止自由保守兩黨合組內閣以利戰事之進行。一九一八年之選舉聯合議員得四百六十七人，就中屬保守黨者得三分之二以上。不久兩黨分裂，勞合·喬治內閣辭職，而以保守黨代之。一九二二年十一月改選，保守黨仍復得勢。當時因愛爾蘭自由邦之成立，故下院人數自七〇七人減至六一五人。此中保守黨得三四四席，過半數。自由黨僅得一一四人，而工黨竟得一四二人，其人數之多為第二。英國國會中之有工黨為政府之反對黨，此實為其第一次。

英國工黨之得勢 英國之勞工運動史頗為複雜。其工人多注意組織職工會，合群力以謀工人狀況之改良。且不盡屬社會黨中人。故工會勢力甚大，成績亦著。歐戰以後工黨之勢大盛。一九二三年十二月內閣總理鮑德溫（Baldwin）主張改選國會，擬用保護政策以謀國內工界不安之現象。自由黨因其破壞自由貿易政策也，乃與工黨聯合抑制之。結果保守黨議員減至二五八人，工黨增至一九一人。鮑德溫自知不能駕馭國會，乃請英王命工黨中人組織內閣。一九二四年一月工黨領袖拉姆齊·麥克唐納（Ramsay MacDonald）遂被任為總理。此為英國工黨中人組織內閣之第一次。

工黨內閣之成績 麥克唐納頗能引用人才，且能以和平方法進行其救貧之政策。唯工黨雖組內閣實不免有其位而無其權，蓋其多數有賴於自由黨之合作也。因之欲獨立主張立法甚為困難。故不但對於本黨煞費經

營，即對自由黨亦復多方敷衍。然工黨卒能維持其政權至八個月之久。此次工黨內閣之成績以關於財政與外交兩者為最著。財政大臣斯諾登（Snowden）之預算案以穩健美滿見稱於世。至於外交方面麥克唐納亦能以勤懇態度恢復歐洲諸國之信仰。對於俄國問題頗能加以考慮予以承認。英法關係亦較前進步，而對於道威斯計畫亦頗應付得宜也。

最近英國內閣之變化 然因內閣有締結英俄條約之議，並擬由英國政府擔保假款於俄國。自由黨及保守黨均大不悅。不久而有坎貝爾（Campbell）事件。坎貝爾為某共黨週刊主筆，因登載叛逆文字被逮。不意檢察長將此案撤回。保守黨人群以此種行為干涉司法獨立，且係受工黨中激烈分子之壓迫所致。乃要求政府加以調查。麥克唐納以為此與不信任投票無異。乃請英王解散國會。改選時因國人深恐社會黨人得勢有礙國家安全，多附保守黨，保守黨遂得大多數。一九二四年九月鮑德溫重新組閣。自由黨人多改入保守黨。故自由黨幾為之消滅，國會中僅得四十席。此次保守黨內閣頗能發展歐洲各國之親睦。對於羅加諾公約之成功亦頗與有力。一九二九年工黨首領麥克唐納再起而組閣，頗能致力於裁減軍備及救濟失業諸問題之解決也。

近世歐洲史——舊制的終結：
從君主爭權至全球衝突，17 世紀代議制度到 20 世紀一戰告終的歐洲歷史全景

作　　　者：	何炳松
發　行　人：	黃振庭
出　版　者：	崧燁文化事業有限公司
發　行　者：	崧燁文化事業有限公司
E - m a i l：	sonbookservice@gmail.com
粉　絲　頁：	https://www.facebook.com/sonbookss/
網　　　址：	https://sonbook.net/
地　　　址：	台北市中正區重慶南路一段 61 號 8 樓
	8F., No.61, Sec. 1, Chongqing S. Rd., Zhongzheng Dist., Taipei City 100, Taiwan
電　　　話：	(02)2370-3310
傳　　　真：	(02)2388-1990
印　　　刷：	京峯數位服務有限公司
律師顧問：	廣華律師事務所 張珮琦律師

─ 版 權 聲 明 ───────────

本書版權為興盛樂所有授權崧燁文化事業有限公司獨家發行電子書及紙本書。若有其他相關權利及授權需求請與本公司聯繫。

未經書面許可，不得複製、發行。

定　　　價：599 元
發行日期：2024 年 08 月第一版
◎本書以 POD 印製
Design Assets from Freepik.com

國家圖書館出版品預行編目資料

近世歐洲史——舊制的終結：從君主爭權至全球衝突，17 世紀代議制度到 20 世紀一戰告終的歐洲歷史全景 / 何炳松 著 . -- 第一版 . -- 臺北市：崧燁文化事業有限公司，2024.08
面；　公分
POD 版
ISBN 978-626-394-686-6(平裝)
1.CST: 近代史 2.CST: 歐洲
740.24　113011836

電子書購買

爽讀 APP

臉書